湖北省公路工程监理计划与监理细则编制示例

上册　监理计划

湖北省交通运输厅工程质量监督局
湖 北 省 交 通 建 设 监 理 协 会　组织编写

人民交通出版社股份有限公司
北　京

内 容 提 要

本书内容基本涵盖了湖北省交通工程建设项目类型及特点，符合湖北省交通工程项目特点。为提高监理工作管理水平，使监理工作做到标准化、规范化、程序化，达到目标明确、标准统一、程序规范的目的，根据现行行业标准，结合湖北省监理工作实际情况组织专家编写了本书，对湖北省高速公路、国省干道、普通公路监理工作具有指导意义。

本书适合湖北省交通工程建设监理企业在制定监理计划和分部分项工程监理细则时参考使用。

图书在版编目(CIP)数据

湖北省公路工程监理计划与监理细则编制示例 / 湖北省交通运输厅工程质量监督局，湖北省交通建设监理协会组织编写. — 北京：人民交通出版社股份有限公司，2022.3

ISBN 978-7-114-17757-6

Ⅰ.①湖… Ⅱ.①湖…②湖… Ⅲ.①道路施工—施工监理—细则—湖北 Ⅳ.①U415.1-81

中国版本图书馆 CIP 数据核字(2021)第 256221 号

Hubei Sheng Gonglu Gongcheng Jianli Jihua yu Jianli Xize Bianzhi Shili

书　　名：湖北省公路工程监理计划与监理细则编制示例

著 作 者：湖北省交通运输厅工程质量监督局

湖北省交通建设监理协会

责任编辑：郭晓旭

责任校对：赵媛媛

责任印制：刘高彤

出版发行：人民交通出版社股份有限公司

地　　址：(100011)北京市朝阳区安定门外外馆斜街 3 号

网　　址：http://www.ccpcl.com.cn

销售电话：(010)59757973

总 经 销：人民交通出版社股份有限公司发行部

经　　销：各地新华书店

印　　刷：北京建宏印刷有限公司

开　　本：880 × 1230　1/16

印　　张：29.75

字　　数：534 千

版　　次：2022 年 3 月　第 1 版

印　　次：2022 年 3 月　第 1 次印刷

书　　号：ISBN 978-7-114-17757-6

定　　价：188.00 元(含上、下册)

编写委员会

主　　任：周俊波　李长民

副 主 任：魏胜新　刘　源　孙西平　刘日圣

主　　编：王祥寿　刘晓波　张德军　雷丽君　董勇刚

副 主 编：周祖华　叶再军　许　路　蔡　河　邓志威

周　浩　何汉玲　宋佑磊　丁洁岚

编写人员：文　辉　殷　凯　张显安　刘德清　刘　力

余学田　余建中　陈建伟　邵玉刚　史娉婷

聂天彪　周　勇　瞿　钊

前　言

根据交通运输部发布的《公路工程施工监理规范》和《公路水运工程质量监督管理规定》。为促进我省公路建设监理水平,规范建设工程监理行为,湖北省交通运输厅工程质量监督局联合湖北省交通建设监理协会组织编写了《湖北省公路工程监理计划与监理细则编制示例》。本套示例是在现行的标准、规范的基础上,结合我省项目实际进行编制的,湖北省公路工程监理计划示例以及22个公路工程监理细则示例。

本示例是针对湖北省公路工程参建单位质量安全监理提出的基本示范要求,各相关单位可根据实际情况进行细化或强化,有关单位和从业人员在使用本书时,如发现问题或欲提出改进意见,请函告湖北省交通建设监理协会。(地址:武汉市中山大道908号,邮编:430060),以便修订时改进。

编　者

2021年12月

目　　录

第 1 章　工程概况 …… 1
1.1　项目简述 …… 1
1.2　主要技术标准 …… 1
1.3　主要工程 …… 2
第 2 章　监理工作依据、范围、内容和目标 …… 6
2.1　监理工作依据 …… 6
2.2　监理工作范围及内容 …… 6
2.3　监理工作目标 …… 7
第 3 章　监理机构与职责 …… 8
3.1　监理机构 …… 8
3.2　监理职责 …… 9
3.3　人员和设备 …… 27
第 4 章　监理工作制度、程序及用表 …… 31
4.1　监理工作制度 …… 31
4.2　主要监理程序 …… 39
第 5 章　监理工作方案 …… 44
5.1　施工准备阶段监理工作 …… 44
5.2　施工阶段监理工作 …… 51
5.3　验收与缺陷责任期监理工作 …… 90
第 6 章　合同事项管理和信息管理 …… 94
6.1　合同管理 …… 94
6.2　信息管理 …… 97
第 7 章　监理设施 …… 102
7.1　办公、生活设施 …… 102
7.2　交通设施 …… 103

第1章 工 程 概 况

1.1 项目简述

监利至江陵高速公路东延段，被列为“十三五”全省交通重点建设项目之一。项目位于湖北中南部，长江中游北岸，江汉平原腹地。项目起点位于洪湖市乌林镇水府村附近，与赤壁长江公路大桥北岸接线对接，起点桩号 K2 +000（赤壁长江公路大桥 K20 +700），路线向北跨 G351，于 K3 +537.145 处设乌林枢纽互通，与武汉至监利高速公路相接，路线途经乌林、小港、汉河、万全、戴家场、瞿家湾及监利分盐镇，终点与监利至江陵高速公路分盐枢纽互通对接，终点桩号 K64 +504.650，路线全长 62.505km；另设瞿家湾连接线 10.16km。建设工期 42 个月，项目初步设计总概算 87.870 亿元。

项目采用的是一级监理、施工总承包的模式。建设单位为湖北交投江北东高速公路有限公司（以下简称江北东公司），监理单位为湖北省公路水运工程咨询监理有限公司，一、二期工程施工总承包为湖北长江路桥股份有限公司。

1.2 主要技术标准

主要技术标准见表 1-1。

主 要 技 术 标 准 表 1-1

序号	指标名称		标准值	采用值
1	道路等级		双向四车道（六车道）高速公路	
2	设计速度（km/h）		100	
3	路基宽度（m）		26	26.0/33.5
4	平曲线最小半径（m）	一般值	700	3000
5		极限值	400	
6	不设超高最小平曲线半径（m）		4000	4000
7	竖曲线占路线总长（m）		73.1	
8	最大纵坡（%）		3	3
9	最短坡长（m）		250	350
10	竖曲线最小半径	凸形	10000	11000
		凹形	4500	10000
11	停车视距（m）		160	大于 160

续上表

序号	指标名称		标准值	采用值
12	汽车荷载等级		公路—Ⅰ级	
13	地震设防标准		地震动峰值加速度系数 = 0.05g	
14	设计洪水频率	特大桥	1/300	
		大中小桥涵、路基	1/100	

1.3 主要工程

1)工程量概述

全线主线路基、桥梁比例为40%:60%，其中桥梁按结构形式划分为支架现浇、悬臂现浇、预制安装，比例为10%:2%:88%；设互通立交5处(一般式互通4处、枢纽互通1处)、服务区2处、收费站3处、养护工区与管理分中心各1处(与万全互通收费站合建)。具体结构类型见表1-2、表1-3。

路基桥梁总里程表　　表1-2

序号	部位	单位	类型		
			总量	桥梁段	路基段
1	主线	m	62571	36933	25638
2	匝道	m	19607	9047	10560
3	连接线				
3.1	瞿家湾连接线	m	10146	1892	8254
3.2	洪监高速拼宽	m	1880	224	1656

桥梁结构类型汇总表　　表1-3

序号	部位	单位	类型(m)			
			总量	支架现浇	悬壁现浇	预制安装
1	主线	m	36933	3562	776	32595
2	匝道	m	9047	6906	132	2010
3	连接线					
3.1	瞿家湾连接线	m	1892	90	322	1480
3.2	洪监高速拼宽	m	224			224

乌林枢纽互通：梁板670片，现浇箱梁4696m，混凝土约163074m^3；装配式桥梁：洪湖1号特大桥、洪湖2号特大桥、汉河服务区主线桥、洪湖3号特大桥、汉河互通主线桥，共10.35km长的装配式桥梁；悬臂现浇4处：内荆河大桥(50m+90m+50m)、主线洪排河大桥(50m+90m+50m、36m+60m+36m)、老内荆河大桥(36m+60m+36m)、瞿家湾连接线洪排河大桥(50m+90m+50m、36m+60m+36m)。

2)路基工程

路基总填方量为6655983m^3。路基软基处置为双向搅拌粉喷桩,处理长度约840万m,防护排水5.8万m^3。具体工程量见表1-4。

路基工程量一览表 表1-4

序号	项目	单位	数量					合计	备注
			主线	匝道	连接线	收费站	服务区		
1	路基填砂	m^3	3350750	665625	357101	135000	592000	5100476	
2	包边土	m^3	409152	168962	67740	9405	20000	675259	
3	毛渣路床	m^3	604686	106091	120570	4500	44400	880247	
4	粉喷桩	m	7047057	722250	638036			8407343	

3)桥涵工程

全线共有特大桥7座/23230m,大桥60座/22285m,中桥32座/2355m,天桥15座/1203m,涵洞、通道191道/6104.8m,钻孔灌注桩1987根/89415m,桥墩管桩18796根/657860m,具体工程量见表1-5。

桥涵工程量一览表 表1-5

序号	项目	单位	桥梁			小构		备注
			支架现浇	悬臂现浇	预制安装	预制	现浇	
1	桥梁上构							
1.1	预制梁	片			6182			
1.2	上构混凝土	m^3	136922	20869	219042			
1.3	桩基混凝土	m^3	182872					
1.4	下构混凝土	m^3	288992					
1.5	桥面系混凝土	m^3	14963	1127	132676			
1.6	桥梁钢筋	t	39144	5668	113136			
1.7	桥梁钢绞线	t	5240	1195	10140			
2	小构							
2.1	混凝土	m^3				19013	69700	
2.2	钢筋	t				3651	1536	
3	合计							
3.1	水泥混凝土	m^3	1086176					
3.2	钢筋	t	163135					
3.3	钢绞线	t	16576					

4)便道工程

全线拟新建纵向便道88.596km,其中钢便桥124座/3.643km,占比4%;其余为路基类便道,分旱地、水田、水塘三种类型,比例为10%:60%:30%,设置圆管涵284处,具体工程量见表1-6、表1-7。

便道工程量一览表　　　表1-6

序号	项目	长度(m)	工程数量(m^3)				备注
			毛渣数量	青砂数量	挖土方	砂袋	
1	旱地	7168	34836	41718	10322	193988	0.6m青砂+0.6m毛渣
2	水田	51659	251063	421537	74389	1960149	0.8m青砂+0.6m毛渣
3	水塘	25458	123726	1004064		4668895	2m青砂+0.6m毛渣
4	排水沟	668	3246	26346		122509	
5	钢便桥	3643					
5.1	6m宽钢便桥	2301					单处长度小于50m
5.2	8m宽钢便桥	1342					单处长度大于50m
6	便涵						
6.1	ϕ50cm圆管涵	1590					159道/10m
6.2	ϕ100cm圆管涵	1312					82道/16m
6.3	ϕ150cm圆管涵	2860					43道/20m
合计		98001	412871	1493665	84711	6945541	临时征地1594.9亩

注:1.以上数量包含三处横向便道长度(1550m);
2.1亩≈666.7m^2。

改建或利用便道设置一览表　　　表1-7

序号	长度(km)	便道描述
1	0.3	S214省道至主线桩号K8+300左幅,需新修300m便道
2	0.7	S214省道至主线桩号K12+900左幅
3	0.55	S214省道至主线桩号K20+800左幅
利用改建	1.25	日常维护,使用完毕后恢复原貌
新建	0.3	参照主线便道标准修建
合计	1.55	

5)重难点简析

(1)沿线涉塘涉渠,软土分布广泛。

本项目区主要分布于冲积平原区,沿线历经众多湖塘沟渠,施工便道的规划与建设、软基处置工艺工法是本项目施工监理重点之一。

(2)路基借方量大,取土困难。

本项目以桥梁和填方形式为主,沿线取土困难,借方量大,确定经济可行的填筑方案、取土及取砂来源(整体规划中,对土石方的调配策划有待反复优化)是本项目能够顺利实施的关键因素之一。

(3)地表水系发育,防汛抗洪形势严峻。

路线经过蔡家河、内荆河等数十条河流,汛前,对项目区域洪水的调查、分析及应对措施十分重要;汛期,一切以人为本。防汛度汛是本项目安全监理重点之一。

(4)路线反复交叉,多处密集跨线。

一是项目路线与乌林等7个镇(区)结合,多处与地方道路反复交叉;二是项目路线与输油输气管道多次交叉(如汉河镇东与中石化洪湖—荆州输油管道交叉,万全镇东与中石化洪湖—仙桃输气管道交叉);三是下穿800kV超高压电力线(径渡口、青龙村);四是项目路线同时与武监、随岳及江北高速存在交叉。因此,本项目跨线施工协调、安全监控形势不容乐观。

(5)装配式桥梁工业化,起点高、任务重。

本项目是交通运输部装配式桥梁工业化建造技术试点项目,首次在湖北省内运用,各方关注度相对较高。本项目设计装配式桥梁工业化建造桥梁11417m,共4座,分别是乌林互通主线桥(K3+253.5)、洪湖1号特大桥(K6+547)、洪湖2号特大桥(K9+857)、洪湖3号特大桥(K13+982)。综合分析,装配式工法建桥起点高、要求严、任务重,关键在于"三好"(定好调、开好头、起好步)、"二高"(人员综合素质、设施设备智能化及机械化程度要高)、"一严"(制作加工安装精度等过程控制要严)。

第2章 监理工作依据、范围、内容和目标

2.1 监理工作依据

(1)国家和地方现行法律、法规。

(2)国家和行业、地方现行的有关标准、规范、规程及相关文件。

(3)工程前期有关文件、工程设计文件和图纸。

(4)施工合同、监理合同。

(5)《公路工程施工监理规范》(JTG G10—2016)。

(6)《水土保持工程施工监理规范》(SL 523—2011)。

(7)建设单位批准实施的监理计划。

(8)工程设计文件和图纸。

(9)在工程实施全过程中,国家和建设单位决定采用的新标准或规范及建设单位(业主)有关监理工作的要求及函件。

2.2 监理工作范围及内容

根据合同文件,负责本项目主线和连接线的路基工程、机电预留预埋工程、房建区场平工程、路面工程、桥梁涵洞工程、交叉工程、交通安全设施工程、绿化工程、沿线设施工程(机电工程和房建工程驻地监理工程师办公室另行招标)、环境保护及水土保持工程(含临时工程)等的施工准备阶段、施工阶段、交(竣)工验收与缺陷责任期阶段的施工监理服务;对机电工程驻地监理工程师办公室、房屋建筑工程驻地监理工程师办公室进行管理。

2.2.1 监理服务期

监理服务期为66个月,其中:施工准备阶段及施工阶段预计42个月(含工业化桥梁建造监理24个月),缺陷责任期24个月。

2.2.2 监理阶段划分

监理阶段划分为施工准备、施工、验收与缺陷责任期三个阶段:监理合同签订之日起至合同工程开工令确定的开工之日为施工准备阶段;合同工程开工之日起至合同工程交

工验收申请受理之日为施工阶段;合同工程交工验收申请受理之日起至缺陷责任终止证书签发之日为验收与缺陷责任期阶段。机电工程监理增加试运行期阶段。

2.3 监理工作目标

遵循"公正、科学、诚信、自律"的原则,认真贯彻执行有关施工监理的各项方针政策、法规,严格、严密、科学、公正地开展施工监理工作,制订详细的工作计划,明确岗位职责,严格检查制度,努力做好施工监理工作。

总体目标:精心创平安、匠心铸品质、恒心保生态、诚信筑丰碑、廉洁传正能;主动作为,勇于担当,锐意进取,创新攻坚,力创湖北省可推广、可借鉴、可复制的总监办模式。

安全目标:杜绝较大及以上等级的安全生产责任事故,减少一般事故,力争零死亡;杜绝一切责任事故和其他有重大社会影响的事件;无重大安全事故隐患。以追求工程本质安全和风险可控为目标,促进工程结构安全、施工安全和使用协调发展。

质量目标:杜绝重大、特大质量事故,一般质量事故控制在0.5%以下;分项、分部、单位工程质量合格率100%,工程质量交工验收评定为合格、竣工验收评定为优良;力求消除质量通病。

进度目标:全力以赴、奋力推进,按合同工期要求有序推进建设任务。

费用目标:在工程建设中,协助建设单位——江北东公司积极开展设计及施工优化等工作,力求达到项目建设期收益最大化的目标。

环水保目标:贯彻落实绿色交通建设理念,实现工程建设可持续发展。

廉政目标:全面落实党风廉政建设责任制,在工程建设期间无违反廉政规定的事件发生,创建廉洁阳光工程。

信息目标:信息安全、畅通、及时、有效,资料齐全、真实、准确、完整、可追溯。

第3章　监理机构与职责

3.1　监理机构

3.1.1　机构设置

（1）本项目设置一级监理机构，由湖北省公路水运工程咨询监理有限公司负责组建湖北省监利至江陵高速公路东延段总监理工程师办公室（以下简称“总监办”），总监办位于洪湖市万全镇，在合同授权范围内负责项目的质量、安全、进度、费用和环境保护与水土保持（以下简称环水保）等监理工作；同时负责对机电工程驻地监理工程师办公室、房屋建筑工程驻地监理工程师办公室进行管理。

（2）总监办设总监理工程师（以下简称“总监”）1名，副总监2名，安全负责人1名，内设综合办公室、计划合同部、工程技术部、质量管理部、安全管理部、环保水保部、档案资料室、工地试验室等职能部门。

（3）本项目一期土建项目经理部拟设6个工区、10个综合队、1个PC（混凝土预制件）构件厂，设6个综合场站（6个综合场站内分别设置5个梁场和6个钢筋加工场及拌和站）、3个工地试验室（1主室、2分室）；总监办对应设5个监理组（含1个装配式桥梁监理组），组建1个主试验室、2个分试验室，分别配备1名组长（分室主任）及相应人员；一监理组及第一分试验室设洪湖市乌林镇，二、三监理组设总监办，四监理组设洪湖戴家场镇，五监理组及第二分试验室设监利县分盐镇；根据后续进展，设置交通安全设施工程（以下简称交安）绿化、机电房建及交工验收等相应工作专班。

3.1.2 机构框图(图3-1)

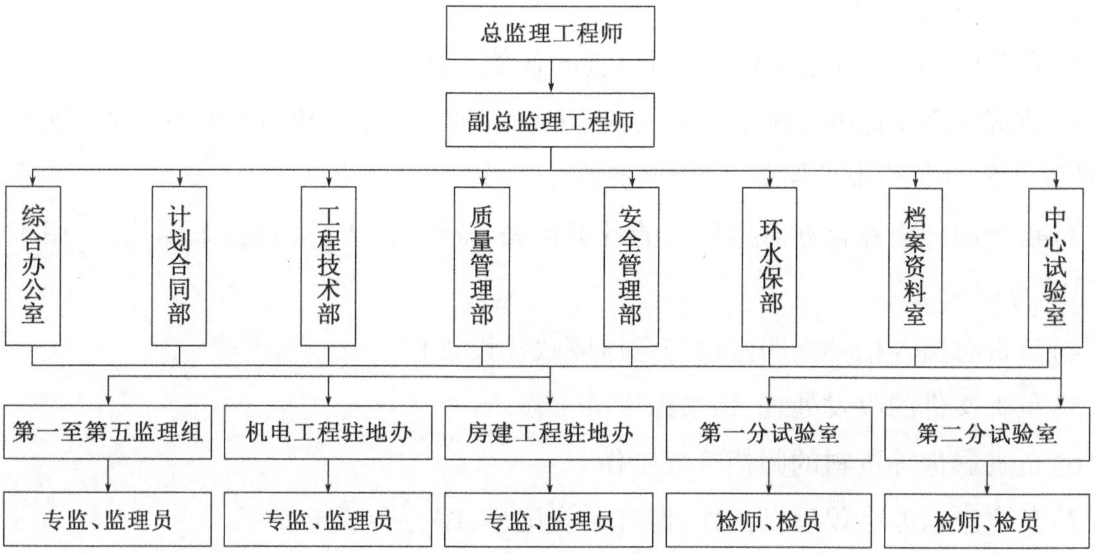

图3-1 组织机构框图

3.2 监理职责

3.2.1 总监办职责

(1)确定监理机构岗位职责及人员,建立工地试验室。

(2)主持编制监理计划、监理细则。

(3)主持召开第一次工地会议、工地例会、监理例会、专题会议。

(4)审批施工组织设计及月进度计划,审查总体进度计划。

(5)审验原材料和混合料。

(6)签发工程开工令、支付证书、停工令及复工令。

(7)核查施工单位测量、施工放线成果并进行复测。

(8)采取巡视、旁站、抽检和验收等方式,组织检查施工单位质量、安全和环保等管理体系的建立及运行情况。

(9)组织分项工程(中间)交工质量检验评定,进行分部工程质量评定。

(10)核算工程量清单,对已完合格工程进行计量。

(11)审查交工验收申请,评定工程质量,参加交、竣工验收。

(12)审核工程分包、工程变更、工程延期和费用索赔等。

(13)参与或配合工程质量、安全事故的调查和处理。

(14)组织编写监理日志、监理月报和监理工作报告,编制监理竣工资料,归集监理资料。

(15)完成与合同有关的其他工作。

3.2.2　内设部门职责

1)综合办公室职责

(1)在总监办领导下,组织完成所负责的各项工作。

(2)负责管理总监办车辆、设备、办公用品、打字机、复印机、电脑、函(文)收发、公章等。做好办公设备的维护保养、售后服务联系工作。

(3)负责同公司综合办对接报送的各类报表、统计表,人员档案、车辆档案、用工合同、人员保险等相关工作。

(4)负责总监办精神文明建设与党风廉政建设工作。

(5)负责文件的收发处理、档案保管等工作。

(6)负责影像等资料的归档管理工作。

(7)负责总监办会议后勤工作,做好会议记录,编写会议纪要等。

(8)承办上级和领导交办的其他工作。

2)计划合同部职责

(1)宣传贯彻执行现行行业法律法规、标准及规范以及省厅、省交投、建设单位等相关管理规定。

(2)参与或审核工程单价、费用变更等工作。

(3)参与或组织计量支付工作,审查工程延期等违约事项。

(4)审查工程总体、年度、季度及月度进度计划,负责定期向上级有关单位报送各类工程统计报表。

(5)参与或负责本项目的施工进度管理工作,组织对施工进度的检查与考核,发布工程进度通报。

(6)严格合同管理,加强履约检查;审查工程专业分包合同(若有)等。

(7)检查施工单位对进城务工人员工资的发放情况。

(8)参与对施工单位的考评工作。

(9)承办上级和领导交办的与合同有关的其他工作。

3)工程技术部职责

(1)宣传贯彻执行现行行业法律法规、标准及规范以及省厅、省交投、建设单位等相关管理规定。

(2)负责总监办工程技术管理方面相关文函的起草、制定工作。

(3)参与本项目设计、咨询等单位管理,参加设计技术交底、答疑;参加工程交桩,复测原始基准点,监督施工单位复测原地面线并对结果进行必要抽测。

(4)参加本项目设计变更管理工作。

(5)参加或负责本项目施工组织设计方案、重大施工方案与施工工艺的审查或专家评审。参与重大技术修改方案的决策、重大工程技术和质量措施,及时处理施工中的技术问题。

(6)参加本项目施工监测、监控的管理。

(7)参加或组织重大课题研究和技术培训工作,参加或负责新技术、新工艺、新材料和新设备的技术论证及推广应用,组织开展技术交流和技术培训活动。

(8)参加或组织制订技术处理方案,参与工程质量事故、生产安全事故的调查处理。

(9)负责总监办技术文件和图纸等资料的收集、整理、归档。

(10)参与交工、竣工文件的审查和验收。

(11)承办上级和领导交办的与合同有关的其他工作。

4)质量管理部职责

(1)宣传贯彻执行现行行业法律法规、标准及规范以及省厅、省交投、建设单位等相关管理规定。

(2)督促、检查施工单位质量管理体系的建立和有效运转情况,起草总监办质量方面的管理制度、函件等。

(3)拟定监理制度与监理程序。

(4)参与标准化工地建设方案审查,并对实施情况进行巡查,参与或组织工地建设标准化验收;参与施工单位的进场验收工作。

(5)审核施工单位上报的单位分部分项工程划分。

(6)组织对本项目施工单位开工报告的审查,签认有关质保资料,审查工程计量支付中的质量报表。

(7)组织本项目工程施工质量方面的巡检工作,发布质量通报。

(8)会同组长核查监理组监理人员适岗履职情况。

(9)参与总监办工地(中心)试验室质量管理活动。

(10)参与交、竣工验收工作。

(11)承办上级和领导交办的与合同有关的其他工作。

5)安全管理部职责

(1)在总监办领导下明确各级监理人员的安全监理职责,组织全员签订安全监理责任书,每月组织内部安全监理工作责任制考核。

(2)根据所辖施工合同段工程实际,编写安全监理计划和安全监理实施细则。

(3)按照法律、法规和工程建设强制性标准对施工单位编制的危险性较大工程专项施工方案、施工组织设计中的安全措施和施工现场临时用电方案及时进行审查、批复并监督执行。

(4)每月组织一次安全知识学习，对监理人员进行安全意识、劳动纪律、专业技能等安全教育，每次不少于2h；建立培训台账，留有培训记录。

(5)每月至少组织一次安全大检查，并根据季节和专业安全预防特点，坚持季节性、专业性的不定期安全检查。

(6)按照《公路水运工程“平安工地”考核评价标准》(试行)规定的内容，每季度对监理范围内各施工合同段独立开展考核评价，复核施工单位自查考核评价结果。同时对本监理合同段进行自查考核评价。

(7)每月组织召开一次安全监理例会，总结上阶段安全管理经验和不足，布置下阶段安全管理计划。

(8)定期检查施工单位安全专项经费落实情况，并对施工单位申报的安全专项经费计量资料及时审核签认，据实计量。

(9)建立健全安全监理台账，按规定填写监理日志和监理月报。

6)环水保管理部职责

(1)审查施工组织设计是否按合同、工程设计文件和环境影响评价文件的有关要求制定了防止、减少污染和生态破坏等环水保措施。

(2)审查各分项工程开工报告是否制定了防止、减少环境污染和生态破坏等环保措施。

(3)在日常巡视中，检查和督促承包人环境保护管理体系的建立和运行情况。

(4)在巡视检查过程中发现施工违反有关环保法律法规、未按合同要求落实环保措施的，要求并督促承包人整改。

(5)督促落实环水保“三同时”制度。

(6)建立健全环水保监理档案，参与环境保护验收工作，提交项目环水保方面的监理资料。

(7)承办上级和领导交办的与合同有关的其他工作。

7)工地(中心)试验室职责

(1)出具公正、科学、真实、准确的试验检测数据，为领导决策和技术方案的确定提供科学依据。

(2)组织本部门试验检测工作的全面实施，对试验室的技术、质量、安全等全面负责，并对分室和承包人试验室进行检查、指导、监督、管理。

(3)参加施工单位工地试验室能力核验，并对其日常试验检测工作进行检查和指导。

(4)对主要材料及混合料配合比、半成品、成品进行质量鉴定和认可;对一般材料进行质量检验报告的审核、备案,在工程实施过程中对上述材料及成品进行质量抽检。

(5)对承包人提供的主要标准试验结果进行复验、批复,施工过程中对承包人试验室的自检数据和第一、二分试验室的抽检数据随机抽查。

(6)参与单位工程、分部(项)工程的评定、验收工作。

(7)参与工程质量事故的调查及处理,并提供相应的检测数据。

(8)参与现场巡检,采集并及时提供试验检测数据,供监理工程师进行质量评定;协同总监办质量管理部及上级交通主管部门组织开展质量通病专项治理活动。

(9)督促、指导承包人试验室和分室做好试验检测台账的建立以及试验检测资料的编制、整理、归档工作。

(10)参与新技术、新材料、新设备、新工艺等研究项目的试验工作。

(11)承办上级和领导交办的与合同有关的其他工作。

8)档案资料室职责

(1)贯彻执行国家关于档案工作的法令、政策、法规等。

(2)根据省交投、建设单位的相关规定,结合本项目实际,建立健全总监办清晰的管理资料档案框架体系。

(3)组织总监办各职能部室和监理组参加资料内业档案管理学习以及交流活动。

(4)职能部室的内业资料由各部室单独设立内业资料员管理,属于监理组提交的抽检工序资料和评定资料等应按照监理资料预立卷管理模式进行收集、管理。

(5)建立健全清晰的纸质台账、电子台账等检索系统,以利于资料内业管理。

(6)做好档案资料室“八防”工作,即“防火、防潮、防尘、防鼠、防盗、防光、防虫、防水”。

(7)以月度或计量周期为定期或不定期,对档案资料进行搜集整理,并进行目录台账的更新录入工作。

(8)熟悉施工技术规范、监理规范、评定标准、档案管理细则等规范和文件中对资料填写、档案管理的要求,确保档案资料的保密性、准确性、及时性、完整性、可追溯性。

(9)定期或不定期组织对职能部室、监理组、施工单位项目部、分部工区资料进行检查、指导、指正,提升全项目档案资料管理水平。

(10)配合综合办做好机构日志、巡视记录、旁站记录、监理日志、监理日记等资料档案的搜集管理工作。监理人员调动、离岗辞职时必须提交齐全、完整的监理记录。

(11)承办上级和领导交办的与合同有关的其他工作。

9)监理组职责

监理组是总监办派驻现场的工作组,在总监授权范围内全面负责所辖范围内的质量、安全、进度、环水保、工程技术管理、文明施工等方面的日常监理工作,对施工过程实施监督管理,具体职责有:

(1)宣传贯彻执行现行行业法律法规、标准及规范以及省厅、省交投、建设单位等相关管理规定,协助、配合总监办各职能部室工作。

(2)负责监理组人员的日常管理和协调,检查和监督监理组人员的日常工作。组织协调监理组人员完成所承担的各项监理任务,贯彻"质量终身制",严把质量关;对监理组分管范围的工程质量、安全、环水保、文明施工等监理工作负直接责任。

(3)负责所辖范围内的工程进度计划检查、督办落实,并及时向总监办以月报的形式上报项目进展情况。

(4)参加工地例会和根据工程需要召开专题工地会议,参加设计交底。

(5)协助中心试验室对分试验室进行管理,审查一般工程原材料和混合料配合比。

(6)核查施工单位施工放线成果并按规定频率进行平行复测,验收承包人测定的地面线。

(7)对工程分包计划和协议进行审核,审查分包合同中是否明确了承包人与分包人各自在质量、安全生产等方面的责任。

(8)审查承包人提交的分部(项)工程的施工方案及主要施工工艺,审核分部及主要分项工程开工申请,签发分项工程停工令及复工令。

(9)分部(项)工程开工前,审查施工组织、人员配备、施工材料及进场的施工机械设备等;验收构配件及设备;审查各单位、分部、分项工程的质量、安全、环水保专项方案,报总监办审批。

(10)按有关规定和要求采取巡视、旁站、抽检和验收等方式,检查施工质量、安全和环水保等情况,并做好记录。对工地巡视发现的质量问题、安全隐患,要及时要求施工单位整改;对重大质量问题、安全隐患,要及时上报总监办。

(11)负责督办总监办、建设单位等上级主管部门各类指令单、通报的整改落实并签署意见报总监办。

(12)审查所辖段总体进度、月度计划及计划调整,及时纠偏;检查和监督进度计划的实施。

(13)组织分项工程(中间)交工质量检验评定,进行分部及单位工程质量评定并报总监办签发《分项工程(中间)交工证书》。

(14)核算工程量清单,对已完工程按合同约定的方法进行计量。

(15)填写监理记录,组织编写所辖管段监理工作报告,归集监理资料。

(16)承办上级和领导交办的与合同有关的其他工作。

3.2.3 总监办各岗位职责

1)总监理工程师岗位职责

总监理工程师是总监办的全权负责人,其主要职责有:

(1)认真贯彻执行建设单位的路线和方针,确保项目有关工程建设方针及目标得到落实。

(2)代表后方公司全面履行本项目监理合同约定的监理职责,负责管理总监办的日常监理工作。

(3)全面负责工程质量、安全、进度、环水保、费用等施工监理。

(4)确定项目总监办监理人员分工和岗位职责。

(5)主持编制项目监理计划、监理实施细则。

(6)主持第一次工地会,签署本项目开工令。

(7)主持或参加工地例会、监理例会等会议,负责协调各方面关系。

(8)参加或主持重要的关键工程、特殊工程、技术方案等专项技术方案的审查和决策。

(9)签发总监办指令,审签有关计划合同、质量安全、技术环保等方面的文件、报表及报告。

(10)巡视工地,督促工程现场质量、安全生产与环水保等体系有效运行。

(11)审查施工单位提交的总体进度计划,年、季、月进度计划,审批月、季、年进度计划。

(12)在授权范围内,审核、评估和处理工程变更、延期、费用索赔、价格调整、保险、违约、争端等合同事项。

(13)参与或配合工程质量安全事故的调查。

(14)组织编写并签发监理月报、季报和年报。

(15)参加工程项目的交、竣工验收,签认交工结账及最后支付证书。

(16)主持整理工程项目的监理资料,提交工程监理工作总结报告。

(17)承办上级和领导交办的与合同有关的其他工作。

2)副总监理工程师岗位职责

(1)在总监理工程师的领导下,负责所分管的监理业务,对总监理工程师负责;在总监理工程师外出期间,受总监理工程师委托,代行总监理工程师职责。

(2)全面熟悉合同条款、技术规范及设计图纸等文件。

（3）参与编制项目监理计划、监理实施细则。

（4）具体监督和指导总监办工程技术部、计划合同部、质量管理部、安全管理部、环水保部、总监办工地试验室对工程进度、费用、质量、安全、环水保进行有效监理。

（5）审查施工单位施工组织设计和总体进度计划，审核施工单位试验室的建立。审核施工单位测量基准点、原地面线及施工放线成果；核算工程量清单，负责对已完工程进行计量；审验施工单位报审的工程原材料及混合料配合比；审批分部工程开工申请；签发分项和分部工程暂停令和复工令；审查处理施工单位的报告、报表和函件。

（6）主持召开全线工程质量安全生产管理等工作会议。

（7）提出保证工程质量、安全、环水保、进度及费用等控制的措施和手段，必要时，经总监审定后书面报告建设单位。

（8）巡视工地，检查施工单位质量、安全保证体系运行的实效性；及时解决施工现场质量、安全及环水保等问题。

（9）负责所辖合同段的计量支付、施工进度等方面的监理工作。

（10）参加关键工程、特殊工程、安全技术方案等专项技术方案的审查。

（11）参与施工单位的工地会议，研究和解决施工过程中出现的各类质量、安全与技术等问题。

（12）编写监理月报、季报和年报，定期提交分析报告。

（13）参与本项目的交、竣工验收和后评价工作。

（14）参与或组织整理、编制工程施工、监理竣工文件，并督促施工单位按合同约定编制和整理竣工资料。

（15）承办上级和领导交办的与合同有关的其他工作。

3）安全负责人岗位职责

（1）贯彻执行国家有关安全生产的方针政策、法律法规和上级关于安全生产的指示、决定。

（2）在总监的指导下组织审查施工组织设计中的安全技术措施或专项施工方案是否符合工程建设强制性标准；审查应急预案和桥梁施工安全风险评估报告。

（3）协调总监办技术部门和安全管理部门监督施工单位对危险性较大工程的专项施工方案进行专家论证、审查，检查施工单位组织专家论证、审查的情况。

（4）组织检查施工单位的安全生产责任制、安全生产规章制度的建立和落实情况，检查重大危险源安全管理和生产安全事故隐患排查治理情况。

（5）组织核查施工单位项目负责人、专职安全生产管理人员和特种作业人员的资格以及施工机械设备和设施的安全许可验收手续。

(6)组织检查施工单位危险性较大工程的专项施工方案的实施情况,发现未按专项施工方案实施时报请总监签发监理指令,要求施工单位整改。

(7)监理过程中发现安全事故隐患的,要求施工单位整改,情节严重的及时报告总监,指令施工单位停止施工,并及时将存在问题向建设单位报告。发现施工单位拒不整改或不停止施工的,提请总监向有关监管部门报告。

(8)检查总监办安全监理台账建立情况,督促监理人员及时记录安全专项检查和巡视旁站中涉及施工安全管理的情况、存在的问题、监理指令及施工单位处理情况等。

4)内设部门负责人职责

(1)综合办公室主任岗位职责。

①全面负责主持办公室日常管理工作。

②协助总监办领导处理对内对外行政性事务。

③规范管理好总监办、公司及办公室公章。

④负责党工团、纪检监察日常事务工作。

⑤负责督办和检查总监办做出的决议、决定和各项工作任务的执行情况。

⑥负责总监办党政会议、综合性工作会议的筹备和大型活动组织工作。

⑦负责劳动人事方面的管理。

⑧负责组织办公室职工学习贯彻落实党和政府有关方针政策、法律法规和规定。

⑨负责车辆管理工作。

⑩完成领导交办的其他工作任务。

(2)计划合同部负责人岗位职责。

①正确贯彻国家、地方有关公路建设的方针、政策及法规,确保总监办的工作计划和各项任务在本部门的全面实施和完成。

②负责组织本部门的理论学习和业务学习及廉政教育,不断提高部门工作人员的综合业务素质。

③负责本部门人员全面履行岗位职责,规范办事程序,提高办事效率。

④参与本项目工程合同管理。

⑤根据项目公司及总监办工作部署,拟定相应计划,开展工程统计工作,定期组织检查施工单位的施工进度、合同履约情况。

⑥参与工程计量与支付等工作。

⑦做好与其他部门的协调配合工作,完成总监办领导交办的其他工作。

(3)工程技术部负责人岗位职责。

①全面负责总监办工程技术部日常工作,领导本部门成员开展技术管理等工作,充分

调动每个人的积极性，做到尽职尽责，各尽其能。

②贯彻国家、部委、省工程建设技术管理的法律、法规、方针、政策、标准、规范和规定，并在工程实施过程中严格监督执行。

③参与重大施工技术方案和关键技术的评审与工程变更工作，参与工程设计文件的技术交底、工程缺陷处理方案的审查。

④参与科研项目的管理和科技奖项的申报工作，组织对新技术、新工艺、新材料、新设备进行技术论证和推广应用。

⑤参与单位工程交工和竣工验收。

⑥承办上级和总监办领导交办的其他工作。

(4)质量管理部负责人岗位职责。

①全面负责总监办质量管理部日常工作，领导本部门成员开展质量监理等工作，充分调动每个人的积极性，做到尽职尽责，各尽其能。

②贯彻国家、部委、省工程建设质量管理的有关法律、法规、方针、政策、标准、规范和规定，并在工程实施过程中严格监督执行。

③组织本部门制定或补充有关工程质量监理的制度、规定、方法和表格。

④参与对全线监理人员的监理工作进行管理。

⑤审查施工合同段单位、分部、分项工程划分，对计量工程的质量资料签证。

⑥组织质量问题的处理、配合质量事故的调查处理，建立质量处理台账。

⑦协同中心试验室开展原材料、外购成品或半成品件等质量控制工作。

⑧参与工程交工验收、竣工验收相关工作。

⑨承办上级和总监办领导交办的其他工作。

(5)安全管理部负责人岗位职责。

①在总监、副总监、安全负责人的指导下实施总监办日常安全监理工作，编制安全监理计划和组织编制安全监理实施细则。

②健全总监办安全管理组织机构与安全保证体系。检查和督促施工单位建立健全安全保证体系和制订各种安全控制方案及措施，审查施工单位编制的施工组织设计中的安全技术措施或安全专项施工方案是否符合强制性标准。督促施工单位按规定设置配备安全机构和专职安全人员。

③检查施工单位安全文明施工措施落实情况，对不符合工程建设强制性标准的建设行为采取措施加以制止。当发现存在安全事故隐患时，坚决要求施工单位立即整改，直至停工；情况严重的，有权要求施工单位停止施工。

④以定期检查、不定期抽查及会议的方式对施工单位安全生产及文明施工进行督促

指导。

⑤督促施工单位编制所辖项目危险性较大工程的安全专项施工方案。

⑥负责审查项目经理、安全人员、特种作业人员的上岗证或资格证;审查施工单位提出的安全专项施工方案,报总监批复,并按批复内容督促实施。

⑦监督施工单位按规定搭设安全设施,超重机械和施工电梯等,正确操作使用;督促施工单位落实特种作业人员的岗前教育培训。

⑧检查施工单位消防、临边防护、用电安全等是否按规定执行。

⑨负责对安全生产进行现场监督、检查并做好记录,发现安全生产隐患,及时督促安全生产管理人员进行整改,对违章指挥、违章操作的行为应当立即制止。

⑩检查确认安全防护、服装、用品、设施等是否符合国家质量标准。

⑪参加安全事故分析处理,督促安全技术防范措施的实施和验收。

⑫督促施工单位及时收集、整理现场安全管理资料;记录安全监理工作,建立和如实填写巡视记录、安全日志、安全台账和安全监理月报等,及时向总监办领导汇报安全监理工作。

(6)环水保部负责人岗位职责。

①全面负责总监办环水保部日常工作,领导本部门成员开展安全生产工作,充分调动每个人的积极性,做到尽职尽责,各尽其能。

②贯彻国家、部委、省工程建设环水保方面的法律、法规、方针、政策、标准、规范和规定,并在工程实施过程中严格监督执行。

③负责组织本部门制定或补充有关工程环水保监理、制度、规定、方法和表格。

④督促施工单位编制专项施工环水保等方案。

⑤参与或负责组织进行环水保巡查与跟踪督办整改等工作。

⑥定期组织召开环水保工作会议,传达上级交通主管(行业)以及地方有关环水保文件精神,提高全体环水保工作人员安全意识、能力和水平。

⑦承办上级和总监办领导交办的其他工作。

(7)档案资料室负责人职责。

①具体负责总监办档案资料的管理工作。

②严格遵守国家、省、市档案法规和有关保密制度,集中统一管理管好监理项目的各类档案资料。

③根据省交投、建设单位相关规定,结合本项目实际,组织建立健全总监办清晰的管理资料档案框架体系。

④组织或负责总监办各职能部室和监理组参加资料内业档案管理学习以及交流活动。

⑤负责组织定期或不定期组织对职能部室、监理组、施工单位项目部、分部工区资料进行检查、指导、指正，提升全项目档案资料管理水平。

⑥负责有效践行预立卷等制度。

⑦负责项目资料的收集、归档、存盘、查阅、借阅等管理工作。

(8)工地(中心)试验室主任岗位职责。

①组织本部门试验检测工作的全面实施，对试验室的技术、质量、安全等全面负责，并对分室和承包人试验室进行检查、指导、监督、管理。

②负责工作计划的编写、检查，负责工作总结的编写；协调各项工作，接受上级下达的各项任务。

③负责各种检验报告、报表及资料的审核与签发工作。

④督促、检查岗位责任制的执行情况，定期考核工作质量及效果。

⑤定期组织试验工作会议，传达上级下达的文件精神，交流经验，不断改进试验工作。

⑥不定期组织试验检测人员业务学习。

⑦深入工地指导试验检测工作，参加工程质量事故分析会议。

⑧根据施工需要，组织进行研究性试验，推广应用新技术、新材料、新工艺及新试验设备。

⑨负责制订试验仪器设备购置计划，完善仪器设备档案。

⑩完成领导交办的其他工作。

(9)监理组长岗位职责。

①在总监办的领导下，全面负责监理组人员的日常管理和协调，检查和监督监理组人员的日常工作。组织监理组人员完成所承担的各项监理任务，贯彻“质量终身制”，严把质量关；对监理组分管范围的工程质量、安全、环水保等监理工作负直接责任。

②全面熟悉合同文件(遴选文件)，组织本监理组人员审查设计图纸，纠正设计图纸中明显的错误，及时报总监办。

③协助总监制定监理细则；初审施工单位“单位、分部、分项”工程划分，初审分包商和分包工程；提出审查意见报总监办。

④组织审查施工单位的分部(项)施工组织设计，提出审查意见报总监办，初审分项工程施工计划、施工方案、开工报告以及施工单位的月进度计划，并检查其执行情况，对于滞后计划的工程，及时督促施工单位采取有效补救措施或调整施工计划。

⑤负责组织分项工程中间交验及隐蔽工程验收。

⑥经常巡视工地，并组织监理组监理人员对主要工程、关键工序的巡视检查，每天不少于一次。

⑦协助总监办安全监理督促检查施工单位安全保证体系有效运行，检查施工单位安全责任制实施、安全措施落实等安全管理情况，加强施工现场安全监管。

⑧参与每月工地例会，研究和处理施工中的各种问题。

⑨审查和处理施工单位的报告、报表和函件报总监办。审查分项工程开工申请、签认分项工程（中间）交工证书。

⑩对合同争端、违约、延期、索赔、工程质量事故和重要、重大工程变更，提出处理意见报总监办。

⑪审查各单位、分部、分项工程的质量、安全、环水保专项方案，报总监办审批；对工地巡视发现的质量问题、安全隐患要及时要求施工单位整改，对重大质量问题、安全隐患要及时上报总监办。

⑫负责督办项目公司、总监办等上级主管部门各类指令单的整改落实并签署意见报总监办。

⑬审查施工单位有关计量资料。

⑭完成总监办交办的其他工作。

(10)分试验室主任岗位职责。

①在总监办中心试验室主任的具体领导下，组织本分室试验检测工作的全面实施，对分试验室的技术、质量、安全等全面负责，并对承包人试验室进行检查、指导、监督、管理。

②负责工作计划的编写、检查，负责工作总结的编写；协调各项工作，接受上级下达的各项任务。

③负责各种检验报告、报表及资料的审核与签发工作。

④督促、检查岗位责任制的执行情况，定期考核工作质量及效果。

⑤定期组织试验工作会议，传达上级下达的文件精神，交流经验，不断改进试验工作。

⑥不定期组织试验检测人员进行业务学习。

⑦深入工地，指导试验检测工作，参加工程质量事故分析会议。

⑧根据施工需要，组织进行研究性试验，推广应用新技术、新材料、新工艺及新试验设备。

⑨负责制订试验仪器设备购置计划，完善仪器设备档案。

⑩完成领导交办的其他工作。

5)专业监理工程师岗位职责

总监办专业监理工程师是指负责部分工程（如路基、桥梁、安全、环水保等）和从事专项业务（如试验、测量、合同和计量等）的监理工程师，主要职责分述如下。

(1)合约计量工程师。

①全面掌握合同文件条款，严格进行合同管理，做到既对建设单位负责，又维护施工单位的合法利益。

②对工作中出现的问题要及时、准确地向总监办汇报。

③计量核实合同工程量清单规定的任何已完工工程数量，保证工程的统计、计量、支付数据的准确性。

④按合同规定审检并初签中期支付证书及合同中止后任何款项的支付证书，报总监审核，对不符合技术规范和施工合同文件要求的工程项目和施工活动，有权暂拒支付，直到上述项目达到要求。

⑤审查施工单位的施工进度计划，并对认可的计划执行情况进行检查和监督。

⑥认真审核工程计量支付，及时处理施工单位有关经济问题的报告，对工程意外、工程延期等问题与各专业监理工程师协商研究，提出建议，报总监审查。

⑦审查、汇总、填报和管理工程计量报表。

⑧对工程中任何形式、质量、数量和内容上的变动，根据合同有关规定进行审核。

⑨对施工单位提出的建议和索赔标准，应根据合同规定的程序进行审核、确认，并做好有关资料的收集、记录工作。

⑩对施工单位提出的分包申请，按规定严格审查。

⑪对施工单位的保险种类、范围、数额、时间、有效期，保险单及保险费收据进行检查，以确保各种保险的落实。

⑫定期或不定期地向总监办汇报工作，承办领导交办的其他任务。

(2)路基专业监理工程师。

①负责所辖范围内的路基施工巡检工作，审查有关路基工程的施工组织设计、技术方案、图纸等。

②负责处理路基工程的有关问题，审查路基方面的工程变更方案。

③对于路基方面的技术问题及工程变更，审查后向总监办提出合理建议。

④对监理组监理人员进行路基工程监理方面的指导。

⑤对现场监理工作进行监督。

⑥负责每月质量巡检通报中的路基工程部分。

⑦定期或不定期地向总监办汇报路基工程施工质量与安全生产等情况。

⑧承办总监办交办的其他任务。

(3)路面专业监理工程师。

①负责所辖范围内的路面工程巡检工作，审查有关路面工程方面的施工组织设计、技术方案、图纸等。

②负责处理路面工程方面的问题,审查路面工程方面的工程变更方案。

③对于路面工程方面的技术问题及工程变更,审查后向总监办提出合理建议。

④对监理组监理人员进行路面工程监理方面的指导。

⑤对现场监理工作进行监督。

⑥负责每月质量巡检通报中的路面工程部分。

⑦定期或不定期地向总监办汇报路面工程质量与安全生产情况。

⑧承办总监办交办的其他任务。

(4)桥梁专业监理工程师。

①负责所辖范围内的桥梁工程巡检工作,审查有关桥梁工程方面的施工组织设计、技术方案、图纸等。

②负责处理桥梁工程方面的问题,审查桥梁工程方面的工程变更方案。

③对于桥梁工程方面的技术问题及工程变更,审查后向总监办提出合理建议。

④对监理组监理人员进行桥梁工程监理方面的指导。

⑤对现场监理工作进行监督。

⑥负责每月质量巡检通报中的桥梁工程部分。

⑦定期或不定期地向总监办汇报桥梁工程质量与安全生产情况。

⑧承办总监办交办的其他任务。

(5)测量专业监理工程师。

①熟悉合同文件、技术规范、设计图纸,制定测量监理细则,检查、指导、复核施工单位的工程测量成果。

②复核设计文件,与设计单位共同向施工单位移交原始基准点、基准线和基准高程,并对承包人的恢复定线控制测量成果进行监督、抽查和认定。

③负责对施工单位测量成果、资料整理、归档的检查、指导、监督,管理好施工测量原始记录、技术档案。

④严格按规定的测量精度,对施工单位的重要工程项目、重点工程部位施工放样成果进行审核、抽测、认定。

⑤随时检查施工单位的测量放样工作,抽查各项测量原始记录;在施工过程中,对控制工程的导线及工程构造物位置、高程和尺寸等进行抽查和认定。

⑥审核施工单位的测量验收申请,经现场检验校核,满足规范规定的精度后,给予签认,否则应将所有不合格部分及时通知有关人员重新测量。

⑦加强特大桥梁及互通工程的监督测量工作,必须严格按照规定的精度要求控制到位。

⑧定期检查、监督施工单位测量仪器的精度及标定情况。

⑨起草测量有关的监理指令,报总监签发,并对施工单位就监理指令有关事项的整改落实情况做现场检查。

⑩协助计量工程师审查施工单位的支付证书,审核计算数据。

⑪完成上级领导交办的其他工作。

(6)试验检测专业监理工程师。

①试验检测专业监理工程师、试验检测人员在工地(中心)试验室主任的领导下开展试验检测工作,共同完成工地试验室所承担的任务。

②及时将试验检测结果进行分析整理,经工地试验室主任批准后,报送总监。

③对总监办试验检测人员的工作进行监督和指导。

④负责总监办所使用的各类试验检测仪器、设备的日常维护、标定工作。

⑤不定期对施工单位的试验检测工作进行检查,督促施工单位做好检测试验及仪器、设备的维护和标定工作。

⑥完成总监与工地试验室主任交办的其他工作。

(7)交通安全设施专业监理工程师。

①负责所辖范围内的交安工程巡检工作,审查有关交安工程方面的施工组织设计、技术方案、图纸等。

②负责处理交安工程方面的问题,审查交安工程方面的工程变更方案。

③对于交安工程方面的技术问题及工程变更,审查后向总监办提出合理建议。

④对监理组监理人员进行交安工程监理方面的指导。

⑤对现场监理工作进行监督。

⑥负责每月质量巡检通报中的交安工程设施部分。

⑦定期或不定期地向总监办汇报交安工程质量与安全生产情况。

⑧承办总监办交办的其他任务。

(8)安全专业监理工程师。

①参与编制安全监理计划和组织编制安全监理实施细则。

②检查和督促施工单位建立健全安全保证体系和制订各种安全控制方案及措施,审查施工单位编制的施工组织设计中的安全技术措施或专项施工方案是否符合强制性标准;督促施工单位按规定设置配备安全机构和专职安全人员。

③检查施工单位安全文明施工措施落实情况,对不符合工程建设强制性标准的施工行为采取措施,加以制止。

④记录安全监理工作,建立和如实填写巡视记录、安全日志、安全台账和安全监理月

报等,及时向总监办领导汇报安全监理工作,并将相关资料及时整理归档。

⑤以定期检查、不定期抽查等方式对施工单位安全生产及文明施工进行检查与督促。

⑥负责审查安全人员、特种作业人员的上岗证或资格证,督促施工单位按批复的安全专项施工方案实施。

⑦监督施工单位按规定搭设安全设施、超重机械和施工电梯等,正确操作使用;督促施工单位落实特种作业人员的岗前教育培训。

⑧检查施工单位消防、临边防护、用电安全等是否按规定执行。

⑨巡视、检查施工现场安全并做好记录;发现安全生产隐患时,及时督促安全生产管理人员进行整改;对违章指挥、违章操作的违反劳动纪律的行为应当立即制止。

⑩检查确认安全防护、服装、用品、设施等是否符合国家质量标准。

⑪参加安全事故分析处理,参与安全技术防范措施的实施和验收。

⑫督促施工单位及时收集、整理现场安全管理资料。

(9)绿化环水保专业监理工程师。

①本着"优质、生态、环保、绿色"的建设原则,将环水保监控工作贯穿到整个施工过程中。

②在工程开工前,督促、指导施工单位提出文物保护、防止水土流失、废料废渣处理、大气污染等的控制措施,检查施工单位的环水保保证体系及相关准备工作,并将此作为施工单位单项工程开工的必要条件进行检查。

③与当地环保、水利部门保持联系,征询、交换环水保工作的要求、意见及研讨环水保工作措施。

④负责所辖范围内的绿化环水保巡检工作,审查有关绿化环保方面的施工组织设计、技术方案、图纸等。

⑤对弃土场、取土场的设置,河流处桥梁基础施工工艺、方法及高边坡防护等提出审查意见,报总监参考、决策。

⑥在工程施工过程中,经常巡查工地,对出现的水土流失及水、大气污染和噪声等问题及时制止,并提出处理意见。

⑦如在工程施工过程中发现文物古迹,及时督促施工单位停止作业、加以妥善保护,并协助有关政府部门处理。

⑧对于绿化环水保方面的问题,审查后向总监办提出合理建议。

⑨对现场监理人员进行绿化环水保监理方面的指导。

⑩负责每月质量巡检通报中的绿化环水保部分。

⑪定期或不定期地向总监汇报绿化环水保工作情况。

⑫承办总监交办的其他任务。

(10)钢混组合梁监造工程师。

①在总监办及监理组领导下,完成专业监理工作。

②全面熟悉合同文件,严格按其要求对钢混组合梁工程的施工质量、安全、进度进行控制。

③认真复核技术规范、设计图纸,力求发现其中的遗漏和错误,并提出修正意见。

④配合审查承包人的相关工程进度计划、重要施工方案、重要分项开工报告等,审查工程变更、工程分包,检查、督促各项计划的实施。

⑤检查、指导施工单位的工程质量控制和技术管理工作,检查、督促承包人质量自检工作,及时处理质量与技术问题,重大问题应将有关情况和本人意见向总监办报告。

⑥参加竣工文件编制的监督工作。

⑦承办上级和领导交办的与合同有关的其他工作。

(11)机电专业监理工程师。

①在总监办领导下,具体负责对机电工程驻地监理工程师办公室进行管理。

②承办上级和领导交办的与合同有关的其他工作。

(12)建筑专业监理工程师。

①在总监办领导下,具体负责对房建工程驻地监理工程师办公室进行管理。

②承办上级和领导交办的与合同有关的其他工作。

(13)试验员岗位职责。

①熟练掌握、了解试验工作的基本程序、要求、标准,在试验检测工程师的指导下开展工作,对试验室主任负责。

②在试验检测工程师的授权下,对施工单位申请进场的地产材料进行检查。

③在试验检测工程师的指导下,对工地试验室及现场试验进行旁站监督。

④加强学习与训练,不断提高自身的工作能力和水平,对自己所做的试验检验成果负责。

⑤承办上级和领导交办的与合同有关的其他工作。

(14)监理员岗位职责。

①在监理组长或专业监理工程师的领导下,完成指定范围内工程项目的监理工作。

②熟悉有关合同条款、规范及设计文件,在施工过程中对工艺过程或施工工序进行检查和记录,对加工制作及工序施工质量进行检查。

③熟悉承包人的分项工程施工方案和计划,检查承包人的人员、设备、材料进场情况和计划执行情况。

④及时对施工单位已完成合格工程的施工质检资料进行签证。

⑤监督检查承包人自检体系运转情况、工序质量、施工日记和原始记录；对规范规定的旁站项目进行现场旁站，填写抽检记录、监理日记、旁站记录等。

⑥承办上级和领导交办的与合同有关的其他工作。

(15)资料员职责。

①严格执行、遵守保密规定；未经许可，不得擅自复制、散发、泄露工程保密资料、数据、文件等，不做损害监理形象的事情。

②进入档案室的资料、文件、函件等均应登记，要求分类登记、分类存放、分类保管。

③各类资料的分类要合理，便于查找。

④密切关注、收集、整理、保存新规范、新标准及四新技术资料与信息，为工程建设提供技术资料与信息支持工作。

⑤承办领导交办的其他工作。

(16)计量员职责。

①在合约计量监理工程师的指导下，完成指定范围内工程项目的监理工作；对工作中出现的问题要及时、准确地向合约计量监理工程师汇报。

②在合约计量监理工程师的指导下，计量核实合同工程量清单规定的任何已完工工程数量，保证工程的统计、计量、支付数据的准确性。

③在合约计量监理工程师的指导下，检查和监督施工单位的施工进度计划执行情况。

④及时汇总、填报相应计量报表，做好有关资料的收集、记录工作。

⑤完成上级交办的其他工作。

3.3 人员和设备

(1)根据招投标文件和监理合同，拟定人员设备配备及进退场计划报建设单位审查批准；如有变更，将严格按照合同要求办理；组织监理人员岗前培训和考核，熟悉相关要求和管理规定，须经岗前考核(考试)合格，方可在该项目从事监理工作。

(2)总监办监理人员进退场计划(表3-1)。

总监办监理人员进退场计划一览表 表3-1

序号	监理职务	姓名	驻场时间(月)	施工准备及施工阶段(月)	缺陷责任期阶段(月)	备注
1	总监理工程师	1	1~66	42	24	
2	副总监理工程师	2	1~42	42		
3	安全负责人	1	1~42	42		

续上表

序号	监 理 职 务	姓　　名	驻场时间（月）	施工准备及施工阶段（月）	缺陷责任期阶段（月）	备注
4	试验室主任	1	1～42	42		
5	桥梁专业监理工程师	1	1～42	42		
6	试验检测工程师	5	1～42	42		
7	试验员	10	2～42	41		
8	合约、计量专业监理工程师	计合4	1～42	42		
9	计量员	2	2～42	41		
10	驻地监理小组组长	4	1～42	42		
11	桥梁专业监理工程师	3	1～42	42		
12	路面专业监理工程师	2	25～42	18		
13	路基专业监理工程师	3	1～66	42	24	
14	交安专业监理工程师	1	25～42	18		
15	机电监理工程师	1	25～42	18		
16	建筑监理工程师	1	25～42	18		
17	环保专业监理工程师	1	1～42	42		
18	水保专业监理工程师	1	1～42	42		
19	测量专业监理工程师	4	1～42	42		
20	测量员	5	1～42	42		
21	安全专业监理工程师	3	1～42	42		
22	监理员	18	2～42	41		
23	环保监理员	1	2～42	41		
24	水保监理员	1	2～42	41		
25	档案管理员	4	2～42	41	24	
26	桥梁监造监理小组组长	1	1～25	25		
27	桥梁监造分试验室主任	1	1～25	25		
28	钢结构加工监造工程师	1	1～25	25		
29	桥梁预制构件监造监理工程师	1	1～25	25		
30	桥梁专业监理工程师	1	1～25	25		
31	测量员	3	1～25	25		
32	试验员	3	2～25	24		

（3）监理组划设计划（表3-2）。

江北东高速监理组与项目工区及综合队对应一览表　　表 3-2

监理组划分及负责人			工区划分及负责人			综合队划分及负责人						主要结构物
监理组	组长	电话	工区	工区长	电话	综合队	起止桩号			负责人	电话	
一组	×××	××××××	一工区	×××	××××××	综合一队	K1 +997	~	K4 +267	×××	××××××	乌林枢纽
			二工区	×××	××××××	综合二队	K4 +267	~	K11 +377	×××	××××××	洪湖1号、2号桥
						综合三队	K11 +377	~	K16 +597	×××	××××××	汉河互通、洪湖3号桥
二组	×××	××××××	三工区	×××	××××××	综合四队	K16 +597	~	K20 +867	×××	××××××	洪湖4号桥
						综合五队	E20 +867	~	K25 +803	×××	××××××	洪湖4号桥
三组	×××	××××××	四工区	×××	××××××	综合六队	K25 +803	~	K30 +081	×××	××××××	万全互通
						综合七队	K30 +081	~	K38 +728	×××	××××××	主线
四组	×××	××××××	五工区	×××	××××××	综合八队	K38 +728	~	K44 +005	×××	××××××	主线
						综合九队	K44 +005	~	K51 +313	×××	××××××	主线、瞿家湾互通
							LK1 +000	~	LK11 +169			连接线
五组	×××	××××××	六工区	×××	××××××	综合十队	K51 +313	~	K64 +916	×××	××××××	主线、分盐互通

(4)试验、检测仪器进退场计划(表3-3)。

试验、检测仪器进退场一览表　　表 3-3

序号	设备名称	单位	数量			服务期限(月)	服务时间(月)
			主试验室	一分试验室	二分试验室		
施工期							
1	1000kN 万能材料试验机	台	1	1	1	1 ~ 42	42
2	300kN 万能材料试验机	台	1	1	1	1 ~ 42	42
3	2000kN 压力机	台	1	1	1	1 ~ 42	42
4	土工试验设备	套	1	1		1 ~ 42	42
5	土工检测设备	套	1	1		1 ~ 42	42
6	水泥及水泥混凝土试验检测设备	套	1	1	1	1 ~ 42	42
7	无机结合料试验检测设备	套	1	1		1 ~ 42	42
8	沥青及沥青混合料试验检测设备	套	1			1 ~ 42	42
9	公路工程集料试验设备	套	1	1	1	1 ~ 42	42
10	无核密度仪	台	2	1		1 ~ 42	42
11	全站仪(精度1″以内)	台	2		4	1 ~ 42	42

续上表

序号	设备名称	单位	数量			服务期限（月）	服务时间（月）
			主试验室	一分试验室	二分试验室		
施工期							
12	电子水准仪	台	4		4	1～42	42
13	GPS 测量仪	套	1		1	1～42	42
14	钢筋位置及保护层测定仪	台	2	1	1	1～42	42
15	回弹仪	台	4	4	4	1～42	42
16	钻孔取芯机	台	1	1	1	1～42	42
17	弯沉仪	台	1	1		1～42	42
18	摆式摩擦系数测定仪	台	1	1		1～42	42
19	路面平整度测试仪	台	1			1～42	42
20	路面构造深度测试仪	台	1			1～42	42
21	路面渗水仪	台	1			1～42	42
22	交安检测设备	套	2			1～42	42
23	桩基超声波检测仪	套	1	1	1	1～42	42
24	桥梁孔道压浆质量检测仪	台	1	1	1	1～42	42
25	电子天平	套	1			1～42	42
26	混凝土抗渗仪	台	1			1～42	42
27	发电机(30kW)	台	1	1	1	1～42	42
28	激光水平仪	台	1	1	1	1～42	42
缺陷期							
1	全站仪(精度1″以内)	台	1			43～66	24
2	电子水准仪	台	1			43～66	24
3	路基路面现场检测设备	套	1			43～66	24
4	无核密度仪	台	1			43～66	24

第4章　监理工作制度、程序及用表

4.1　监理工作制度

4.1.1　会议制度

1)会议的形式及记录

会议按召开时间、会议内容及参加人员的不同,分为第一次工地会议、工地例会、监理例会、专题会议等形式。

工地会议应由主持单位做好记录,会议形成的纪要应包含各方协商一致的意见及各方有保留的意见、会议纪要应经参加单位签认,并可作为合同文件(遴选文件)的一部分。会议中决定执行的有关事项,仍应按规定的监理程序办理。

2)第一次工地会议

(1)会议组织。

第一次工地会议应在工程正式开工前召开。总监办事先将会议议程及有关事项通知建设单位、施工单位及其他有关单位并做好会议准备。会议由总监理工程师主持,建设单位、总监办、施工单位法定代表人或授权代表须参加会议,各方在工程项目中担任主要职务的人员及分包单位负责人应参加会议。

(2)会议内容。

①第一次工地会议上,各方应介绍各自的人员、组织机构、职责范围及联系方式。建设单位应宣布对总监的授权,施工单位应书面提交对工地代表(项目经理)的授权书,总监办应书面将组织机构框图、职责范围及全体监理人员名单、联系方式及公章启用函提供给施工单位并报建设单位备案。施工单位应书面提交主要人员名单、联系方式、公章启用函、职能机构框图、职责范围及有关人员的资质材料给总监办,并报建设单位备案。

②施工单位应陈述开工的各项准备以及标准化建设情况,总监就施工准备以及安全、环水保等问题予以评述。

施工单位就施工准备情况按以下主要内容提出陈述报告、总监办逐项予以澄清、检查或评述:

a. 主要施工人员(含项目负责人、主要技术人员及主要机械手)是否进场或将于何日进场,并要提交进场人员计划及名单。

b. 用于工程的材料、机械、仪器和设施是否进场或将于何日进场,并要提交进场计划及清单。

c. 施工驻地及临时工程建设进展情况,并应提交驻地及临时工程建设计划和分布图、标准化建设实施方案。

d. 工地试验室、流动(分)试验室及其设施是否按投标文件的承诺准备就绪并要提交试验室布置图;流动(分)试验室分布图,仪器设备清单。

e. 施工测量的基础资料是否已经复核,与相邻标段的联测工作是否完成,施工测量是否进行或将于何日完成,并要提交施工测量计划及有关资料。

f. 履约保函、动员预付款保函及各种保险等是否已经办理或将于何日办理完毕,并要提交有关已办手续的副本。

g. 其他与开工条件有关的内容及事项。

③建设单位应就工程占地、临时用地、临时道路、拆迁、工程支付担保情况以及其他与开工条件有关的内容及事项进行说明。

④总监办就监理工作准备情况以及有关事项做出说明。

⑤监理工程师应就主要监理程序、质量和安全事故报告程序、报表格式、函件往来程序、工地例会等进行说明。

⑥总监进行会议小结,明确施工准备工作还存在的主要问题及解决措施。

(3)统一认识。

会议通过对开工准备情况的通报、检查、落实,认为开工条件已具备时,会议在结束前,由总监下达开工令。不具备开工条件时,也应对存在的问题提出解决的具体意见,特别是要对准备开工的日期提出要求,并统一认识。

3)工地例会

(1)会议的组织。

①会议人员。

工地会议由总监主持,参加会议的人员有:建设单位、总监办及监理组有关人员,施工单位的项目负责人、技术负责人,综合队负责人、特殊分包人及有关人员。

②会议时间。

会议召开时间:开工后的整个施工活动期内定期举行,一般每月召开一次,其具体时间间隔可根据施工进程及存在问题的程度,由总监办确定。

(2)会议的内容。

会议应检查上次会议议定事项的落实情况,并就工程质量、安全、环水保、费用、进度及合同其他事项等进行讨论，提出解决问题的措施并确定下一步工作的具体安排和要求。

会议应按既定的议程进行，一般应由施工单位逐项进行陈述并提出问题与建议，总监办应逐项组织讨论并做出决定或决定意向，会议一般按以下议程进行讨论和研究。

①确认上次会议记录。

可由会议记录人对上次会议记录征询意见，并在本次会议记录中加以修正。

②审查本月工程进度。

该项主要是关键线路上的施工进展情况及影响施工进度的因素和对策，同时提交下月进度计划。

③审查现场情况。

该项主要是现场施工组织及技术措施对进度和质量的适应情况，如有问题应提出解决措施。

④审查工程质量。

该项主要应针对工程缺陷和质量事故，就执行标准控制、施工工艺、检查验收等方面提出问题及解决措施。

⑤审查工程费用事项。

该项主要是材料设备的付款等发生或将发生的问题及初步的处理意见或意向。

⑥审查安全事项。

该项主要是对发生的安全事故或隐藏的不安全因素，以及对交通和民众产生的干扰提出问题及解决措施。

⑦讨论施工环境。

该项主要是讨论施工单位无力防范的外部施工阻挠或不可预见的施工障碍等方面的问题及解决措施。

⑧讨论延期与索赔。

该项主要是施工单位提出延期或索赔意向，进行初步的澄清和讨论，另按程序申报并约定专门会议的时间和地点。

⑨审议工程分包。

该项主要是对施工单位提出的工程分包意向进行初步审议和澄清，确定进行正式审查的程序和安排，并解决已批准（或批准进场）分包中管理方面的问题。

⑩其他事项。

该项主要指其他与工程有关的需要说明和澄清的事项。

会议中如出现重大变更、延期、索赔及工程事故等重大问题，可另行召开专题会议协调处理。

4）监理例会

（1）会议组织。

①监理例会由总监主持，总监办各部门、监理组负责人参加；必要时，邀请建设单位代表参会指导。

②会议召开时间：一般总监办每月召开一次，具体时间根据施工实际情况而定。

（2）会议内容。

①监理组汇报工作。

a. 简述上次会议提出问题的落实情况，陈述未落实问题的缘由。

b. 简述所辖工区（或综合队）的施工安全、质量、环水保、进度等情况及其存在的主要问题和相应解决措施。

c. 监理组自身监理工作小结及下阶段的工作思路。

②各部门汇报工作。

a. 简述上次会议提出问题的落实情况，陈述未落实问题的缘由。

b. 简述部门岗位所对应的施工安全、质量、环水保、进度等情况及其存在的主要问题和相应解决措施。

c. 部门自身监理工作小结及下阶段的工作思路。

③总监办点评工作。

a. 副总监评述分管工作，提出相应措施、建议与要求。

b. 总监总结，提出要求，安排工作；会后形成会议纪要，下发到各部门及监理组。

5）专题会议

（1）会议组织。

专题会议由监理工程师主持，根据工程需要及时召开，总监办代表和施工单位代表及其他有关人员参加，必要时应邀请建设单位代表或有关专家参加。

（2）会议内容。

①会议对施工期内出现的工程质量、安全、环水保、费用、进度及合同管理等方面的重点、难点和需要协调的问题进行研讨，并提出明确的解决方案和落实措施。

②“四新”技术的推广应用以及有关现场经验交流、学习观摩等活动。

4.1.2　监理资料制度

1）资料管理

建立健全文件与资料管理制度，并根据工程建设需要建立文件资料的计算机管理系统，设专人负责对文件资料进行管理。通过总监办文件与资料系统完整地反映项目质量、安全、环水保、费用、进度、合同的管理以及工程各方的往来函件及重要工程活动。

建立材料、试验、测量、计量支付、工程变更、安全、环水保等各项台账。各类监理文件与资料需内容完整、填写认真、审批意见与签认齐全(齐全真实、准确完整)。

2)资料内容

(1)监理文件与资料。

监理文件与资料包括监理管理文件、质量监理文件、施工安全监理与环水保监理文件、费用监理文件、进度监理文件、合同管理文件以及工程监理月报、监理工作报告、监理日报、监理日志、会议纪要、巡视记录、旁站记录、监理工作指令、工程变更令、工程分项开工的申请批复、试验抽检的原始记录等。

(2)监理管理文件与资料。

监理管理文件与资料包括监理计划、监理细则等。

(3)质量监理文件与资料。

质量监理文件与资料包括质量监理措施、规定及往来文件、试验检测资料、监理抽检资料、交工验收工程质量评定资料等。

(4)施工安全监理与环水保监理文件。

施工安全监理与环水保监理文件应包括安全管理的规章制度、措施、会议记录、检查结果、安全事故的有关文件及施工环境保护规划、环境保护措施、环境保护检查等。

(5)费用监理文件与资料。

费用监理文件与资料包括各类工程支付文件、工程变更有关费用审核文件、工程竣工决算审核意见书等。

(6)进度监理文件与资料。

进度监理文件与资料包括进度计划审批、检查、调整的有关文件,工程开工/复工令及工程暂停令等。

(7)合同管理文件与资料。

合同管理文件与资料包括施工单位办理保险的有关文件、延期索赔申请、分包资质资料、延期和索赔的批准文件、价格调整申请及批准文件等。

(8)工程监理月报。

总监办每月应向建设单位、质量监督部门报送工程监理月报,其内容包括:本月工程概述,工程质量、进度、安全、环水保、支付、合同管理的其他事项,合同执行情况,存在的问题,本月监理工作小结等。

(9)监理工作报告。

工程结束时,总监办提交监理工作报告,内容包括:工程基本情况、监理机构及工作起止时间,投入的监理人员、设备和设施。关于工程质量、安全、环水保、费用、进度及合同管理执行情况,分部(项)、单位工程质量评估,工程费用分析,工程建设中存在问题的处理意见和建议。

4.1.3 监理记录制度

1)记录形式

本项目监理记录包含监理日志、巡视记录、旁站记录等几类形式。

(1)监理日志。

监理日志为总监办(监理机构)每日对本项目监理工作及施工情况所做的记录。本项目采用现行规范规定格式,客观、连续记录主要施工情况、监理主要工作、问题及处理情况等监理活动。

日志栏目必须填写清晰,不使用模棱两可的语言。监理日志记录人为总监指定专人负责,每月由总监(总监代表)定期或不定期审签。

(2)巡视记录。

巡视记录为监理工程师对本项目施工现场进行的定期或不定期的巡回检查活动。巡视记录采用现行规范规定格式,准确记录巡视的范围、主要施工情况、质量安全环保等情况、发现的问题及处理意见等巡视工作。

职能部门巡视记录为一个部门一本,由部门负责人指定或安排人员填写,每月由分管总监定期或不定期审签;监理组巡视记录为一综合队一本,每月由组长定期或不定期审签,如图4-1所示。

(3)旁站记录。

旁站记录为监理人员对本项目旁站项目的施工过程进行的现场监督活动。旁站记录采用现行规范规定格式,准确记载旁站项目、施工过程简述、旁站工作情况、主要数据记录、发现的问题及处理结果等旁站工作。

由组长根据所辖综合队旁站项目或实际施工情况,安排或指定专监、监理员记录,每周由组长定期或不定期审签,如图4-2所示。

2)审签与归档

定期或不定期审签,在一定程度可以真实地反映监理工作和发现工作中有待改进的方面。侧重审查填写是否合规,条理是否清晰,内容是否完整,记载是否翔实,问题是否闭合等。审签人应提出相应审查意见,以促进或指导后续监理工作;监理记录,由总监办档案室统一编号,分类存档备查。

湖北省监利至江陵高速公路东延段工程项目

巡视记录(以钻孔桩示范例为参考)

编号：JK-013-□□

<table>
<tr><td>施工单位</td><td colspan="3">长江路桥江北东项目部</td><td>合同段</td><td>合同号</td></tr>
<tr><td>巡视人</td><td>×××</td><td>巡视时间</td><td>×年×月×日</td><td>检查人</td><td>监理组负责人或分管</td></tr>
<tr><td>巡视范围
(主要工程、关键部位)</td><td colspan="5">×××综合队×××桩号至桩号××桥左(右)×××钻孔桩施工；评标△钢筋保护层厚度；混凝土强度、孔深、桩身完整性</td></tr>
<tr><td>主要施工情况</td><td colspan="5">据实填写</td></tr>
<tr><td>质量、安全、环保等情况(含关键数据记录)</td><td colspan="5">孔径设计值(　)、实测值(　)
孔深设计值(　)、实测值(　)
孔位设计(　)、实测(　)
嵌入承台的锚固钢筋长度设计值(　)、实测(　)
混凝土浇筑前，孔内泥浆指标设计(　)、实测(　)
沉淀层厚度设计值(　)、实测值(　)
混凝土坍落度设计(　)、实测(　)
括号内填写数据</td></tr>
<tr><td>巡视人发现的问题及处理情况简述</td><td colspan="5">一、质量安全管理人员是(　)否(　)到位，特种作业人员是(　)否(　)持证上岗
二、方案执行情况
(1)成孔后是(　)否(　)清孔，孔径、孔深、孔位、倾斜度和沉淀层厚度是(　)否(　)合规。
(2)钢筋制作与安装参照桥梁工程中“钢筋制作与安装”的内容进行巡视检查。
(3)长桩钢筋骨架是否分段制作，骨架吊装时是(　)否(　)存在变形。是(　)否(　)有钢筋笼定位混凝土块或定位钢筋等措施，其位置、数量是(　)否(　)符合设计要求，有(　)无(　)偏位，嵌入承台的锚固钢筋长度是(　)否(　)符合规范规定的最小锚固长度。
(4)混凝土浇筑前，孔内泥浆指标和孔底沉淀层厚度是(　)否(　)合规。
(5)混凝土浇筑按桥梁工程中“混凝土浇筑”的内容进行巡视检查，配合比是(　)否(　)与批准的一致；首批混凝土数量是(　)否(　)经过计算满足导管首次埋置深度和填充导管底部需要，水下混凝土灌注是(　)否(　)连续。
(6)预留凿除的桩头长度是(　)否(　)足够，桩头处理是(　)否(　)得当、桩顶面有(　)无(　)松散情况。
(7)是(　)否(　)进行了桩基完整性检测(已到检测龄期桩基)，检测频率是(　)否(　)达到相关要求，缺陷桩是(　)否(　)进行了妥善处理等。
三、质量、安全、环保及施工标准化等措施是(　)否(　)落实
四、施工自检和工序交接是否合规
五、问题处理
括号内打“√”或“×”</td></tr>
</table>

图4-1　巡视记录示例

旁站记录(以预应力张拉示例为参考)

编号：JK-014-□□-□□□□□□□□-□□□□

施工单位	湖北长江路桥股份有限公司	合同段	JBD-1
旁站人	×××	旁站时间	××××年××月××日
旁站项目	××桥××幅预制梁/××联现浇梁/挂篮悬浇预应力张拉		
施工过程简述	××：××-××：××　××束(设计编号) ××：××-××：××　××束(设计编号) ××：××-××：××　××束(设计编号) ××：××-××：××　××束(设计编号)		
旁站工作情况	1.检查施工单位应人员是(√)否(　)在岗、机械设备数量及性能情况是(√)否(　)满足要求；三级交底是(√)否(　)进行；安全措施是(√)否(　)到位； 2.检查千斤顶与油表是(√)否(　)标定有效并与标定资料相符，是(√)否(　)配套使用； 3.张拉前检查混凝土试块强度是(√)否(　)大于设计强度(　)的85%,龄期是(√)否(　)大于7d； 4.检查张拉顺序、张拉程序、同步、对称张拉是(√)否(　)符合要求； 5.检查张拉控制应力值、伸长量,回缩量、断丝滑移是(√)否(　)满足设计及规范要求		
主要数据记录	1.检查施工单位人员质检员××人，张拉作业人员××人； 2.张拉设备××套,千斤顶编号：××××、配套油表编号：××××；千斤顶编号：××××、配套油表编号：××××； 3.张拉前、实测试件强度：×××Mp，龄期：×××d； 4.张拉顺序：N1-N3-N2-N4现浇与预制有区别； 5.张拉控制应力值及伸长率：N1：×××MPa,×××mm；N2：×××MPa,×××mm，N3：×××MPa，×××mm；N4：×××MPa，×××mm；(详见智能张拉自动形成的数据) 6.夹片回缩量符合要求		
发现问题及处理结果	有(　)无(√)异常情况； 异常情况描述：____________________		

图4-2　旁站记录示例

4.2　主要监理程序

4.2.1　标准化建设管理验收程序框图(图4-3)

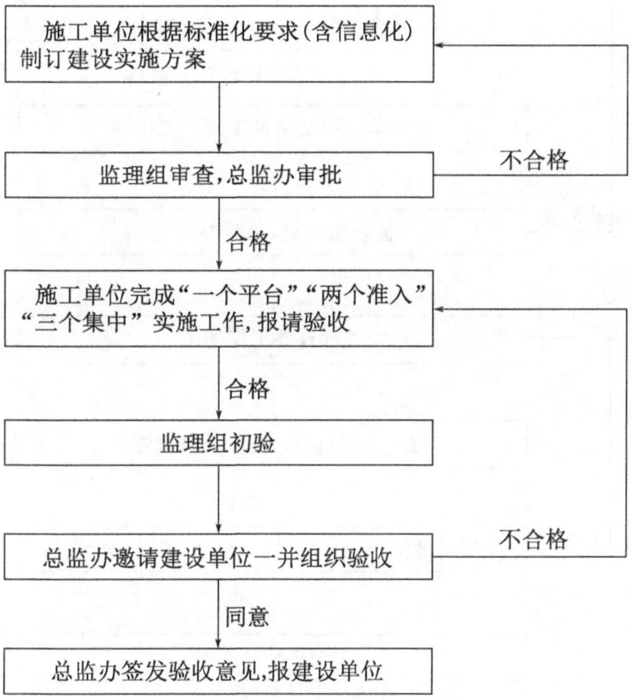

图4-3　标准化建设管理验收程序

注:"一个平台":统一的施工管理信息化平台;

"两个准入":大型模板和原材料准入管理;

"三个集中":集中设置工厂化钢筋加工场、梁板预制场、混凝土拌和站。

4.2.2　施工合同段工程开工监理流程框图(图4-4)

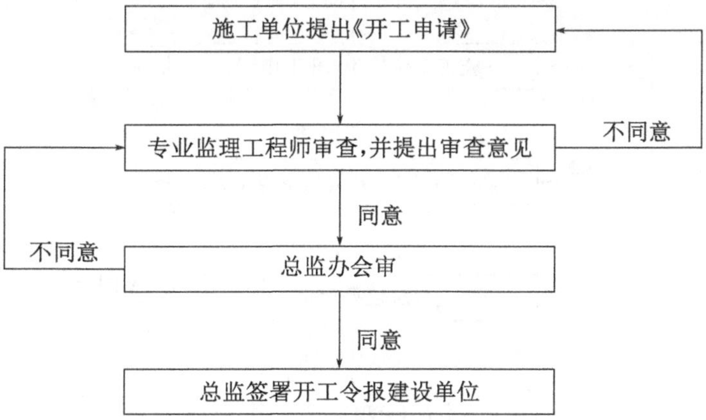

图4-4　施工合同段工程开工监理流程

4.2.3　首件工程施工监理工作程序框图(图 4-5)

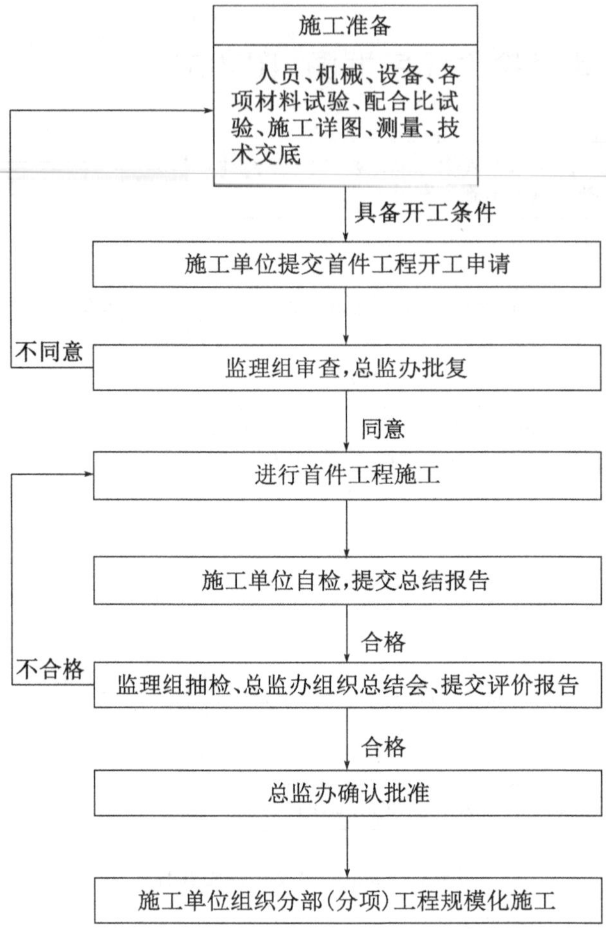

图 4-5　首件工程施工监理工作程序

4.2.4　分部(分项)工程开工监理流程框图(图 4-6)

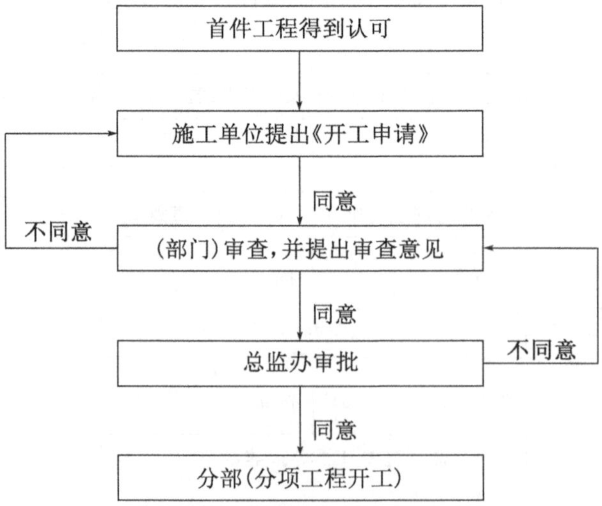

图 4-6　分部(分项)工程开工监理流程

4.2.5 原材料质量监理工作程序框图(图4-7)

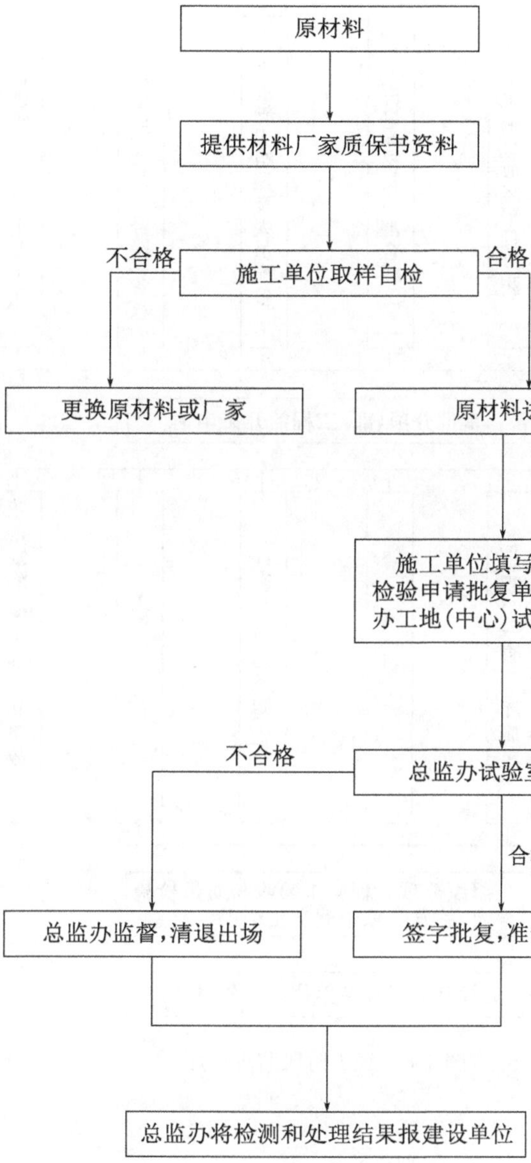

图4-7 原材料质量监理工作程序

4.2.6 施工阶段监理程序框图(图4-8)

4.2.7 监理指令报签程序框图(图4-9)

4.2.8 监理抽检程序框图(图4-10)

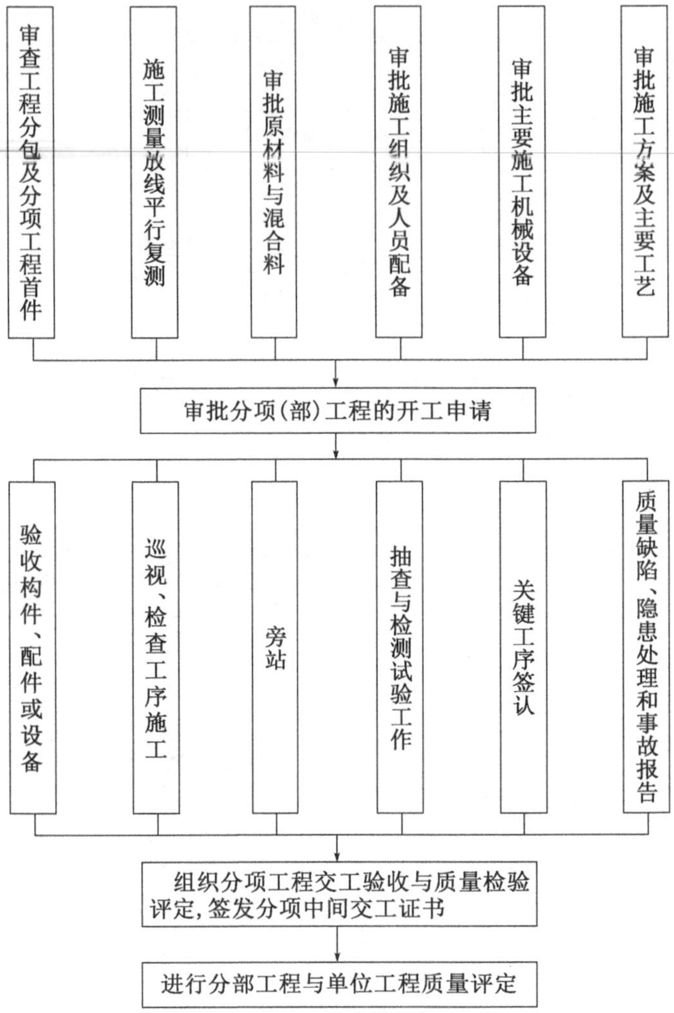

图 4-8　施工阶段监理程序

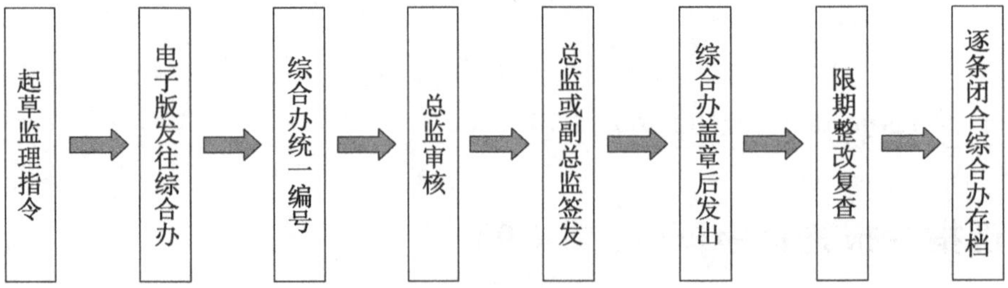

图 4-9　监理指令报签程序

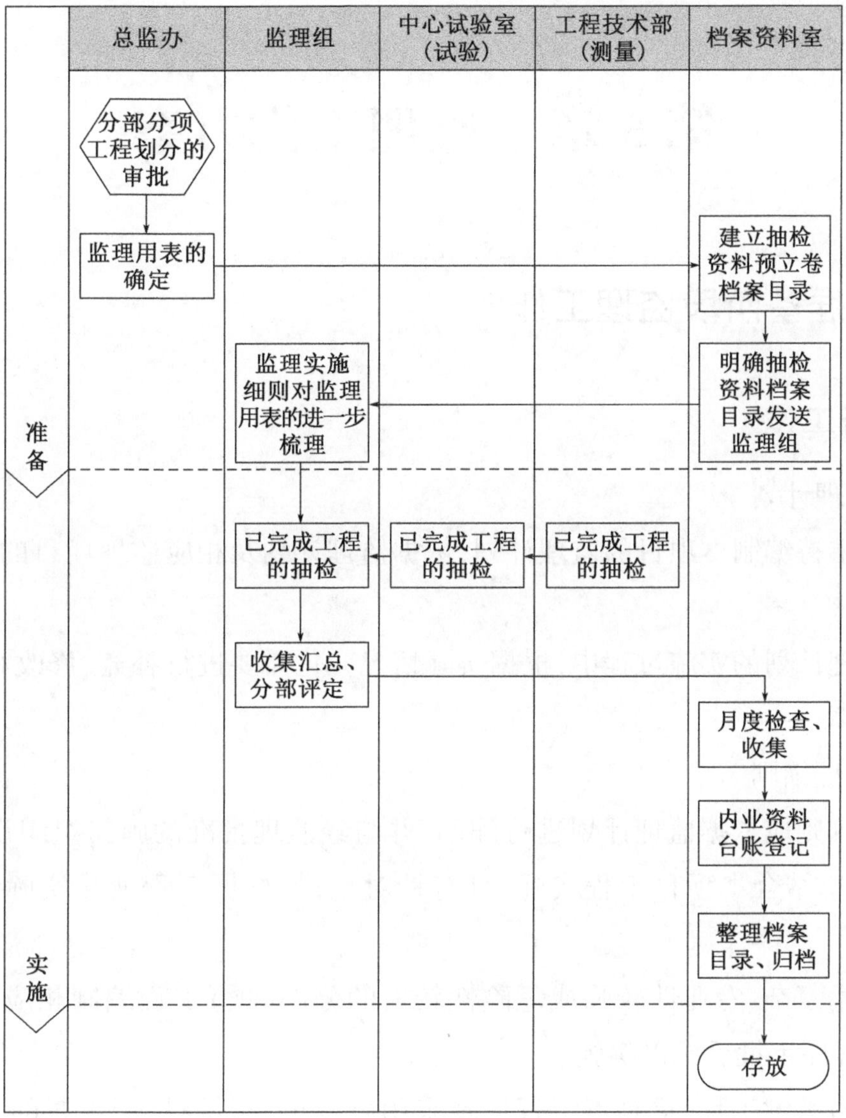
总监办
监理组
中心试验室（试验）
工程技术部（测量）
档案资料室
分部分项工程划分的审批
监理用表的确定
建立抽检资料预立卷档案目录
明确抽检资料档案目录发送监理组
监理实施细则对监理用表的进一步梳理
准备
已完成工程的抽检
已完成工程的抽检
已完成工程的抽检
收集汇总、分部评定
月度检查、收集
内业资料台账登记
整理档案目录、归档
实施
存放

图4-10 监理抽检程序

第5章　监理工作方案

5.1　施工准备阶段监理工作

5.1.1　准备工作

1)编制监理计划

(1)总监主持编制本项目的监理计划,依据监理计划及相应监理项目的特点组织编制监理细则。

(2)在监理计划的实施过程中,根据实际情况变化需要进行补充、修改和完善时,须经审查批准并备案。

2)编制监理细则

(1)监理细则应依据监理计划进行编制,并与经监理批准的施工组织设计相对应,监理细则的编制应结合本项目工程实际,具有针对性,且根据工程变化实际情况应进行补充、修改。

(2)对技术复杂、专业性较强或危险性较大的分部(项)工程编制相应的安全专项监理细则,并按程序审批后予以实施。

(3)对项目关键工程、重难点工程以及采用新技术、新材料、新工艺的分部(项)工程或特殊季节的施工,如钻孔桩、加固土桩(粉喷桩)、管桩、梁板预制、装配式工业化桥梁建造、特大桥施工等应针对施工单位的施工方案编制专项监理细则,并按程序审批后予以实施。

(4)监理细则应包括下列主要内容:

①工程内容和特点。

②监理工作流程。

③监理工作要点。

④监理工作方法和措施。

⑤巡视、旁站和抽检等计划。

(5)本项目拟编制细则清单(表5-1)。

江北高速公路东延段总监办监理实施细则编制清单 表5-1

监理单位:湖北省公路水运工程咨询监理有限公司

序号	监理实施细则名称	编制时间	编制	审核	审批	备注
1	加固土桩监理实施细则(试行)	2018年7月16日	×××	×××	×××	细则须在分项工程实施前15天完成审批印发
2	钻孔灌注桩监理实施细则(试行)	2018年7月18日	×××	×××	×××	
3	桥梁沉入管桩监理实施细则	2018年7月19日	×××	×××	×××	
4	桥梁下构监理实施细则	2018年7月20日	×××	×××	×××	
5	软土路基管桩监理实施细则	2018年7月21日	×××	×××	×××	
6	装配式涵洞、通道监理实施细则	2018年11月1日	×××	×××	×××	
7	预制小箱梁监理实施细则	2018年12月12日	×××	×××	×××	
8	现浇箱梁监理实施细则	2019年1月1日	×××	×××	×××	
9	预制梁板安装监理实施细则	2019年3月10日	×××	×××	×××	
10	悬臂浇筑箱梁监理实施细则	2019年7月10日	×××	×××	×××	
11	钢混组合梁钢梁监理实施细则	2019年7月20日	×××	×××	×××	
12	路基填筑监理实施细则	2019年8月5日	×××	×××	×××	
13	混凝土桥面铺装监理实施细则	2019年8月10日	×××	×××	×××	
14	沥青路面监理实施细则	2019年11月				
15	……					

3)建立工地试验室

按合同规定和要求,建立总监办中心试验室及两个分试验室,配备、配齐试验检测设备和设施。

4)熟悉合同文件

组织监理人员熟悉作为监理工作依据的法律、法规、文件。如发现合同文件(遴选文件)有误或各部分文件之间有不一致之处,及时书面向项目建设单位提出,由项目建设单位与有关单位协调处理。

熟悉和复核工程设计文件、图纸的主要内容包括:

①设计图纸是否符合相关规定的要求。

②图纸有无遗漏、差错、缺陷或相互矛盾之处。

③地质和水文等基础资料是否充分可靠。

④设计文件所提供的材料来源是否满足要求。

⑤所提出的施工方案是否合理。

5)调查施工环境条件

现场了解、核查施工环境和条件,监督施工单位对施工合同约定的施工条件进行调查,掌握有关情况。及时调查核实对施工单位按时开工的潜在影响和情况,并将核查属实的情况向建设单位报告,以便尽快解决。

6)监理机构质量责任登记

按规定填写总监办工程质量责任登记表,如实登记监理人员。

5.1.2 监理工作内容

1)审批施工组织设计

合同段总体施工组织设计由总监审批,并报建设单位。审查重点包括:

(1)施工组织设计的编审手续是否齐全有效。

(2)施工质量、安全、环水保、进度、费用目标是否与合同一致。

(3)质量、安全和环水保等保证体系是否健全有效。

(4)安全技术措施、总体施工方案和临时用电方案是否符合要求。

(5)桥梁等施工安全风险评估的工程项目清单。

(6)施工总体部署与交通导改方案和安全、环水保等事故应急救援预案是否合理可行。

(7)对技术复杂、危险性较大及采用新技术、新工艺或在特殊季节施工的分部(项)工程,施工单位需编制专项施工方案(表5-2),并由监理组审核,总监理工程师批准,报建设单位。

监利至江陵高速公路东延段专项技术方案一览表　　表5-2

序号	专项施工技术方案名称	拟编制时间	重要性	评　审	审批
一	总体工程				
1	施工组织设计	2018.5	重大	专家评审	总监办
2	测量专项施工技术方案	2018.5	一般	否	总监办
3	施工临时用电专项方案		较大	项目评审	总监办
4	试验检测专项方案	2018.5	一般	否	总监办 试验室

续上表

序号	专项施工技术方案名称	拟编制时间	重要性	评　审	审批
二	临建				
1	混凝土拌和站专项施工技术方案	2018.5	较大	项目评审	总监办
2	基层粒料拌和站专项施工技术方案	2019.7	较大	项目评审	总监办
3	沥青碎拌和站专项施工技术方案	2019.7	较大	项目评审	总监办
4	小件预制场专项施工技术方案	2018.5	较大	项目评审	总监办
5	PC 构件厂专项施工技术方案	2018.5	较大	项目评审	总监办
6	箱梁预制场专项施工技术方案	2018.5	较大	项目评审	总监办
7	钢筋加工厂专项施工技术方案	2018.5	较大	项目评审	总监办
8	项目驻地建设专项施工技术方案	2018.4	较大	项目评审	总监办
9	工地试验室建设专项施工技术方案	2018.4	较大	项目评审	总监办
10	现场施工便道专项施工技术方案	2018.4	较大	项目评审	总监办
三	路基路面工程				
1	路基试验段专项施工技术方案	2018.8	一般	否	总监办
2	路基施工技术方案	2018.9	一般	否	总监办
3	盖板涵专项施工技术方案	2018.5	一般	否	总监办
4	排水工程专项施工技术方案	2018.6	一般	否	总监办
5	特殊路基软基处理专项施工技术方案	2018.5	较大	项目评审	总监办
6	基层试验段专项施工技术方案	2019.8	一般	否	总监办
7	基层施工技术方案	2019.8	一般	否	总监办
8	路面试验段专项施工技术方案	2019.8	一般	否	总监办
9	路面施工技术方案	2019.8	较大	项目评审	总监办
四	桥梁工程				
1	桩基专项施工技术方案(钻孔桩、管桩)	2018.5	一般	管桩需项目评审	总监办
2	承台专项施工技术方案	2018.5	一般	否	总监办
3	系梁专项施工技术方案	2018.5	一般	否	总监办
4	墩柱专项施工技术方案	2018.5	一般	否	总监办
5	垫石专项施工技术方案	2018.7	一般	否	总监办
6	支座安装专项施工技术方案	2018.7	一般	否	总监办
7	桥面系专项施工技术方案	2019.1	一般	否	总监办
8	现浇箱梁专项施工技术方案 (支架现浇、悬臂现浇分别编制)	2018.7	重大	专家评审	总监办
9	钢梁制造工艺方案	2018.8	重大	专家评审	总监办
10	桥面板预制及吊装专项施工技术方案	2018.8	较大	项目评审	总监办
11	钢混梁叠拼专顶施工技术方案	2018.8	较大	项目评审	总监办
12	桥梁监控专项方案	2018.7	较大	项目评审	总监办

续上表

序号	专项施工技术方案名称	拟编制时间	重要性	评　　审	审批
五	其他工程				
1	绿化工程专项施工技术方案	2018.5	一般	否	总监办
2	交安设施专项施工技术方案	2019.12	一般	否	总监办
3	标志标牌专项施工技术方案	2019.12	一般	否	总监办
4	取、弃土场专项施工技术方案	2018.6	较大	项目评审	总监办
5	总体环水保专项施工技术方案	2018.7	较大	项目评审	总监办

说明：1.专项施工技术方案包括但不限于上表所列方案；
2.编制时间应以施工单位施工进度实际确定。

2)检查保证体系

检查施工单位质量、安全和环水保等保证体系是否落实，重点检查项目经理、技术负责人、安全总监、工地试验室负责人等的资格及技术、质量、安全、计划合约、环水保人员的履约情况。督促要求保证体系中的人员到位、设施到位、资金到位、规章制度到位、职责分工到位、履职到位，以确保各体系有效运转。

3)参加设计交底

(1)参加设计交底，以掌握本项目的设计意图、设计标准和要点；熟悉对材料与工艺的要求，施工中应特别注意的事项，以及对施工安全、环水保工作的要求等；澄清有关问题，收集资料。

(2)在参加设计交底前，总监组织各专业监理工程师认真熟悉合同图纸和设计文件，对发现的设计问题以书面形式向建设单位提出意见和建议。

(3)参加交底会的代表与其他与会单位代表一起对会议纪要进行签认。

4)审批标准化工地及施工管理信息化建设

(1)总监办应审核施工单位标准化工地建设方案后报建设单位审批。

(2)总监办、项目部应依据省交投《关于印发〈湖北省交投投资集团有限公司交通基础设施建设项目施工管理信息化建设指导意见〉(试行)的通知》与标准化工地建设方案同步编制本单位信息化系统建设方案。施工单位信息化系统建设方案经总监办审查，报建设单位批准后实施。验收工地标准化建设和信息化管理。

(3)按照经批准的标准化工地建设及信息化管理实施方案，督促施工单位实施，并对实施情况经常性进行检查。

(4)监理组对已完成的驻地、“三场一站”标准化建设及信息化管理安装情况进行初验，通过后报总监办，总监办组织并邀请建设单位代表一同验收。

(5)标准化工地建设与信息化管理系统实行同步验收。未进行信息化系统建设或未与标准化工地建设同步通过验收的“三场一站”、工地试验室不得正式投入使用,工程项目不得开工。

5)初审质量责任登记

初审施工单位的工程质量责任登记表,并对施工单位的技术、质量、安全和环水保等保证体系建立情况进行检查。

6)核验工地试验室

总监办审核施工单位工地试验室的人员、设备和试验检测能力是否满足合同要求,管理制度是否健全,检查工地试验室标准化建设落实情况,由建设单位对能力核验情况予以批复后,报湖北省交通运输厅工程质量监督局备案。

能力核验主要审查以下内容:

(1)施工单位配备的工地试验室的建筑面积、试验环境、试验设备及人员应能满足本工程各项试验的需要及标准化建设要求;所有试验人员必须持相应资格证书并已在湖北省交通运输厅工程质量监督局注册。

(2)工地试验室的所有试验仪器应符合合同的要求并依法检定合格,其母体试验室应有专业管理机构颁发的合法资质并对工地试验室已授权。

(3)工地试验室应按施工合同的规定制订管理制度、岗位职责、抽样检测频率、时间和方法以及各项试验操作规程。

7)审批测量成果

(1)施工单位应负责施工测量放线工作的准确性,对项目建设单位提供的测量基准点、基准线和水准点进行复测并将复测成果资料报总监办批准、建设单位备案后,方可用于工程施工定线与放样。

(2)总监办参加交桩,并审查施工单位提交的施工测量放线数据和成果,对施工单位提交的原始基准点的结果进行核查和平行复测并批复。

(3)施工单位对建设单位提供的基准资料应进行核实,发现错误,应及时通知总监办和建设单位,否则应承担相应责任。

8)复测地面线

监督施工单位在原始地面线未被扰动前测定地面线,并对测定结果进行必要的抽测,抽测频率应能判定施工单位测定结果是否真实可靠且不低于施工单位测点的30%,对测量成果签署意见后报建设单位备案。

(1)检查施工单位所使用的仪器精度及操作方法是否符合有关勘测标准的要求与规定。

(2)对施工单位旨在影响任何纵向加桩及横向测点的不合理性加以纠正,使纵向的中桩连线和横向的测点连线与实际地面线相符合。

(3)对施工单位提交的土石方工程量计算资料进行审核,若施工单位擅自开工扰动了地面线,监理工程师需要根据设计文件按不利结果确认。

9)审批工程划分

总体工程开工前,对施工单位提交的分项、分部、单位工程划分审核后报建设单位。工程划分应根据《公路工程质量检验评定标准　第一分册　土建工程》(JTG F80/1—2017)的规定并结合工程特点进行。经批准的工程划分应作为参建各方在分项、分部工程开工的申请和批准、分项工程的质量控制、验收、评定和中间交工以及分部、单位工程的质量评定及工程的计量支付等施工全过程管理的依据。

10)确认场地占用计划

(1)对施工单位提交的场地占用计划及临时增减的用地计划予以确认,并及时提交建设单位批准。

(2)对于已经移交了工程场地占用权,但施工单位尚不施工或尚未测定的施工段落,应要求施工单位对工程场地的地面线进行有效的保护,不得随意开挖或倾倒垃圾,由此而增加的工程数量或工程费用不予认可。

11)核算工程量清单

对施工单位的工程量清单复核结果进行核算,审核工程量清单时,应依据合同条件、合同图纸和技术规范、合同规定的计量原则进行工程数量核算。审查无误后,及时对施工单位提交的工程量清单结果予以签认,报建设单位批准。

12)签发开工预付款支付证书

按招投标文件或遴选文件相应规定,总监签发开工预付款支付证书,报建设单位审批。

13)召开监理交底会

合同段开工前,总监理工程师主持召开由施工单位项目经理和技术、质量、安全负责人,工地试验室负责人,其他主要管理人员及主要监理人员等参加的监理交底会,介绍监理计划的相关内容。

14)召开第一次工地会议

(1)会议在工程正式开工前召开。

(2)会议由总监主持召开。

(3)总监办事先将会议议程及有关事项通知建设单位、施工单位及其他有关单位,并做好会议准备。

(4)建设单位、监理单位及施工单位法定代表人或授权代表出席,各方在工程项目中的主要管理、技术人员等须参加。

15)签发合同段开工令

总监办收到施工单位提交的合同段开工申请后,对合同段的开工条件进行核查。具备开工条件的,由总监签发合同段开工令,报建设单位。

5.2 施工阶段监理工作

5.2.1 一般规定

1)审批分部工程开工申请

(1)施工单位应在分部工程开工前14天提交分部工程开工报告申请,若施工单位的开工准备、工作计划和控制方法可接受并经总监办书面批准,分部工程才能开工。

审查的内容包括:

①施工方案、主要施工工艺控制要点及施工工艺图等是否符合有关技术标准。

②技术、质量和安全管理人员及主要操作人员的配备是否满足施工合同要求和施工需要。

(2)分部工程与分项工程相同时可仅报批一次,但应符合首件工程制有关规定。

2)体系检查

在施工过程中,总监办将对施工单位主体责任落实、施工合同执行和质量安全等保证体系运行等情况进行定期或不定期的跟踪检查与督办。

3)巡视

施工现场监理工作采取以巡视为主的方式开展,总监定期或不定期巡视施工现场,监理组对施工主要工程的巡视每天不少于一次,并填写巡视记录[格式见《公路工程施工监理规范》(JTG G10—2016)附录B1],巡视应包括下列主要内容:

(1)正在施工的分项工程是否已批准开工。

(2)施工现场管理人员特别是质量检测、安全管理人员是否到位;特种作业人员是否持证上岗;使用的原材料或混合料、结构配件和主要施工机械设备是否与批准的一致。

(3)是否按施工规范、工程设计图纸及批准的施工组织设计和方案施工。

(4)质量、安全、环水保和施工标准化措施是否落实,施工自检和工序交接是否符合规定。

(5)是否存在质量问题或安全隐患及整改落实情况。

(6)国家、省交通运输主管部门、省交投集团、江北东公司组织开展的一系列专项活动,如打造品质工程、创建平安工地、质量通病治理、六个专项治理、施工标准化、绿色公路等。

4)旁站

监理组及分试验室按照监理旁站项目一览表中的项目进行相应旁站,对主要工程的关键项目进行检测见证,并填写旁站记录[格式见《公路工程施工监理规范》(JTG G10—2016)附录 B2],及时签认检测见证结果。

本项目旁站项目一览表如表 5-3 所示。

旁站项目汇总　　表 5-3

<table>
<tr><th colspan="2">单位工程</th><th colspan="2">分部工程</th><th>分项工程</th><th>旁站项目</th></tr>
<tr><td colspan="2" rowspan="2">路基工程</td><td colspan="2" rowspan="2">土石方工程</td><td>土方路基、石方路基</td><td>试验段</td></tr>
<tr><td>软土地基处治、土工合成材料处置层</td><td>试验段</td></tr>
<tr><td colspan="2" rowspan="3">路面工程</td><td colspan="2" rowspan="3">路面工程</td><td>基层、底基层</td><td>试验段</td></tr>
<tr><td>沥青面层</td><td>试验段</td></tr>
<tr><td>水泥混凝土面层</td><td>试验段、摊铺</td></tr>
<tr><td colspan="2" rowspan="12">桥梁工程</td><td colspan="2" rowspan="3">基础及下部构造</td><td>桩基</td><td>试桩、钢筋笼安放、首盘混凝土浇筑</td></tr>
<tr><td>地下连续墙</td><td>首盘混凝土浇筑</td></tr>
<tr><td>沉井</td><td>定位、下沉、浇筑封底混凝土</td></tr>
<tr><td rowspan="6">上部构造</td><td rowspan="3">预制和安装</td><td>预应力筋的加工和张拉</td><td>试验工程,首次张拉、首次压浆</td></tr>
<tr><td>转体施工梁、拱</td><td>桥体预制、接头混凝土浇筑</td></tr>
<tr><td>吊杆制作和安装</td><td>穿吊杆、预应力束张拉、首次压浆</td></tr>
<tr><td rowspan="3">现场浇筑</td><td>预应力筋的加工和张拉</td><td>张拉、首次压浆</td></tr>
<tr><td>悬臂浇筑梁、主要构件浇筑</td><td>主梁段混凝土浇筑、首次压浆</td></tr>
<tr><td>劲性骨架混凝土拱、钢管混凝土拱</td><td>混凝土浇筑</td></tr>
<tr><td colspan="2" rowspan="3">桥面系及附属工程</td><td>桥面铺装</td><td>试验段</td></tr>
<tr><td>钢桥面上沥青混凝土铺装</td><td>试验段、沥青混凝土摊铺</td></tr>
<tr><td>大型伸缩装置安装</td><td>首件安装</td></tr>
<tr><td rowspan="2">交通工程</td><td>交通安全设施</td><td colspan="2">护栏</td><td>混凝土护栏</td><td>首段混凝土浇筑</td></tr>
<tr><td>机电工程</td><td colspan="3">监控、通信、收费、配电、隧道机电设施的主要分项工程</td><td>首件施工</td></tr>
<tr><td colspan="2">附属设施</td><td colspan="3">服务区、收费站等建筑工程的地基与基础、主体结构</td><td>首件施工</td></tr>
</table>

5.2.2　施工质量监理

1)质量保证体系

本项目实行“政府监督、法人管理、社会监理、企业自检”的四级质量保证体系。监理单位总监办对工程质量负现场管理责任,施工单位对工程施工质量负责,试验检测单位对试验检测结果负责,其他从业单位和从业人员按照有关规定对其产品或服务负相应责任。

总监办拟从技术控制、质量管理、通病治理、过程控制等方面建立健全质量监理体系，力创“内在质量优、外在形象美、结构功能全、使用寿命长”的品质工程。总监办质量保证体系框图如图5-1所示。

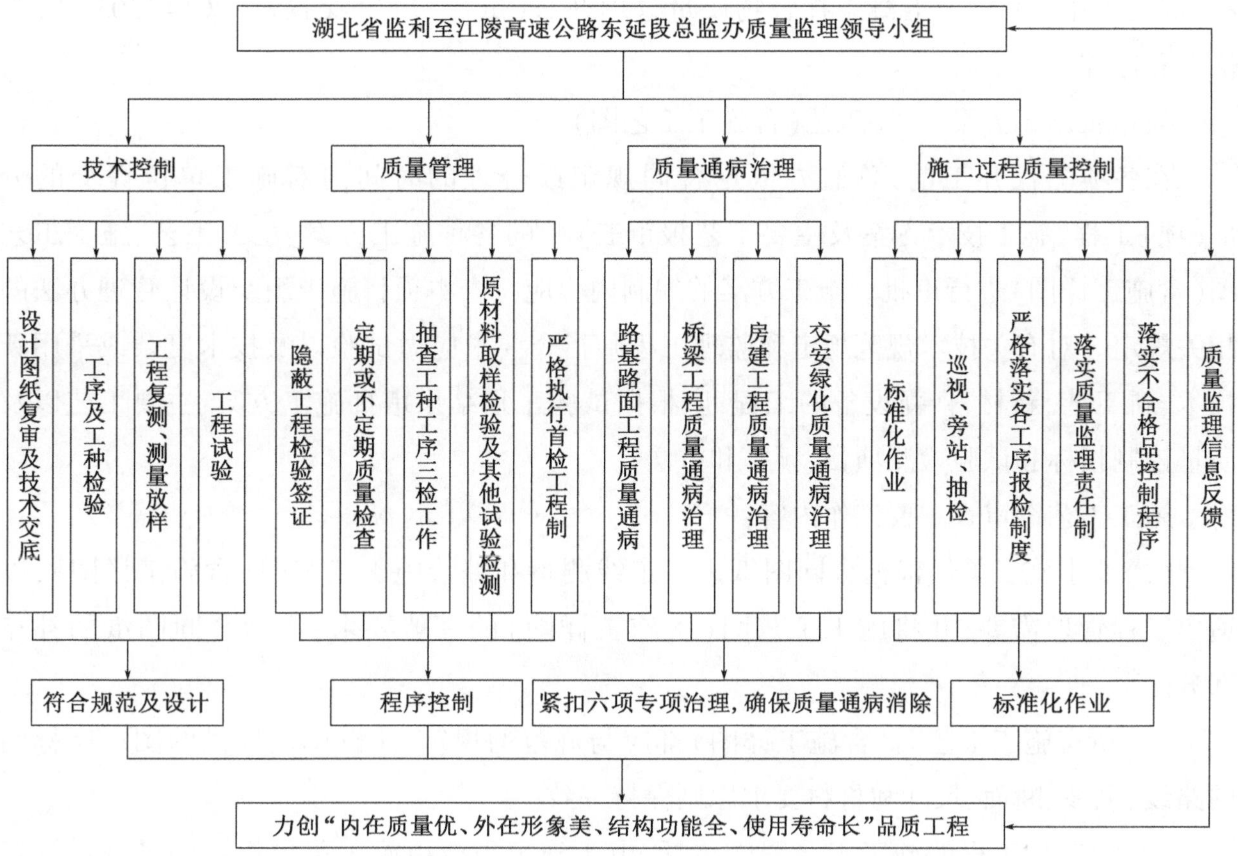

图5-1 总监办质量保证体系

2）重点桩位平行复测

测量监理工作由总监办测量监理工程师专门负责，测量监理工程师需要做到：

（1）检查施工单位使用的测量仪器是否按规定进行了检定或自校。

（2）审查施工单位提交的施工测量放线数据和成果，对施工放线的重点桩位按不少于30%复测，经复测不符合规定时应要求其重新测设。施工放线的重点桩位是指道路工程的路线平面控制点（直线转角点、圆曲线、缓和曲线起讫点、中点）和主要结构物定位的轴线控制桩位等以及各高程控制点。

3）审批工程原材料与混合料

试验检测监理工程师应审查施工单位申报的原材料、混合料试验资料，并遵循以下原则：

（1）工程主要原材料由总监办试验检测监理工程师（含分试验室）独立取样进行试验，对主要混合料配合比和路基填料的击实试验结果进行验证、批复。

(2)需外委检测的材料,由施工单位、现场监理、总监办中心试验室几方见证取样,送有资质的单位试验检测,合格后由总监办批复,并报建设单位。

(3)工程原材料及混合料配合比审查、审批以《混凝土配合比设计及应用技术指南》和《混凝土用原材料及混凝土拌合物质量管理办法(试行)》(鄂交投发〔2014〕305 号)为依据和标准。

4)审批施工方案、主要工艺(含施工工艺图)

在各项工程开工前,总监办依据合同规定或合理的时间内对施工单位提交的分部(项)工程《施工技术方案及主要工艺报审表》中的各种施工方案、主要工艺、施工工艺图(含施工详图)进行审批。施工方案的编制内容应符合本项目施工组织设计管理办法的相关规定。对有关技术规范规定和监理工程师指令要求应做试验以及技术复杂或采用新技术、新工艺、新材料、新设备的工程,应根据试验工程结果审批施工方案、主要工艺以及质量控制指标和试验检测项目、频率和方法。

施工工艺图审查主要工作内容:

(1)要求施工单位根据合同图纸进行定线测量和编绘施工工艺图(含施工详图),以适应工程管理需要,并将施工工艺图(含施工详图)的一般要求,作为合同图纸的补充部分。

(2)所有施工工艺图(含施工详图)都应与规范的规定、建设单位提供的图纸所标明的路线、纵坡、断面、尺寸和材料要求原则保持一致。

(3)永久性工程的施工工艺图应包括:由于施工需要由施工单位提供的补充设计资料,如细部布置图、装配详图、安装图、设备表和规范中专门规定必须在某一工程项目施工前经监理工程师审查的其他资料。

(4)施工单位应提供模板设计并为水泥混凝土和各种结构的特殊要求而使用的围堰、脚手架、临时支承系统、支架模板以及施工用的临建工程的施工工艺图。除非合同中另有规定,大型脚手架、施工装配图、大型便桥结构施工工艺图,均应由施工单位后方公司技术负责人审核签字并盖章确认。

(5)施工工艺图(含施工详图)图幅应符合规定,竣工图应与其一致。每张图和计算表都应标有项目编号、名称及其他注解。

5)验收构件、配件或设备

对施工单位外购或订做用于永久工程的构件、配件或设备,施工单位向总监办需提交产品合格证和自检报告。进场后对关键项目进行抽检,验收合格后方准予使用。对在现场不具备检查条件的,监理工程师按合同约定到厂家监督检查。

6）首件工程制

（1）分项工程开工前，施工单位按照总体施工组织计划，在每个同类分项中选择第一个分项工程作为首件工程，并列表报送总监办质量管理部备查。首件工程实施应严格遵守监利至江陵高速公路东延段项目工程“首件制”有关实施办法。

（2）首件工程开工申请内容应包括分项（部）工程的概况、分项工程质量控制指标及试验检测项目、频率和方法、施工方案及主要工艺报审表、工程原材料及混合料报验单、施工主要人员报验单、进场设备报验单、施工测量放样报验单、模板准入确认表等资料以及其他需说明的事项。

7）审批主要分项工程开工申请

（1）监理组应要求施工单位在主要分项工程的首件工程已获认可的7天内，提交主要分项工程开工申请，经监理组审查，总监办审核批准后，主要分项工程才能开工。主要分项工程开工申请内容见第二册施工通用表。审查内容如下：

①审查施工组织及人员配备。监理组长需审查该分部（项）工程的施工组织，包括项目负责人、技术负责人、专职安全人员、质量、环水保等施工管理人员、自检人员及主要操作人员的配备是否符合合同要求并满足施工需要。

②审查施工机械设备。监理组长需审查施工单位进场的施工机械设备是否满足合同要求，重点审查机械设备是否满足施工质量、安全、环水保、进度等要求。

③监理组长或专业监理工程师审核通过后，总监办重点审查该分项工程是否履行“首件工程合格制”和“模板准入制度”的相关程序，以确定是否批复其开工申请。开工申请由总监办进行审批，审查和批复须于7天内完成。

（2）对同一合同工程中相同单位工程、分部工程中相同的主要分项工程可一并提交开工申请，但开工条件有变化的除外。

注：主要分项工程指《公路工程质量检验评定标准　第一分册　土建工程》（JTG F80/1—2017）附录A“表内标注＊号者”。

8）抽检

（1）总监办工地（中心）试验室对钢筋、水泥、沥青、石灰和碎石等原材料及水泥混凝土、沥青混合料和无机结合料稳定材料等混合料，抽检频率按批次应不低于规定施工检验频率的10%。

（2）总监办对分项工程中的关键项目和结构主要尺寸，抽检频率应不低于规定施工检验频率的20%。

（3）总监办对工程材料或实体质量有疑问时，应进行抽检；若建设单位对工程材料或实体质量有疑问，可委托总监办试验室或第三方试验检测机构进行抽检。

(4)抽检记录填写格式见《公路工程施工监理规范》(JTG G10—2016)第24页“B3抽检记录”。

9)隐蔽工程验收

现场监理需对施工单位报验的隐蔽工程(分项工程中需要覆盖,完工后无法检验的关键工序,包括有关旁站项目)组织检查验收,填写验收记录,留存影像资料。验收结果须经监理组长签认,未经验收或验收不合格不得进入下道工序施工(关键工序见《公路工程质量检验评定标准　第一分册　土建工程》(JTG F80/1—2017)实测项目)。

10)分项工程交工或中间交工验收

分项工程验收分为分项工程验收和分项工程中间交工验收两部分内容。监理组在收到分项工程或中间交工验收申请后,应对施工单位的检验评定资料进行检查,组织施工单位在监理抽检、检测见证和隐蔽工程验收的基础上进行分层次的验收和质量评定,分项工程中间交工验收和评定由监理组组织,对评定合格的报总监办签发《分项工程(中间)交工证书》[格式见《公路工程施工监理规范》(JTG G10—2016)附录C]。同一分项工程中间交工验收不宜超过2次。

11)质量评定

施工单位质量评定以分项工程为基础单元,总监办质量评定以分部工程为单元。施工单位应及时对已完分项工程进行质量检验评定,在分项工程评定合格的基础上,逐级对相应分(项)部、单位工程、合同段评分,单位工程和合同段质量评定应邀请建设单位参加。

12)质量事故报告

(1)分类。

依据交通运输部办公厅《公路水运建设工程质量事故等级划分和报告制度》(交办安监〔2016〕146号)要求,公路建设工程质量事故分为特别重大质量事故、重大质量事故、较大质量事故和一般质量事故四个等级。直接经济损失在一般质量事故以下的为质量问题。

(2)质量问题处理。

质量问题发生单位应在2天内书面上报总监办、建设单位。

根据有关法律法规,监理机构总监办没有对质量事故处理的职责和权限,只负责质量问题的处理,内容包括监理人员在审查、巡视、旁站、抽检和验收过程中发现的质量问题、质量缺陷及不合格的工程、材料和结构配件等,把监理的质量否决落到实处。

①质量问题的判定方法。

a.凭经验进行目测检查,而且目测的结论能被施工单位的施工人员所接受。

b.如果监理人员无法以目测对质量缺陷做出准确判断或监理人员的目测判断不能使

施工单位的施工人员接受,应立即通知材料、测量或试验等有关专业监理人员并会同施工单位的自检及试验人员,进行实际的检验测试,同时将检测结果作为质量缺陷进行认定。

②质量问题的现场处理。

质量问题即质量缺陷和质量隐患。在各项工程施工过程中或完工以后,现场监理人员如发现工程项目存在着技术规范所不容许的质量缺陷和质量隐患,或不能与合格的工程质量相符合时,根据缺陷和质量隐患的性质及严重程度,按下列方式处理:

a. 当质量缺陷和质量隐患发生在萌芽状态时,应及时发出警告信息,要求施工单位立刻更换不合格的材料、设备或撤换不称职的施工人员,或要求立刻改变不正确的施工方法及操作工艺。

b. 当质量缺陷发生在某道工序或单项工程完工以后,而且质量缺陷的存在将对下道工序或分项工程产生质量影响时,应拒绝检查验收或工程计量,总监办应对质量缺陷产生的原因及责任做出判定,并签发监理指令单,要求施工单位提出补救措施或处理方案。

c. 对质量不合格的工程,总监办签发监理指令单,要求施工单位返工处理。

d. 对可能危及机构安全或存在重大隐患的质量问题,监理工程师应立刻向施工单位发出停止施工指令(先口头后签发停工令),并要求其立即书面报告质量缺陷、质量隐患的发生时间、部位、原因及已采取的措施和进一步处理方案,同时报告建设单位。

③质量缺陷的修补和加固:

a. 对因施工产生的质量缺陷的修补方案及方法,经监理工程师批准后方可进行;对因设计产生的质量缺陷,应通过建设单位提出处理方案及方法,由施工单位修补。应努力实现零修饰、零修补。

b. 当质量缺陷的严重程度将影响工程安全时,通过建设单位邀请设计单位进行现场分析或验算,以决定采取何种处理措施。

c. 监理组长对施工单位提出的补救措施或处理方案进行审查后,由总监办进行审核、批准。

④总监办应建立专门台账,记录质量问题发生、处理和返工验收的过程与结果。

⑤处理完毕后,由发出工程停工令的单位组织进行验收,验收合格向施工单位发出书面复工令。由总监办发出的停、复工令,需向建设单位报备。

(3)质量事故。

严格执行交通运输部办公厅发布的《公路水运建设工程质量事故等级划分和报告制度》(交办安监〔2016〕146号)的规定与要求(图5-2)。

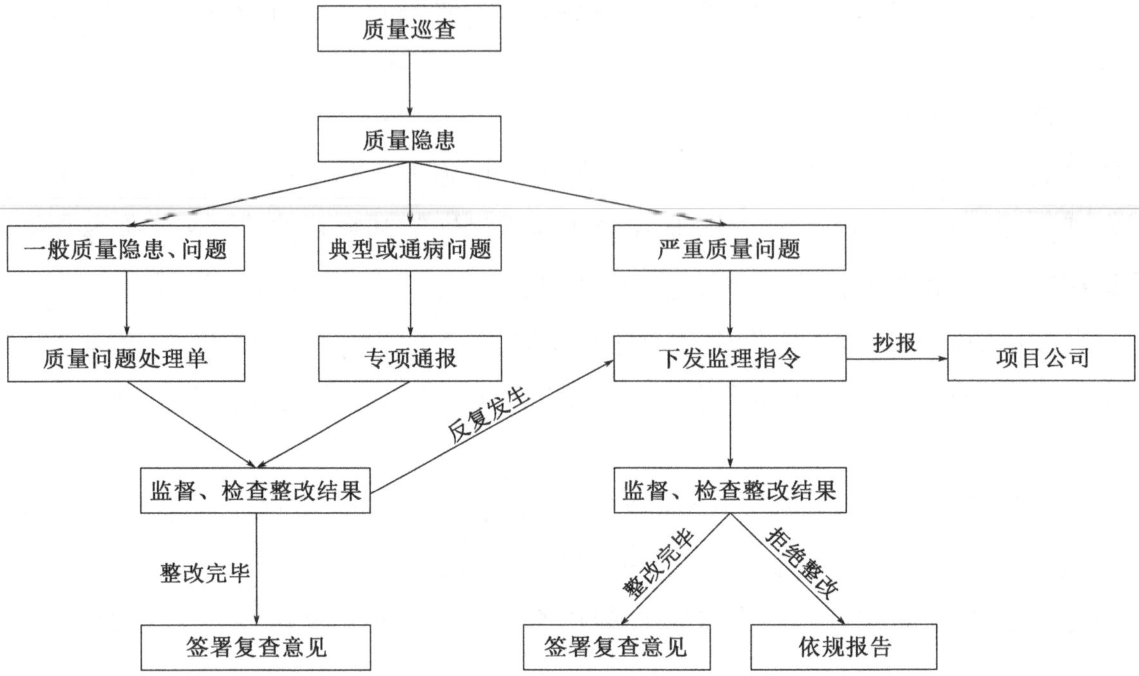

图 5-2　江北高速公路东延线总监办质量隐患或问题处理流程

5.2.3　施工安全监理

1)安全监理保证体系

按合同规定,配足安全监理人员;以“平安工地”创建为指南,建立健全各级安全生产管理机构,完善总监办安全监理体系,有效开展施工安全监理工作。项目安全生产保证体系如图 5-3 所示。

2)安全监理内容

(1)工程开工前,安全监理工程师审查施工单位编制的施工组织设计中的安全技术措施或专项安全施工方案是否符合强制性标准,同时审查应急预案、桥梁等施工安全风险评估报告。对有较大危险性的专项工程施工方案需专家论证、审查的,检查施工单位组织专家论证与审查。在施工阶段,监理单位应派专人对施工现场安全情况进行巡视检查,对发现的各类安全隐患,应书面通知施工单位,并督促其立即整改;隐患消除后,检查整改结果,签署复查或复工意见。施工单位拒不整改的,按规定及时报告(图 5-4)。

(2)按照《湖北省高速公路建设标准化指南》及项目建设方要求,监利至江陵高速公路东延段建设项目仅涉及桥梁工程,不含隧道和路堑高边坡工程。根据项目内桥梁工程的建设规模、地质条件、气候环境、地形地貌、桥位特征及施工技术复杂程度等具体情况,筛选出纳入总体风险评估范围的桥梁工程共有 62 座,其中特大桥 4 座(包含互通桥梁),大桥 58 座(包含互通桥梁),详见表 5-4。

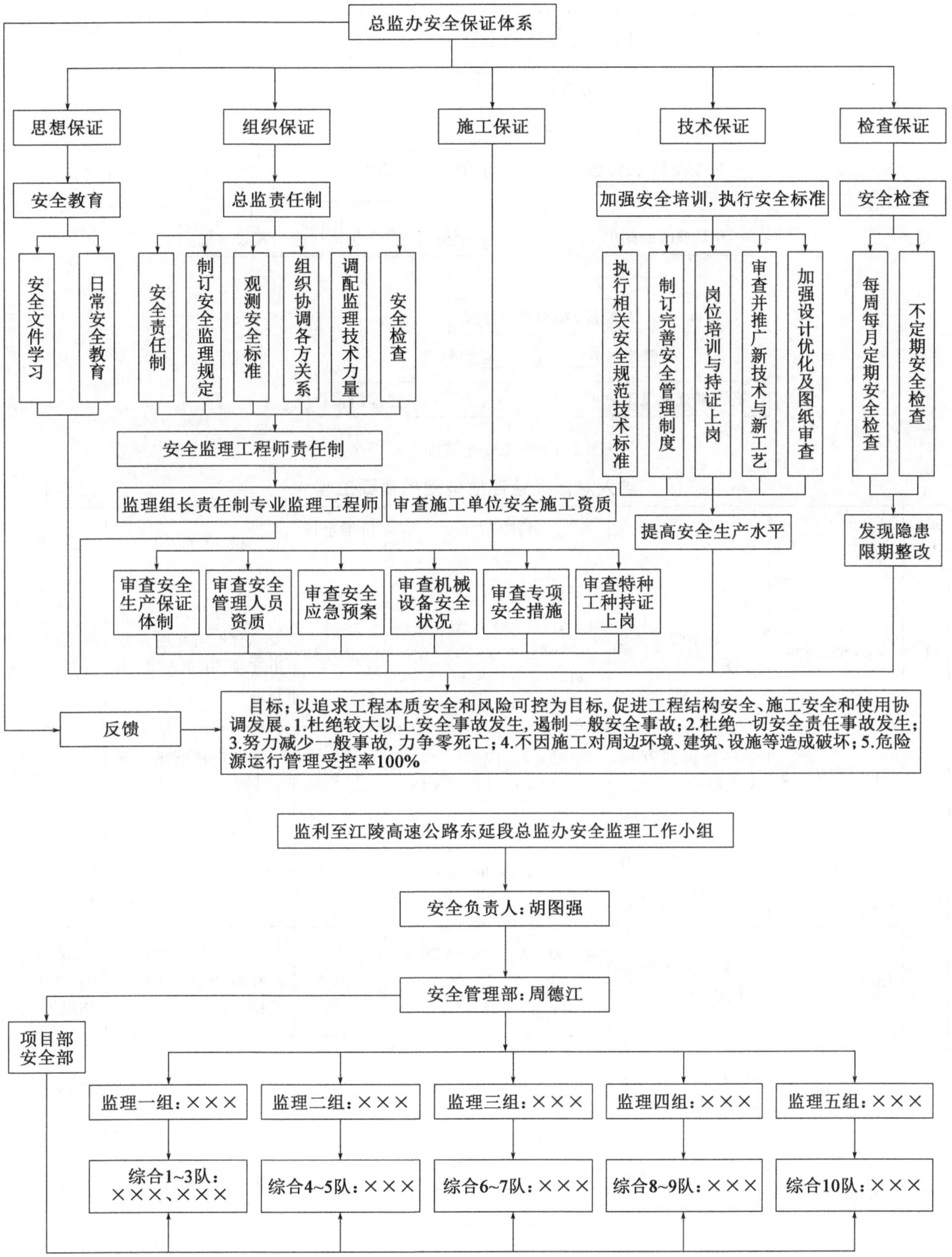

图5-3 项目安全生产保证体系

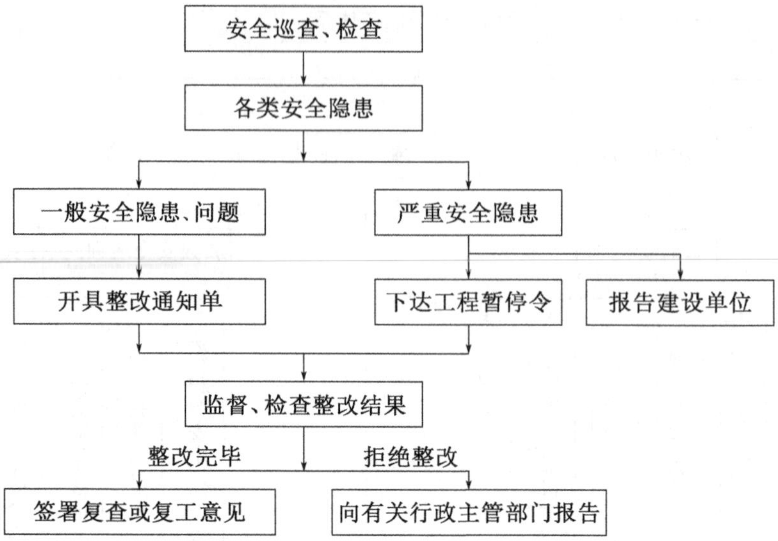

图5-4 施工安全监理工作程序

纳入总体风险评估范围的桥梁工程 表5-4

序号	中心桩号	桥梁名称	桥跨布置（孔×m）	桥梁全长（m）	桥位特征	结构类型
1	K3+522.328	乌林枢纽互通2号桥	30+2×32.172+5×30+4×30+3×30+(26+34+36)+(32+30+29)+6×30+3×40+4×40+3×30+3×28+30	1489.3	上跨在建武监高速及乌林枢纽互通A匝道、C匝道、E匝道、G匝道桥	预应力混凝土小箱梁、现浇箱梁
2	AK0+699.772	乌林枢纽互通A匝道桥	6×25+4×17+3×17+3×17+3×17+3×17	425.0	下穿乌林枢纽互通2号桥	现浇箱梁
3	BK0+277.684	乌林枢纽互通B匝道桥	3×30+3×30+4×30	307.0		预应力混凝土小箱梁
4	CK0+537.501	乌林枢纽互通C匝道桥	4×30+3×30+3×30+3×30+3×25+(36+40)+4×25+5×25	769.0	下穿乌林枢纽互通2号桥及G匝道1号桥	预应力混凝土小箱梁
5	DK0+219.975	乌林枢纽互通D匝道桥	7×30	210.0		预应力混凝土小箱梁
6	EK0+639.059	乌林枢纽互通E匝道2号桥	6×25+3×17+3×17+3×17+3×17+3×17+3×17	459.0	下穿乌林枢纽互通2号桥	现浇箱梁
7	FK0+308.167	乌林枢纽互通F匝道桥	5×30+3×30	243.5		预应力混凝土小箱梁

续上表

序号	中心桩号	桥梁名称	桥跨布置（孔×m）	桥梁全长（m）	桥位特征	结构类型
8	GK0+531.068	乌林枢纽互通G匝道1号桥	3×30+3×40+2×23+（40+30）+3×30+（33+42+33）+4×25+4×25	727.5	下穿乌林枢纽互通2号桥，上跨C匝道桥	预应力混凝土小箱梁
9	GK1+115.341	乌林枢纽互通G匝道2号桥	3×30+2×30	157.0		预应力混凝土小箱梁
10	HK0+233.810	乌林枢纽互通H匝道桥	3×30+4×30	213.5		预应力混凝土小箱梁
11	WKJK45+784	民主河大桥	8×16	134.0		预应力混凝土空心板
12	左幅：K6+417.0	洪湖1号特大桥	2×30+3×40+3×（6×30）+3×40+3×（5×30）+2×（4×30）+3×40+4×（5×30）+3×40+4×30+3×（5×30）+3×40+4×（5×30）+2×（4×30）+4×40+2×（4×30）	4300.0	上跨洪湖分蓄洪区	钢混梁
13	右幅：K6+417.0		4×30+3×40+5×30+2×（6×30）+3×40+4×30+3×（5×30）+4×30+3×40+3×（5×30）+6×30+3×40+6×30+5×30+6×30+3×40+4×（5×30）+2×（4×30）+4×40+2×（4×30）	4300.0		
14	K8+662.0	内荆河大桥	50+90+50	190.0	上跨内荆河，航道等级Ⅳ级	预应力混凝土悬浇箱梁

续上表

序号	中心桩号	桥梁名称	桥跨布置（孔×m）	桥梁全长（m）	桥位特征	结构类型
15	K10+067.0	洪湖2号特大桥	6×30+4×(5×30)+3×40+6×(5×30)+3×40+5×30+4×30+3×40+5×30+4×4	2620.0	上跨南套河，航道等级为限制Ⅷ级	钢混梁
16	K14+227.0	洪湖3号特大桥	5×30+5×30+3×(4×30)+4×30+5×30+4×(4×30)+5×(5×30)	2160.0	下穿800kV高压	钢混梁、现浇箱梁
17	左幅：K15+952.0	汉河互通主线桥	4×30+4×30+4×30+3×(5×30)+6×30+3×30+3×30+3×40	1290.0	上跨汉河互通A匝道桥	预应力混凝土小箱梁、现浇箱梁
	右幅：K15+952.0		3×30+3×30+3×30+5×30+4×30+4×30+4×30+4×30+5×30+4×30	1290.0		
18	左幅：AK1+199.5	汉河互通A匝道桥	3×17+3×17	105.5	下穿汉河互通主线桥，邻近洪荆输油管道	现浇箱梁
	右幅：AK1+199.5		3×17+3×17	105.5		
19	BK0+87.500	汉河互通B匝道桥	3×17+3×17+(3×18+19)	175.0		现浇箱梁
20	CK0+298.835	汉河互通C匝道桥	3×30+3×20+4×20+(2×18+19.79)	285.8		现浇箱梁
21	DK0+319.205	汉河互通D匝道桥	5×30+3×30+3×30	333.5		预应力混凝土小箱梁、现浇箱梁

续上表

序号	中心桩号	桥梁名称	桥跨布置（孔×m）	桥梁全长（m）	桥位特征	结构类型
22	EK0+242.550	汉河互通E匝道桥	3×30+3×30+3×30	273.5		现浇箱梁
23	左幅：K20+867.0	洪湖4号特大桥	5×30+6×30+3×(5×30)+2×(6×30)+3×40+2×(6×30)+2×(5×30)+3×40+6×(5×30)+6×30+3×40+5×(5×30)+6×30+3×40+3×(5×30)+4×30+4×30+3×40+5×30+6×30+3×40+5×(5×30)+6×30+3×40+2×(5×30)+4×30+3×40+8×(5×30)+5×40	8540.0	上跨洪湖分蓄洪区、荆洪输油管道及白杨河、金石河	预应力混凝土小箱梁
24	右幅：K20+867.0		5×30+6×30+6×(5×30)+3×40+4×30+3×(5×30)+3×40+6×(5×30)+6×30+3×40+5×(5×30)+6×30+3×40+3×(5×30)+4×30+4×30+3×40+5×30+6×30+3×40+5×(5×30)+6×30+3×40+2×(5×30)+4×30+3×40+8×(5×30)+5×40	8540.0		
25	K25+468.0	洪排河大桥	(50+90+50)+(5×20)+(36+60+36)+2×(4×30)	360.00	上跨洪排河，航道等级Ⅵ级；上跨洪排河主隔堤	预应力混凝土现浇箱梁、预应力混凝土小箱梁

续上表

序号	中心桩号	桥梁名称	桥跨布置（孔×m）	桥梁全长（m）	桥位特征	结构类型
26	左幅：K26+965	公道河大桥	4×30+4×30+(27+43+27)+2×34	408.5	上跨S214、公道河及天然气管道	预应力混凝土小箱梁、现浇箱梁
	右幅：K26+965		5×30+(32+34+32)+(27+43+27)+2×30	408.5		
27	K27+841.0	老内荆河大桥	5×30+6×30+5×30+5×30+(36+60+36)+6×30	945.5	上跨内荆河，航道等级Ⅵ级	预应力混凝土悬浇箱梁、小箱梁
28	K28+931.5	指南村大桥	5×30	157.0	上跨石油管道及新农合规划路	预应力混凝土小箱梁
29	左幅：K29+761.0	万全互通主线桥	3×30	97.0		现浇箱梁
	右幅：K29+761.0		3×30	97.0		
30	AK1+182.0	万全互通A匝道1号桥	4×20+3×40+5×20	307.0	上跨老内荆河，航道等级Ⅵ级；邻近洪荆输油管道	预应力混凝土小箱梁
31	AK2+582.4	万全互通A匝道2号桥	4×20+5×20+3×17+3×17	289.0	邻近洪荆输油管道	预应力混凝土小箱梁、现浇箱梁
32	K31+348.0	截流河大桥	4×30+5×30+5×30+4×30	547.0	上跨截流河、X059	预应力混凝土小箱梁
33	K32+291.0	万电村大桥	4×30	127.0	上跨沟渠、地方路	预应力混凝土小箱梁

续上表

序号	中心桩号	桥梁名称	桥跨布置（孔×m）	桥梁全长（m）	桥位特征	结构类型
34	K33+076.0	北干渠大桥	4×30+4×30+4×30	367.0	上跨北干渠	预应力混凝土小箱梁
35	K34+457.0	电站河大桥	5×30	157.0	上跨电站河	预应力混凝土小箱梁
36	K35+867.0	中干渠大桥	4×30+5×30+5×30	427.0		预应力混凝土小箱梁
37	K36+958.0	洪中村大桥	5×30+5×30	307.0		预应力混凝土小箱梁
38	K37+875.0	陶洪河大桥	4×30+5×30+5×30+5×30+3×40+4×40+3×40	977.0	上跨陶洪河，航道等级Ⅵ级	预应力混凝土小箱梁
39	K40+921.0	戴口村大桥	5×30+5×30+5×30	457.0		预应力混凝土小箱梁
40	K43+496.0	戴电河大桥	4×30+4×30+4×30	367.0	上跨戴电河，航道等级天然Ⅶ级	预应力混凝土小箱梁
41	左幅：K44+433.0	瞿家湾互通主线1号桥	5×30+6×30+3×30+3×30+(20+30+30+20)+3×30+5×30	857.0		预应力混凝土小箱梁、现浇箱梁
	右幅：K44+433.0		4×30+3×30+3×30+4×30+3×30+(20+30+30+20)+4×30+4×30	857.0		

续上表

序号	中心桩号	桥梁名称	桥跨布置（孔×m）	桥梁全长（m）	桥位特征	结构类型
42	左幅：K46+129.0	刘家沟大桥	3×30+4×30	217.0	上跨刘家沟及地方道路	预应力混凝土小箱梁、现浇箱梁
	右幅：K46+129.0		3×30+4×30	217.0		
43	AK0+869.500	瞿家湾互通A匝道2号桥	5×30+(17+22+17)+3×30+4×17+4×17	439.0	上跨瞿家湾互通主线桥、J匝道桥、G匝道桥	现浇箱梁
44	CK0+144.985	瞿家湾互通C匝道桥	3×30	93.5		现浇箱梁
45	DK0+992.500	瞿家湾互通D匝道桥	(22+32+22)+4×30+3×30	293.0	上跨青苑湖底沟及瞿家湾互通J匝道桥	现浇箱梁
46	GK0+357.602	瞿家湾互通G匝道1号桥	(20+30+30+20)+2×30+2×30+4×30	343.5	下穿瞿家湾互通A匝道2号桥	预应力混凝土小箱梁
47	JK0+523.258	瞿家湾互通J匝道2号桥	4×30	123.5	下穿瞿家湾互通A匝道2号桥及D匝道桥	预应力混凝土小箱梁
48	K47+976.0	套湾大桥	4×30	127.0		预应力混凝土小箱梁
49	K48+935.0	新监北干渠大桥	5×30+5×40+5×30+6×30+5×30	837.0	上跨X052，上跨监北干渠，航道等级Ⅶ级	预应力混凝土小箱梁
50	左幅：K50+399.0	丰收河大桥	3×30+3×40+4×30+3×30	427.0	上跨丰收河	预应力混凝土小箱梁
	右幅：K50+399.0		5×30+3×40+5×30	427.0		

续上表

<table>
<tr><th>序号</th><th>中心桩号</th><th>桥梁名称</th><th>桥跨布置
(孔×m)</th><th>桥梁全长
(m)</th><th>桥位特征</th><th>结构类型</th></tr>
<tr><td>51</td><td>K51+219.0</td><td>青龙村1号大桥</td><td>6×30</td><td>187.0</td><td></td><td>预应力混凝土小箱梁</td></tr>
<tr><td>52</td><td>K51+943.0</td><td>青龙村2号大桥</td><td>4×30+4×30</td><td>247.0</td><td>上跨沟渠、X047</td><td>预应力混凝土小箱梁</td></tr>
<tr><td>53</td><td>K52+192.0</td><td>青龙村3号大桥</td><td>4×30</td><td>127.0</td><td>上跨沟渠，邻近800kV高压线</td><td>预应力混凝土小箱梁</td></tr>
<tr><td rowspan="2">54</td><td>左幅：K53+298.0</td><td rowspan="2">跃进河大桥</td><td>5×30+5×30+3×40+6×30</td><td>607.0</td><td rowspan="2">上跨跃进河</td><td rowspan="2">预应力混凝土小箱梁</td></tr>
<tr><td>右幅：K53+298.0</td><td>4×30+5×30+3×40+4×30+3×30</td><td>607.0</td></tr>
<tr><td>55</td><td>K56+566.0</td><td>沙河村大桥</td><td>4×30+5×30</td><td>277.0</td><td></td><td>预应力混凝土小箱梁</td></tr>
<tr><td>56</td><td>K57+304.0</td><td>土地村大桥</td><td>4×30+4×30+4×30</td><td>431.0</td><td></td><td>预应力混凝土小箱梁</td></tr>
<tr><td>57</td><td>K57+777.5</td><td>上沙河大桥</td><td>19×25</td><td>481.0</td><td>上跨上沙河</td><td>预应力混凝土小箱梁</td></tr>
<tr><td>58</td><td>K58+645.0</td><td>友谊河大桥</td><td>4×30+4×30+4×30</td><td>481.0</td><td>上跨友谊河</td><td>预应力混凝土小箱梁</td></tr>
<tr><td rowspan="2">59</td><td>左幅：K59+884</td><td rowspan="2">齐心河大桥</td><td>6×30+3×40+6×30</td><td>487.0</td><td rowspan="2">上跨齐心河</td><td rowspan="2">预应力混凝土小箱梁</td></tr>
<tr><td>右幅：K59+884</td><td>4×30+5×30+3×40+3×30</td><td>487.0</td></tr>
</table>

续上表

序号	中心桩号	桥梁名称	桥跨布置（孔×m）	桥梁全长（m）	桥位特征	结构类型
60	K60+830.0	兰花村1号大桥	3×20+4×20	147.0	上跨沟渠、地方路	预应力混凝土小箱梁
61	K61+704.0	兰花村2号大桥	5×20	107.0		预应力混凝土小箱梁
62	左幅：K62+392	官马湖大桥	5×30+5×30+5×30	457.0		预应力混凝土小箱梁、现浇箱梁
	右幅：K62+392		5×30+6×30+4×30	457.0		
63	K64+456.346	新汾河大桥	4×(4×30)+(27.692+3×25)+6×30+5×30	919.692	上跨随岳高速	预应力混凝土小箱梁、钢混组合梁
64	LK0+550.381	分盐互通L匝道桥	5×30+4×30	277.0		预应力混凝土现浇箱梁

(3)依据国家有关政策法规、行业标准、技术规程以及建设单位的要求，监利至江陵高速公路东延段建设项目针对工程项目特点，根据施工目的、施工现场调研收集的资料和信息、施工图纸、施工验收规范、质量检查验收标准、安全操作规程等资料编制项目安全专项施工方案，具体方案详见表5-5。

监利至江陵高速公路东延段安全专项施工方案一览表 表5-5

序号	专项施工技术方案名称	拟编制时间	重要性	评审	审批
一	总体工程				
1	施工组织设计	2018.5	重大	专家评审	总监办
2	施工安全总体风险评估报告	2018.6	一般	否	总监办
3	施工临时用电专项方案	2018.9	较大	项目评审	总监办
4	冬期施工质量安全专项施工方案	2018.12	一般	否	总监办
二	临建工程				
1	混凝土拌和站专项施工技术方案	2018.5	较大	项目评审	总监办
2	基层粒料拌和站专项施工技术方案	2019.7	较大	项目评审	总监办
3	沥青拌和站专项施工技术方案	2019.7	较大	项目评审	总监办

续上表

序号	专项施工技术方案名称	拟编制时间	重要性	评审	审批
4	小件预制场专项施工技术方案	2018.5	较大	项目评审	总监办
5	PC构件厂专项施工技术方案	2018.5	较大	项目评审	总监办
6	箱梁预制场专项施工技术方案	2018.5	较大	项目评审	总监办
7	钢筋加工场专项施工技术方案	2018.5	较大	项目评审	总监办
8	项目驻地建设专项施工技术方案	2018.4	较大	项目评审	总监办
9	钢便桥专项施工技术方案	2018.8	较大	项目评审	总监办
10	"三场一站"标准化建设安全专项施工方案	2018.8	较大	项目评审	总监办
11	二期路面工程标准化场站建设施工方案	2019.10	较大	项目评审	总监办
12	工业化桥梁工程钢混组合梁叠拼场建设专项方案	2019.4	较大	项目评审	总监办
13	便道施工安全专项方案	2018.8	较大	项目评审	总监办
三	路基工程				
1	粉喷加固土桩施工方案	2018.9	一般	否	总监办
2	主线路基穿越鱼、虾、藕塘部位围堰施工方案	2018.8	一般	否	总监办
3	高压旋喷桩首件施工方案	2018.10	一般	否	总监办
4	软基段预应力管桩施工方案	2018.10	一般	否	总监办
5	浆喷桩+刚性芯桩工程施工方案	2019.1	一般	否	总监办
6	乌林枢纽互通路基填筑施工方案	2018.6	一般	否	总监办
7	涵洞基坑拉森钢板桩防护施工方案(K38+710~K38+720)	2019.8	一般	否	总监办
8	钢筋混凝土圆管涵施工方案	2019.8	一般	否	总监办
9	装配式涵洞预制工程施工方赛	2019.1	一般	否	总监办
10	土石混填(山砂)路基工程施工方案	2019.9	一般	否	总监办
11	现浇钢筋混凝土暗盖板涵工程施工方案	2019.7	一般	否	总监办
12	装配式涵洞施工方案	2019.8	一般	否	总监办
13	填石(毛渣)路基工程施工方案	2019.9	一般	否	总监办
四	桥梁工程				
1	拉森钢板桩防护施工方案	2018.8	较大	项目评审	总监办
2	冲击钻孔灌注桩工程施工方案	2019.4	较大	项目评审	总监办
3	反循环钻孔灌注桩工程施工方案	2019.8	较大	项目评审	总监办
4	洪排河大桥跨河钢平台专项施工方案	2018.9	较大	项目评审	总监办
5	桥梁桩系梁施工方案	2018.9	较大	项目评审	总监办
6	桥梁现浇墩柱施工方案	2018.12	较大	项目评审	总监办
7	桥梁管桩基础首件施工方案	2018.9	较大	项目评审	总监办
8	跨越洪湖—仙桃天然气管道交叉施工方案	2018.9	较大	项目评审	总监办
9	主线跨越洪荆输油管道交叉施工方案	2018.9	较大	项目评审	总监办

续上表

序号	专项施工技术方案名称	拟编制时间	重要性	评审	审批
10	K30+081~K38+728桥梁水中下构平台围堰施工方案	2018.10	较大	项目评审	总监办
11	K4+267~K11+377桥梁水中下构平台围堰施工方案	2018.10	较大	项目评审	总监办
12	桥梁承台施工方案	2018.12	较大	项目评审	总监办
13	桥梁现浇墩台帽、挡块、支座垫石施工方案	2018.12	较大	项目评审	总监办
14	预制小箱梁工程施工方案	2019.1	较大	项目评审	总监办
15	桥梁管桩基础工程施工方案	2018.11	较大	项目评审	总监办
16	悬臂现浇桥梁薄壁墩施工方案	2019.4	较大	项目评审	总监办
17	乌林互通主线、匝道桥上跨洪监高速现浇箱梁安全专项施工方案	2018.12	较大	项目评审	总监办
18	截流河大桥平交、上跨X059县道施工安全专项方案	2019.4	较大	项目评审	总监办
19	乌林互通、汉河互通、万全互通、分盐互通、瞿家湾互通公道河大桥跨214省道现浇箱梁专项施工方案	2019.4	较大	项目评审	总监办
20	洪排河大桥、内荆河大桥、老内荆河大桥连续箱梁0号块专项施工方案	2019.6	较大	项目评审	总监办
21	洪排河大桥、内荆河大桥、老内荆河大桥挂篮悬臂现浇箱梁专项施工方案	2019.6	较大	项目评审	总监办
22	工业化桥梁钢混组合梁制造、安装专项施工方案	2019.8	较大	项目评审	总监办
23	预制小箱梁安装工程施工方案	2019.4	较大	项目评审	总监办
24	洪湖4号特大桥(1)上跨S329省道安全施工方案	2019.8	较大	项目评审	总监办
25	洪湖4号特大桥(1)上跨S329省道安全保通方案	2019.8	较大	项目评审	总监办
26	洪排河大桥、内荆河大桥、老内荆河大桥连续梁中跨合拢段、边跨现浇段专项施工方案	2019.11	较大	项目评审	总监办
27	跨中横隔板、端横梁、现浇湿接缝、现浇中横梁施工方案	2019.6	较大	项目评审	总监办
28	桥面现浇层工程施工方案	2019.6	较大	项目评审	总监办
29	上跨S214省道专项施工方案(含保通方案及应急预案)	2019.11	较大	项目评审	总监办

注：1.安全专项施工方案包括但不限于上表所列方案；
2.编制时间应以施工单位施工进度实际确定。

3)日常安全监理

(1)日常监理。

①加强督促。监督施工单位按照国家有关法律法规、工程建设强制性标准和经审查同意的施工组织设计或专项施工方案组织施工，制止违规作业；督促施工单位定期进行安全生产自查工作；督促施工单位分阶段进行自查自评，根据现场安全实况和自查自评情况，认真、公正地进行审查评价并填写有关报表。

②巡视检查，指对施工单位安全生产情况的巡视检查。监理工程师应对施工现场安

全生产情况进行巡视检查,督促落实相关安全措施。

③监理会议。在定期召开的监理会议上,将安全生产列入会议主要内容,评述现场安全生产现状和存在问题,提出整改要求,制订预防措施,使安全生产工作落到实处;发现施工单位违反安全施工有关要求时,应在监理例会上提出或签发《隐患整改通知单》,责成施工单位整改;在《监理月报》中向建设单位汇报有关安全文明施工情况。

(2)实施程序。

①开具整改通知单。在日常巡视及检查工作中,若发现存在违反强制性建设标准的现象或安全隐患,应首先口头通知施工方,要求立即采取措施整改,并及时采用书面通知予以确认。未按期整改且无整改措施时,及时采取签发书面通知、指令等措施。

②召开专题会议。当签发书面通知、指令后,仍未采取措施整改时,应当组织有关单位召开专题监理例会,对书面通知、指令中的内容,结合强制性建设标准加以强调。要求责任方说明原因,落实整改措施,明确计划整改完成的时间及后续工作中对类似问题的预控措施,并形成例会纪要。

③签发“工程暂停令”。在签发书面通知、指令或召开专题会后,仍未及时整改或拒不整改,情况严重的,应当要求施工方暂时停止施工,并由总监签发“工程暂停令”,同时报告建设单位。

④向建设单位报告。若施工单位拒不整改或者不停止施工的,总监应及时向建设单位以书面形式报告。

4)安全技术措施监理

(1)监督施工安全技术措施的实施。

①安全生产责任制。监理工程师应依据通过审核后的施工组织设计中的施工安全技术措施,对项目施工单位安全生产责任制建立和落实情况进行监督检查,检查范围包括项目负责人、其他负责人、安全职能机构负责人、专职施工安全管理人员、班组长等。

②安全管理机构的建立及人员配备。施工单位应当按照有关法律、法规的规定设立安全生产管理机构,配备专职安全生产管理人员。监理工程师应当依据通过审核后的施工组织设计中的施工安全技术措施,对施工项目安全生产管理机构的建立、专职安全生产管理人员的配置情况进行监督检查。

③对分包单位安全生产的管理。总承包单位依法将建设工程分包给其他单位的,分包合同中应当明确各自的安全生产方面的权利、义务;总承包单位和分包单位对分包工程的安全生产承担连带责任。

④“三类”人员及特种作业人员的资格。监理工程师应对施工单位“三类”人员取得的考核合格证书情况、特种作业人员持证情况进行审查。

⑤落实安全生产教育培训制度。施工单位应当对管理人员和作业人员按规定学时进行安全生产教育培训，并记入个人工作档案。监理工程师应对安全生产教育培训制度落实情况进行检查，教育培训考核不合格的人员不得上岗。

⑥应急救援人员和物资、器材的配备。监理工程师应依据通过审核后的施工安全技术措施，对应急救援预案人员的组织落实、必要的应急救援器材、设备配备以及应急救援预案的定期演练进行监督检查。

⑦施工安全技术交底。监理工程师应对施工单位落实施工安全技术交底制度情况进行监督与检查。工程施工前，施工单位负责项目管理的技术人员应当对有关安全施工的技术要求向施工作业班组、作业人员做出详细说明，并由双方签字确认。单位工程开工前，必须进行安全技术交底。

(2)监督安全专项施工方案的实施。危险性较大的分部分项工程必须按照批准的安全专项施工方案进行施工，在施工过程中需要对安全专项施工方案进行修改的，必须重新履行审核流程，不得擅自修改。监理工程师应重点监督检查危险性较大的分部分项工程专项施工方案的实施情况，主要包括基坑开挖工程、基础工程、大型临时工程、桥涵工程和起重吊装工程等。

(3)及时制止违规行为。监理工程师在对施工现场实施监理工作的过程中，发现施工单位有违反国家法规、标准、安全操作规程行为的，应及时制止并采取相应监理措施。

5)巡视检查

监理工程师应每天对施工过程中的危险性较大工程作业情况进行巡视检查，及时制止未按施工方案施工或违规作业的行为。

6)现场机械设备监理

检查施工现场使用的施工机械和设施的采购、租赁，起重机械的现场安装与拆卸、检测与验收等情况，核查施工单位提交的有关施工机械、安全设施等验收记录。

(1)施工机械、机具的采购和租赁。施工单位采购、租赁的安全防护用具、机械设备、施工机具及配件，应当具有生产(制造)许可证、产品合格证，并在进入施工现场前进行验收查验，验收合格方可使用。

(2)起重机械和设施的现场安装与拆卸。在施工现场安装、拆卸施工起重机械和整体提升式脚手架、滑模爬模、架桥机等自行式架设设施，必须由具有相应资质的单位承担，安装完毕后自检，出具自检合格证明；应当编制拆装方案、制订安全施工措施，并由专业技术人员现场监督。

(3)起重机械和设施的检测与验收。施工单位在使用前应当组织有关单位进行验收，合格方可使用；《特种设备安全监察条例》规定的施工起重机械，在验收前应当经有相应资质的检验检测机构检验合格并出具合格证明文件。

(4)施工机械使用的安全监督。施工机械应当按照施工组织设计施工总平面布置图规定的位置和线路设置,不得任意侵占场内道路;机械操作人员必须建立机组责任制,并依照有关规定持证上岗。

7)现场安全防护设施监理

(1)检查施工现场安全防护用品的提供及使用情况。施工单位应当向作业人员提供安全防护用具和安全防护服装,并书面告知危险岗位的操作规程和违章操作的危害。作业人员应当遵守安全施工的强制性标准、规章制度和操作规程,正确使用安全防护用具、机械设备等。做到“三会”,即会检查防护用品的可靠性,会正确使用防护用品,会正确维护保养防护用品。

(2)安全标志。施工单位应当在施工现场出入口或者沿线各交叉口、施工起重机械、拌和场、临时用电设施、基坑边沿、脚手架、桥梁边沿等危险部位,设置明显的安全警示标志或者必要的安全防护设施。

(3)安全防护设施。督促检查施工现场高处、临边、洞口、攀登、悬空、移动式操作平台、交叉、特殊季节与气候条件施工、专项等安全防护是否完善及措施是否可靠。

(4)安全生产措施费用的使用。监理工程师应依据国家有关法律、法规、规章的规定及通过审核后的施工组织设计中的施工安全技术措施,对列入工程概算的安全作业环境及安全施工措施所需费用使用情况进行审核签认。其费用应当用于施工安全防护用具及设施的采购和更新、安全施工措施的落实、安全生产条件的改善,不得挪作他用。

安全生产措施费用应主要用于设置、完善、改造和维护安全防护设施设备支出,配备、维护、保养应急救援器材、设备支出和应急演练支出,重大风险源和安全事故隐患评估、监控和整改支出,安全生产检查、评价、咨询和标准化建设支出,配备和更新现场作业人员安全防护用品支出,安全生产宣传、教育、培训支出,安全生产试用的新技术、新标准、新工艺、新装备的推广应用支出,安全设备及特种设备检测检验支出,其他安全生产费用支出。

8)安全检查监理

(1)督促施工单位进行安全自检。

施工项目的安全自检应由施工单位定期进行,安全自检可分为日常性检查、专业性检查、季节性检查、节假日前后的检查和不定期检查等。

(2)对施工单位自查情况进行抽查。

监理工程师对施工单位自查情况进行抽查,抽查后应编制安全检查报告,对施工单位自检情况进行综合评价。

检查施工单位在施工过程中,人员、施工机械设备、材料、施工方法、施工工艺及施工环境条件等是否符合保证施工安全的要求；检查重要的和对工程施工安全有重大影响的工序、工程部位、施工过程中的施工专项方案、施工组织设计中的安全技术措施落实情况；检查施工单位自查记录资料整理情况，自查存在问题整改情况；检查施工工艺、机械设备安全操作规程执行情况；现场安全防护设施、文明施工、用电安全及消防安全管理情况等。

(3)参加专项检查。

监理工程师应参加或组织各种安全生产专项检查，做好对施工现场安全管理、安全制度落实、安全防护、文明施工、危险作业环境防护、施工用电等专项检查工作。

9)安全监理台账

总监办安全管理部专人负责建立安全监理台账，及时记录安全专项检查和巡视、旁站中涉及施工安全管理的情况、存在问题、监理指令及施工单位处理情况等。

5.2.4 施工环水保监理

1)环水保监理内容

施工阶段的环境监理，包括环水保达标监理和其他环境保护的监理。其中，环水保达标监理是使本工程的施工符合环境保护的要求，噪声、废气、污水等排放达到有关的标准；环水保工程监理包括对生态环境保护，水土保持，自然保护区、风景名胜区、水源保护区等地的保护进行监理；还包括对污水处理设施、声屏障、边坡防护、排水工程、绿化等在内的环水保设施建设进行监理。

2)环水保监理体系

根据合同文件、本项目《环境影响报告书》《水土保持方案报告书》及经审批的环境保护和水土保持实施方案，总监办建立健全环水保监理体系(图5-5)。

3)环保监理

(1)环保监理内容。

环保监理内容主要包括施工单位防止、减少环境污染和生态环境破坏等环保措施的制定和落实情况，也包括工程中防治污染的设施情况。

(2)环保措施监理。

监理工程师应检查：施工单位是否落实了施工环境保护责任人；是否对施工人员进行了环保教育；施工场地的布设是否符合相关环保要求；职业危害的防护措施是否健全；施工现场(含临时便道、拌和站、预制场等)和料场等是否洒水防尘；是否按有关要求采取降噪措施；材料堆场设置环境的合理性及采取措施减少运输漏洒情况；施工废水、渣土、生活污水、垃圾的处置是否合理；是否按照批准在拟定的取弃土场取弃土，取弃土结束后是否采取了有效的排水防护和植被恢复措施。

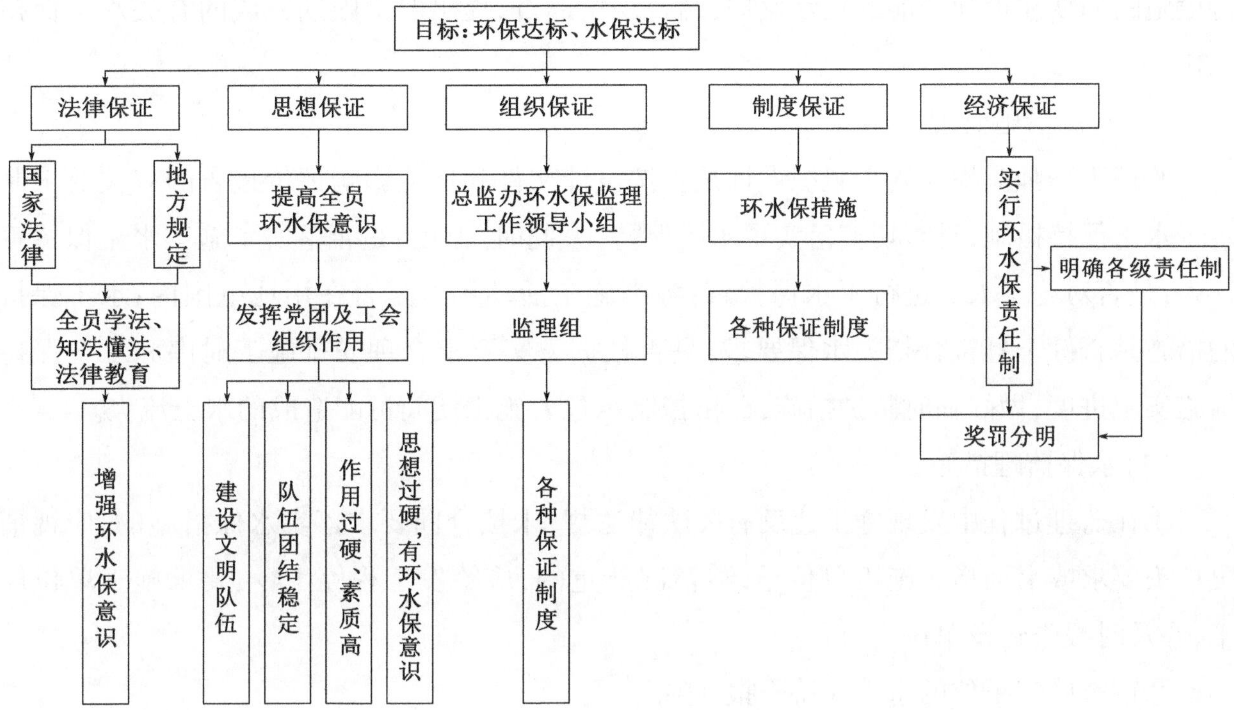

图5-5　环水保保证体系

(3)环保监理措施。

①在监理过程中发现施工违反有关法律法规、未按合同要求落实环保措施的，应视情况口头要求或书面指令施工单位整改；情况严重的，应签发工程停工令，要求施工单位停工，并及时报告建设单位。

②施工中发现文物时，监理工程师应要求施工单位依法保护现场，并报告建设单位及有关部门。

③监理工程师应要求施工单位依法取得砍伐许可后方可按照砍伐许可的面积、株数、树种进行砍伐，督促施工单位依法保护植被、水域或自然景观。

④监理工程师应参与环保监测的相关工作。

⑤对于项目施工期的专项环境监理和环境监测工作应定期向当地环保部门报告。施工期环境报告和监测报告将作为项目竣工环境保护验收的依据之一。

⑥对承担环境保护监测工作的单位及其他参建单位进行环境保护监测工作监理。环境保护监理工作既要满足交通主管的监理要求，又要满足环境保护部门的监理工作要求。

4)水保监理

(1)水保监理内容。

根据有关法律、法规及工程承包合同中的水土保持要求，对施工单位的水土保持工作采取检查和指令文件等监理方式进行现场监督检查，监理工程建设的各项施工活动的水土保持措施是否与工程建设同步实施，通过质量控制、进度控制和费用控制，保证水土保持设施的如期建设和功能的正常发挥,结合现场巡查,提出要求限期完成的有关水土保持工作。

(2)水保措施监理。

监理工程师应检查施工组织设计是否按设计文件和环境影响评价报告的有关要求制定了水土保持措施,是否切实落实了水土保持"三同时"制度;是否落实了施工水土保持责任人;是否对施工人员进行了水保教育;各类施工活动场地是否在用地范围内;水土保持的措施是否健全且符合相关水保要求;是否根据方案要求合理安排施工时序和水土保持措施实施进度,做好临时防护措施,严格控制承包人施工期间可能造成的水土流失。

(3)水保监理措施。

①在监理过程中发现施工违反有关法律法规、未按合同要求落实水保措施的,应视情况口头要求或书面指令施工单位整改;情况严重的,应签发工程停工令,要求施工单位停工,并及时报告建设单位。

②审查施工单位的水土保持季报、年报。

③编制水土保持监理工作报告(季报、年报),作为开发建设项目水土保持设施验收的基础和水土保持验收报告必备的专项报告;工作报告主要对水土保持监理工作进行总结,提出存在的重大水土保持问题和解决问题的方法,以及水土保持监理工作计划安排和工作重点;定期归档监理成果。

④水土保持工程施工监理实行总监负责制。监理人员对主体工程水土保持项目、关键工序应进行经常性检查;对植树、种草、小型护坡、排水等工程可进行巡视检查。

⑤对施工期的水土流失情况、水土保持措施实施情况等进行摄像,影像资料作为水土保持验收的依据。

⑥在施工的各个阶段随时进行水土保持监督,提交监理日志、监理月报,及时向建设单位汇报施工中出现的问题。

⑦落实并做好水土保持监理工作,确保水土保持工程建设质量和进度,督促施工单位落实水土保持报告制度。

⑧监理工程师应参与水保监测的相关工作。

⑨对承包水土保持工作的单位及其他参建单位进行水土保持工作监理。水土保持监理工作既要满足交通主管的监理要求,又要满足水土保持部门的监理工作要求。

5.2.5 费用监理

1)基本原则

(1)监理工程师必须以质量合格、手续齐全且符合安全和环水保要求作为计量与支付的先决条件,未经总监理工程师批准不得支付。

(2)监理工程师在计量与支付时应符合合同规定,并做到客观、公正、准确、及时。计量与支付的项目与数量应不漏、不重,数量准确。

(3)监理工程师应以合同工程量清单内的数量、单价、金额为基础,以经建设单位批准的清单核算为主要依据建立计量与支付台账,根据施工单位申请和有关规定,将计量与支付随时发生的变化及时登账记录,实行动态管理。当有较大差异时及时报建设单位。

(4)监理工程师收到施工单位计量申请后应及时计量,对路基基底处理、结构物基础的基底处理及其他复杂、有争议,需要现场确认的项目,应按管理权限会同建设、设计、施工等单位现场核定。

(5)监理工程师必须依据经签发的《分项(中间)交工证书》及核定的工程量清单等资料进行计量。

(6)监理工程师应对施工单位提交的工程支付申请及相关资料进行审核,确认无误后,在规定的时间内签发支付证书并报建设单位。

2)工程量清单

(1)监理工程师必须熟悉技术规范、工程量清单及工程量清单说明的内容,掌握工程具体项目的工作范围和内容、计量方式和方法。

(2)工程量清单数量是合同图纸给定的数量,计量时以实际完成并经监理工程师确认的数量为准。

(3)建设单位、总监办可要求施工单位按合同要求时间对单价的来源及其构成做出详细的文字说明。

(4)总监办按合同(或遴选文件)规定办理工程变更时,对工程量清单按下列方式进行相应的修改和补充:

①变更工程数量,清单细目内容及单价不变。

②工程性质变更引起单价变化,原清单细目内容及数量不变。

③清单细目内容、单价、数量全部变更(包括项目整个被取消)。

④新增工程,即清单细目、单价、数量全部是增列的。

(5)有具体工程单位的清单栏目:总监办必须按工程量清单标明的单价和实际计量的工程数量办理,报送建设单位审核、批准。

(6)以细目为单位的清单栏目:总监办根据实际情况确定细目计量划分比例,并制定相应的实施细则。

(7)暂定工程数量的清单栏目:总监办须在建设单位指定的工程数量范围内,严格控制工程数量。

(8)暂定金额的清单栏目:

①总监办应根据实际情况报建设单位,建议部分动用、全部动用或根本不动用该项费用,最后由建设单位批准。

②实际费用超清单细目限额,通过工程变更办理,并送建设单位审核、审批。

(9)以时间为单位的清单栏目:监理工程师经建设单位授权,认为有必要和适宜时,可以按权限指令使用计日工完成任何工作,施工单位应按月提交相关结账单和报表,报建设单位审批。

3)工程计量

(1)计量的范围。

①工程量清单及修订的工程量清单的内容。

②合同(遴选)文件规定的各项费用支付。

(2)主要计量依据。

①工程量清单及说明。

②施工图设计图纸。

③工程变更令及修订的工程量清单。

④合同条款。

⑤技术规范。

⑥有关计量的补遗书和协议、规定。

⑦《延期审批单》《索赔审批单》《保险索赔审查审批单》。

⑧工程质量合格保证资料以及计量支付审批报表。

(3)计量原则。

①只能对工程量清单中所列项目进行计量。除变更工程以外,所有计量项目应该是工程量清单中所列项目,施工单位必须完成该项目的各项工序,形成符合技术规范对该细目所要求的“产品”才能组织计量工作;不符合合同文件(遴选文件)要求的工程,不得计量。

②工程数量必须根据实测的资料得来,经施工单位申请,总监办审核,建设单位批准,对结构物等可以根据施工图纸标注的设计尺寸进行准确计量的项目及不需联测的项目除外。

③按合同文件(遴选文件)所规定的方法、范围、内容、单位计量。

④按建设单位同意的计量方法计量。

⑤工程未经质量验收,不能组织计量工作。计量的对象必须是合格品,因此,总监办签发中间交工证书是组织计量工作的前提和基础。

⑥计量不免除施工单位应尽的任何义务。必须要求计量的对象是合格品,但如发现已计量的工程有缺陷,仍不免除施工单位无偿修复或返工的责任。

⑦工程的计量以净值为准,除非合同或遴选文件另有规定。

(4)特殊性计量工作。

对于软基处理工程的范围、基底高程测量、废弃工程的数量核定、单价构成分析中的关键基础数据等关键性计量工作,按管理权限由总监办通知施工单位,会同建设单位到现场对施工单位拟完成或已完成的工程的几何尺寸进行联测,并按规定计量。

(5)计量方式。

①工程达到规定的计量规模(金额)时,总监办应审查施工单位所提供的计量资料,对合格的工程进行计量,并报建设单位审批。

②建设单位可根据工程特殊情况增加计量次数,对施工单位应提前发出通知,写明准备何时对何工程进行何种计量。

③总监办和施工单位须建立计量支付台账。

4)工程支付

根据计量支付的性质和作用不同,工程的计量支付分为前期支付、中间计量支付、工程交工支付、最终支付。

(1)支付条件:

①质量合格的已完工程是支付的必备条件。

②变更项目必须有经签认的变更指令。

③各项支付款项必须符合合同条款的规定。

④中期支付金额大于招标文件规定的中期支付证书要求的最低限额。

⑤任何工程款项的支付都必须经建设单位签认。

⑥支付不解除施工单位合同内应尽的责任和义务。

⑦支付必须提供相应的有效票据。

(2)前期支付:开工预付款按遴选文件或招投标文件规定执行。

(3)中期计量支付。

①期中计量支付的主要文件。

a.计量通知和申请。

当工程需要计量时,总监办应审查施工单位提出的计量申请或向施工单位发出计量通知。

b.审查有关文件资料。

总监办检查施工单位为计量准备的有关资料,发现问题或资料不全,应退还施工单位，暂不进行计量。

c. 填写《中间计量表》。

填写《中间计量表》时，必须清楚真实地填写计量结果，对于施工单位在合同规定的时间内提出的异议，总监办将进一步检查计量记录，将复议后的结果通知施工单位。

d. 主要文件包括：

(a)《中间计量表》；

(b)《工程分项开工申请批复单》；

(c)《检验申请批复单》及相关自检资料；

(d)工程质量检验表及相关质量评定意见；

(e)《工程变更令》(工程发生变更时)；

(f)《中间交工证书》；

(g)联测成果；

(h)质保资料审查台账。

②中间计量支付程序。

计量支付流程大致分为以下几步：申请阶段、审核阶段、支付阶段。

a. 申请阶段。

施工单位将已完工且经监理工程师检验合格的工程项目进行汇总，及时在计量支付中央数据库系统内相应计量单元的控制数量或比例填报中间计量支付报表(中间计量的结算日期为每月 20 日)、生成第一册计量资料；将检验合格的工程项目的质量检测资料汇总生成第二册；同时将书面计量资料第一册、第二册及相关电子文档在当月 20 日前上报总监办。

b. 审核阶段。

(a)总监办在收到施工单位上报的计量资料后，应及时组织现场抽查核验及内业资料审核，且在中央数据库内完成网上签字。

(b)总监办质量管理部在收到第二册质量资料后，应结合现场实际及巡检情况及时进行审查，重点审查与现场的符合性以及中间交工证书签认情况，并于 5 日前签字确认质保资料台账，签认质量台账内审单。

(c)总监办计划合同部在收到计量资料和质量管理部转送的质量台账内审单后进行审核，于下月 15 日前将最终审定的计量数据返给施工单位，施工单位根据审核数据打印计量资料，装订好计量资料第一册第一分册及第二分册、第二册(保证资料一份由施工单位自行留存、质保台账一式四份)，按照程序要求逐级签字。

(d)完成上述程序审签后，总监办审核工程中期支付申请，总监签发中期支付证书，并报建设单位。施工单位于当月 25 日前将签认的计量数据、质检资料及台账等一并上报建设单位。

c. 支付阶段。

以建设单位的规定为准。

(4)计量与支付流程、权限、职责等,以建设单位江北东公司后续文件规定为准。具体流程如图 5-6、图 5-7 所示。

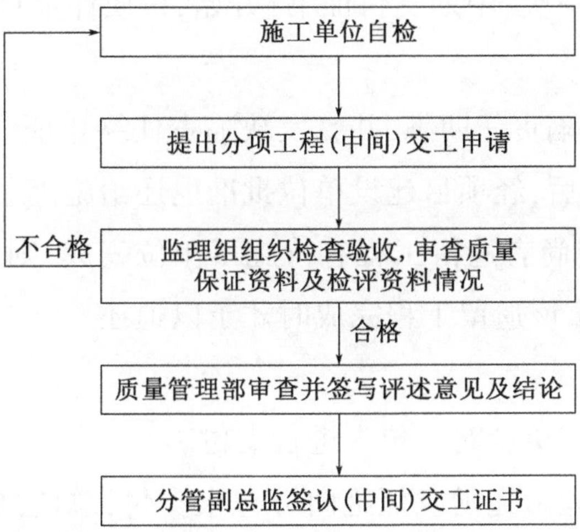

图 5-6 江北东公司中间交工流程

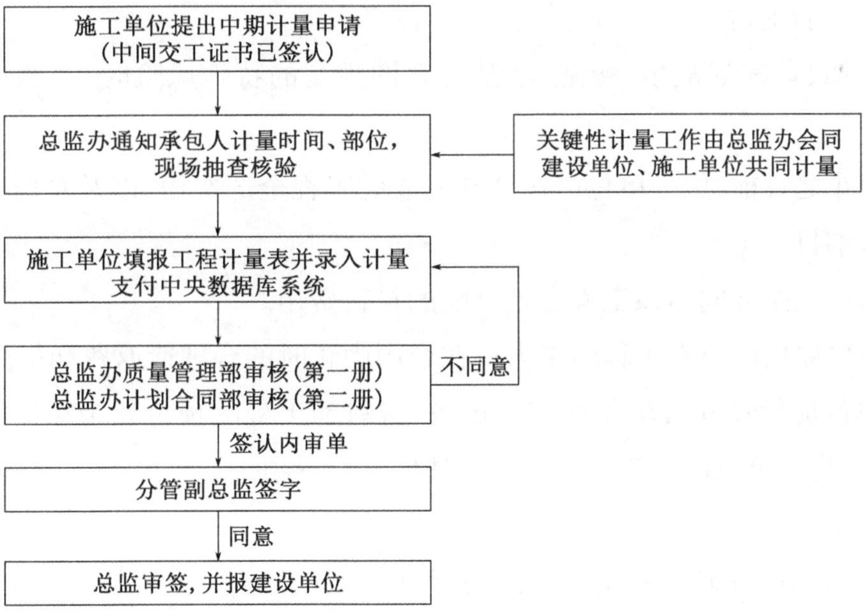

图 5-7 江北东公司中期计量程序框图

5)暂定金

根据本项目遴选合同文件执行。

6)工程费用变更

总监办签认变更工程相应的支付证书,必须以工程变更令及变更修改的工程量清单为依据。建设单位收到《中间计量表》并审查无误后,依照工程变更管理办法所确定的支付原则,参照其修订的工程量清单,办理支付。

7)质量保证金

(1)质保金的扣留,按遴选合同有关规定办理。

(2)从施工单位的第一次《中期支付证书》开始,按质保金百分比扣质保金。

(3)质保金的退还。

①在整个合同工程缺陷责任期满,并签发缺陷责任终止证书规定天数内,由施工单位申请,经总监办核实、签认后,经项目建设单位批准退还给施工单位。

②如果根据合同规定尚有遗留工程有待施工单位完成,则应扣留一定数量的质保金以抵补遗留工程费用,直至该遗留工程完成时才予以退还。

8)对分包人的支付

(1)总监办应监督施工单位对分包人进行支付。

(2)施工单位无正当理由拖延或拒绝向分包人支付,总监办须协助建设单位从《中期支付证书》中扣留特殊分包人应得到的款项,直接向特殊分包人支付。

(3)总监办可要求施工单位出示分包人得到施工单位付款的证明。

9)合同中止后支付

(1)工程建设期间遇战争、叛乱、骚乱等合同规定的特殊风险时,总监办应澄清下列内容:

①合同中止之日前,施工单位已按合同完成的工程全部费用,以及总监办已支付给施工单位款额与细目。

②施工单位依照合同为该工程合理订购的材料费用。

③施工单位雇用的所有工程施工人员在合同中止时的合理遣返费和机械撤离费。

④施工单位应偿还建设单位的有关设备、材料和工程的预付款余额以及合同中止之日,按合同规定建设单位向施工单位收回的任何其他款项。

(2)施工单位违约。

建设单位与总监办确认施工单位违约后,应对由于施工单位的过失而使建设单位产生和引起的所有费用的增加,按合同文件(遴选文件)的规定进行估价,在建设单位与施工单位协商后,签认扣除施工单位上述费用的证明。

(3)建设单位违约。

①总监办在收到施工单位因建设单位违约而提出的部分或全部中止合同的通知后,

应尽快深入调查,搜集掌握有关情况,澄清事实,并报建设单位。

②其他,根据合同文件(遴选文件)的有关规定实施。

10)工程交工支付

总监办收到施工单位的交工申请报告后,应完成对其报告中下列内容的审查,报建设单位签发《交工支付证书》:

(1)按照合同规定日期完成的全部工程的最终价值。

(2)建设单位还应支付的任何追加款项。

(3)按照合同应付给施工单位的估算总额。

(4)交工支付程序:

①施工单位编制。在合同工程交工证书签发后42天内,施工单位应按规定的表格格式和要求,完成交工支付申请书的编制,并提交给监理工程师,一式两份。

②总监办审查。在14天内完成交工支付证书的审查,并将审查结果报建设单位。

③总监理工程师签认交工结账证书,报建设单位审批。交工支付由项目建设公司审批,按规定办理付款手续。

(5)最终支付程序:

①准备工作。

a.建设单位处理有关工程和合同方面的一切遗留事宜:

(a)确认施工单位的遗留工程及缺陷工程已完成并达到规范标准,该工程的支付证明。

(b)确认施工单位已获得全部工程的《工程缺陷责任期终止证书》,解除施工单位履约担保责任的证明及退回或解除施工单位剩余质保金或银行保函的证明。

(c)确认已对符合合同文件(遴选文件)规定的工程变更、时间与费用索赔、价格调整等事宜进行了清理与审定,并签认完毕与之有关的支付证书。

b.总监办按职责分工澄清整个工程各个阶段的计量与支付,并完成下列工作:

(a)对所有支付的细目进行检查,防止漏项和重复。

(b)对所有的工程数量与费用计算进行复核。

(c)对所有有争议的细目与计算进行核实,并与项目建设单位和施工单位协商,确定最终的处理办法。

②最终支付。

a.最终结算清单的说明:

(a)最终支付的依据及计算方法,由总监办审核后报建设单位批准。

(b)总监办确认按照合同最终应付给施工单位的款项总额,送建设单位核实、审批。

(c)考虑项目建设单位以前所付的款额及项目建设单位、施工单位各自责任对支付额的影响后，项目建设单位还应付给施工单位或施工单位还要付给项目建设单位的余额，由总监办审核后报建设单位批准。

b. 最终结算清单由一系列清单及表格组成，并包含上述最终结算清单说明的内容。

c. 最终结算清单的附件由一系列图纸、计算资料、文件、发票等组成并与上述最终结算清单款项相对应。

③最终支付的主要内容：

a. 验收合格的缺陷责任期内的剩余工程。

b. 验收合格的其他变更工程。

c. 质保金的返还。

本项目支付，以合同文件及湖北交投江北东高速公路有限公司有关办法为准。

5.2.6　进度监理

1)监理原则

进度监理应在确保质量和安全的基础上，以计划控制为主线进行，综合考虑进度与质量之间的平衡关系。总监办按职责督促要求施工单位按时提交进度计划，严格进度计划的审查、审批。及时收集、整理、分析进度信息，发现问题及时按合同规定纠正。

审查施工进度计划应包括下列内容：

(1)是否符合施工合同工期管理约定，阶段性施工进度计划是否满足总体进度目标。

(2)主要工程项目是否有遗漏，劳动力、材料、机械设备等是否满足进度需要。

(3)是否适合建设单位提供的资金、施工场地等条件。

2)进度计划的编制

根据各项目的特点，进度计划分为项目工程进度计划和合同段工程进度计划。施工单位根据建设单位项目工程进度计划编制合同段工程进度计划，包括总体进度计划及本合同段的年、季、月进度计划。对于桥梁、立交、软基等起控制作用的关键工程项目，还应单独编制工程进度计划。

(1)项目进度计划。

①总体进度计划的编制：工程项目开工后，总监办应组织施工合同段召开联合办公会议，根据各项目总工期、合同段工期的要求，在工程开工通知书下发后 28 天内编制完成路基、桥梁、路面、房建、交安、机电、绿化工程等项目的施工总体进度计划，作为今后项目施工期间的进度控制依据。本计划的编制采用网络图，标注关键路线和时间参数。进度计划编制完成后，经总监办审查、建设单位审批。

②年、季、月进度计划:根据建设单位批准的合同段总体进度计划和总监办批准的年、季、月进度计划,总监办应及时汇总合同段进度计划,编制项目各年度工程进度计划和资金使用计划,以及全线年、季度进度计划。全线年、季、月进度计划由总监办计划合同部负责组织编制。全线年、季、月进度计划由总监批准并报建设单位备案后执行。

(2)合同段进度计划。

①合同段工程进度计划的编制:根据合同通用条款要求,施工单位应在规定的时间内向总监办提交合同段工程进度计划。该计划应有文字说明、进度图表和保障措施等。计划中应绘制网络图,标注关键路线和时间参数。在总体进度计划和月进度计划中应绘制资金流量S曲线图。合同段工程进度计划应按规定的时间提交。

②合同段工程进度计划的审批:总监办审查施工单位上报的合同段《施工组织设计》和总体进度计划,并要求在14天内审查同意或提出修改意见,判定施工组织设计是否合理可行,是否与其正在进行的工程相一致,进度计划是否满足要求。

合同段总体进度计划由监理工程师审核、总监审查、建设单位审批。合同段年、季、月进度计划由监理工程师审查、总监审批,报建设单位;工区(分部)年、季、月、旬进度计划由监理组审查,并报总监办审批。

审批后的进度计划作为今后工程进度控制的主要依据及施工进度计划控制的目标。

③分项工程进度计划的编制及审批:施工单位应根据图纸、技术规范和批准的合同段工程进度计划及《施工组织设计》进行分项工程的开工准备,并在每个新的分项工程开工前7天递交《分项工程开工申请》,附件中包括《分项工程施工方案》和分项工程进度计划等。分项工程进度计划采用横道图等形式编制,由监理组进行审批(其中关键性和重大施工方案的组织设计和进度计划,总监办将专门组织审查)。监理组在收到施工单位分项工程开工申请报告后3天内必须给予批复,并报送总监办备案。

(3)进度计划的内容。

①总体计划。

a.项目合同工期。

b.完成各单位工程及各施工阶段(应注明各关键工程名称)所需的工期,最早开始和最迟结束时间。

c.各单位工程、各施工阶段所需要完成的工程量及现金流动估算。

d.各单位工程及各施工阶段所需配备的人力和机械数量。

e.各单位工程或分部工程的施工方案和施工方法等。

②年度。

a.本年计划完成的单位工程及施工阶段的工程项目的内容、工程数量及投资指标。

b. 施工队伍和主要施工设备的数量及调配顺序。

c. 不同季节及气温条件下各项工程的时间安排。

d. 在总体计划下对各分部、分项工程进行局部调整或修改的详细说明等。

③月(季)。

a. 本月(季)计划完成的分部、分项工程内容及顺序安排。

b. 完成本月(季)各分部、分项的工程数量及投资额。

c. 完成各分部、分项工程的施工队伍及人力和主要设备的配置。

d. 在年度计划下对各单位工程、分部或分项工程进行局部调整或修改的详细说明等。

④关键工程。

a. 具体施工方案及施工方法。

b. 总体进度计划及各道工序的控制日期。

c. 现金流动估算。

d. 各施工阶段的人力和设备的配置及运转安排。

e. 施工准备及结束清场的时间安排。

f. 对总体计划及其他相关工程的控制、依赖关系和说明。

(4)进度计划的检查。

总监办根据进度计划检查工程实际进度,并通过实际进度与计划进度的比较,对每月、每季、每年的工程进度进行分析和评价,定期向建设单位提交分析报告。总监办应将监理范围内合同段的评价结论写入工程监理月报。

①每日进度检查记录:监理组应每日检查施工单位的进度执行情况,根据检查结果填写《监理日报》或其他日报等,并上报总监办作为掌握进度和进行决策的依据。记录内容包括:

a. 当日完成及累计完成的工程量。

b. 当日实际参加施工的人力、机械数量及生产效率。

c. 当日施工停滞的人力、机械数量及其原因。

d. 当日施工单位的主管及技术人员到达现场的情况。

e. 当日发生的影响工程进度的特殊事件或原因。

f. 当日的天气情况等。

②施工单位月报:合同段施工单位根据工程进度情况及存在的问题,每月以工程月报当月完成的货币工程量及形象进度的形式,在当月 25 日前向总监办、建设单位各报送一份,周期为上月 26 日至本月 25 日。施工单位工程月报的主要内容如下。

a. 工程概况:合同段工程的路线长度、起讫桩号,主要结构物类型及数量,路基土石方数量，路面及路面基层结构类型及数量，合同工期，合同总价，等等。

b.进度完成月统计：以路基、排水、构造物、路面、交通工程等为单位，按分部工程、分项工程统计本月完成数量，完成月计划的百分率，累计完成数量，完成总量的百分率，等等。

c.工程质量情况：原材料检验，标准试验，抽样试验等工程质量检测的点(件)数、频率、合格率，以及工程质量情况。

d.主要人员情况：施工单位的项目经理、副经理、总工程师及各部门负责人的承诺名单，实际到位名单，以及不能到位的原因陈述，等等。

e.主要设备到位情况：施工单位的主要设备承诺数量，实际到位数量，设备增减情况，等等。

f.下月计划：以路基、路面、桥梁、互通立交、环水保、交通工程等为单位，按分部工程分项列出下月计划完成数量、计划完成百分率等。

③月工程进度报告：总监办根据所掌握的当月进度情况及《监理日报》进行分析、整理，每月向建设单位提交月工程进度报告，说明当月进度计划执行概况，主要内容如下。

a.概况或总说明：应以记事方式对计划进度执行情况提出分析。

b.工程进度：应以工程数量清单所列细目为单位，编制出工程进度累计曲线和完成投资额的进度累计曲线。

c.工程图片：应显示关键线路上一些施工活动及进展情况。

d.财务情况：应主要反映施工单位的现金流动、工程变更、价格调整、索赔工程支付及其他财务支出情况。

e.其他特殊事项：应主要记述影响工程进度或造成延误的因素及解决的措施或建议。

④进度控制图表：总监办(或按建设单位的要求)应编制和建立各种用于记录、统计、标记、反映实际工程进度与计划工程进度差距的进度控制图及进度统计表，如横道图、柱状图、网络图、进度曲线、形象进度图等，以利随时对工程进度进行分析和评价，并作为要求施工单位加快工程进度、调整进度计划或采取合同措施的依据。

(5)进度计划的调整。

总体进度计划、年度和季度进度计划未经审批，任何单位和个人不得调整。监理工程师应根据批准的进度计划的执行情况，结合各方面原因，督促施工单位分部(工区)及时调整修订进度计划，以确保合同工期。依据合同文件规定：监理工程师需审核施工单位提出的工程进度调整计划，报总监办。工程进度进行重大调整或者影响合同工期时，需向建设单位提交书面报告。

①在工程实施期间，如果实际进度(尤其是关键线路上的实际进度)与计划进度基本

相符，监理工程师不应干预施工单位对进度计划的执行；但应及时掌握影响和妨碍工程进展的不利因素，促进工程按计划进行。

②监理工程师发现工程现场的组织安排、施工顺序或人力和设备与进度计划上的方案有较大不一致时，应要求施工单位对原工程进度计划及现金流动计划予以调整，调整后的进度计划应符合工程现场实际，并满足合同工期的要求；当工程未能按计划进行时，应要求施工单位调整或修改计划，要求施工单位采取必要措施确保施工进度。

③工程进度计划修订提交时间：在确保合同工期的前提下，每一个月对下一个月的进度计划进行一次修订，并应在当月的 25 日前提交给总监办。

(6)施工进度延误的处理。

①当实际进度与计划进度出现差异时，督促承包人采取相应的补救措施，促进工程顺利完成，并及时书面报告建设单位。在施工单位没有取得延期批准的情况下，对总体工程进度起控制作用的分项工程的实际工程进度曲线处在工程进度管理曲线规定的安全区域的下限之外时，监理工程师(包括总监等)有权认为本合同工程的进度过慢，不能按进度计划预定的时间完成工程。此时应书面警告并要求施工单位采取措施加快进度，确保工程能在预定的工期内交工，其措施方案由总监办重新审查，施工单位无权要求为了采取这些措施而支付任何附加费用。

②如果在监理工程师提出书面警告后，施工单位拒绝执行加快进度的指令或虽采取了一定的措施，但施工进度仍严重滞后于原定进度计划，并将使工程在合同工期内难以完成，总监办应向建设单位提交专题书面报告。

(7)进度管理中需要重视的事项。

①协调解决施工中发生的影响工程进展的问题，如征地拆迁等客观因素。

②缩短工程变更手续审批及变更设计的周期。

③及时审查、审批施工单位上报的重要施工方案和工程开工申请。

④及时做好材料计划和供应工作(本项目还包含路基填料等供应保障工作)。

⑤及时办理中间计量和支付。

⑥及时办理工程延期，以便于进度计划的调整。

⑦其他影响进度的时间(如管桩、桩基检测等)的控制。

5.2.7 机电工程监理

根据本项目合同，建设单位将对机电工程驻地监理工程师办公室另行招标，机电工程部分监理工作内容由机电工程驻地监理工程师办公室另行编制，湖北交投监利至江陵高速公路东延段总监理工程师办公室对机电工程驻地办进行管理。

5.2.8 房建工程监理

根据本项目合同,建设单位将对房屋建筑工程驻地监理工程师办公室另行招标,房建工程部分监理工作内容由房屋建筑工程驻地监理工程师办公室另行编制,湖北交投监利至江陵高速公路东延段总监理工程师办公室对房建驻地办进行管理。

5.2.9 施工管理信息化

1)管理智能化

提高项目管理效能,提升施工信息化管理水平,加强工程质量、安全生产现场监督管理力度。

本项目总监办拟运用数字监理、结构物二维码标志等现代信息化技术,依托项目建设,建立覆盖工程施工全过程的信息化实时监控管理系统,对重要数据的自动采集,关键工点和关键工艺工法施工过程的实时视频监控,隐蔽工程、关键工序、桥梁等结构物重点部位施工图片影像记录存档,施工现场主要管理人员信息化考勤等实行动态管理,进一步加强工程质量、安全生产现场监督管理力度,提高工程现代化管理水平。

2)具体内容

(1)系统组成:由工程施工关键数据上传、视频监控、质量监测及人员信息化考勤上传等子系统组成。

(2)关键数据的实时上传、监管。其监控内容是指对工程质量、结构安全有较大影响的关键指标数据(包括但不限于沥青及水泥混凝土拌和站生产配合比、预应力张拉应力、混凝土强度、钢筋强度等数据)的自动采集、传输、存储及不合格数据应急处置与管理。

(3)隐蔽工程、工艺工法施工过程的实时监督及问题的处理、跟踪。其监督内容包括但不限于工艺工法的施工标准化、现场文明施工、原材料及工序报检、隐蔽工程质量控制等施工过程控制及图片、影像资料的形成、收集与存档。

(4)关键部位、工点施工过程实时视频监控及问题的处理、跟踪。其监控内容是指对涉及较大及以上安全生产风险的场所,如“三场一站”(含施工驻地、预制梁场、钢筋加工场、拌和站)、工业化桥梁加工预制区及特殊结构、技术复杂桥梁、跨高速(一级)公路、跨线桥施工等部位进行的高清视频实时监控及问题的处理、跟踪。

(5)施工现场主要管理人员信息化考勤,主要包括施工单位项目经理、总工、试验室主任、安全工程师、质检工程师等主要管理人员在工地现场到岗情况实施动态考勤,留存考勤的相关记录及人员轨迹信息作为计量支付的依据之一。

3)组织管理

总监办成立施工管理信息化建设领导小组,由分管领导牵头、质量管理部等部门具体负责,统一领导、分级负责的原则进行建设、运行、管理与维护,总监办及各参建施工单位均应制定本单位信息化系统建设实施办法并安排专人负责。严格执行监理工作程序,加强工程管理落实信息化建设、管理的各项要求。

数字监理采取分组(或段)分块先行试点,待成熟后在公司其他监理项目逐步推广。

5.3　验收与缺陷责任期监理工作

5.3.1　交工验收

1)管理办法

交工验收由建设单位主持。总监办成立交工验收专班,参加建设单位组织的合同工程交工验收工作。

2)交工验收的前提

(1)提交交工申请:监理工程师收到施工单位提交的交工申请报告。交工申请报告的主要内容应包括工程概况、工程施工过程描述、交工工程数量、交工工程质量评定情况、质量缺陷处理情况、剩余工程及完成计划、交工资料整理情况、现场清理情况和有关合约事宜办理情况等。

(2)工程实际已经完成:监理工程师对施工单位申请交工的全部工程进行全面检查,确认合同范围内工程已经完成。

(3)工程检验合格:监理工程师对工程质量检验和评定结果符合规范要求,且资料齐全;监理工程师以不同形式向施工单位签发的监理指令,均得到令监理工程师满意的解决,且证明资料齐全。

(4)现场清理完毕:监理工程师确认施工单位对其申请交工的工程已经进行了全面的现场清理(包括工程现场、临时用地、材料场地和取弃土场地等)。

(5)交工资料齐全:建设单位确认施工单位已根据合同规定完成或基本完成所有的交工资料,并整理装订成册。

3)审查交工验收申请

总监办按合同及有关文件规定,审查施工单位提交的合同工程交工验收申请、审核施工单位编制的竣工图,重点检查合同约定的各项内容的完成情况、施工自检结果、各项资料的完整性、工程数量核对情况、工程现场清理情况等。根据监理工作情况及工程质量评定结果,对是否同意交工验收进行审查并签署意见。

4)评定工程质量

总监办及时汇总、整理监理资料,对工程的质量等级进行评定。

5)编制监理工作报告

按工程验收办法等有关规定,总监办编制监理工作报告,并提交建设单位。工程监理报告的主要内容如下。

(1)监理工作概况:合同段监理组织形式、管理结构、人员投入情况。

(2)工程质量管理:质量管理措施,施工过程中质量检查情况汇总,质量问题和事故处理情况总结,工程质量评定情况。

(3)计量支付、工程进度和合同管理情况。

(4)设计变更情况。

(5)交工验收中存在的问题及处理情况。

(6)监理工作体会。

6)参加交工验收

总监办参加合同工程交工验收,接受对监理独立抽检资料、监理工作报告及质量评定资料的检查,协助建设单位检查施工单位的合同执行情况,核对工程数量,评定各合同段的工程质量。

7)签认交工结账证书

合同工程交工验收证书签发后,总监办审核施工单位提交的合同工程交工结账单,在规定期限内签认合同工程交工结账证书,报项目建设单位审批。

5.3.2 缺陷责任期监理

1)一般规定

缺陷责任和保修期限以及缺陷责任期的延长为招标(遴选)文件项目专用条款中双方约定的时间。

2)监理组织

总监办成立工作专班,明确人员及分工,按照招标文件要求配置满足缺陷期监理工作需要的人员及设施,确保缺陷责任期监理工作正常开展。

3)监理工作内容

在合同工程的缺陷责任期内,总监办督促检查施工单位遗留问题整改情况;检查工程质量,对工程质量缺陷要求施工单位修复。主要工作内容如下:

(1)督促施工单位配备常驻现场的缺陷责任期工作专班和人员以及必要的设施、设备,保证缺陷责任期工作正常、有序推进。

(2)按照施工单位在交工验收时提交并经建设单位交工验收小组批准的剩余工程计划督促施工单位尽快完成未完工工程,督促施工单位修复交工验收时指出的工程质量缺陷;在合同工程的缺陷责任期内,检查施工单位剩余工程的实施;巡视检查已完工程,指示施工单位修复发生的工程缺陷,调查、确认缺陷责任及修复费用。

(3)定期或不定期巡视检查已完工程,发现以前未发现的工程缺陷或交工验收后新发生的工程缺陷,记录发生的工程缺陷,并对工程缺陷发生的原因、责任及修复费用进行调查、确认,属于施工单位责任的质量缺陷指示施工单位按期进行修复。确属非施工单位原因造成的工程缺陷,总监办应对施工单位修补、修复缺陷或重建的费用在与施工单位协商后报建设单位予以确认,批准、支付。

(4)总监办对完成或修复的工程按合同规定的质量标准进行质量检查、监测、试验,并提出审查意见,对检验合格的报建设单位予以验收。

(5)总监办应审查施工单位提交的终止缺陷责任申请文件资料的完整性、符合性并签署意见。

(6)督促施工单位按合同规定期限完成竣工资料。

4)签发缺陷责任终止证书

在招标(遴选)文件合同中约定的工程缺陷责任期或延长期结束,收到施工单位向总监办提交的终止缺陷责任的申请后,监理工程师应进行检查。符合条件时,总监办在合同规定的时间内签发合同工程缺陷责任终止证书。

(1)缺陷责任终止证书签发的必要条件。

总监办审查施工单位含有如下内容的终止缺陷责任申请,包括:

①剩余工作计划的执行情况,交工验收时指出的工程缺陷的修复情况。

②缺陷责任期内建设单位、总监办委托的检测单位检查发现的工程缺陷并已指示施工单位进行修复的完成情况。

③竣工资料已编制完成。

④总监办对全部未完成工程,缺陷修复、修补工作的质量已予以认可。

⑤环水保已通过验收。

(2)成立缺陷责任期工作检查小组。

总监办确认具备签发缺陷责任终止证书必要条件后,会同建设单位成立缺陷责任期工作检查小组;施工单位为检查小组工作及日程安排提供必要的服务。检查小组的任务主要为:

①对缺陷责任期的未完工作及工程缺陷修复情况进行检查验收,侧重缺陷责任期工作内容的检查。

②对整个工程的使用情况进行最终的整体检验,确定是否签发缺陷责任终止证书。

③审查竣工资料。

④检查小组对申请报告内容的完整性、真实性进行审定,并确认是否满足合同规定及建设单位的要求。

(3)检查报告。

检查小组必须就检查工作写出检查报告,报送建设单位,同时送施工单位。检查报告的主要内容应包括:

①概述检查小组的授权及其名单、工作简况、收受施工单位申请的日期。

②现场检查的内容及情况。

③检查小组对施工单位缺陷责任期全部工作的评议。

④小组的结论。

⑤附件:施工单位缺陷责任证书申请检查活动计划、施工单位剩余工程计划、指示修复缺陷的文(函)件及工程缺陷一览表等。

(4)签发缺陷责任终止证书。

建设单位收到检查小组的报告,并确认工程按合同规定已达到缺陷责任期工作验收标准,签认缺陷责任终止证书。签发日期应以工程通过最终检查的日期为准。证书中应包括以下主要内容:

①获得证书的工程范围。

②审查缺陷责任期工程的单位。

③工程交工日期及合同缺陷责任终止日期。

④缺陷责任终止证书的签字人(建设单位负责人、总监、施工单位负责人)。

5.3.3 参加工程竣工验收

总监办参加工程竣工验收工作,负责提交缺陷责任期监理工作报告,提供工程监理资料,配合竣工验收检查工作。

5.3.4 签认最后支付证书

总监办收到施工单位提交的最终结清申请单(包括相关证明材料)后应进行审核,审核后的最终结清申请单经施工单位认可后,由总监签认并报建设单位审批。

未尽事宜,以本项目合同文件及后续规定为准。

第6章 合同事项管理和信息管理

6.1 合同管理

6.1.1 工程分包审查

1)分包分类

分包包括专业分包和劳务分包。本项目的专业分包合同、劳务分包合同及劳动合同应参照住房和城乡建设部、人力资源和社会保障部的示范合同文本签订。

2)分包规定

(1)施工单位不得将工程主体、关键性工作分包给第三人。经总监办审批并报建设单位备案,施工单位可将工程的其他部分或工作分包给第三人。

(2)在工程施工过程中本项目分包应严格遵守交通运输部《关于印发公路工程施工分包管理办法的通知》(交公路发〔2011〕685号)和《关于印发湖北省公路水运工程分包管理规定(试行)的通知》(鄂交法〔2005〕330号)以及湖北省交通运输厅、湖北省监察厅、湖北省建设厅联合发布的《关于严禁交通建设工程转包和违法分包的通知》(鄂交基〔2005〕377号)的规定。

(3)施工单位进行专业分包必须符合遴选文件规定。

3)工程分包审查

分项工程开工前,总监办应依据合同(遴选)文件及建设单位要求对工程分包进行审查:

(1)监理工程师要加强对施工单位工程分包的管理,按合同约定对工程分包计划和协议进行审查,并审查分包合同中是否明确了承包人与分包人各自在安全生产方面的责任,并上报建设单位。

(2)监理工程师发现有非法分包、转包时,应指令施工单位纠正并报告建设单位。

(3)监理工程师对工程分包审查的主要内容为:

①审查分包人的资格情况及证明,包括企业概况、财务资本情况、参加分包工程人员的资历、施工机械状况等。

②审查分包工程项目及内容。

③审查分包工程数量及金额。

④审查分包工程项目所使用的技术规范与验收标准。

⑤审查分包工程的工期。

⑥审查施工单位与分包人的合同责任。

⑦审查分包协议。

6.1.2 工程设计变更

1)工程设计变更的原则

工程变更应遵循《公路工程设计变更管理办法》(交通部令2005年第5号)、湖北省交通运输厅《湖北省公路工程设计变更管理办法》(鄂交基〔2007〕20号)、湖北省交通投资集团有限公司《湖北省交通投资有限公司工程建设项目变更管理办法》(鄂交投总〔2015〕2号)及湖北交投江北东高速有限公司等有关工程设计变更管理办法的相关规定。

2)工程设计变更的依据和程序

工程设计变更的依据是工程的技术文件、合同文件、设计图纸及其工程量清单等。施工单位要求工程设计变更时,应提交变更申请单,报监理工程师审核,按施工合同要求须由总监办批准的隐蔽工程的变更,还应会同建设、设计、施工等单位现场共同确认;建设单位要求工程变更时,监理工程师应按施工合同规定下达工程变更令。

3)工程设计变更的范围和内容以及变更的估价原则

按照合同(遴选)文件有关规定执行。

4)工程设计变更的管理

工程设计变更由总监办依据授权负责审查或审批,总监办所属工程技术部和计划合同部具体参与或负责组织实施和管理。工程技术负责工程设计变更方案,包括工程量的审查以及拟变更工程基础资料的核实,并负责工程设计变更实施的现场管理;计划合同部参与或负责变更费用,包括工程变更单价的审查、变更数量的复核、变更造价的确定、变更令的制作与下发、变更工程的计量等管理工作。

5)工程设计变更的审批原则

工程变更按照"谁审批、谁承担责任"的原则进行管理,本项目参建各单位须严格按有关规定中变更审批权限进行工程变更的审批工作,凡未按审批权限擅自决定工程变更的变更单位和个人应承担由此造成的一切费用和损失。

6.1.3 工程停复工

1)一般规定

工程停复工原则上以监理、施工合同的有关约定为依据。

2)工程停工

(1)监理工程师签发工程停工令,应以施工合同的有关约定为依据,并应明确工程停工范围、期限及工程停工期间施工单位应做的工作。

(2)由建设单位发出的工程停工令,需抄送总监办;由总监办发出的停工令,需向建设单位报备。

(3)分项工程停工令由监理组向总监办先口头汇报并确认后签发,分部、单位工程及标段停工令由总监办签发。

3)工程复工

(1)非施工单位原因引起的工程停工,在停工原因消失后具备复工条件时,监理工程师应及时签发复工令。

(2)施工单位原因引起的工程停工需复工时,监理工程师应要求施工单位提出复工申请,经审核具备复工条件时可签发复工令。

(3)停工事由处理完毕后,由发出工程停工令单位组织进行验收,验收合格向施工单位发出书面复工令。同时,由建设单位发出的复工令,需抄送总监办;由总监办发出的复工令,需向建设单位报备。

6.1.4　价格调整

按照项目招投标(遴选)文件相关规定执行。

6.1.5　工程延期

按照项目招投标(遴选)文件相关规定执行。

6.1.6　工程保险

按照项目招标(遴选)文件相关规定执行。

6.1.7　不可抗力

按照本项目合同文件(遴选文件)相关规定执行。

6.1.8　违约处理

按照本项目合同文件(遴选文件)相关规定执行。

6.1.9　索赔

按照本项目合同文件(遴选文件)相关规定执行。

6.1.10 争端协调

按照本项目合同文件(遴选文件)相关规定执行。

6.1.11 合同事项管理

总监办在授权范围内,审核、评估和处理工程变更、延期、费用索赔、价格调整、保险、违约、争端等合同事项;未尽事宜,以本项目合同文件及后续规定为准。

6.2 信息管理

6.2.1 信息管理的内容

1)人员及职责

总监办拟设专人负责信息管理工作,确定信息人员的岗位职责,确保统计及时、准确。该岗位的主要职责应包括:

①建立文件管理办法,负责部门文件的收办、发送及日常保管。

②制定信息标志办法并贯彻执行。

③负责信息收集、整理及统计分析工作。

④按建设单位的要求组织整理竣工文件等。

2)信息分类及标志

(1)总监办监理工作信息分为合同类(包括监理合同、合同条件、工程量清单及其说明、技术规范、工程变更令、索赔评估报告、分包审批等)、图纸类、文件类(往来文件、会议纪要等)、原始记录(各类审批单、验收单、中间交工证书、计量单、监理日志、旁站记录、监理指令单等)、台账、月报及其报表等。

(2)按照文件产生部门、文件类别、产生时间、序号等分级方式,授予每一份文件唯一标志号。总监办的文件或报告还应有印章和签字。

3)相关制度

建立文件阅办制度、签发审批制度、日常保管和借阅制度等信息制度。

6.2.2 信息资料的日常管理

信息的日常管理指从信息产生、办理并形成结果至建立台账进行统计分析的系列工作。信息管理人员应按要求,及时、完整、真实、规范地完成各项工作。

1)合同类

合同类文件是总监办监理活动的主要依据,应妥善保存和管理。

(1)建立合同文件(遴选文件)清单,其主要内容包括文件名称、类别、编号、有效期、下发部门等。该清单应能动态地反映合同文件(遴选文件)的变更或修改情况。

(2)对合同文件(遴选文件)进行适当的分类,并对每份合同文件(遴选文件)进行唯一性标志。

(3)对于合同文件(遴选文件)的变更或修改,应做出明显的标志,并及时书面通知相关人员。

2)工程图纸

(1)建立图纸的收发登记。

(2)建立本部门图纸清单,对图纸进行编号标志。

(3)图纸的变更应在图纸上进行准确的标注,并及时通知有关人员。

3)文件类

(1)应建立文件往来管理办法,明确行文范围、格式和要求,规范有关方面的工作。

(2)应建立收文阅办制度,并根据文件的不同来源建立文件清单。

(3)所发文件应用统一的文头纸和规定统一的文号。行文应有明确的文件标题,宜一事一文。文件抬头写明文件的主送单位,落款日期上加盖总监办印章。文件末尾写明文件主题词、抄报、抄送部门和文件份数等内容。

4)原始记录

(1)审批单应按类别、监理段落分类,标注编号后与所报送的文字材料一同保存。

(2)报验单与交验单应按不同的监理段落、层次、部位、产生时间等逐级分类,统一编号后与文字材料一同保存。应该强调的是:监理工程师验收不合格时,应在报验单与交验单上签署不合格意见,并保留一份存档。对于混凝土工程等不能立即确定验收结果的项目,应在强度等结果报出后立即封存相应的验收单。监理人员必须保证原始资料的真实性、完整性。

(3)中间交工证书和中间计量单应按工程划分、产生事件等分类,采用统一格式填写,编号标志,分类保存。编号应具有连贯性。

(4)监理指令单应按监理段落分类保存、编号标志,并建立指令单清单。总监办及监理组需随时检查指令单的执行结果,并封闭记录。

(5)监理月报和支付月报由总监办负责编制,统一编号,由总监理工程师签发,内容应全面、准确、规范。

5)台账范围

总监办台账主要包括工程联测、材料审批、开工审批、专项方案审批、试验检测、工程验收、形象进度、中间计量、工程变更、索赔、分包、中期支付和质量评定、质量缺陷(事故)处理、施工安全监理等。各类台账根据岗位分级建立,动态控制,严禁记流水账。

6)推行互联网+办公模式

各参建单位应建立项目QQ办公群或OA系统,并按部门职能加入总监办及建设单位相应部门办公群,以及合同计量、财务办公系统等。同时应安排专人负责接受群内通知、公告、文件等电子信息并及时报告项目(部门)负责人处理。

6.2.3 施工图信息处理

1)施工图信息反馈

为了及时解决因设计可能影响施工质量和进度的问题,特建立如下施工图信息反馈制度:

(1)施工单位、总监办、建设单位在使用施工图过程中如发现错、漏、碰或其他存在的问题或要求解释设计意图,应按附表格式填写《×××施工图设计情况反馈表》(表6-1)及其续表。

(2)《×××施工图设计情况反馈表》由建设单位、总监办及施工单位填写。特殊分包人以主施工单位的名义填写。

(3)反馈程序:填表单位(施工单位、总监办或建设单位)填写反馈表→报建设单位→送设计代表处。填表单位应在报送文字材料的同时,发送电子邮件或复制的软盘给设计代表处,否则不予受理。

(4)处理程序:设代处处理(一式六份)→送建设单位审核备案→发送相关单位。

2)施工图信息反馈程序

(1)施工详图信息反馈程序。

①按规定份数,将签(章)完备的施工图按时送达建设单位。

②建设单位对设计单位编制的施工图做原则审查(但不免除设计单位对施工图的责任),经业主同意后下发。下发程序为:建设单位→总监办→施工单位。设计单位不得直接向总监办、施工单位发送施工图、变更设计图及其他任何类似资料。

③施工单位对施工图纸进行详细的审核,依据施工图编制施工详图。施工详图一式六份,报总监办。

④总监办负责施工详图的最终审核并签章确认。经总监办签章的由施工单位编制的施工详图是施工、监理、计量的依据。总监办将此施工详图报建设单位2份,自留2份,返回施工单位2份(其中1份作为竣工图原件)。

⑤施工详图尺寸按交通运输部部颁编制办法规定进行编辑,施工详图采用设计单位编制的施工图原编号,并在原编号前加注“S”,以示区别。例如,施工单位所编图号须进一步细分,可在上述编号后加“—××”,以两位自然数注明。

×××施工图设计情况反馈表　　表 6-1

编号:(　　　　　)　　C□J□Z□　(连同续表共　页)

合同段			
填表单位(全称)			
联系电话		传真	
填表人		职务	
负责人		职务	

反映内容	设代处意见	建设单位意见
反映情况单位签章 年　月　日	设代处签章 年　月　日	建设单位签章 年　月　日

注:1. 本表用于反映使用本项目施工图过程中发现的错、漏、碰、缺或其他存在的问题或要求解释设计意图。
2. 由施工单位、总监办、建设单位填写本表。
3. 编号说明:括号内填年份,其前填合同号,其后为本单位填表流水号。施工单位、总监办、建设单位分别在 C、Z、J 后打√。

(2)设计变更图纸信息反馈程序。

①建设单位提出的变更由建设单位会商原设计单位进行变更设计,图表中加盖"建设单位"印章。变更设计图纸运作程序按施工图及施工详图运作程序执行。

②变更设计图纸附注应首先说明设计变更所依据的文件及其文号。变更设计图纸编号按变更次数在图号后加"G1""G2"……

③施工详图与竣工图的关系。

a. 总监办审定(签章)的施工详图加盖竣工图章即为竣工图。

b. 有工程变更时,根据最后一次变更的施工详图加盖竣工图章即为竣工图。

④施工工艺图(含施工详图)的绘制。

根据招标文件《技术规范》的规定,施工单位绘制施工详图必须采用 AutoCAD 绘制,文字表格采用 Office 2003 或以上版本制作。施工单位向总监办报批施工详图时应同时提交电子文件,施工单位和总监办对这些电子文件必须分类建立目录,及时备份。

6.2.4　信息流程框图(图 6-1)

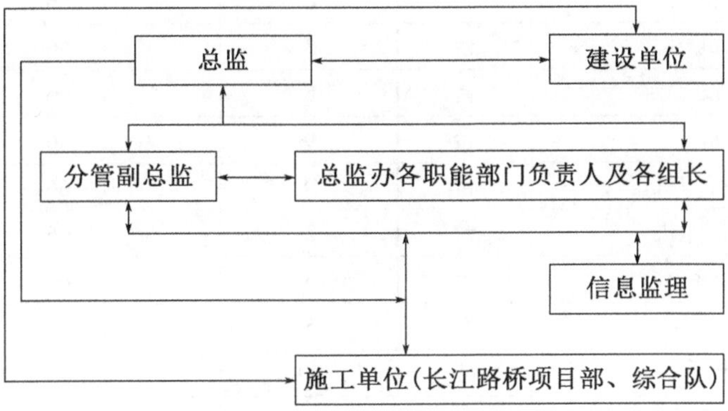

图 6-1　信息流程框图

第7章　监理设施

7.1　办公、生活设施

办公、生活设施详见表7-1。

办公、生活设施一览表　　表7-1

序号	设备名称	单位	数　量	服务期限(月)	服务时间(月)
施工期					
1	试验检测数据上传设备	套	3	1～42	42
2	台式计算机(含网络设施)	台	80	1～66	66
3	笔记本电脑(含网络设施)	台	10	1～66	66
4	数码摄像机	架	6	1～66	66
5	数码照相机	架	6	1～66	66
6	传真机	台	3	1～66	66
7	扫描仪	台	5	1～66	66
8	复印机	台	9	1～66	66
9	A4激光打印机	台	9	1～66	66
10	A3激光打印机	台	2	1～66	66
11	移动硬盘(500G)	个	5	1～66	66
12	固定电话	部	5	1～66	66
13	移动电话	部	90	1～66	66
14	会议桌	套	1	1～66	66
15	会议椅	把	80	1～66	66
16	办公桌椅	套	90	1～66	66
17	沙发	套	5	1～66	66
18	文件柜	组	70	1～66	66
19	空调	台	40	1～66	66
20	文具		若干	1～66	66
21	监理办公房屋	m^2	720	1～42	42
22	监理会议室	m^2	300	1～42	42
23	监理试验室	m^2	950	1～42	42
24	档案资料室	m^2	450	1～42	42
25	监理生活用房	m^2	720	1～42	42
缺陷期					
1	监理办公房屋	m^2	120	43～66	24

7.2 交通设施

交通设施详见表7-2。

交通设施一览表 表7-2

序号	设备名称	单位	数量	服务期限(月)	服务时间(月)	备注
施工期						
1	四驱越野车4000CC	辆	4	1～42	42	工业化桥梁小组4辆
	四驱越野车3000CC	辆	18	1～42	42	
2	小型厢式货车或皮卡	辆	3	1～42	42	工业化桥梁组1辆
缺陷期						
1	四驱越野车	辆	2	43～66	24	

湖北省公路工程监理计划与监理细则编制示例

下册　监理细则

湖北省交通运输厅工程质量监督局
湖 北 省 交 通 建 设 监 理 协 会　组织编写

人民交通出版社股份有限公司
北 京

内 容 提 要

本书内容基本涵盖了湖北省交通工程建设项目类型及特点，符合湖北省交通工程项目特点。为提高监理工作管理水平，使监理工作做到标准化、规范化、程序化，达到目标明确、标准统一、程序规范的目的，根据现行行业标准，结合湖北省监理工作实际情况组织专家编写了本书，对湖北省高速公路、国省干道、普通公路监理工作具有指导意义。

本书适合湖北省交通工程建设监理企业在制定监理计划和分部分项工程监理细则时参考使用。

图书在版编目(CIP)数据

湖北省公路工程监理计划与监理细则编制示例 / 湖北省交通运输厅工程质量监督局，湖北省交通建设监理协会组织编写. — 北京：人民交通出版社股份有限公司，2022.3

ISBN 978-7-114-17757-6

Ⅰ.①湖… Ⅱ.①湖…②湖… Ⅲ.①道路施工—施工监理—细则—湖北 Ⅳ.①U415.1-81

中国版本图书馆 CIP 数据核字(2021)第 256221 号

Hubei Sheng Gonglu Gongcheng Jianli Jihua yu Jianli Xize Bianzhi Shili

书　　名：**湖北省公路工程监理计划与监理细则编制示例**
著 作 者：湖北省交通运输厅工程质量监督局　湖北省交通建设监理协会
责任编辑：郭晓旭
责任校对：孙国靖　魏佳宁
责任印制：刘高彤
出版发行：人民交通出版社股份有限公司
地　　址：(100011)北京市朝阳区安定门外外馆斜街 3 号
网　　址：http://www.ccpcl.com.cn
销售电话：(010)59757973
总 经 销：人民交通出版社股份有限公司发行部
经　　销：各地新华书店
印　　刷：北京建宏印刷有限公司
开　　本：880×1230　1/16
印　　张：29.75
字　　数：534 千
版　　次：2022 年 3 月　第 1 版
印　　次：2022 年 3 月　第 1 次印刷
书　　号：ISBN 978-7-114-17757-6
定　　价：188.00 元(含上、下册)

编写委员会

主　　任： 周俊波　李长民

副 主 任： 魏胜新　刘　源　孙西平　刘日圣

主　　编： 王祥寿　刘晓波　张德军　雷丽君　董勇刚

副 主 编： 周祖华　叶再军　许　路　蔡　河　邓志威
周　浩　何汉玲　宋佑磊　丁洁岚

编写人员： 文　辉　殷　凯　张显安　刘德清　刘　力
余学田　余建中　陈建伟　邵玉刚　史娉婷
聂天彪　周　勇　瞿　钊

前　言

根据交通运输部发布的《公路工程施工监理规范》和《公路水运工程质量监督管理规定》。为促进我省公路建设监理水平，规范建设工程监理行为，湖北省交通运输厅工程质量监督局联合湖北省交通建设监理协会组织编写了《湖北省公路工程监理计划与监理细则编制示例》。本套示例是在现行标准、规范的基础上，结合湖北省项目实际进行编制的，共编制了湖北省公路工程监理计划示例以及22个公路工程监理细则示例。

本示例是针对湖北省公路工程参建单位质量安全监理提出的基本示范要求，各相关单位可根据实际情况进行细化或强化，有关单位和从业人员在使用本书时，如发现问题或欲提出改进意见，请函告湖北省交通建设监理协会。（地址：武汉市中山大道908号，邮编：430060），以便修订时改进。

编　者

2021年12月

目　录

第 1 章　路基土石方工程监理实施细则
——以湖北交投监利到江陵高速公路东延段项目为例 …… 1
1.1　工程内容和特点 …… 1
1.2　监理工作流程 …… 2
1.3　监理工作要点 …… 3
1.4　监理工作方法与措施 …… 4
1.5　巡视、旁站、抽检和验收计划 …… 7
第 2 章　软土地基(加固土桩)处理施工监理细则
——以湖北交投监利到江陵高速公路东延段项目为例 …… 11
2.1　工程内容和特点 …… 11
2.2　监理工作流程 …… 12
2.3　监理工作要点 …… 13
2.4　监理工作方法与措施 …… 16
2.5　巡视、旁站、抽检和验收计划 …… 18
第 3 章　装配式小型构造物监理细则
——以湖北交投监利至江陵高速公路东延段项目为例 …… 20
3.1　工程内容和特点 …… 20
3.2　监理工作流程 …… 22
3.3　监理工作要点 …… 23
3.4　监理工作方法与措施 …… 30
3.5　巡视、旁站、抽检和验收计划 …… 32
第 4 章　沥青混凝土路面监理细则
——以湖北交投监利至江陵高速公路东延段项目为例 …… 34
4.1　工程内容和特点 …… 34
4.2　监理工作流程 …… 35
4.3　监理工作要点 …… 39
4.4　监理工作方法与措施 …… 43
4.5　巡视、旁站、抽检和验收计划 …… 44

第5章　锚碇监理细则

——以南沙大桥地下连续墙施工为例 …… 46

5.1　工程内容和特点 …… 46

5.2　监理工作流程 …… 48

5.3　监理工作要点 …… 50

5.4　监理工作方法与措施 …… 55

5.5　巡视、旁站、抽检和验收计划 …… 56

第6章　桩基础(反循环)钻孔灌注桩监理细则

——以公安南互通等工程项目为例 …… 58

6.1　工程内容和特点 …… 58

6.2　监理工作流程 …… 59

6.3　监理工作要点 …… 60

6.4　监理工作方法与措施 …… 64

6.5　巡视、旁站、抽检和验收计划 …… 66

第7章　深水钢吊箱承台监理细则

——以九江长江公路大桥为例 …… 68

7.1　工程内容和特点 …… 68

7.2　监理工作流程 …… 72

7.3　监理工作要点 …… 73

7.4　监理工作方法与措施 …… 76

7.5　巡视、旁站、抽检和验收计划 …… 78

第8章　索塔塔身施工监理细则

——以石首长江公路大桥项目为例 …… 81

8.1　工程内容和特点 …… 81

8.2　监理工作流程 …… 83

8.3　监理工作要点 …… 84

8.4　监理工作方法和措施 …… 91

8.5　巡视、旁站、抽检和验收计划 …… 93

第9章　斜拉索制造与安装监理细则

——以秭归长江大桥为例 …… 95

9.1　工程内容和特点 …… 95

9.2　监理工作流程 …… 99

9.3 监理工作要点 …… 101
9.4 监理工作方法与措施 …… 111
9.5 巡视、旁站、抽检和验收计划 …… 113
第 10 章 主缆和吊索制造与安装监理细则
——以宜都长江大桥项目为例 …… 115
10.1 工程内容和特点 …… 115
10.2 监理工作流程 …… 117
10.3 监理工作要点 …… 119
10.4 监理工作方法与措施 …… 127
10.5 巡视、旁站、抽检和验收计划 …… 129
第 11 章 梁板预制与安装监理细则
——以湖北交投监利至江陵高速公路东延段建设项目为例 …… 131
11.1 小箱梁预制监理细则 …… 131
11.2 预制小箱梁安装监理细则 …… 141
第 12 章 钢箱桁架拱肋安装监理细则
——以秭归长江大桥主桥为例 …… 150
12.1 工程内容和特点 …… 150
12.2 监理工作流程 …… 153
12.3 监理工作要点 …… 154
12.4 监理工作方法与措施 …… 159
12.5 巡视、旁站、抽检和验收计划 …… 160
第 13 章 支架现浇箱梁监理细则
——以沙公南高速公路工程杨麻公路大桥项目为例 …… 162
13.1 工程内容和特点 …… 162
13.2 监理工作流程 …… 163
13.3 监理工作要点 …… 164
13.4 监理工作方法与措施 …… 175
13.5 巡视、旁站、抽检和验收计划 …… 177
第 14 章 悬臂浇筑箱梁监理实施细则
——以池口长江大桥跨武金堤高架桥为例 …… 179
14.1 工程内容和特点 …… 179
14.2 监理工作流程 …… 180

14.3 监理工作要点 …… 182
14.4 监理工作方法与措施 …… 186
14.5 监理工作的主要措施 …… 189
14.6 巡视、旁站、抽检和验收计划 …… 189
第15章 钢桁梁制造监理细则
——以宜都长江大桥为例 …… 192
15.1 工程内容和特点 …… 192
15.2 监理工作流程 …… 194
15.3 监理工作要点 …… 194
15.4 监理工作方法及措施 …… 212
15.5 巡视、旁站、抽检和验收计划 …… 214
第16章 钢箱梁制造监理细则
——以棋盘洲长江公路大桥为例 …… 216
16.1 工程内容和特点 …… 216
16.2 监理工作流程 …… 219
16.3 监理工作要点 …… 219
16.4 监理工作方法及措施 …… 231
16.5 巡视、旁站、抽检和验收计划 …… 233
第17章 斜拉桥钢箱梁悬臂安装监理细则
——以武汉沌口长江大桥主桥为例 …… 235
17.1 工程内容和特点 …… 235
17.2 监理工作流程 …… 238
17.3 监理工作要点 …… 238
17.4 监理工作方法与措施 …… 241
17.5 巡视、旁站、抽检和验收计划 …… 243
第18章 钢梁安装吊装监理细则
——以南沙大桥项目缆载吊机为例 …… 245
18.1 工程内容和特点 …… 245
18.2 监理工作及施工流程 …… 247
18.3 监理工作要点 …… 248
18.4 监理工作方法与措施 …… 249
18.5 巡视、旁站、抽检和验收计划 …… 251

第 19 章　水泥混凝土桥面铺装监理细则
——以翻坝高速公路项目一标段 YK0 +765/ZK0 +780 松树坪大桥为例 ········ 254
19.1　工程内容和特点 ·· 254
19.2　监理工作流程 ·· 255
19.3　监理工作要点 ·· 260
19.4　监理工作方法与措施 ·· 263
19.5　巡视、旁站、抽检和验收计划 ·· 264
第 20 章　钢桥面铺装监理细则
——以武汉沌口长江大桥项目为例 ·· 267
20.1　工程内容和特点 ·· 267
20.2　监理工作流程 ·· 268
20.3　监理工作要点 ·· 268
20.4　监理工作方法与措施 ·· 275
20.5　巡视、旁站、抽检和验收计划 ·· 279
第 21 章　分离式隧道监理细则
——以十堰至巫溪高速公路鲍峡至溢水段项目鸡公寨隧道为例 ·················· 281
21.1　工程内容和特点 ·· 281
21.2　监理工作流程 ·· 287
21.3　监理工作要点 ·· 292
21.4　监理工作方法与措施 ·· 311
21.5　巡视、旁站、抽检和验收计划 ·· 313
第 22 章　连拱隧道监理细则
——以湖北省宜昌至巴东(鄂渝界)公路项目高岚隧道为例 ······················ 316
22.1　工程内容和特点 ·· 316
22.2　监理工作流程 ·· 320
22.3　监理工作要点 ·· 322
22.4　监理工作方法与措施 ·· 330
22.5　巡视、旁站、抽检和验收计划 ·· 333
第 23 章　交通安全设施工程监理实施细则
——以江北东高速公路工程为例 ·· 336
23.1　工程内容和特点 ·· 336
23.2　监理工作流程 ·· 337

23.3 监理工作要点 …… 338
23.4 监理工作方法与措施 …… 344
23.5 巡视、旁站、抽检和验收计划 …… 348

第1章　路基土石方工程监理实施细则

——以湖北交投监利到江陵高速公路东延段项目为例

1.1　工程内容和特点

1.1.1　工程内容

监利至江陵高速公路东延段路线位于湖北省江汉平原南部，总体呈东西走向。本项目起点接赤壁长江大桥起点，于乌林镇水府村向北跨S103后，利用长江大桥北部的乌林互通接G351(洪湖绕城路)，于乌林镇李桥村设乌林枢纽互通与洪监高速公路立体交叉，再向北经过小港管理区，至汊河镇双河村设汊河服务区，于镇区东南沿湖村设汊河互通，之后向西北展线，途经万全镇北，设万全互通，接新农路和S214，然后一路向西偏南展线，于万全镇西部小河村设戴家场服务区，于戴家场镇南螺滩村设瞿家湾互通，接新建瞿家湾连接线，最后向西南进入监利县龚场镇、分盐镇，直至路线终点顺接监利至江陵高速公路(江北高速公路)，并设分盐互通和与随岳高速公路立体交叉的分盐枢纽互通。

本项目公路等级为高速公路，设计速度100km/h，起点至乌林枢纽互通段采用双向6车道高速公路标准修建，路基宽度33.5m；乌林枢纽互通至终点段采用双向4车道高速公路标准修建，路基宽度26.0m。每侧行车道宽2×3.75m，硬路肩各宽3.0m(含0.5m宽右侧路缘带)，两侧土路肩各宽0.75m，两侧路缘带各宽0.75m，中间设2.0m宽中央分隔带。一般路段行车道、路缘带及硬路肩设2%横坡，土路肩设4%横坡。

本段路线起点桩号K1+997.656(赤壁长江大桥K20+700)，终点桩号K64+532.762(随岳高速公路SYNK283+040.43，监利至江陵高速公路K0+000)，路线全长62.571km。

路基工程内容包括：

(1)路基开挖及填筑(路床高程控制为路基设计高程减去路面结构层厚度)。

(2)路基边坡防护。

(3)路堤排水沟。

(4)挖方边沟。

(5)不涉及路面排水的各式急流槽。

(6)取、弃土场。

(7)路基处理。

（8）地方改路。

路基土石方工程量：949 万 m^3（挖方 47.7 万 m^3，填方 425 万 m^3）、防护排水（单侧）97km。

1.1.2　工程特点

路线依次展布于广水市、孝昌县、云梦县及安陆市等行政区，地形地貌为大洪山、大别山余脉向江汉河湖冲洪积平原区过渡的构造剥蚀堆积垅岗区，间有小型冲洪积平原。区内地势总体为北东高南西低，沿途地势较为平坦，起伏较小。

本项目地貌属冲积平原地貌区，地形平坦开阔，鱼塘、水渠、河流分布较广。项目主要位于冲积平原松散岩类工程地质区，岩性主要是第四系全新统湖积、冲积成因淤泥、淤泥质土、黏土、粉质黏土、粉砂、细砂、中砂、粗砂、砾砂及卵石。区内地层分布基本稳定，砂类土承载力总体较高，以中密～密实状为主；黏性土土质不均，以可塑状为主。

本区工程地质条件总体一般，浅部地层地基土承载力一般，深部地层地基土承载力相对较高。软土是主要的工程地质问题。对路基工程，软土分布段需采取地基处理措施。

1.2　监理工作流程

监理工程流程详见图 1-1 和图 1-2。

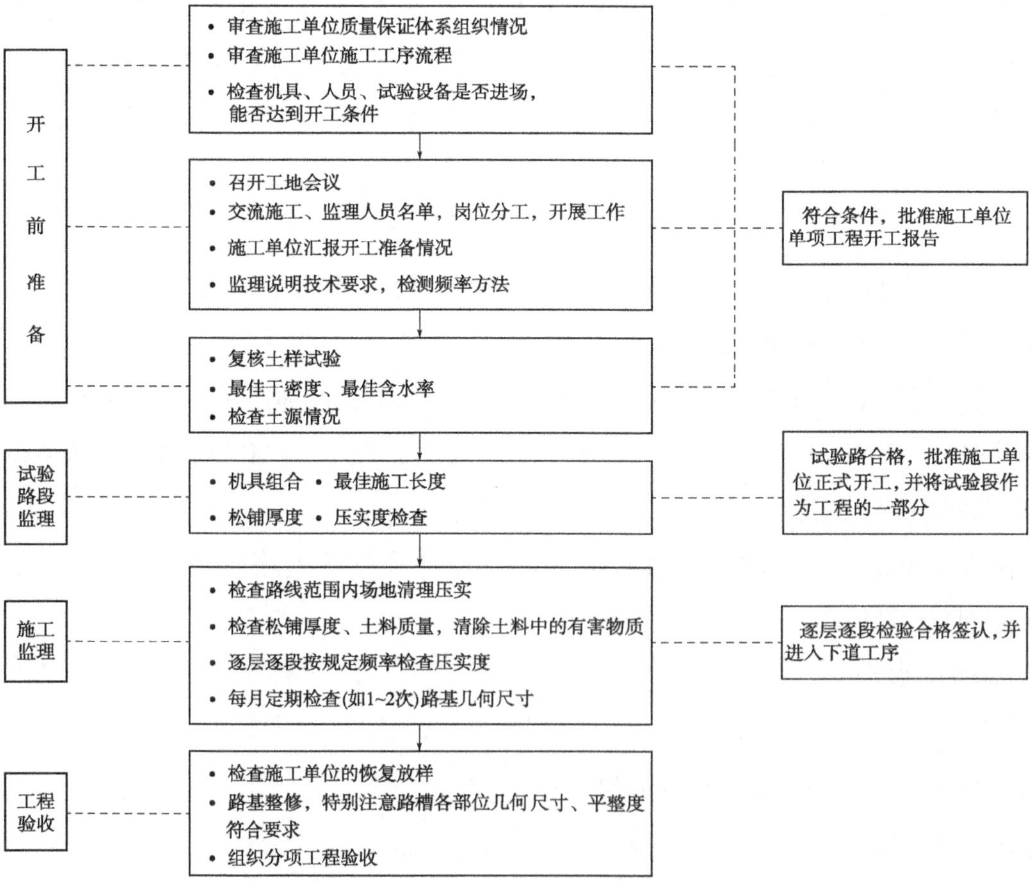

图 1-1　路基工程监理工作流程

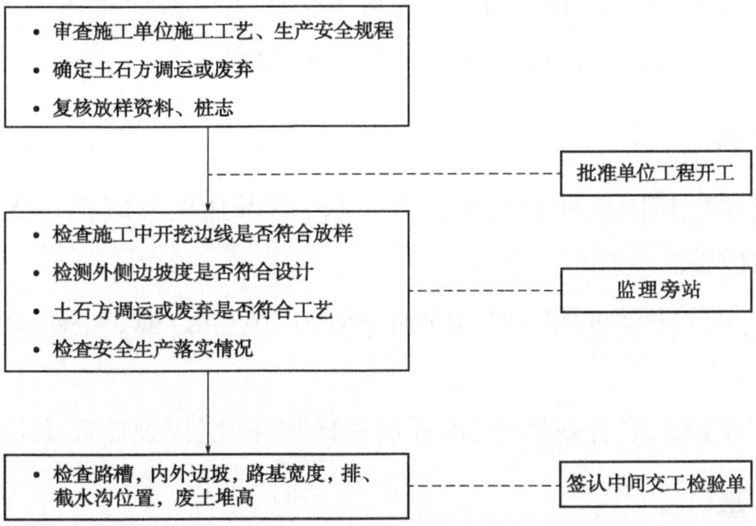

图 1-2 挖方路基监理程序

1.3 监理工作要点

1.3.1 施工准备

(1)审查施工单位上报的施工方案,主要审查人员、设备的配备情况和原材料的准备情况。

(2)审查施工单位对原地面高程测量、断面图及土石方计算结果的情况。

1.3.2 场地清理

(1)对路基用地范围内的树木、灌木丛等,垃圾、有机物及原地面以下 30cm 内的草皮,农作物的根系和表土,由监理人员检查验收。

(2)督促施工单位当地面横坡为 0 ~ 1∶10 时,填土前须碾压;当地面坡度为 1∶10 ~ 1∶5时,须填前挖松再碾压;当地面坡度陡于 1∶5 时,须填前挖台阶,台阶宽度不小于 2m。

(3)督促施工单位土质路堑地段须超挖 80cm 后再回填压实;零填地段和填方高度 $H<1.6$m时,地表超挖至路表面以下 1.6m 后再回填压实。

(4)督促施工单位填挖交界处必须先清除路基下较松散的岩石覆盖土,然后挖台阶和零填地段超挖回填,且在挖台阶顶面和超挖回填底面铺塑料土工格栅,以防止该处路基出现不均匀沉降和裂缝。

1.3.3 试验路段

监理对试验路段进行全过程旁站。试验路段长度不小于 200m,且具有代表性;试验路段确定填筑材料类型与指标、工艺参数(机械组合、压实机械规格、松铺厚度、碾压遍数、碾压速度、最佳含水率、铺料网格尺寸、运输与平整压实设备配置等)、过程质量控制方法与标准、施工组织与优化、原始与过程记录、安环保措施等。

1.3.4　挖方路基

(1)督促施工单位按图纸要求自上而下进行,不得乱挖或超挖。无论工程量多大、土层多深,均严禁用爆破法或掏洞法施工。

(2)督促施工单位注意对图纸示出的地下管道、电(光)缆、文物古迹和其他结构物进行保护。

(3)督促施工单位采取有效措施,保证居民区房屋、居民及施工人员的安全。

1.3.5　填方路基

1.3.5.1　填石路堤

(1)督促施工单位应将石块逐层填筑,松铺厚度不大于50cm。石料强度不小于15MPa。

(2)督促施工单位人工铺筑25cm以上石料时,应大面向下摆放平稳,紧密靠拢,所有缝隙以小石头填满。铺填25cm以下的石料时,可直接分层填筑,分层压实。

(3)督促施工单位填石路堤应使大吨位重型振动压路机分层洒水压实,压实时连续用小石块填缝,直到压实层顶面稳定,不再下沉(无轮迹),石块紧密、表面平整为止。

(4)检查施工中压实度由压实遍数控制,压实遍数由试验段确定,并可采用水袋法进行对比试验。

1.3.5.2　土石混填路堤

(1)督促施工单位在土石混合填料中不得采用倾填法施工,应进行分层填筑,分层压实,分层松铺厚度应根据试验路段的试验结果确定。

(2)督促施工单位应将土石混合分层摊铺,避免尺寸较大的石块集中。

(3)检查石料最大粒径不得超过压实厚度的2/3。

1.4　监理工作方法与措施

1.4.1　监理工作方法

监理工作方法有旁站、巡视检查、抽检、验收等。

1.4.1.1　旁站

根据现行规范、监理计划,结合本项目路基工程特点,规定旁站监控点,旁站监理人员对路基工程试验段施工质量进行旁站,并做好旁站记录。

1.4.1.2 巡视检查

对路基工程施工过程中的巡视检查内容包括:施工单位管理人员的到位情况、施工方案以及工程建设标准强制性条文、标准化等执行情况、机械组合与运行状态、填筑材料质量、松铺系数与分层厚度、铺筑宽度、横坡、含水率、碾压遍数、土工格栅铺设等。

1.4.1.3 抽检

抽检时,对重点桩位复测不少于30%,对填料抽检频率按批次应不低于规定施工检验频率的10%,对分项工程中的关键项目(压实度、弯沉)和结构主要尺寸(纵断高程、宽度、横坡、边坡)、平整度、中线偏位抽检频率按批次应不低于规定施工检验频率的20%。

1.4.1.4 验收

路基施工过程中的验收内容包括试验段、路基填筑前清表与压实、土工格栅铺设、分层填筑、路堤路床转区等。

1.4.2 监理工作的主要措施

1.4.2.1 组织措施

监理明确内部职责分工,建立岗位责任制,制定监理工作制度,同时采取考核的办法,落实质量控制的责任。

1.4.2.2 经济措施

充分运用合同管理和工程计量权,督促施工单位按合同办事,严格执行工程质量的检查和验收制度,对不符合合同规定质量及安全要求的工程不予中间交工、不予计量。

1.4.2.3 合同措施

审查分包、专业分包的资质,监督和防止转包、层层分包和总包单位以包代管的现象。自觉按合同办事,督促施工单位遵守合同,协调合同纠纷。

1.4.2.4 技术措施

根据施工的每一阶段(施工前准备阶段、施工阶段和竣工验收阶段),采取事前、事中和事后相结合的质量控制措施,并注意突出控制重点,充分运用监理独立的平行检验手段,实施对施工全过程的监理。

监理控制的重点放在施工前准备阶段和施工阶段,做好事前监理和主动监理,把问题发现和解决在开工之前和施工过程之中。

1.4.3 具体措施

1.4.3.1 施工准备

(1)监理人员应熟悉设计文件,参加设计交底。监理人员对施工图应重点核对:

①现场地形、地貌、水文和地质条件。

②设计中考虑采用的施工方法、技术措施、新技术、新工艺和新材料等。

③采用的设计标准、结构细节的质量要求。

(2)审查施工单位是否有相应专项资质。

(3)正式开工前承包单位必须完成路基土石工程专项施工方案的编制及审批工作,审查的内容包括施工方案编制和审批程序、内容与相关技术规范标准的符合性,施工工艺标准,填方试验段方案,方案的针对性和可操作性,异常情况的应对处理措施,质量安全管理体系和保证体系。

(4)监理人员核签施工单位报送的工程复量资料。

(5)监理人员检查临水、临电、临时施工道路、临设、场地排水、材料堆放是否符合施工方案要求;现场障碍物是否已清理,场地是否已整平,水电路是否已通并符合施工方案的要求。

(6)监理人员对施工单位进场施工机械、施工方案进行检查。检查内容包括桩机数量、型号、性能、配套设备等。检查施工机械设备,是否已按批准的计划备妥,所准备的机械设备是否与监理人员审查批准的施工方案中所列一致,所准备的机械设备是否都处于完好的可用状态。

(7)督促施工单位正式开工前要通过铺筑路基试验段,总结各项路基填筑工艺参数,包括土方松铺厚度、碾压遍数、施工最佳控制含水率、合理机械组合等。

(8)检查路基施工路堤填料,进行现场取样和标准试验;土的试验报告包括天然含水率、液限、塑限、标准击实试验、CBR(加州承载比)试验等。

(9)正式施工前,督促施工单位项目技术负责人对全体施工人员进行技术、质量、安全、进度和管理方面的交底。具体旁站的内容包括施工准备情况是否充分、施工工艺是否合理合规等。

1.4.3.2　旁站措施

(1)填方

①填筑材料:填筑材料性质、粒径是否满足批复方案文件要求。

②分层碾压厚度:检查分层填筑方式是否正确,压实机具、每层填筑碾压厚度是否符合要求等。

③含水率:检查碾压时路基是否出现弹簧现象,路基顶面材料是否松散或扬尘等。

④表面平整:检查路基表面是否坑洼不平。

⑤路拱:检查路拱横坡方向、大小是否满足设计要求。

⑥临时排水设施:检查路基边坡是否冲刷严重,路基顶面或附近是否有积水,有无临时排水设施等。

(2)挖方

①检查开挖是否自上而下进行,不得乱挖超挖,严禁掏底开挖。

②检查开挖过程中,是否采取措施保证边坡稳定,开挖至边坡线前,是否预留一定宽度,预留的宽度应保证刷坡过程中设计边坡线外的土层不受到扰动。

③排水:检查作业面是否积水,有无临时排水设施。

④检查边沟与截水沟是否从下游向上游开挖,截水沟通过地面坑凹处时,是否将坑凹填平夯实。

(3)旁站监理职责

旁站监理在旁站检查中,对于发现的问题要根据发生的时间、部位、性质及严重程度等情况采取口头(有些问题可以当场、当面指出)指令要求整改,当超出自身处理范围时即时报告专业监理工程师或监理组长进行处理,旁站过程中要做好过程资料记录。

1.4.3.3　巡视

监理人在巡视检查中,对于发现的问题要根据发生的时间、部位、性质及严重程度等情况采取口头(有些问题可以当场、当面指出)或书面形式(必要时附上现场拍摄的照片等原始记录)及时通知施工单位相关人员进行整改处理。

对于不按图施工、材料未经检测合格或擅自使用,或其他存在严重隐患、可能造成或已经造成安全、质量事故的,在向建设单位报告后,及时报总监理工程师(以下简称总监)签发“工程暂停令”,要求施工单位停工整改。

1.4.3.4　隐蔽验收

对隐蔽工程,施工单位必须在自检合格后,报请监理人员检查。监理人员应对每道工序检验并签认,未经监理做出合格签认的,不得进入下道工序。

1.4.3.5　评定

及时对已完分部工程进行质量检验评定,及时组织对单位工程和合同段进行质量评定。

1.5　巡视、旁站、抽检和验收计划

1.5.1　巡视

采取以巡视为主的方式进行路基施工现场监理,对施工的主要工程每天巡视不少于1次,并填写巡视记录(表1-1)。

巡视计划表　　表 1-1

部　位	监理人员	备　注
K1 + 997 ~ K4 + 267	程某、王某	分段由各现场监理负责
……	……	
……	……	
……	……	
……	……	

1.5.2　旁站

按照合同条款、《公路工程施工监理规范》(JTG G10—2016)附录 A 及监理计划相关要求开展旁站工作(表 1-2)。

旁站计划表　　表 1-2

部　位	监理人员	备　注
首件工程(试验段)	王某	
……	……	
……	……	

1.5.3　抽检

按照合同条款、《公路工程施工监理规范》(JTG G10—2016)及监理计划相关要求开展平行抽检,抽检频率按第 1.4.1.3 款执行(表 1-3)。

抽检计划表　　表 1-3

部　位	监理人员	备　注
压实度、弯沉、平整度	中心试验室	
纵断高程、中线偏位	测量监理	
宽度、横坡、边坡	现场监理	

1.5.4　验收

1.5.4.1　一般要求

路基工程施工完成后,督促施工单位提交中间交工验收申请,及时组织验收(表 1-4)。

验收计划表　　表 1-4

部　位	监理人员	备　注
质检资料	现场监理、档案专班	
日常验收	现场监理	
93、94 转区	现场、测量、试验监理	
96 交验	交验专班	

1.5.4.2　路基(93、94 区)转区验收

1)验收条件

已按设计文件完成施工,自检合格,验收申请资料齐全,包括:验收路段自检资料(压实度、纵断高程、中线偏位、宽度、平整度、横坡度等),转区段面分层填筑的检验申请批复单。

2)转区交验程序

初验:由监理组组织初验和资料审查。

验收:经初验合格后,填报《路基转区验收申请单》,经监理组签批后,通知各方进行联合验收。

3)验收标准

按照《公路工程质量检验评定标准　第一册　土建工程》(JTG F80/1—2017)路基土石方工程相关要求,对各项指标进行检测。

1.5.4.3　路基(96 区)交工验收

1)交验条件

已按设计文件完成施工,自检合格,验收申请资料齐全,主要是交验区自检资料(弯沉、压实度、纵断高程、中线偏位、宽度、平整度、横坡度等)。

2)交工验收程序

(1)本项目为施工总承包模式,一、二期工程均由长江路桥公司承建,因此项目部进行一期土建上路床自检初验时,二期路面需派人参加。初验完成向总监办报送自检段面的检验评定资料及路基抽检申请表。

(2)总监办审查合格后,及时组织上路床交工的抽检验收。

(3)对抽检评定合格的个别不合格点位,总监办安排专人在现场督促、指导施工单位进行处理,复检合格后,向建设单位报送路基交验申请表。

(4)建设单位安排交工验收检测单位进行交工验收路段的现场检测,检测完后及时将检测结果反馈给施工单位、总监办。

(5)对交工验收检测单位评定为合格的路段经总监办签认后,向二期路面施工单位下发“路基工作面移交证书”。

1.5.4.4　检验评定依据和检测项目

1)检验评定依据

依据《公路工程质量检验评定标准　第一册　土建工程》(JTG F80/1—2017)进行检验评定。

2)检测项目

(1)压实度检测:灌砂法检测频率为每200m测4处,随机取样定测点;沉降差检测频率为40m一个断面,每断面6~9点。停车道应纳入检测范围。

(2)弯沉检测:每车道20m布一测点,不同车道相互纵向错开20m布点,单车道左右测点与路床中线对称,停车道每60m布一测点;测试车采用后轴10t标准轴载BZZ-100的汽车,其轮胎尺寸、轮胎间隙及轮胎气压等主要参数应符合《公路路基路面现场测试规程》(JTG 3450—2019)的相关要求,采用5.4m长的贝克曼梁。

(3)纵断面高程测量:路线纵向按整20m、匝道按整10m桩号定线,路线横向应根据路基设计表定出同一断面横坡主要变化点位(中央分隔带外侧边缘、超车道与行车道交界处、行车道与停车道交界处)。

(4)中线偏位:全站仪每200m测4点,弯道加HY、YH两点。

(5)宽度测量:每40m用钢卷尺从路中桩水平量取左右路基宽度。

(6)平整度测量:用3m直尺每车道每100m测一处×10尺,不同车道相互纵向错开50m测量。

(7)横坡度测量:每40m一个断面,测量路基两侧边缘点(与路基宽度设计点位对应)和中央分隔带外侧边缘处的高程,分左右幅计算横坡度。

(8)边坡测量:每200m测4处。

第2章　软土地基(加固土桩)处理施工监理细则

——以湖北交投监利到江陵高速公路东延段项目为例

2.1　工程内容和特点

2.1.1　工程内容

监利至江陵高速公路东延段项目起点位于洪湖市乌林镇水府村附近，与赤壁长江大桥北岸接线对接，起点桩号 K1 +997.656(赤壁长江大桥 K20 +700)，之后路线向北跨 G351，于乌林镇水府村设乌林枢纽互通，与洪监高速公路交叉，然后向北经双河村、朝阳村，上跨内荆河，过小港管理区，上跨黄观公路后于沿湖村设汊河互通接 S214，再次下穿 800kV 超高压电力线，过汊河镇红三村、搓头村、新墩村后，上跨洪排河，过南昌村后上跨 S214，后向西过简市、红桥村，于指南村设万全互通接 S214，再经万全镇董河村、小河村，于洪中村设戴家场服务区，后上跨峰瞿公路，过戴家场镇南侧，于螺滩设瞿家湾互通，接新建瞿家湾连接线，后向西南展布，过刘家湾至监利渡口，过青龙村，然后下穿 800kV 超高压电力线，过杨家台、前途村、土地村、姜油村、官马湖村至本项目终点，与监利至江陵高速公路分盐枢纽互通对接，终点桩号 K64 +532.762(同时为随岳高速公路 SY283 +040.43 及监利至江陵高速公路 K0 +000)，路线全长 62.505km，其中断链 2 处，分别为 K26 +309.947 ~ K26 +300，K42 +220.711 ~ K42 +194.814。根据施工图设计统计，本段软基处理(粉喷加固土桩)约 995.14 万延米。

软基处理加固土桩的主要工程量：加固土桩主要集中在 K25 +799.0 ~ K65 +098.2 段，少量分布在乌林互通、汊河互通匝道处，桩长 5 ~ 22m，桩间距 1.0 ~ 1.8m，呈三角形布置；本项目加固土桩工程量见表 2-1。

江北东高速公路加固土桩工程量表　　表 2-1

序　号	施 工 段 落	施工工程量(万延米)	备　注
1	K1 +997 ~ K4 +267	37.32	
2	K11 +377 ~ K16 +597	21.13	
3	K25 +803 ~ K30 +081	110.37	
4	K30 +081 ~ K38 +728	159.93	
5	K38 +728 ~ K44 +005	140.57	
6	K44 +005 ~ K51 +313 及连接线 LK1 +000 ~ LK11 +169	241.24	
7	K51 +313 ~ K64 +916	284.58	

2.1.2　工程特点

根据野外地质调查,路线区地貌属冲积平原地貌区,地形平坦开阔,鱼塘、水渠、河流分布较广。路线区主要位于冲积平原松散岩类工程地质区,岩性主要是第四系全新统湖积、冲积成因淤泥、淤泥质土、黏土、粉质黏土、粉砂、细砂、中砂、粗砂、砾砂及卵石。区内地层分布基本稳定,砂类土承载力总体较高,以中密~密实状为主;黏性土土质不均,以可塑状为主。

本项目工程地质条件总体一般,浅部地层地基土承载力一般,深部地层地基土承载力相对较高。软土是该区主要的工程地质问题,对路基工程,软土分布段需采取地基处理措施。根据本路段软基发育特征,并借鉴邻近地区高速公路建设中成熟的软基处理经验及施工工艺,经计算、分析,决定对本项目软基主要采用清淤换填垫层法、搅拌桩复合地基、浆喷桩+刚性芯桩复合地基、旋喷桩复合地基、预应力管桩复合地基等处理方案。

2.2　监理工作流程

监理工作流程见图2-1。

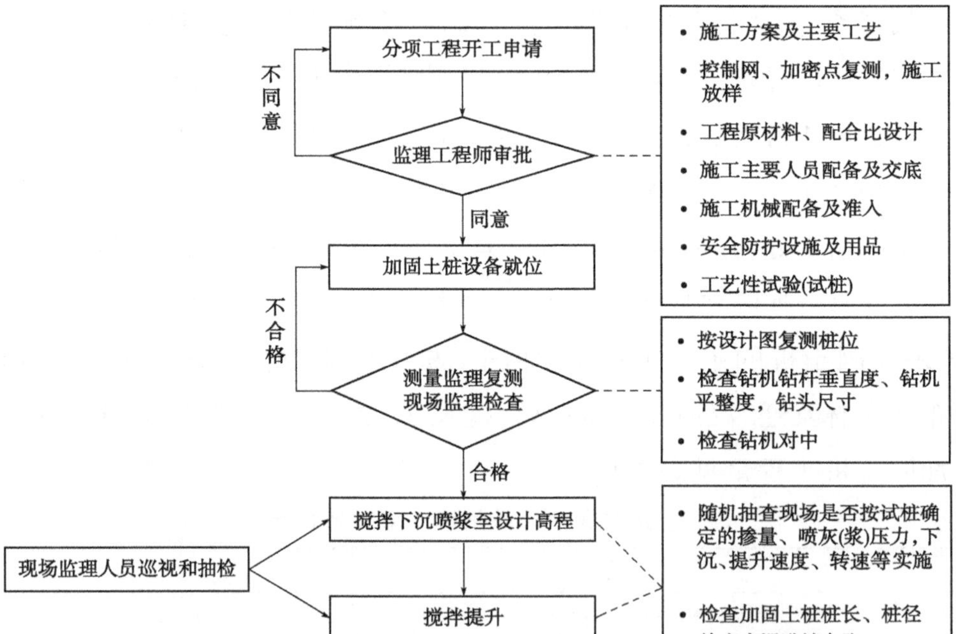

图2-1　加固土桩施工监理流程

2.3　监理工作要点

2.3.1　施工准备

(1)监理审核、审批施工单位所提交的加固土桩施工方案,监理试验室审核审批加固土桩配合比设计。

(2)监理审核并确认施工单位(综合队)施工段落的布桩图,明确该段落的桩长、桩距、布桩要求。布桩图应交机组和监理人员各一份。

(3)监理参加对机组人员进行的技术安全交底,明确机组人员所要控制的各种参数要求。

(4)所用水泥全部由施工单位统一供应,并经监理试验室抽检合格后方可使用;水泥库应悬挂标志牌,写明所供桩机名称、水泥进场吨数、时间以及检验状态。

(5)所有进场施工的加固土桩机一律实行准入制,经监理验收合格后方可开始施工。桩机必须具有双向搅拌功能,性能良好,能满足设计和施工要求;必须提供出厂合格证和检验证书,配备电脑记录仪和电子称重装置,并经过具有资质资信的权威单位标定,加具封条及标定合格证书,检定周期为8个月。

(6)加固土桩所用的电脑记录仪经计量检定后不得存在"数据存储"及"时间更改"等功能。必须具有瞬时检测并记录出粉(浆)量的计量装置及搅拌深度自动记录功能。电脑记录仪应装入专用盒子并上锁,钥匙交监理保管。

(7)监理落实一机一卡,所有进场施工的桩机统一进行编号,建立台账,实行台账管理。

(8)严禁无计算机计量装置的发送器投入使用,粉体发送器应能满足定时定量发送粉体材料;严禁使用没有管道压力表的空气压缩机,空气压力一般为0.2～0.7MPa;输送粉料的管道不宜太长,一般应为60～80m。

(9)检查钻头,其直径与设计桩径应相适应,其直径磨耗量不得大于1cm。

(10)储灰(浆)罐容量应不小于一根桩的用灰量加50kg,储量不足时不得开始下一根桩的施工。

2.3.2　试桩

加固土桩施工前应进行成桩工艺和成桩强度试验,施工工艺应符合现行规范规定,试验的桩数一般不宜少于5根,以便掌握施工现场的成桩情况。试桩应达到下列要求,并取得以下技术参数,试桩后编写试桩报告。

(1)试桩确定桩长、水泥用量等技术参数。

(2)满足设计喷入量的各种技术参数,如预搅下沉速度、搅拌提升速度、喷气压力、单位时间喷入量以及粉(浆)料经输送泵到达搅拌机喷灰(浆)口的时间等。

(3)确定搅拌的难易程度和均匀性,是否需要分段复搅。

(4)掌握钻进和提升的阻力情况,选择合理的技术措施。

2.3.3 桩位控制

(1)加固土桩施工前要清除地表杂物,平整好场地,挖好排水沟。

(2)要求施工单位按设计要求,采用全站仪一次分段、精确放线。在各桩位定下木桩标定中心,测量监理人员复测合格签字后,方可进行下道工序。

(3)根据监理审查确认的布桩图,钻机以标定好的、经测量监理批准的棋盘式桩位中心为基准对中就位,监理人员以相邻纵向与横向桩位复核桩位后批准开机。

2.3.4 成桩垂直度控制

(1)要求施工人员通过调平钻台,以转盘水平来保证钻杆垂直度。

(2)监理人员用水平尺及吊线双向检查垂直度,以保证桩体的垂直。

2.3.5 桩长控制

(1)根据勘察设计资料,在桩架上标明桩深。以各地段桩长设计及试桩结果作为预控的基准,在钻架上做出深度标记。

(2)在现场操作与旁站监理中,除根据钻进速度等经验判断外,还需用钻机的电流变化来定量确定是否进入持力层。在同一地层中,随钻进深度的增加,电流均衡升高,进入坚硬土质的地层,钻进阻力突然增大,电流也会随之发生突然增强现象,由此判知钻头已进入持力层。

2.3.6 喷灰量和均匀程度的控制

(1)对进场施工用水泥总量进行控制。

(2)对配合比进行控制:施工单位每班自检不少于4组,监理人员抽检不少于2组。

(3)控制单桩喷灰量:配备经标定的计算机计量装置,能够准确地实施定量控制,施工及监理人员检查比较直观,喷入量记录准确。

(4)断灰处理:供灰必须连续,拌和必须均匀。一旦停灰或发生机械故障,为防止断桩和缺灰,在第二次喷灰接桩时,其重叠长度应大于1m;如超过24h应进行补桩,两桩桩径重叠1/3以上。

(5)双向搅拌桩施工控制参数。

①钻进速度:$V<1.2\text{m/min}$。

②平均提升速度:0.5~0.8m/min。

③搅拌速度:$R=30\sim50\text{r/min}$。

④钻进喷灰(浆)、提升搅拌时管道压力:$0.2\text{MPa}<P<0.7\text{MPa}$。

⑤内钻杆电流:20~30A,外钻杆电流:60~100A。

2.3.7 水泥的管理与控制

(1)监理人员和施工人员应分别建立加固土桩施工水泥进销台账。

(2)计算机打印单必须当天经监理签字确认。施工人员要认真做好施工记录,每根桩施工前要记录储灰罐的重量,施工完成后要记录储灰罐剩余的重量,计算出单根桩的水泥用量,然后与计算机打印小票上的重量对比,看是否相符,如果不相符,要查清原因,处理完成后再施工。监理人员要对每根桩的对比结果进行现场签认,同时应对每台加固土桩机每天完成的延米数和水泥总消耗量进行统计,看是否满足设计要求。

(3)每日清点当日水泥库存量、当天施工结束后余量以及施工过程中水泥的损耗数量。

(4)保存好每日的粉喷桩电脑打印单,统计当日加固土桩施工进展,计算出全日所用水泥量,并合计出计算机打印数量。看清点数量、计算数量、打印数量三者是否吻合,如有误差应找出原因,记录于水泥日报表中以备查。每月底进行一次统计,核对当月水泥总进量、总进尺消耗量及损失量。

(5)水泥宜采用2个水泥罐交替使用,或者委派专人驻厂,提前进行抽检,合格后直接运往工地使用。散装水泥进场后必须过磅,每个水泥罐注满后也应过磅,以确定具体的水泥数量。

2.3.8 施工前的检查工作

(1)检查桩机编号是否为监理已认可的施工机械,已标定的计量记录仪封条是否完整,送灰设备、钻机是否处于正常状态。

(2)检查施工场地是否已进行了清表处理且平整,沟塘处已抽水,清淤回填后平整。是否已准确定位(测量监理人员复核),用钢尺检查桩距是否满足设计及规范要求(桩位偏差不大于设计)。

(3)检查布桩图是否符合设计(根据填土高度计算路基宽度、计算排数及单排根数,复核该自然段总数量)。

(4)检查桩编号是否规范(顺线路方向,从左至右编号,如19-09表示第19排第9根桩)。

(5)检查钻杆下钻位置(用红油漆或红布条标示)是否满足设计桩长。

(6)检查现场水泥储备料。

2.3.9　施工过程中的检查工作

(1)监理人员进入工地需佩戴安全帽、工作牌,携带钢尺、监理记录本等。监理人员每天要用标准砝码随机对各加固土桩的喷粉量和电子称重装置进行抽检,并做好记录。

(2)加固土桩施工前,施工单位综合队应通知监理人员到位。监理员人员到工地后,首先应与施工技术员联系,交涉施工监理工作事宜。

(3)应做到施工全过程旁站监理,若中途因特殊原因需要离岗或施工单位提出延长作业时间,需有人替换。

(4)监理人员在施工监理过程中发现异常情况,应及时向上汇报。

(5)监理需及时签认施工单位的加固土桩施工原始记录表。

(6)监理将各施工单位每天完成的加固土桩情况及相应的水泥进销情况汇总形成台账。

(7)每天施工完成后,监理需与施工技术员一道确认当天完成的水泥搅拌桩桩号、桩长、桩径、数量等,并在当天完成的打印小票背面签字,按“隐蔽工程验收标志牌”内容填写签名后拍照。

2.3.10　施工安全

(1)进入工地现场应佩戴安全帽,脚穿防滑鞋,不得攀爬钻机导向架。

(2)要注意施工用电安全,电线要采用架空敷设,严禁沿地面明设,不要触碰配电箱、电线等用电设施。

(3)若遇雷雨大风天气,应要求停止作业。

(4)经常性检查钻机就位是否平稳,杆架安装是否牢固。

(5)特别注意经常性检查输送管道是否连接牢固。施工时不要靠近输送管道,以防管道脱节伤人。

2.4　监理工作方法与措施

2.4.1　监理工作方法

监理工作方法有旁站、巡视检查、抽检、验收等。

2.4.1.1　旁站

根据现行规范、监理计划，结合本项目加固土桩工艺特点，规定旁站监控点，旁站监理人员对加固土桩试桩质量、取芯检测进行旁站，并做好旁站记录。

2.4.1.2　巡视检查

对加固土桩施工过程中的巡视检查内容包括：施工单位管理人员的到位情况、施工方案以及工程建设强制标准执行情况、设备准入、材料检测、桩机就位、成桩时长、单桩每延米喷灰量等。

2.4.1.3　抽检

抽检时，对重点桩位复测不少于30%；对水泥抽检频率按批次应不低于规定施工检验频率的10%；对分项工程中的关键项目(桩长、强度)和主要尺寸(桩径、桩距)、地基承载力抽检频率按批次应不低于规定施工检验频率的20%。

2.4.1.4　验收

加固土桩施工过程中的验收内容包括场地准备、设备准入、水泥原材料进场、桩径、桩间距、桩数等。

2.4.2　监理工作的主要措施

2.4.2.1　组织措施

监理明确内部职责分工，建立岗位责任制，制定监理工作制度，同时采取考核的办法，落实质量控制的责任。

2.4.2.2　经济措施

充分运用合同管理和工程计量权，督促施工单位按合同办事，严格执行工程质量的检查和验收制度，对不符合合同规定质量及安全要求的工程不予中间交工、不予计量。

2.4.2.3　合同措施

审查分包、专业分包的资质，监督和防止转包、层层分包和总包单位以包代管的现象。自觉按合同办事，督促施工单位遵守合同，协调合同纠纷。

2.4.2.4　技术措施

根据施工的每一阶段(施工前准备阶段、施工阶段和竣工验收阶段)，采取事前、事中和事后相结合的质量控制措施，并注意突出控制重点，充分运用监理独立的平行检验手段，实施对施工全过程的监理。

监理控制的重点放在施工前准备阶段和施工阶段，做好事前监理和主动监理，把问题发现和解决在开工之前和施工过程之中。

2.4.3　具体措施

(1)监理人员应熟悉设计文件，参加设计交底。监理人员对施工图应重点核对：

①现场地形、地貌、水文和地质条件。

②设计中考虑采用的施工方法、技术措施、新技术、新工艺和新材料等。

③采用的设计标准、结构细节的质量要求。

(2)在审批施工组织设计(施工方案)时,监理人员除考虑满足规范及设计要求外,还应重点审查工艺是否合理,施工方法是否安全、可靠、有效,施工平面布置是否符合现场的条件以及环境保护和水土保持的要求。

(3)进场的工程材料、半成品、构配件和设备等应符合国家现行有关标准,监理人员应检查相关质量文件,并按规定抽样试验,经检测合格后,方批准使用。

(4)施工中使用的各种机械、设备和设施,施工单位使用前应进行全面检查或鉴定,经运转合格后,方准使用。监理人员应对此进行监督,并要求施工单位经常检查,定期校核标定。

(5)对隐蔽工程,施工单位必须在自检合格后,报请监理人员检查。监理人员应对每道工序进行检验并签认,未经监理做出合格签认的,不得进入下道工序。

(6)对关键工序进行旁站,旁站中做出详细记录,真实反映施工过程。

(7)及时对已完分部工程进行质量检验评定,及时组织对单位工程和合同段进行质量评定。

2.5 巡视、旁站、抽检和验收计划

2.5.1 巡视

采取以巡视为主的方式进行加固土桩施工现场监理,对施工的主要工程每天不少于1次,并填写巡视记录(表2-2)。

巡视计划表 表2-2

部　位	监理人员	备　注
K1 +997 ~ K4 +267	程某、王某	分段由各现场监理负责
K11 +377 ~ K16 +597	周某、郭某	
K25 +803 ~ K30 +081	陈某、张某	
K30 +081 ~ K38 +728	陈某、尹某	
K38 +728 ~ K44 +005	金某、徐某	
K44 +005 ~ K51 +313 及连接线 LK1 +000 − LK11 +169	金某、郭某	
K51 +313 ~ K64 +916	夏某、尹某	

2.5.2 旁站

按照合同条款、《公路工程施工监理规范》(JTG G10—2016)附录A及监理计划相关要求开展旁站工作(表2-3)。

旁站计划表 表2-3

部位	监理人员	备注
首件工程(试桩)	郭某	除首件工程外,其他由各现场组负责
钻孔取芯检测	周某、郭某	

2.5.3 抽检

抽检时,对重点桩位复测不少于30%;对水泥等原材料抽检频率按批次应不低于规定施工检验频率的10%;对分项工程中的关键项目桩长、强度和结构主要尺寸桩距、桩径,抽检频率按批次应不低于规定施工检验频率的20%(表2-4)。

抽检计划表 表2-4

部位	监理人员	备注
桩径、桩距、每延米喷灰量、桩数	现场监理	
桩长、强度、承载力	专班人员	
水泥等原材料	中心试验室	

2.5.4 验收

分项工程施工完成后,督促施工单位提交中间交工验收申请,及时组织验收。加固土桩段落验收除检查施工质检资料(含原始小票)、钻孔取芯强度报告、荷载试验报告外,还需随机挖取横纵两断面及局部现场核查桩数(表2-5)。

验收计划表 表2-5

部位	监理人员	备注
质检资料(含原始小票)	现场监理	
检验报告(取芯、荷载)	专班人员	
现场核查桩数	各方专班	施工、监理、建设单位

第3章　装配式小型构造物监理细则

——以湖北交投监利至江陵高速公路东延段项目为例

3.1　工程内容和特点

3.1.1　工程内容

本项目起点位于洪湖市乌林镇水府村附近，与赤壁长江大桥北岸接线对接，终点与监利至江陵高速公路分盐枢纽互通对接，线路全长62.571km，起止桩号K1 +997.656 ~ K64 +532.762，瞿家湾连接线10.2km。

本项目两阶段施工图设计涵洞、通道共计187道，其中装配式涵洞、通道83道，结构为封闭矩形，分为预制盖板、预制立墙和现浇底板三部分，底板下设置混凝土基础和沙砾垫层（图3-1）。结构尺寸分别为2.0m×2.0m、4.0m×3.0m、4.0m×4.0m、6.0m×4.5m、6.0m×5.1m。

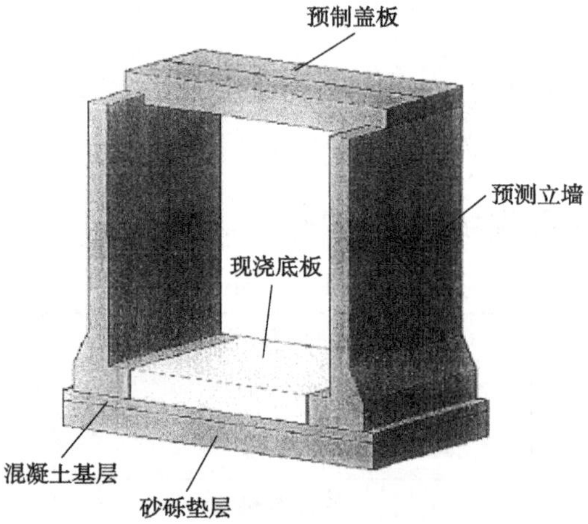

图3-1　装配式涵洞、通道断面结构

3.1.2　工程特点

3.1.2.1　工艺特点

1）集中预制，质量控制，缩短工期，加快工程进度

装配式工艺采用集中预制方式，集中施工以确保工程质量，根据侧墙、顶板尺寸统一在模板加工厂定制一批组合钢模板，把立墙、盖板分标准段模块预制。装配式小构只需做

好基坑开挖和基础垫层浇筑即可，小构组装和防水处理一般在2～3天之内即可完成，相较于传统现浇从模板架设到混凝土浇筑养护，周期在15天以上，有效缩短工期约60%，加快了工程进度。

2）工厂化、机械化，降低安全生产风险，降低成本

工厂化、机械化的生产模式极大地降低了安全生产风险。与传统现浇小构相比，装配式小构体积更小、更薄，主要是通过增加钢筋密度来增加构件强度，从而实现与更加厚重的现浇构件同样的力学性能，故大量节省了混凝土用量，增加了钢筋用量。通过工厂化、机械化的生产模式，装配式小构有利于提高生产效率和降低成本。

3）模板拆模容易、低周转，增加模板使用寿命

与传统现浇小构相比，装配式小构标准化施工，可根据当地需求和地形条件灵活选择涵洞尺寸，拆模容易，灵活性高，周转率低，可减少对模板的损耗，增加模板使用寿命。

3.1.2.2　重难点简析

（1）装配式混凝土结构构件运输和堆放管理难度大。

（2）装配式混凝土结构构件吊装风险大。

（3）装配式混凝土结构构件拼装定位难度大。

（4）装配式混凝土结构构件现场安装临时支撑风险大：装配式混凝土结构构件在临时吊装完毕之后，节点混凝土浇筑之前，所处的受力状态不稳定。

（5）装配式混凝土结构外墙板防水难度大：装配式混凝土结构外墙板的拼缝是装配式建筑一个重要的防水薄弱点，如无法保证此处的施工质量，将会发生外墙渗漏的现象。

3.2　监理工作流程

3.2.1　装配式混凝土箱涵预制件浇筑监理程序框图(图 3-2)

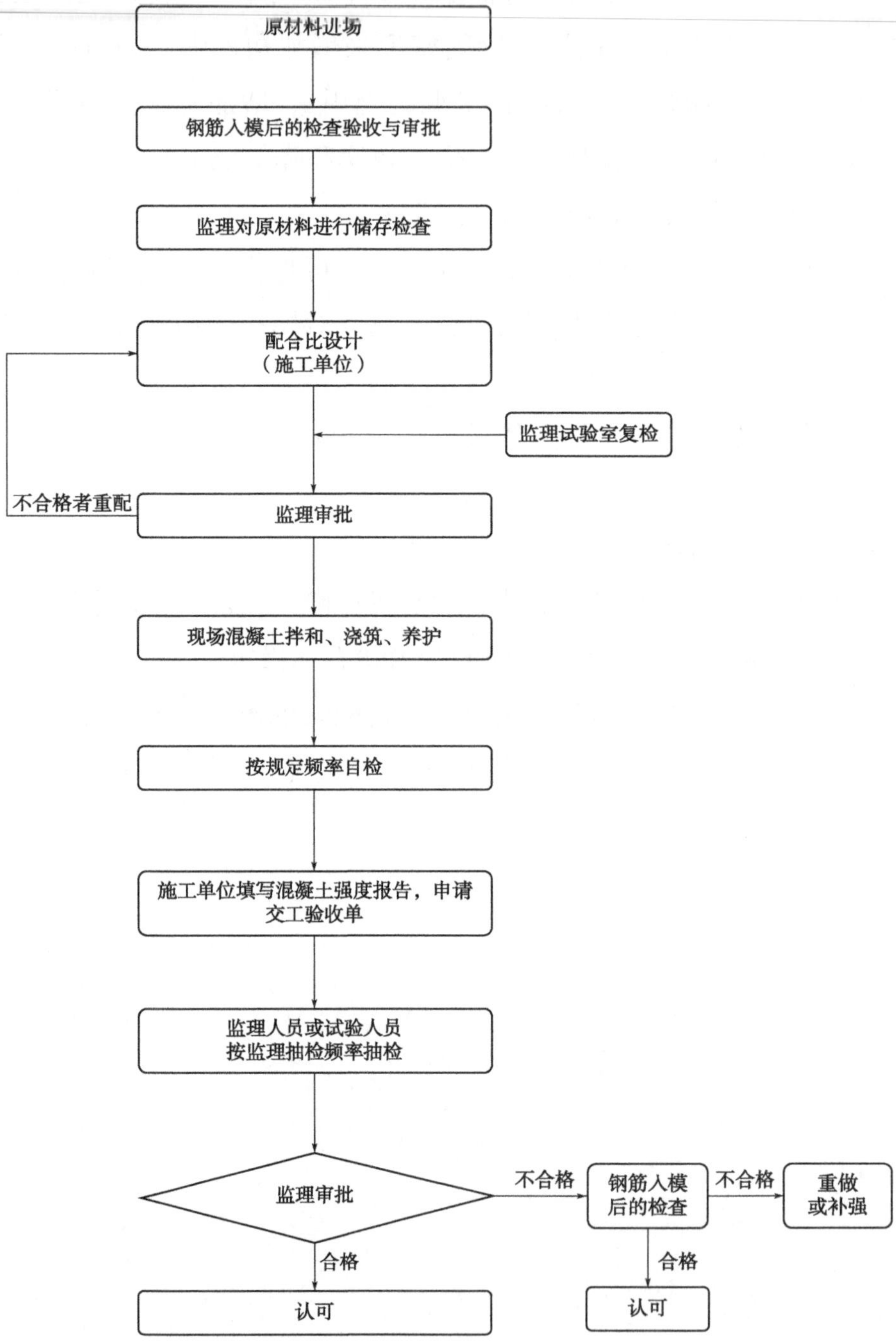

图 3-2　装配式混凝土箱涵预制件浇筑监理程序

3.2.2 装配式构件安装监理程序框图(图3-3)

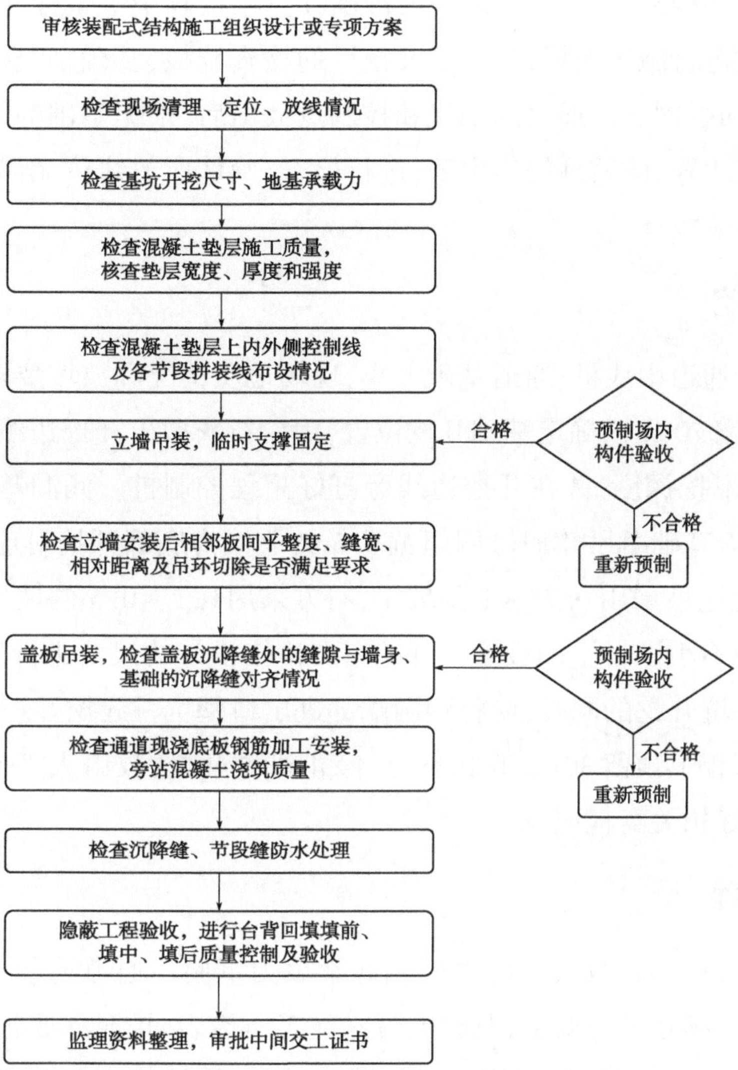

图3-3 装配式构件安装监理程序

3.3 监理工作要点

3.3.1 施工准备

3.3.1.1 施工方案审查

(1)施工方案是否经监理审批。

(2)工程开工报告是否经监理批复。

3.3.1.2 人员、设备的检查检验

(1)施工作业人员是否满足施工要求。

(2)施工设备性能、数量是否满足施工要求。

3.3.2　测量放样

根据图纸确定的构造物的位置和高程，准确计算结构物中桩坐标和轴线方向，然后根据计算的具体位置进行施工放样，为便于开挖后的检查校核，基础轴线控制桩应延长至基坑外，并用混凝土加以固定。通道的轴线和控制点放出后，根据基础的结构尺寸放出结构基础的边线和开挖边线，向监理提出申请，进行检查，确认所放线位无误并签认后，方可进行基坑开挖。

3.3.3　基坑开挖

根据放样出的通道中线桩、通道基础大小、现场地质情况和放坡要求及基坑底的工作宽度（每边至少放宽 50cm），确定基础开挖位置，用白石灰撒出开挖边线，现场测量原地面高程，计算出基坑下挖深度，并在开挖边线旁打好高程控制桩。涵洞基础采用机械开挖，开挖尺寸：底部宽为基础净尺寸加每侧超宽 0.5m，上口为底部开挖对应 $H \times M$[H 为开挖深度，M 为坡率（土边坡采用 0.75～1 的坡率，石方采用 0.2～0.5 的坡率）]。基坑壁坡度根据地质情况采用不小于 1∶1 的坡度。开挖时严格按设计的尺寸进行，严禁超深开挖，再用虚土回填。在基坑开挖的同时，应将涵洞端部进出口基坑一起挖好。

开挖至设计高程上预留 30cm 原状态土，停止机械开挖，改由人工清底、平整，使其达到设计高程，并做好相关高程记录。

3.3.4　基底处理

在基坑开挖至设计高程后，及时做好基底承载力试验。通道地基承载力要求不小于设计要求，若承载力满足设计要求，及时填写好基底质检表，拍照存底报监理签字认可，进入下道工序。如承载力达不到设计要求，经建设单位、设计代表及监理人员等现场调查，确定处理方案形成会议纪要后，方可进行下道工序施工。

3.3.5　砂垫层施工

基底处理经监理人员检验合格后，按设计要求铺设砂垫层，本项目设计砂垫层铺设厚度为 40cm。垫层应分层铺筑并逐层压实，分层碾压厚度不大于 20cm，压实的方法应根据场地和地基情况选择合适的夯实机具。

3.3.6　基层施工

3.3.6.1　模板安装

（1）模板实行准入制。所有模板进场后，须经过施工单位自检合格，报监理验收后方可投入使用。验收按《湖北交投监利至江陵高速公路东延段建设项目模板准入制度（试行）》

相关要求执行。

(2)模板安装前进行打磨除锈,模板与混凝土接触面涂脱模剂。

(3)模板及支撑加固牢靠后,检查模板拼缝,检查连接件、螺钉的数量及紧固程度,检查支撑体系的牢固程度,检查模板表面平整度、内侧线形顺直度、内部尺寸,符合设计及规范要求,报监理工程师签证后方能浇筑混凝土。

(4)模板安装后监理人员应对模板安装的平面位置和高程进行复核与抽测。现场监理人员应详细检查模板安装的尺寸、模板平整度、接缝高差、接缝的严密性等。检查模板支撑结构的牢固性和稳定性,模板内的杂物、积水应清理干净,符合设计及规范要求方可同意进入下道工序。

3.3.6.2 混凝土浇筑

(1)浇筑混凝土前,应进行坍落度试验,检查混凝土和易性,试验结果满足规范要求后才能使用。此外,还需制作混凝土试块。

(2)浇筑混凝土时出料口与浇筑面之间的距离控制在2m之内,以防止混凝土离析。当倾落高度超过2m时,应设置串筒。

(3)振捣采用50型的插入式振捣器振捣,振捣时与侧模应保持100mm的距离;振动棒移动半径按35cm控制。振捣必须振动到该部位混凝土密实为止,密实的标志是混凝土停止下沉,不再冒出气泡,表面平坦、泛浆。浇筑混凝土期间,设专人检查支撑、模板的稳固情况,当发现有松动、变形、移位时,应及时进行处理。

(4)基层混凝土浇筑振捣密实后及时用3m直尺找平,再用水平尺检查横断面方向的水平度,二次收浆时仍需要再次检查平整度,高程误差控制在10mm之内,平整度控制在3mm之内,基层混凝土在顺路线方向每边比结构宽50cm(以江北东项目参数为例)。

(5)在浇筑基层时特别注意沉降缝的设置,确保沉降缝不变形,沉降缝设置间距为4~6m,其中节段缝宽1cm,沉降缝宽2cm,设置时可根据立墙节段长度做适当调整。养护达到设计强度的90%后方可进行后续工程施工。

3.3.6.3 养护及拆模

待混凝土终凝后采用土工布覆盖洒水养护,养护周期不少于7d。每天洒水的次数以能保持混凝土表面经常处于湿润状态为度,派专人洒水养护。当混凝土强度达到2.5MPa后,可以进行模板拆除。

3.3.7 通道立墙及盖板预制

3.3.7.1 模板

(1)各种模板需根据结构特点和荷载进行模板设计,采用工厂加工定型钢模板,保证具有足够的强度、刚度和稳定性能(模板厚度不小于6mm,平整度不大于2mm),能承受施工过程中可能产生的各项荷载,并经过试拼验收,各项指标满足施工要求后方可投入使用。

(2)模板实行准入制。所有模板进场后,须经过施工单位自检合格,报监理验收后方可投入使用,验收按《湖北交投监利至江陵高速公路东延段建设项目模板准入制度(试行)》相关要求执行。

3.3.7.2 钢筋制作及安装

构件的主要钢筋骨架全部采用先制模后批量加工的方法,根据图纸给出的尺寸用钢料焊接拼装出钢筋骨架的胎模,骨架半成品的加工直接在胎模上完成,骨架纵横筋、箍筋、架立筋之间采用点焊连接。钢筋安装过程中,其纵向主筋采用单面焊接,其焊接长度不得小于$10d$;横向钢筋按照设计图纸规定的10cm间距均匀布设,采用铁丝进行捆绑连接,丝头方向统一向下;在构件侧面和底面布设垫块,数量不少于3个/m^2,重要部位适当加密。

3.3.7.3 模板安装

模板安装完成验收合格后,方可进入下一工序。模板的精度须满足施工规范及图纸说明中的有关规定。模板安装完毕后,对其平面位置、节点联系及纵横向稳定性进行检查。

3.3.7.4 混凝土浇筑

(1)混凝土浇筑之前,检查混凝土的均匀性和坍落度等性能指标。

(2)混凝土浇筑时,须注意混凝土自由倾落高度不宜超过2m,以防止混凝土出现离析现象。高度超过2m时,应用串筒下落。

3.3.7.5 养护

混凝土浇筑后,待混凝土抗压强度达到2.5MPa后拆除侧模,进行保湿养护。待混凝土强度达到90%后,方可调离台座,在小型预制件存储区堆放。

3.3.8 构件存放、运输及吊装

3.3.8.1 存放

(1)存放场地应为混凝土硬化地面或经压实的沙石地面,满足平整度和地基承载力要求,并有排水措施。

(2)按照类型、使用项目、出场日期分别集中堆放,并用红色油漆在侧面标记桩号、位置,避免后续安装错误。

(3)构件与刚性搁置点之间设置柔性垫片。

3.3.8.2 运输

(1)预制构件制作龄期达到7d以上,混凝土强度不低于设计强度的90%时,进行预制件起吊码堆和运输,起吊的预制件按桩号堆放到预制件存储区,待基础混凝土强度达到设计强度的90%时可以进行预制件安装。预制件通过汽车运到施工现场,用汽车吊配合人工安装到位。起吊时为了保证各吊点受力均匀,两个吊点的吊索与水平面的夹角必须相等,且不小于70°。

(2)预制场装车前,需要对预制构件进行出场前验收,核对构件的尺寸、质量和数量,并填写装配式钢筋混凝土构件安装前验收表。

(3)构件采用平板车运输,行驶必须缓慢平稳,构件底部需设置橡胶垫块,防止运输过程中损伤构件,装车后需要对构件进行固定。

3.3.8.3 吊装

(1)吊装动力系数取1.5,起吊时绳索或吊带与构件水平面夹角不宜小于60°。按照慢起、平稳行走、缓落的原则进行吊装,保证构件起吊后处于竖直状态进行安装。

(2)安装前,检查混凝土调平垫层高程及平整度,对不满足要求部位采用高强度水泥砂浆调平,然后在混凝土调平垫层上用全站仪进行放样,放出预制通道内外侧4条控制线及各节段拼装线,以便于构件定位。

(3)安装时,要注意与下部沉降缝的对应,务必保证起吊、旋转过程平稳,吊装边角部位及绳索接触部位应采取衬垫加以保护,避免构件破坏。

(4)全部构件安装到位以后仔细检查,切除吊环,最终使结构平整、美观,且能安全传递荷载,同时避免构件边、角损坏。最终结构的洞身尺寸应符合设计规范及图纸要求。

3.3.8.4 盖板安装

盖板安装前,检查立墙尺寸及顶面平整度,并对两立墙位置和相对距离进行核查(立墙顶部净距比盖板底部宽度略大3~4mm为宜)。盖板安装时,沉降缝处的缝隙要与墙身、基础的沉降缝对齐,避免出现错缝和咬缝现象,以防止不均匀沉降,出现开裂。安装后,相邻板块之间采用高等级(1:2)水泥砂浆填塞密实。

3.3.9 底板钢筋加工安装及混凝土浇筑

3.3.9.1 现浇底板钢筋制作与安装

(1)钢筋在钢筋加工厂根据图纸尺寸和规格进行下料,将下料好的钢筋按图纸所示尺寸进行绑扎,制作成型。安装成型的钢筋应牢固、稳定,同时能承受混凝土施工带来的冲击影响,钢筋数量、尺寸和规格应符合图纸与技术规范的要求。从下料、钢筋制作到钢筋安装,每道工序都需经自检合格后,填写有关施工记录,报请监理工程师现场验收,验收合格后才能进入下道工序。

(2)通道现浇底板钢筋安装前,先将预制通道底板与现浇底板结合面进行凿毛处理,再清理底部杂物。钢筋安装过程中,其纵向主筋采用单面焊接,其焊接长度不得小于 $10d$;横向钢筋按照设计图纸规定的 10cm 间距均匀布设,采用铁丝进行捆绑连接,丝头方向统一向下。

3.3.9.2 现浇底板模板安装

(1)采用普通平面钢模进行拼装的方式。平面钢模面板厚 5mm,拼接采用 M16 的螺栓连接。由于本项目通道预制节段的现浇底板厚 60cm,故采用高仅 60cm 的模板,只需人工进行拼装。模板安装前进行打磨除锈,模板与混凝土接触面涂脱模剂。

(2)安装模板时应轻起轻放,避免碰撞,防止模板变形。安装模板时力求支撑稳固,拼缝处粘贴双面胶条,防止漏浆。

(3)模板及支撑加固牢靠后,检查模板拼缝、螺钉的数量及紧固程度,检查支撑体系的牢固程度,检查模板表面平整度、内侧线形顺直度、内部尺寸,符合设计及规范要求,报监理工程师签证后方能浇筑混凝土。

3.3.9.3 现浇底板混凝土浇筑

(1)通道现浇底板浇筑前,应先对预制节段底板原有接缝内侧采用防水砂浆进行勾缝,防止漏浆。混凝土浇筑前应对混凝土结合面进行洒水湿润,可采用地泵或手推车推送混凝土,禁止使用其他较重设备推送混凝土,以免钢筋骨架变形。

(2)浇筑过程中,采用 50 型的插入式振捣器振捣,振捣时与侧模应保持 100mm 的距离;振动棒移动半径按 35cm 控制。每一处振动完毕后应边振动边徐徐提出振动棒,且应避免振动棒碰撞模板、钢筋件。振捣应做到快插慢拔,必须振动到该部位混凝土密实为止,密实的标志是混凝土停止下沉,不再冒出气泡、表面浮浆。混凝土浇筑应连续进行,浇筑完毕后,对混凝土面应及时进行修整、收浆抹平,待定浆后混凝土再进行二次抹面。

(3)浇筑混凝土期间,设专人检查支撑、模板、钢筋和预埋件的稳固情况,当发现有松动、变形、移位时,应及时进行处理。

3.3.9.4 现浇底板混凝土养护及拆模

当混凝土强度达到 2.5MPa 后,可以进行模板拆除。施工过程中应特别注意不得对混凝土表面产生撞击,以免损坏混凝土边角。待混凝土终凝后,采用土工布覆盖,洒水养护,不少于 7d,派专人洒水养护,每天洒水的次数以能保持混凝土表面经常处于湿润状态为度。

3.3.9.5 沉降缝、节段缝及防水施工

(1)通道施工缝分为纵缝和横缝,前者为预制盖板与立墙的接缝,后者为预制立墙的

节段缝和盖板的拼接缝。

(2)通道基础每4~6m设置一道沉降缝,并与立墙节段缝一致。在立墙顶垫两层油毛毡,盖板安装后压实。盖板、立墙节段缝以及整体沉降缝内填充沥青麻絮,填充厚度为结构厚度的2/3。沥青麻絮用热沥青浸制,浸制后的麻絮,表面应呈淡黑色,无破裂,撕断面上应呈淡黑色,不应有显示未浸制的部分。

(3)节段缝、沉降缝填塞前,缝内应清扫干净,保持干燥,不得有杂物和积水。缝内原施工时所留的填充材料必须凿除,宽度为2cm,深度为5cm。沉降缝端面必须整齐、方正,基础和涵身上下不得交错,嵌塞物应紧密填实。沉降缝设置要求上下垂直、贯通。

(4)洞身外侧沥青麻絮施工完成后还需在通道外表面节段缝和沉降缝位置中心处铺设宽1m的防水卷材,缝两侧各50cm宽;防水卷材为SBS(苯乙烯-丁二烯-苯乙烯嵌段共聚物)弹性体改性沥青防水卷材,卷材铺贴完毕后,必须对搭接部位、端部及卷材收头部位进行密封处理。外层防水措施为在通道盖板和立墙的表面均匀涂抹三层热沥青,每层厚度为1~1.5mm。

3.3.10 检验

(1)结构预制构件必须通过系统的质量检验后方可进入组装现场,现场应对预制节段的尺寸、质量、数量进行确认、验收。

(2)在节段拼装、回填施工直至完成全过程中,应对结构位置、截面形状进行检验,检验应在三个以上的不同位置进行。

(3)构件预制和结构拼装的允许偏差见表3-1。检验结果超出标准时应停止施工,查明原因,预测结果并采取应对措施。

构件预制和结构拼装的允许偏差 表3-1

部位		项目	允许偏差(mm)
预制盖板	1	长度	-5~+5
	2	厚度	-3~+5
	3	宽度	-5~+5
	4	平整度	3
预制立墙	1	高度	-3~+3
	2	宽度	-3~+3
	3	厚度	-2~+2
	4	平整度	2

(4)结构内、外轮廓线形超出表3-2中标准时,应进一步检验、分析结构受力状态,确认结构安全稳定后再继续施工。

（5）立墙预埋钢筋外伸长度和钢筋间距需进行校核、验收，必须满足设计要求。

轮廓线形允许偏差　　表3-2

部　位	项　目	允许偏差（mm）
1	涵洞长度	-50～+100
2	底面高程	±10
3	内、外轮廓偏离设计线	±20
4	相邻节段内轮廓线错口	5

3.3.11　回填施工

在通道结构物台身强度达到设计强度的90%以上及防水措施施工完毕后按照设计要求进行台背回填，台背回填采用最大粒径≤5cm、最小粒径>2mm且质量不小于50%的开山石渣或强度不小于30MPa的碎石等透水性材料。与路基连接处刷去虚土，开挖台阶宽度和坡度按设计及规范进行，填筑时应在两侧对称施工，人工配合机械卸料、平整，平板震动夯配合光轮振动压路机压实。在涵背面用墨线画出每层填筑水平线，每层填料松铺厚度不超过15cm。采用小型夯实机具夯实铺筑厚度，不得大于10cm。具体夯实遍数根据试验确定，保证密实度不小于96%，并做压实度测定。

3.4　监理工作方法与措施

3.4.1　监理工作方法

监理工作方法有旁站、巡视检查、抽检、验收等。

3.4.1.1　旁站

根据现行规范、监理计划，结合本项目装配式涵洞、通道工艺特点，明确规定旁站监控点，旁站监理人员对首件工程质量进行严格的旁站监理，并做好旁站记录。

3.4.1.2　巡视检查

施工过程中的巡视检查内容包括钢筋、模板、混凝土质量、吊装过程、台背回填过程等。

3.4.1.3　抽检

抽检时，对重点桩位复测不少于30%；对钢筋、水泥、碎石等原材料及水泥混凝土抽检频率按批次应不低于规定施工检验频率的10%；对分项工程中的关键项目（混凝土强度、盖板厚度、压实度）和结构主要尺寸（长度、跨径、净高、断面尺寸等），抽检频率按批次应不低于规定施工检验频率的20%。

3.4.1.4 验收

施工过程中的验收内容包括:砂砾层厚度、宽度及压实度,基层强度、顶面高程、平整度,构件断面尺寸、强度、外观质量、安装位置、轴线偏位、相邻构件高差等。

3.4.2 监理工作的主要措施

3.4.2.1 组织措施

明确内部职责分工,建立岗位责任制,制定监理工作制度,同时采取考核的办法,落实质量控制的责任。

3.4.2.2 技术措施

根据施工的每一阶段(施工准备阶段、施工阶段和竣工验收阶段),采取事前、事中和事后相结合的质量控制措施,并注意突出控制重点,充分运用监理独立的平行检验手段,实施对施工全过程的监理。

3.4.2.3 经济措施

充分运用合同管理和工程计量权,督促承包方按合同办事,严格执行工程质量的检查和验收制度,对不符合合同规定质量及安全要求的工程不予中间交工、不予计量。

3.4.2.4 合同措施

审查分包、专业分包的资质,监督和防止转包、层层分包和总包单位以包代管的现象。自觉按合同办事,督促施工单位、综合队遵守合同,协调合同纠纷。

3.4.3 具体措施

(1)监理人员应熟悉设计文件,参加设计交底。监理人员对施工图应重点核对:

①现场地形、地貌、水文和地质条件。

②设计中考虑采用的施工方法、技术措施、新技术、新工艺和新材料等。

③采用的设计标准、结构细节的质量要求。

(2)在审批施工组织设计(施工方案)时,监理人员除考虑满足规范及设计要求外,还应重点审查工艺是否合理,施工方法是否安全可靠有效,施工平面布置是否符合现场的条件以及环境保护和水土保持的要求。

(3)进场的工程材料、半成品、构配件和设备等应符合国家现行有关标准,监理人员应检查相关质量文件,并按规定抽样试验,经检测合格后,方批准使用。

(4)施工中使用的各种机械、设备和设施,施工单位使用前应进行全面检查或鉴定,经运转合格后,方准使用。监理人员应对此进行监督,并要求施工单位经常检查,定期校核标定。

(5)对隐蔽工程,施工单位必须在自检合格后,报请监理检查。监理人员应对每道工序进行检验并签认,未经监理签认,不得进入下道工序。

(6)对关键工序进行旁站,旁站中做出详细记录,真实反映施工过程。

3.5 巡视、旁站、抽检和验收计划

3.5.1 巡视

采取以巡视为主的方式进行装配式小型构造物施工现场监理,对施工的主要工程每天巡视不少于1次,并填写巡视记录(表3-3)。

巡视计划表 表3-3

部位(项目)	监理人员	备注
基坑开挖及基础处理	张某、李某	
预制墙身及盖板钢筋加工和安装	张某、李某	
混凝土浇筑	张某、李某	
构建吊运、组装	张某、李某	
台背回填	张某、李某	

3.5.2 旁站

按照合同条款、《公路工程施工监理规范》(JTG G10—2016)附录A及监理计划相关要求开展旁站工作(表3-4)。

旁站计划表 表3-4

部位	监理人员	备注
钢筋加工及安装工程(首件)	张某、李某	
混凝土浇筑工程(首件)	张某、李某	
构建吊运、组装工程(首件)	张某、李某	

3.5.3 抽检

对钢筋、水泥、碎石等原材料及水泥混凝土,抽检频率按批次应不低于规定施工检验频率的10%;对分项工程中的关键项目和结构主要尺寸,抽检频率按批次应不低于规定施工检验频率的20%(表3-5)。

抽检计划表 表3-5

部位(项目)	监理人员	备注
原材料检测	张某、李某	
轴线偏位、高程	张某、李某	
涵洞长度	张某、李某	
铺砌厚度	张某、李某	
混凝土(砂浆)强度	张某、李某	
断面尺寸	张某、李某	

3.5.4 验收

验收内容包含涵洞轴线偏位、涵洞长度、涵洞净高、立墙安装垂直度、相邻板之间最大高差、顶面高程、外观质量等(表3-6)。

验收计划表 表3-6

部位(项目)	监理人员	备注
轴线偏位、高程	张某、李某	
涵洞长度	张某、李某	
涵洞净高	张某、李某	
立墙安装垂直度	张某、李某	
相邻板之间最大高差	张某、李某	
顶面高程	张某、李某	
外观质量	张某、李某	

第4章　沥青混凝土路面监理细则

——以湖北交投监利至江陵高速公路东延段项目为例

4.1　工程内容和特点

4.1.1　工程内容

本项目起点位于洪湖市乌林镇水府村附近，与赤壁长江公路大桥北岸接线对接，终点与监利至江陵高速公路分盐枢纽互通对接，线路全长62.571km，起止桩号K1+997.656～K64+532.762，瞿家湾连接线10.2km。

项目穿越平原区，公路等为高速公路，设计速度100km/h，双向六车道，起点至乌林互通（长1540m）路基标准横断面宽33.5m，每侧行车道宽3×3.75m，硬路肩各宽3.0m（含0.5m宽右侧路缘带），两侧土路肩各宽0.75m，两侧路缘带各宽0.75m，中间设2.0m宽中央分带。

乌林枢纽互通至终点（长61031m）路基标准横断面宽26.0m，双向四车道，每侧行车道宽2×3.75m，硬路肩各宽3.0m（含0.5m宽右侧路缘带）。两侧土路肩各宽0.75m，两侧路缘带各宽0.75m，中间设2.0m宽中央分隔带，一般路段行车道、路缘带及硬路肩设2%横坡，土路肩设4%横坡。

瞿家湾连接线路基合计总宽度为12.0m，公路等级为二级，设计速度80km/h，双向二车道，每侧行车道宽3.75m，两侧硬路肩各宽1.5m（含0.5m路缘带），两侧土路肩各宽0.75m。

本标段主线及互通匝道路基沥青路面面层主要结构层形式为：8cm厚（AC-25C）粗粒式沥青混凝土下面层+6cm厚（AC-20C）中粒式改性沥青混凝土中面层+4cm厚（SMA-13）细粒式改性沥青混凝土上面层。

瞿家湾互通连接线沥青路面面层主要结构层形式为：6cm厚（AC-20C）中粒式改性沥青混凝土下面层+4cm厚（SMA-13）细粒式改性沥青混凝土上面层。

4.1.2　工程特点

4.1.2.1　原材料的数量供应不足，质量难以控制

监利至江陵高速公路东延段路线长、任务重，路面材料需求巨大，而高速公路经过的

洪湖市、监利县沥青面层材料匮乏，再加上社会环境的影响，国家对环保的重视，规模大的碎石料厂因环保不合格而关停，小规模碎石加工厂产量不足，质量不稳定，很难寻找到产量足、质量合格的上面层抗滑石料、中下面层石料。

4.1.2.2　一期、二期、三期交叉施工，施工组织难度大，安全隐患多

本项目路线全长62.9km，其中主线路基总长25.8km，桥梁总长37.1km。桥梁多达54座，将路基分割成大小不一的段落，路面施工点多面广，同时一期土建工程进展不均衡，二期路面工程、三期房建、机电、绿化、交通安全设施工程（以下简称交安工程）的陆续开工，造成施工交叉点越来越多，施工组织难度加大，路面污染难以控制，安全隐患增大。

4.2　监理工作流程

4.2.1　沥青面层石料监理程序（图4-1）

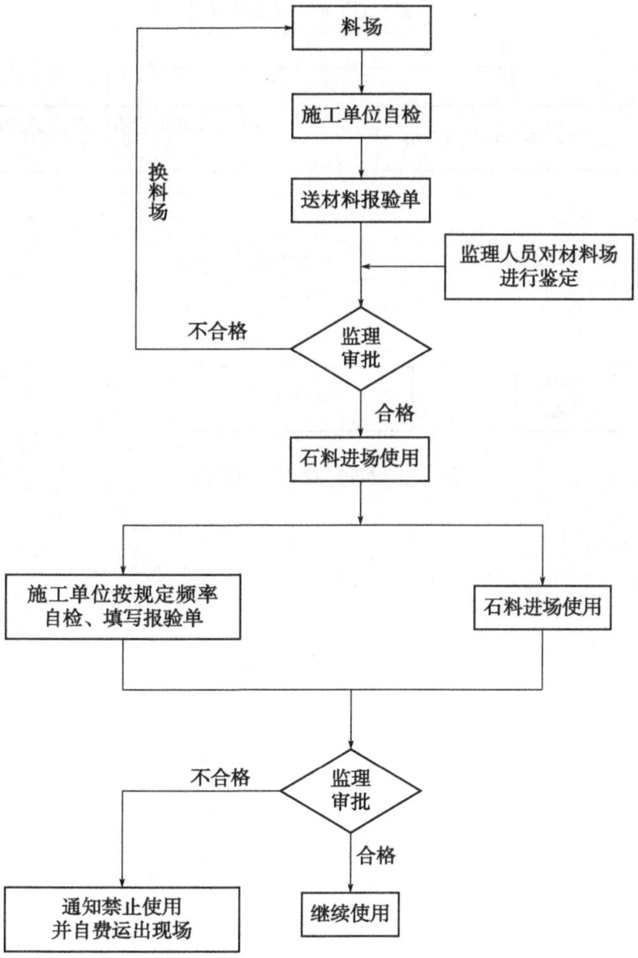

图4-1　沥青面层石料监理程序

4.2.2　沥青材料监理程序(图4-2)

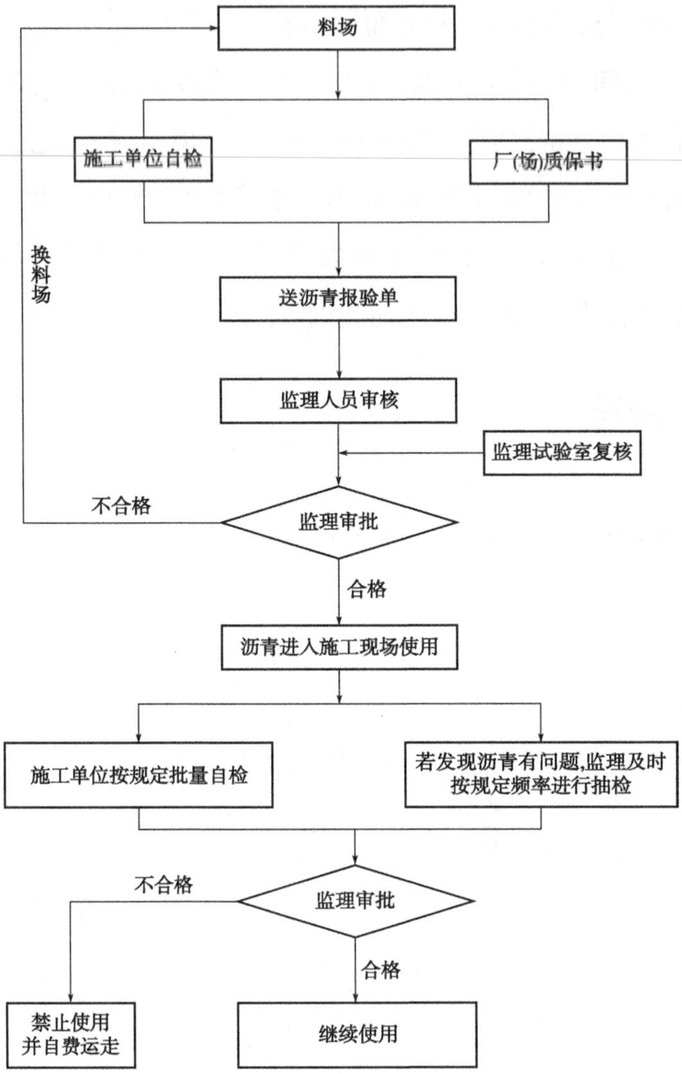

图4-2　沥青材料监理程序

4.2.3 沥青混合料监理程序(图4-3)

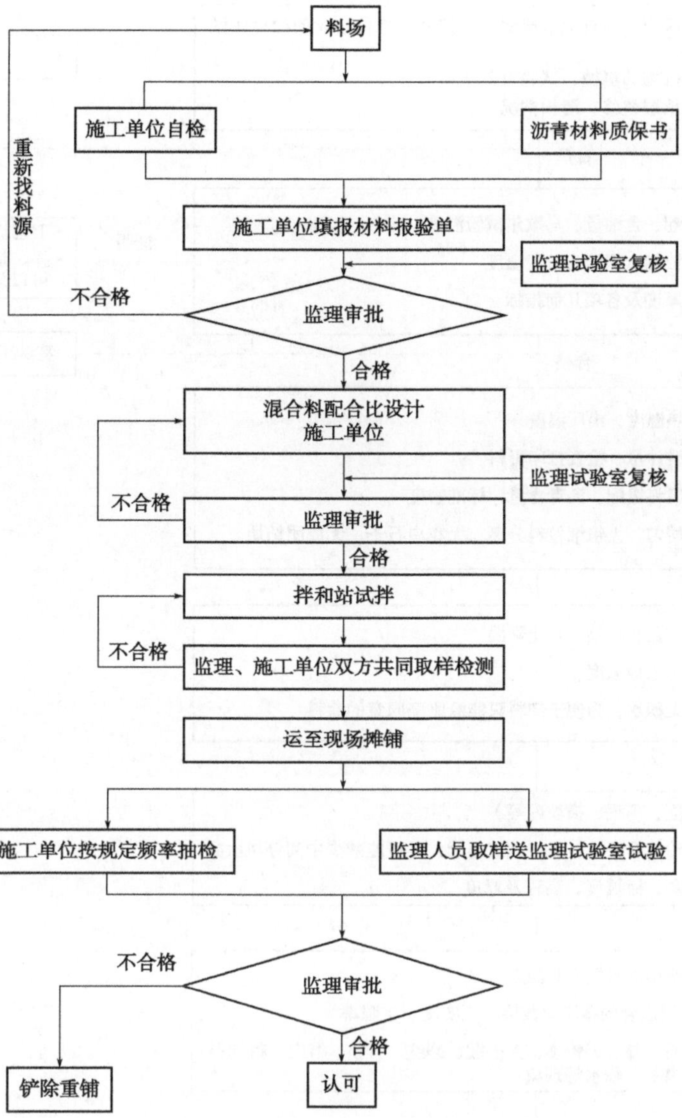

图4-3 沥青混合料监理程序

4.2.4　沥青面层监理程序(图4-4)

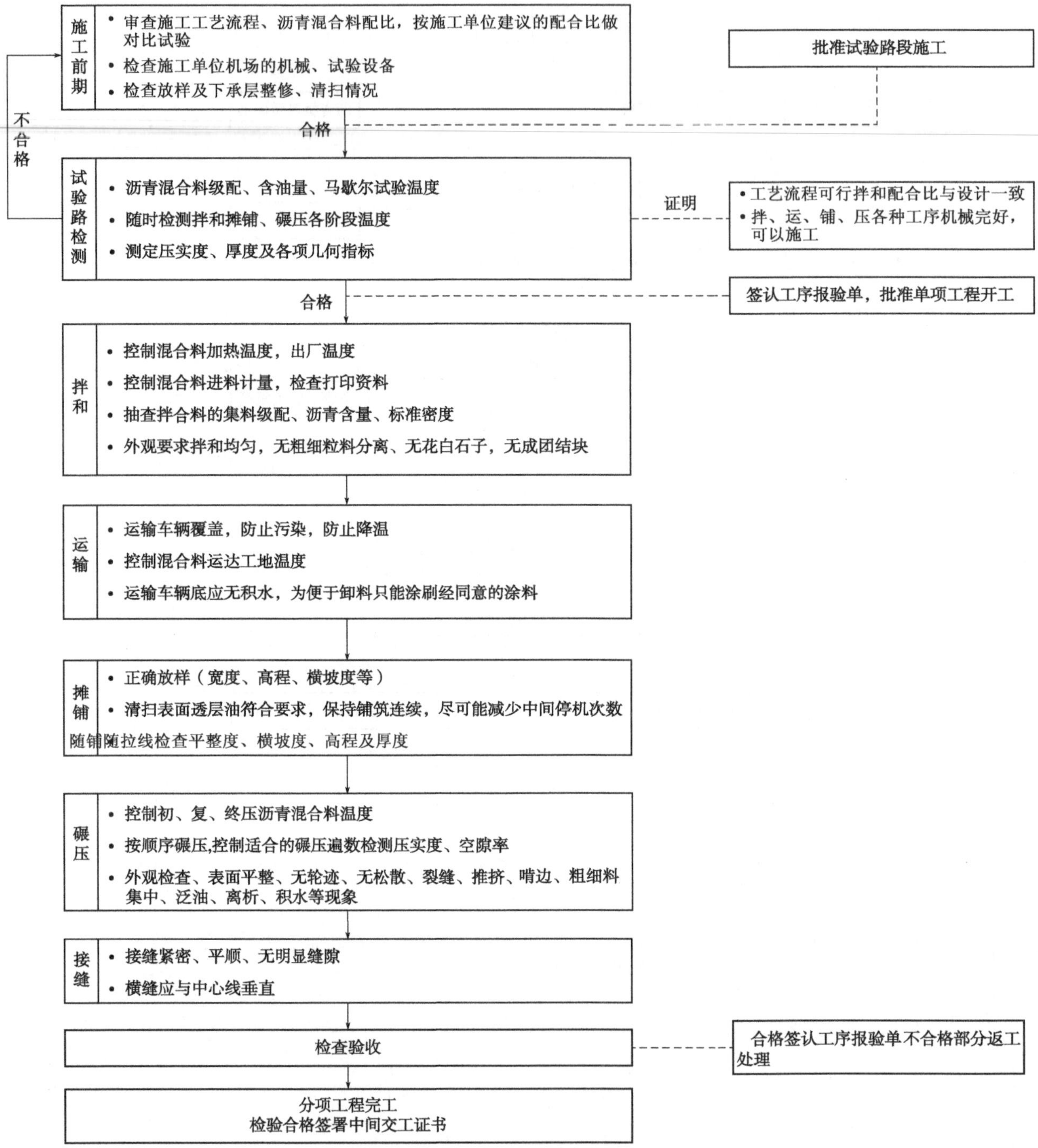

图4-4　沥青面层监理程序

4.3 监理工作要点

4.3.1 施工准备

(1)方案审查。审查施工单位上报的施工方案,主要审查人员、设备的配备情况和原材料的准备情况。

(2)配合比(目标配合比、生产配合比)。

(3)沥青拌和设备、摊铺设备和压实机械的验收。(拌和设备的标定、摊铺设备和压实设备的投入是否与批复后的方案要求一致。)

注:施工准备包括但不限于以上内容。

4.3.2 沥青混合料的拌制

(1)冷料仓的集料。

①检查集料是否是经过检验合格的集料,未经检验的不得使用。

②督促施工单位随时检测集料的含水率,以便调节冷集料进料速度。冷集料的含水率应控制在5%以内,热集料的残余含水率应控制在0.1%以内;当冷集料含水率>5%时,应降低拌和产量。

(2)沥青和集料加热温度和拌和时间。督促施工单位严格控制沥青和集料的拌和时间,加热温度以及沥青混合料的出厂温度。沥青混合料施工温度和拌和时间可参照表4-1的范围和表4-2的要求选择。

沥青混合料施工温度 表4-1

项目	沥青类型		
	改性沥青AC结构	普通沥青AC结构	改性沥青SMA结构
沥青加热温度	160~170℃	155~165℃	160~175℃
矿料温度	190~200℃	165~185℃	190~200℃
混合料出厂温度	175~185℃ 超过195℃废弃	145~165℃ 超过190℃废弃	175~185℃ 超过195℃废弃
运输到现场温度	不低于160℃	不低于145℃	不低于165℃
摊铺温度	不低于155℃	不低于135℃	不低于160℃
初压开始内部温度	不低于145℃	不低于130℃	不低于150℃
碾压终了表面温度	不低于90℃	不低于80℃	不低于90℃
开放交通路表温度	不高于50℃		
施工气温	不低于10℃		

拌和时间的要求 表4-2

沥青类型	拌和时间			
	干拌时间(s)	湿拌时间(s)	总拌和时间(s)	拌和周期(s)
普通沥青AC结构	≥5	≥25	≥30	≥45
改性沥青AC结构	≥5	≥30	≥35	≥50
改性沥青SMA结构	≥5	≥35	≥40	≥55

注:1.低温季节施工沥青面层,由于散热很快,沥青混合料的拌和温度、摊铺温度都应相对高10℃以上,且压路机应紧跟,小水碾压。

2.拌和时间应满足本细则的要求,使所有集料颗粒全部裹覆沥青,并以沥青混合料拌和均匀为度。

(3)配合比检验。生产配合比一经确定,就不得随意更改。如果出现严重的溢料、待料现象,应和施工单位一起检查分析原因,及时处理,如冷料计量有问题,应重新取样进行生产配合比设计。对拌好的沥青混合料跟踪抽检级配、油石比等指标,发现问题及时调整生产配合比。

(4)拌和楼控制室。监督施工单位拌和楼控制室逐盘打印沥青及各种矿料的用量和拌和温度,随时在线检查矿料级配和油石比,并定期对拌和楼的计量与测温进行校核。

(5)督促施工单位每台拌和机每天上午、下午各取一组混合料试样,做马歇尔试验和沥青含量试验(燃烧炉法),检验油石比、矿料级配和沥青混合料性质。

(6)督促施工单位每天施工结束后,根据拌和楼打印的各料数量进行总量控制;以各仓用量及各仓集料和矿粉筛分结果计算平均施工级配、油石比,与设计结果进行校核;以每天产量计算平均厚度,与设计厚度进行校核。

4.3.3 沥青混合料的运输

(1)督促施工单位沥青混合料运输必须采用大吨位的运输车辆,数量应根据运距、拌和能力、摊铺能力、速度等确定。摊铺机前方应采用色拉油或植物油与水的混合液等(油:水=1:3),但不得有余液聚渍在车箱底部,也不得使用柴油与水的混合液。每次卸料后应有不少于5辆运料车等候卸料,运量应较拌和能力和摊铺速度有所富余,以满足拌和楼及摊铺机连续作业为准,尽量避免停机待料。

(2)检查车厢板清理情况,应涂抹薄层油,保持其光洁度。

(3)检查运料车是否采用厚篷布覆盖严密,施工运输车辆进入施工现场时,是否设定区域,安排专人对汽车轮胎进行清洗。

(4)检查沥青混合料运到摊铺现场后,是否有专人凭运料单收料,并随即检查其温度和外观质量。凡不符合温度要求,或花白,或结团成块、滴漏或颜色枯褐灰暗、或遭雨淋的,均应送到固定地点废弃,不得使用。

(5)督促施工单位采用数显插入式热电偶温度计检测沥青混合料的出厂温度和运到

现场温度。插入深度要大于150mm;在运料卡车侧面中部设专用检测孔,孔口距车厢底面约300mm。

(6)督促施工单位在运料卡车车厢后面设置防止卸料过程中离析的挡板。宜在前一车卸完料,摊铺机料斗还有1/3的混合料时就进行下一车的卸料工作,尽量不要等到每次摊铺机将料斗内的混合料完全卸完后再进行下一车的卸料工作;同时卡车卸料时车厢尽量一次性升到最高,卸料时卡车车厢的倾抬次数不应超过2次。

(7)检查SMA改性沥青运输温度不低于150℃,保温储存温度不低于140℃,不得长时间存放,储存温度必须保证,以便防止混合料沥青析漏及混合料表面成硬壳。

4.3.4 沥青混合料的摊铺

4.3.4.1 摊铺方式

督促施工单位严格按上报的方案进行,中下面层均采用梯队联合摊铺;匝道采用1台摊铺机全幅摊铺。梯队摊铺两机前后距离10~20m,搭接宽度3~6cm,搭接缝设在行车道的中部。摊铺过程中,用人工方式将搭接缝找平。在结构物和路基衔接的段落,必须严格进行挂线调坡,保证衔接段路面的平整度。施工结果必须经过总监办检查合格后方可允许进行下一步的施工。

4.3.4.2 摊铺工艺

(1)检查运到现场的沥青混合料质量,如不符合温度要求,或已经结成团块、已遭雨淋湿的混合料不得铺筑在道路上。开始摊铺时,现场等候卸料的运料车不宜少于5辆,以保证连续摊铺。

(2)检查起步与工作仰角。摊铺机初始工作仰角调节。摊铺机的熨平板初始仰角要仔细进行调整,以保证路面平整度,工作仰角一般为0°15″~0°40″。摊铺机起步熨平板应提前0.5~1h预热至不低于100℃左右。摊铺起步的垫板厚度应为松铺厚度。SMA-13上面层由于增加了拌和时间等原因降低了拌和机生产率,因此摊铺机的摊铺速度要与SMA混合料产量匹配,不得随意变换速度或中途停止,必须保证匀速摊铺且速度不能超过4m/min。AC-25下面层、AC-20中面层的摊铺速度应根据拌和机的产量、施工机械配套情况及摊铺厚度、摊铺宽度,按2~4m/min予以调整选择。

(3)检查熨平板和夯锤参数选择。应根据混合料的类型、集料尺寸、厚度等情况选择熨平板工作参数,这对压实度和平整度影响非常显著。熨平板的振动频率尽可能与沥青混合料频率相同,以达到共振的目的,约40Hz,即2400r/min左右。夯锤的振幅与摊铺厚度关系最大,当厚度为4cm时选择3mm行程,当厚度为6cm时选择5mm行程,当厚度为8cm时选择7mm行程。夯锤的频率与摊铺速度关系最大,摊铺机每行走1m,夯锤振动必须大于200次，即摊铺速度为2m/min，则夯锤振动频率>400r/min；摊铺速度为3m/min，则夯锤振动频率>600r/min；摊铺速度为4m/min，则夯锤振动频率>800r/min。

(4)检查螺旋布料器参数选择。螺旋布料器参数对摊铺离析影响非常显著。螺旋布料器前应设置塑料挡板，以防止混合料竖向离析。螺旋布料轴离地高度应在中值(365mm)，以防止混合料竖向离析。中间链齿箱处应设置反向叶片，以防止纵向离析。

(5)检查摊铺速度应与拌和机供料速度协调，保持匀速不间断地摊铺。螺旋布料器料位应稳定在2/3螺旋位置以上，以防止条带状离析。

4.3.5 沥青混合料的压实

4.3.5.1 压实设备

检查每个作业面要求不少于2台静质量≥10t的双钢筒双驱双振式压路机，其振幅和频率可调；不少于2台静质量大于9~12t的振荡压路机或高频压路机；有1台小型振动压路机。

4.3.5.2 压路机组合

(1)督促检查下面层AC-25C、中面层AC-20C结构均采用2台胶轮压路机初压，2台双钢轮压路机复压，1台双钢轮压路机在后面终压收光，1台小型振动压路机碾压左右路缘石或边角等地方。督促检查上面层SMA-13结构，采用2台双钢轮压路机在前面初压，2台双钢轮振荡压路机或高频压路机复压，1台双钢轮压路机在后面终压收光，1台小型振动压路机碾压左右路缘石或边角等地方。

(2)为减小压路机振动对桥梁结构安全的影响，要督促施工单位在桥面沥青混合料摊铺时增加两台振荡压路机碾压。

(3)碾压速度。督促检查压路机应以缓慢而均匀的速度碾压，压路机的适宜碾压速度随初压、复压、终压及压路机的类型而变，应符合表4-3的要求。

混合料碾压速度(km/h) 表4-3

压路机类型	初压		复压		终压	
	适宜	最大	适宜	最大	适宜	最大
双钢轮压路机	2~3	4	3~5	6	4~6	8
振荡压路机	2~3 (静压或振动)	3 (静压或振动)	3~5 (振动)	5 (振动)	3~6 (静压)	6 (静压)

(4)碾压工艺。

①督促检查沥青混合料的压实应坚持“高温、紧跟、高频、低幅、慢压、小水”原则；下、中面层宜多用胶轮碾压，碾压速度要慢而均匀；压实后的沥青混合料应符合压实度及平整度的要求。SMA-13上面层施工时压路机必须紧跟摊铺机，只有在高温条件下碾压才能取

得更好的效果。初压、复压及终压均采用双钢轮压路机施工,严禁使用胶轮压路机碾压。

②督促施工单位复压应紧接在初压后进行,且不得随意停顿。压路机的碾压段长度的总长度通常不超过 60 ~ 80m。为防止轮胎压路机黏附混合料,应尽可能在高温状态下碾压。密级配沥青混凝土(如 AC)的复压宜优先采用 2 台 25t 以上重型轮胎压路机进行搓揉碾压,以增加密水性,压实遍数应达 4 ~ 6 遍,相邻碾压带应重叠 1/3 ~ 1/2 的碾压轮宽度。当采用振动压路机时,振动频率宜为 35 ~ 50Hz,振幅宜为 0.3 ~ 0.8mm,并根据混合料种类、温度和层厚选用,层厚较厚时选用较大的频率和振幅。相邻碾压带重叠宽度为 10 ~ 20cm,振动压路机倒车时应先停止振动,并向另一方向运动后再开始振动,以避免混合料形成鼓包。

(5)检查 SMA 混合料,严格控制好压路机行驶速率、碾压频率、振幅等指标,不得过压、超压。在碾压过程中,要求特别注意表面构造,以便有适宜的构造深度,通常以保持在 1.0 ~ 1.5mm 为佳。

(6)检查终压要紧接在复压后进行。终压采用静压,不宜少于两遍,以消除轮迹,提高平整度。

(7)督促施工单位对于大桥、特大桥上路面施工,为确保桥面沥青路面压实度和减小压路机对桥梁结构的影响,采用振荡压路机高频低幅碾压工艺。

4.4 监理工作方法与措施

4.4.1 旁站

根据现行规范、监理计划,结合本项目工艺特点,规定旁站监控点,旁站监理人员对路面铺装质量进行旁站,并做好旁站记录。

4.4.2 巡视

对沥青路面施工关键环节每天不少于一次,并填写巡视记录,巡视应包括但不限于下列内容:

(1)施工现场管理人员特别是质量、安全管理人员是否到位,特种作业人员是否持证上岗。

(2)使用的原材料或混合料和主要施工机械设备是否与批准的一致。

(3)是否按技术标准、工程设计文件、批准的施工组织设计和方案施工。

(4)质量、安全、环保和施工标准化等措施是否落实,施工自检是否符合规定。

(5)碎石封层是否符合设计和施工要求。

(6)是否严格按照配比控制各种矿料和沥青用量及各种材料和沥青混合料的加热温度。

(7)拌和后的沥青混合料是否均匀一致。

(8)摊铺时的大气温度是否满足要求,是否有雨天施工情况,施工时路面是否潮湿等。

(9)机具组合方式、碾压步骤、遍数是否符合规定。

(10)摊铺厚度和平整度。

(11)碾压是否密实、有无轮迹、表面是否平整,接茬是否平顺稳定等。

(12)沥青摊铺时温度及碾压前后温度是否满足要求,碾压速度是否适宜。

(13)接缝连接是否紧密、平顺。

(14)粘层油规格和用量是否符合要求,层间有无污染,洒布是否均匀,连接是否牢固,后跟沥青铺筑是否及时。

4.4.3 抽检

对沥青路面沥青、碎石等原材料及沥青混凝土等混合料,抽检频率按批次应不低于规定施工检验频率的10%。对分项工程中的关键项目(压实度、厚度、矿料级配、沥青含量)和结构主要尺寸(平整度、弯沉、摩擦系数、纵断高程、宽度、坡度),抽检频率应不低于规定施工检验频率的20%。

4.4.4 验收

根据《公路工程质量检验评定标准 第一册 土建工程》(JTG F80/1—2017),每分项工程完工后成立验收组及时组织沥青面层分项工程验收。

4.5 巡视、旁站、抽检和验收计划

4.5.1 巡视

采取以巡视为主的方式进行沥青混凝土路面施工现场监理,对摊铺的面层每天巡视不少于1次,并填写巡视记录(表4-4)。

巡视计划表 表4-4

部 位	监理人员	备 注
K32+364~K32+883 下面层摊铺	张某、李某	
K22+897~K25+137 中面层摊铺	张某、李某	
K22+897~K25+137 上面层摊铺	张某、李某	

4.5.2 旁站

按照合同条款、《公路工程施工监理规范》(JTG G10—2016)附录A及监理计划相关要求开展旁站工作(表4-5)。

旁站计划表　　表4-5

部　位	监理人员	备　注
K22+897~K25+137中面层试验段	张某、李某	
K22+897~K25+137上面层试验段	张某、李某	

4.5.3 抽检(表4-6)

抽检计划表　　表4-6

部位(项目)	监理人员	备　注
原材料检测	张某、李某	
混合料检测	张某、李某	
压实度	张某、李某	
厚度	张某、李某	
矿料级配	张某、李某	
沥青含量	张某、李某	

4.5.4 验收

沥青混凝土路面分项工程施工完成后,督促施工单位提交中间交工验收申请,及时组织验收(表4-7)。

验收计划表　　表4-7

部位(项目)	监理人员	备　注
压实度	张某、李某	
平整度	张某、李某	
弯沉	张某、李某	
渗水系数	张某、李某	
摩擦系数	张某、李某	
构造深度	张某、李某	
厚度	张某、李某	
平面偏位、高程	张某、李某	
宽度、横坡	张某、李某	
矿料级配、沥青含量	张某、李某	
马歇尔稳定度	张某、李某	

第5章　锚碇监理细则

——以南沙大桥地下连续墙施工为例

5.1　工程内容和特点

5.1.1　工程内容

本工程坭洲水道桥为主跨1688m+548m双塔双跨钢箱梁悬索桥，建成后将成为世界最大跨度的钢箱梁悬索桥。坭洲水道桥的东、西岸锚碇基础均采用地下连续墙基础作为基坑开挖的支护结构。结构形式为外径90m、内径87m、墙厚1.5m的圆形地下连续墙。地下连续墙施工完成后，采用逆作法分层开挖锚碇基坑土体；分层施工内衬、分层浇筑顶、底板及填芯混凝土等锚碇基础施工。

5.1.1.1　地下连续墙

本工程东、西岸锚碇基础均采用地下连续墙基础作为基坑开挖的支护结构。地下连续墙结构形式为外径90m、内径87m、墙厚1.5m的圆形地下连续墙。东岸地下连续墙平均墙深38m，西岸地下连续墙平均墙深32.95m，且地下连续墙嵌入中风化泥岩或泥质粉砂岩深度不小于6m，地下连续墙采用C35水下混凝土。

5.1.1.2　基坑开挖及填芯混凝土

坭洲水道桥的东、西岸锚碇采用重力式锚碇基础。西锚碇基坑底高程-21m，东锚碇基坑底高程-27.8m，帽梁顶高程+1.2m，帽梁宽度3m，高度3m。

5.1.1.3　锚碇锚体及锚固系统

东锚碇锚块高36.25m、宽68.0m，西锚碇锚块高34.481m、宽68.0m，锚块总方量为67962m^3，预应力锚固系统主要由索股锚固连接构造和预应力钢束锚固构造组成，设计为无黏结可更换式。索股锚固连接构造由拉杆及其组件、连接平板及连接桶组成，预应力系统由管道、环氧钢绞线成品索及锚具、锚头防护帽等组成。在前锚面位置，拉杆一端与索股锚头上的锚板相连接，另一端被预应力钢束锚固与前锚面的连接平板相连接。

5.1.2 工程特点

5.1.2.1 预应力锚固系统施工

坭洲水道桥东、西锚碇锚固系统的预应力管道较多，且定位精度要求高，定位支架制作加工、安装难度大，预应力管道定位难度大。

5.1.2.2 锚面混凝土浇筑质量控制

锚块前、后锚面作为预应力锚固系统的锚固端面，且本工程锚固系统布置密集，因此对前、后锚面混凝土浇筑质量要求极高。在施工时，采取合理的混凝土浇筑工艺及措施，确保混凝土浇筑质量。

前、后锚面区域的锚下钢筋、锚管端部螺旋筋以及张拉槽口等布置密集，前锚面前倾导致分层浇筑时该区域为锐角形，这些因素导致前、后锚面混凝土的振捣困难，增大了该区域混凝土质量控制难度。

5.1.2.3 大体积混凝土温控及外观控制

锚体施工过程中，锚块、散索鞍支墩实心段以及锚块后浇段均为大体积混凝土，温控防裂是施工的重点控制内容。在施工前，应对可能出现的问题做好全面的分析，拟定合理的施工工艺和质量保证措施。锚碇锚体如图5-1所示。

图5-1 锚碇锚体

5.2　监理工作流程

监理工作流程见图 5-2 ~ 图 5-6）

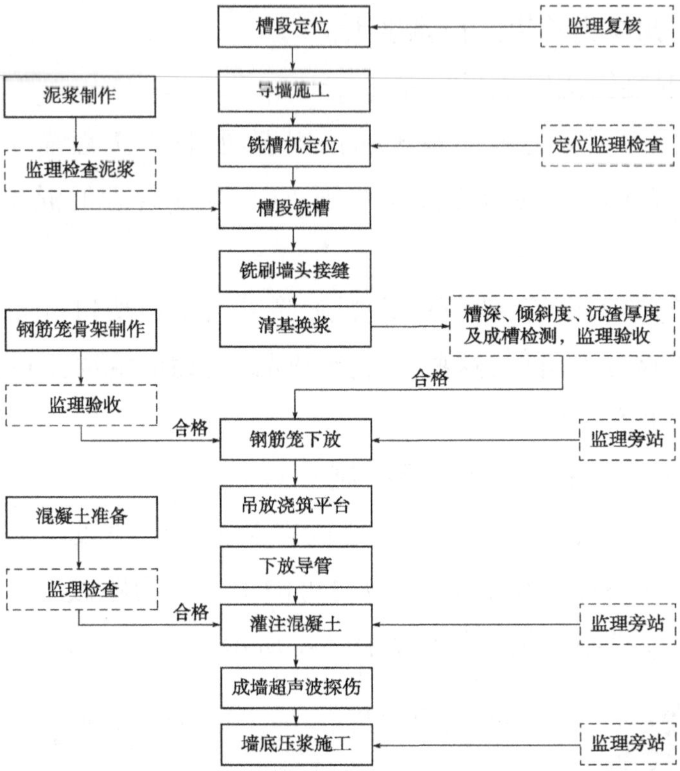

图 5-2　地下连续墙施工监理流程

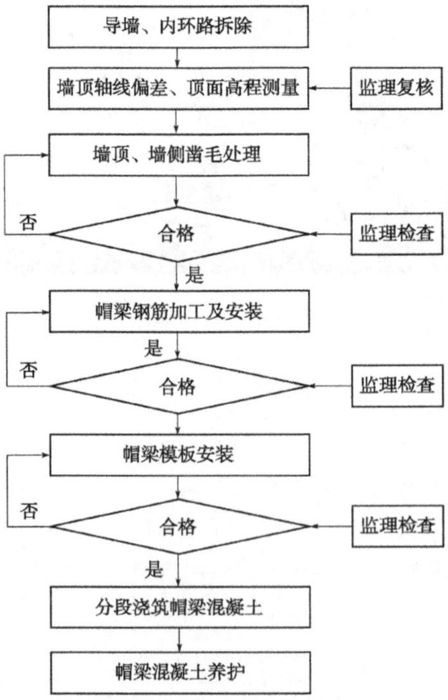

图 5-3　帽梁施工监理流程

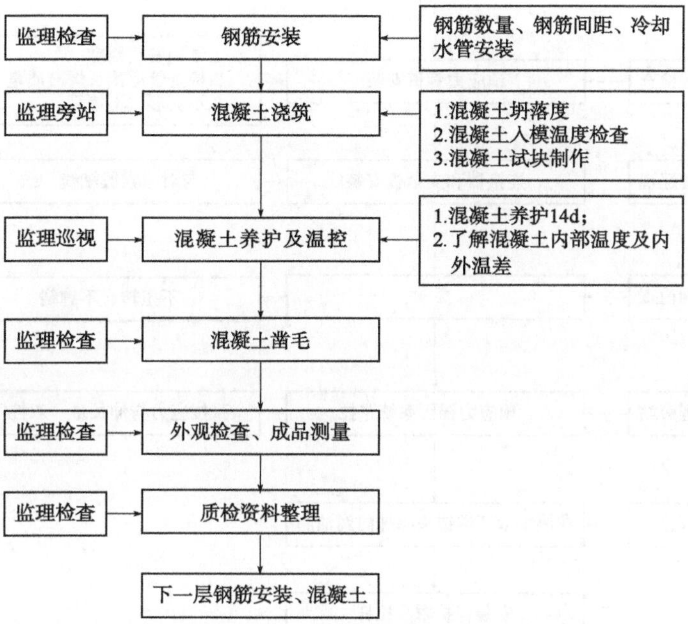

图 5-4　锚碇基础(底板、填芯、顶板)施工监理控制流程

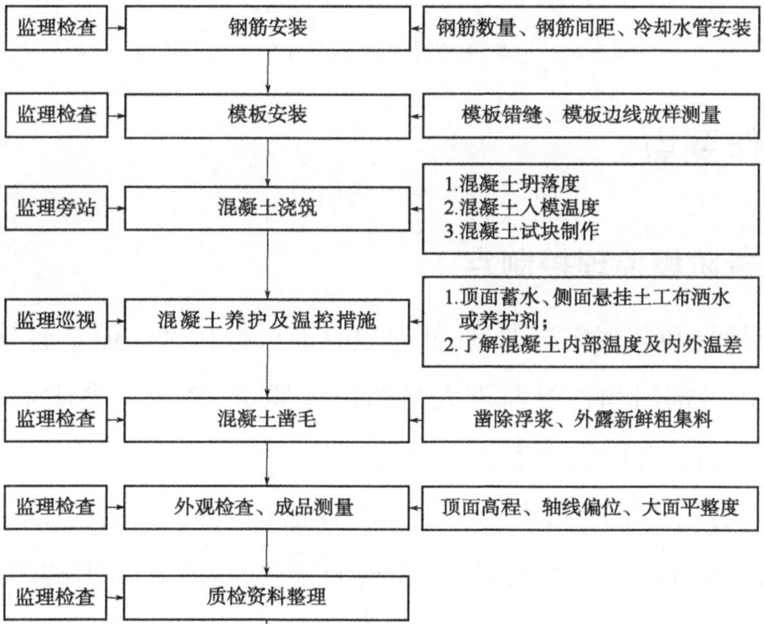

图 5-5　锚碇锚体施工监理控制流程

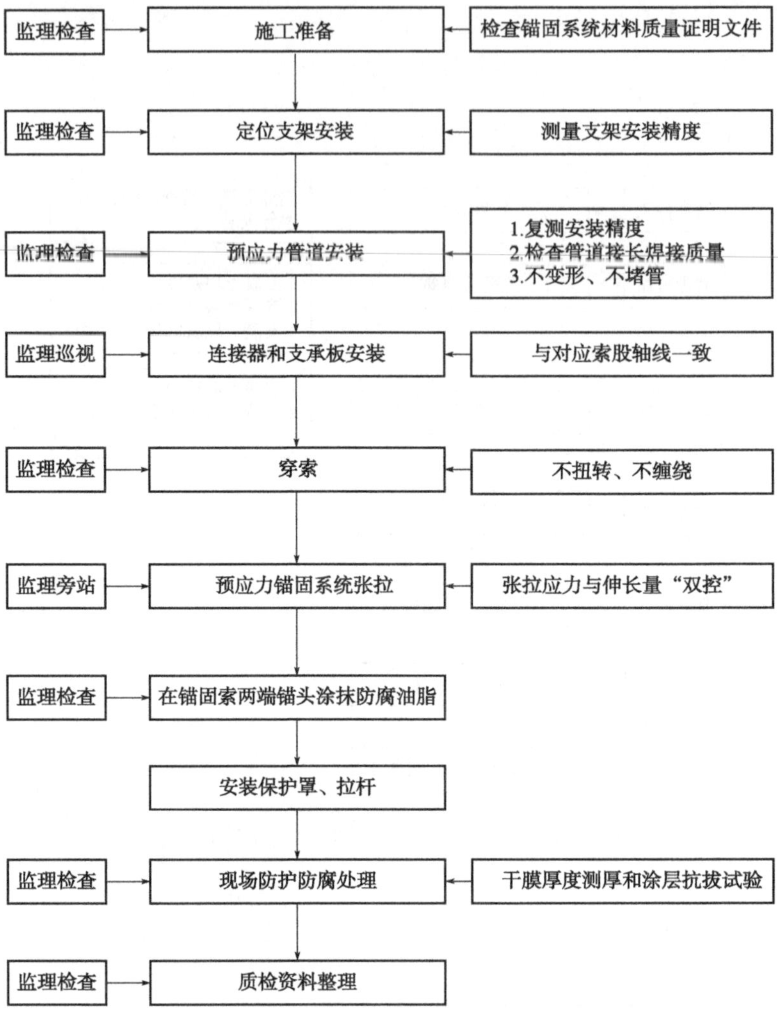

图 5-6　锚固系统安装及张拉施工监理控制流程

5.3　监理工作要点

5.3.1　施工准备阶段监理控制点

（1）编制监理计划和监理实施细则，使之更具有可操作性。制定各项规章制度和监理内部管理制度，制定各部门和各级监理人员的岗位职责，制定各类质量控制、安全环保控制、进度控制、投资控制、合同管理等表格和格式。

（2）熟悉合同文件，了解施工现场。组织全体监理人员认真熟悉施工合同文件、监理合同文件；认真阅读设计图纸，对设计图中发现的错误、遗漏和不理解的地方做好记录，待设计交底时提出；熟悉各种规范，如施工技术规范、监理规范，贯彻到各项监理工作中。组织承包人和监理人员详细了解现场和设计意图。

（3）审查承包人施工人员、主要机械设备和试验、试验测量仪器进场情况，主要审核承包人的项目经理和技术负责人(总工),主要管理人员和施工技术人员,各主要工种技术人员的资质、数量是否符合招标文件和投标书的要求;主要机械设备的型号、数量、进场时间是否与投标文件相符,是否能满足各个施工阶段的需要,试验和测量仪器是否满足施工要求。

(4)审批承包人质量保证体系,主要审核质保体系的机构是否健全,程序是否合理,人员是否符合招标文件和投标书的要求。

(5)审批承包人的安全环保体系,主要审查承包人是否按合同规定配备专职和兼职安全人员并审查有关人员资质证件,安全施工、文明施工措施是否符合国家有关法律、法规。

(6)审查承包人的开工报告,重点是审查施工方案、工艺是否先进,工程进度计划是否合理,总工期是否与合同工期吻合,主要原材料的料源、料场调查情况等。

5.3.2 地下连续墙施工监理控制点

5.3.2.1 开工准备

检查施工放样,审查导墙施工方案。

5.3.2.2 导墙检查验收

检查导墙钢筋、模板、混凝土浇筑等现场施工记录。

5.3.2.3 开工前准备

审查分项工程开工申请报告及其附件。

5.3.2.4 开槽(铣槽机就位)

必须按设计图布设Ⅰ、Ⅱ槽段,桥位与路线中线联测必须一致,水准基点高程和其他高程控制点必须正确。

5.3.2.5 铣槽、清槽、成槽

铣槽机双铣轮宽度必须正确,铣槽时孔内水头应足够,铣槽时泥浆指标要检查,泥浆循环系统必须正常,泥浆池大小必须满足施工需要;终槽时槽段底高程必须测量。清槽后槽底高程必须测量;成槽后必须应用超声波仪器进行槽宽、槽深、倾斜度等检查,成槽记录必须正确、齐全。

5.3.2.6 钢筋笼检查

钢筋规格、数量、间距应正确,钢筋笼长度、宽度必须正确,钢筋连接质量必须合格,钢筋保护层必须有措施。

5.3.2.7 钢筋笼吊装下放

钢筋笼吊装必须有安全措施,检查确认钢筋笼底高程。

5.3.2.8 灌注前检查

灌注前槽底高程必须测量,灌注混凝土前泥浆指标必须检查,灌注前槽底层沉淀厚度必须检查。

5.3.2.9 水下混凝土灌注(包括首灌)

导管接头密封质量必须检查,灌注混凝土时导管埋深必须检查,导管布置满足槽段深度、宽度要求,加料口漏斗顶面距泥浆面高度必须足够,第一次加料用大漏斗容量必须足够,混凝土灌注过程中钢筋笼位置必须正确,浇筑过程必须连续不间断,避免待料,不得出现断墙情况。灌注终了,槽内混凝土顶面比设计墙顶高30~50cm,混凝土灌注记录必须正确齐全。

5.3.2.10 成墙超声波探伤(或钻孔取芯)

墙体检测(或抽芯取样)。

5.3.3 锚碇基础(底板、填芯、顶板)监理控制点

5.3.3.1 开工前准备

分项工程开工申请报告及其附件。

5.3.3.2 大体积混凝土原材准备、抽检

审查混凝土原材料保供方案,原材必须做到先检后用。

5.3.3.3 大体积混凝土温控措施

水泥专用库储存降温,料仓通风、遮阴,拌和楼制冷系统安装、调试。

5.3.3.4 钢筋加工及安装

抽查钢筋下料长度,加工尺寸,检查钢筋安装的间距,按温控方案检查底板、顶部冷却水管的安装及通水试验满足要求。

5.3.3.5 人员组织

按照项目浇筑过程人员分工表,检查项目部各岗位人员到岗情况,检查现场振捣人员数量。

5.3.3.6 混凝土浇筑

浇筑入模温度不超过28℃,混凝土浇筑高度不超过2m,超过2m,使用溜槽、串筒等,振动器振捣混凝土停止下沉,不再冒出气泡,表面平坦、不泛浆,保证不漏振。

5.3.3.7 混凝土温控

及时了解混凝土温度测试数据、按温控方案督促落实内降外保的措施。

5.3.3.8 混凝土凿毛

凿毛需待混凝土强度为0.8MPa,可进行拉毛;强度为2.5MPa,可进行人工凿毛。严

格控制凿毛质量，应清除混凝土表面浮浆、浮渣，露出密实集料，经凿毛处理后的混凝土面应用洁净水。

5.3.3.9 养护

混凝土面洒水湿润，不少于14d。

5.3.4 锚碇基坑开挖

5.3.4.1 开工准备

导墙拆除，地下连续墙墙身及槽段接缝超声波检测报告，地下连续墙墙底帷幕注浆、声测管水泥浆封堵，审查基坑开挖、帽梁、内衬施工方案。

5.3.4.2 开工前准备

审查分项工程开工申请报告及其附件。

5.3.4.3 墙顶、墙侧凿毛

人工配合风镐凿毛，外露密实、集料均匀混凝土面。

5.3.4.4 钢筋加工及安装

抽查钢筋下料长度，抽查直螺纹丝头外观、有效丝长度，使用通规和止规抽查丝头直径偏差。

5.3.4.5 模板安装

钢模板除锈抛光、刷脱模剂，检查模板安装的平面位置、顶面高程、节点连续及纵横向稳定性。

5.3.4.6 混凝土浇筑及养护

混凝土入模温度不超过28℃。抽查混凝土坍落度，混凝土浇筑高度不超过2m；超过2m，使用溜槽、串筒等。振动器振捣混凝土停止下沉，不再冒出气泡，表面平坦、不泛浆，土工布覆盖保温保湿，养护时间至少7d。

5.3.4.7 模板拆除

混凝土初凝并达到50%设计强度后可拆除侧模，达到80%设计强度后方可开挖下层土方，以拆除底模，检查混凝土面是否有收缩裂缝、温度裂缝。

5.3.4.8 土体开挖

帽梁强度需达设计强度的90%，内衬强度需达设计强度的80%。

5.3.5 锚碇锚体及锚固系统监理控制点

5.3.5.1 开工准备

首件工程开工申请、实施、检测评定、工艺总结，审查锚体及锚固系统专项施工方案，并根据专家会评审意见及首件工程施工总结进行修改，补充完善，审核锚体及锚固系统分部分项工程开工申请报告及其附件。

5.3.5.2 大体积混凝土原材准备、抽检

审查混凝土原材料保供方案,原材必须做到先检后用。

5.3.5.3 大体积混凝土温控措施

水泥专用库储存降温,料仓通风、遮阴,拌和楼制冷系统安装、调试。

5.3.5.4 钢筋加工及安装

抽查钢筋下料长度,加工尺寸;检查钢筋直螺纹加工及现场安装质量;检查散索鞍支墩处劲性骨架的刚度、稳定性;按设计图纸要求对锚体钢筋的规格、数量、尺寸、位置进行检查验收;特别需注意各相交界面处有关钢筋预埋;检查钢筋间距、钢筋保护层垫块安装质量,同时拉模板线检查钢筋保护层厚度;检查预埋件数量、位置;依据温控方案检查锚体冷却水管的安装层数、布设位置、接头连接质量及通水试验(不漏水、不漏装)均需满足要求;同时检查温度监控元件埋设情况;检查防雷接地电阻。

5.3.5.5 模板制作及安装

依据南沙大桥管理手册要求,上报模板进场报验单,检查进场模板质量证明文件,模板厚度、制作尺寸、平整度、错缝等;依据施工方案与现场实际情况进行模板的试拼;模板安装前,检查模板是否涂刷脱模剂;安装后,检查模板对拉杆安装是否牢固、模板间是否有错台及钢筋保护层厚度;对间隙较大缝隙使用泡沫胶或水泥浆封堵,避免漏浆。

5.3.5.6 混凝土浇筑

浇筑入模温度不超过28℃;混凝土浇筑高度不超过2m;超过2m,使用溜槽、串筒等。振动器振捣混凝土停止下沉,不再冒出气泡,表面平坦、不泛浆,不过振、不漏振;混凝土分层布料,分层厚度为30~50cm。

5.3.5.7 养护与混凝土外观缺陷修补

大体积混凝土顶部采用蓄水养护,侧面悬挂土工布洒水或涂刷养护剂;及时了解混凝土温度测试数据、按温控方案督促落实内降外保的措施,确保混凝土内部最高温度不超过60℃,内外温差不超过25℃;混凝土外观缺陷,如有蜂窝、麻面、气孔等,则采用上报的方案进行修补,特别是模板对拉孔、爬锥孔,必须采用美纹纸辅助修复。

5.3.5.8 预应力锚固系统安装及张拉

定位支架设计、加工、安装、复测偏差,预应力管道放样、安装、接长接头焊接质量,检查预应力成品束、拉杆、连接器、螺母、垫圈等锚固系统材料与部件质量证明文件、库存防锈、不损伤,穿束顺利、不扭转,钢束张拉采取“双控”张拉应力与伸长量校核,锚固系统防腐处理。

5.4　监理工作方法与措施

5.4.1　监理工作方法

监理工作方法有旁站、巡视检查、抽检、验收等。

5.4.1.1　旁站

根据现行规范、监理计划，结合本项目工艺特点，规定旁站监控点，旁站监理人员对钢筋笼安放、首盘混凝土浇筑、预应力张拉等重要工序进行旁站，并做好旁站记录。

5.4.1.2　巡视检查

监理对施工的主要工程的巡视检查每天不少于1次，并填写巡视记录。巡视应包括以下内容：

(1)施工现场管理人员，特别是质量、安全管理人员是否到位，特种人员是否持证上岗。

(2)使用的原材料或混合料、构配件和主要施工机械设备是否与批准的一致。

(3)是否按技术标准、工程设计文件、批准的施工组织设计和方案施工。

(4)质量、安全、环保和施工标准化等措施是否落实，施工自检和工序交接是否符合规定。

5.4.1.3　抽检

(1)对钢筋、水泥、石灰和碎石等原材料及水泥混凝土，抽检频率按批次应不低于规定施工检验频率的20%。

(2)对分项工程中的关键项目和结构主要尺寸，抽检频率应不低于规定施工检验频率的20%。

(3)当监理工程师认为工程材料或实体质量有问题时，应进行抽检。

5.4.1.4　验收

施工过程中的验收内容包括地下连续墙、锚碇基坑开挖、锚碇基础(底板、填芯、顶板)、锚碇锚体及锚固系统等。

5.4.2　监理工作的主要措施

5.4.2.1　组织措施

明确内部职责分工，建立岗位责任制，制定监理工作制度，同时采取考核的办法，落实质量控制的责任。

5.4.2.2 技术措施

根据施工的每一阶段(施工准备阶段、施工阶段和竣工验收阶段),采取事前、事中和事后相结合的质量控制措施,并注意突出控制重点,充分运用监理独立的平行检验手段,实施对施工全过程的监理。

5.4.2.3 合同措施

审查分包、专业分包的资质,监督和防止转包、层层分包和总包单位以包代管的现象。自觉按合同办事,督促施工单位遵守合同,协调合同纠纷。

5.4.2.4 经济措施

充分运用合同管理和工程计量权,督促承包方按合同办事,严格执行工程质量的检查和验收制度,对不符合合同规定质量及安全要求的工程不予中间交工、不予计量。

监理控制的重点放在施工前准备阶段和施工阶段,做好事前监理和主动监理,把问题发现和解决在开工之前和施工过程之中。

5.5 巡视、旁站、抽检和验收计划

5.5.1 巡视计划

采取以巡视为主的方式进行锚碇施工现场监理,对施工的主要工序每天巡视不少于1次,并填写巡视记录(表5-1)。

巡视计划表 表5-1

部位	监理人员	备注
地下连续墙施工,钢筋笼制作、安放,混凝土浇筑	张某、李某	
基坑开挖量测、内衬浇筑、基坑底检测、地下连续墙监测等	张某、李某	
锚碇基础混凝土浇筑、基坑回填等	张某、李某	
锚体混凝土浇筑、预应力张拉、压浆	张某、李某	

5.5.2 旁站计划

按照合同条款、《公路工程施工监理规范》(JTG G10—2016)附录A及监理计划相关要求开展旁站工作。本工程旁站项目为钢筋笼安放、混凝土浇筑、预应力张拉、压浆等(表5-2)。

旁站计划表 表5-2

部　位	监理人员	备　注
地下连续墙钢筋笼安放、首盘混凝土灌注	张某、李某	
地下连续墙内衬混凝土首件浇筑	张某、李某	
锚碇基础(底板、填芯、顶板)首件混凝土浇筑	张某、李某	
锚体混凝土浇筑、预应力张拉、压浆	张某、李某	

5.5.3 抽检计划

对地下连续墙放样、基础结构、锚体结构复测不少于30%;对钢筋、水泥、碎石等原材料及水泥混凝土抽检频率按批次应不低于规定施工检验频率的10%;对分项工程中的关键项目和结构主要尺寸,抽检频率按批次应不低于施工检验频率的20%(表5-3)。

抽检计划表 表5-3

部　位	监理人员	备　注
钢筋、预应力材料、混凝土原材料	张某、李某	
地下连续墙、内衬基坑、基础、锚体测量放样	张某、李某	
地下连续墙钢筋笼安放、水下混凝土灌注	张某、李某	
锚碇基础(底板、填芯、顶板)混凝土浇筑、基坑回填等	张某、李某	
锚碇锚体混凝土浇筑、锚固系统预应力张拉、压浆等	张某、李某	

5.5.4 验收计划

锚碇分项工程施工完成后,督促施工单位提交中间交工验收申请,及时组织验收(表5-4)。

验收计划表 表5-4

抽检工序或部位	监理人员	备　注
地下连续墙钢筋笼制作、安放	张某、李某	
地下连续墙、内衬结构尺寸	张某、李某	
基坑开挖、基坑验槽	张某、李某	
锚碇基础(底板、填芯、顶板)结构尺寸	张某、李某	
锚体结构尺寸,锚固系统制作、安装、张拉	张某、李某	

第 6 章　桩基础(反循环)钻孔灌注桩监理细则

——以公安南互通等工程项目为例

6.1　工程内容和特点

6.1.1　工程内容

本工程路线起点桩号为 K38 +010.316,终点桩号为 K66 +256.381,全长 28.246km。全线设置互通式立交 3 处(公安南互通主线桥 1 处、闸口单喇叭互通 1 处、孟家溪枢纽互通 1 处)、匝道收费站 1 处、临时收费站 1 处、服务区 1 处、公安南互通公安连接线延长线(一级路标准,里程长约 2km)1 处。本项目桥梁桩基 1939 根。

桥梁桩径 1.2m、1.5m、1.8m、2.0m,桩长 24m 至 66m 不等,拟采用反循环回旋钻施工。钻孔灌注桩设计数量见表 6-1。

各综合队钻孔桩数量一览表　　表 6-1

综　合　队	桩径(m)	根数(根)	总长(m)	备　　注
综合一队	1.2	40	1677	
	1.5	138	5916	
	1.8	581	28882	
	小计	759	36475	
综合二队	1.8	508	21452	
	小计	508	21452	
综合三队	1.5	150	6424	
	1.8	524	30988	
	小计	674	37412	
综合四队	1.8	112	5248	
	小计	112	5248	

6.1.2　工程特点(重难点分析)

项目位于江汉平原,沿途地势较为平坦,起伏较小,属冲积平原松散岩类工程地质区,岩性主要是第四系全新统湖积、淤泥、淤泥质土、黏土、粉质黏土、粉砂、细砂、中砂、粗砂、砾砂及卵石。区内地层分布基本稳定,砂类土承载力总体较高,以中密 ~ 密实状为主;黏性土土质不均,以可塑状为主。地质条件总体一般,浅部地层地基土承载力一般,深部地层地基土承载力相对较高,以下部中密～密实状砂类土做桩基础的桩端持力层,稳定性好。

地勘资料显示,K4＋200～K6＋800段(集中在洪湖1号特大桥范围内)灰岩埋深30.5～68.0m,岩溶弱发育,施工过程中应加强该段桥梁基础现场核对和地质调查工作,必须对孔底岩层情况进行验证,确定无溶洞后方可终孔。

6.2　监理工作流程

监理工作流程见图6-1。

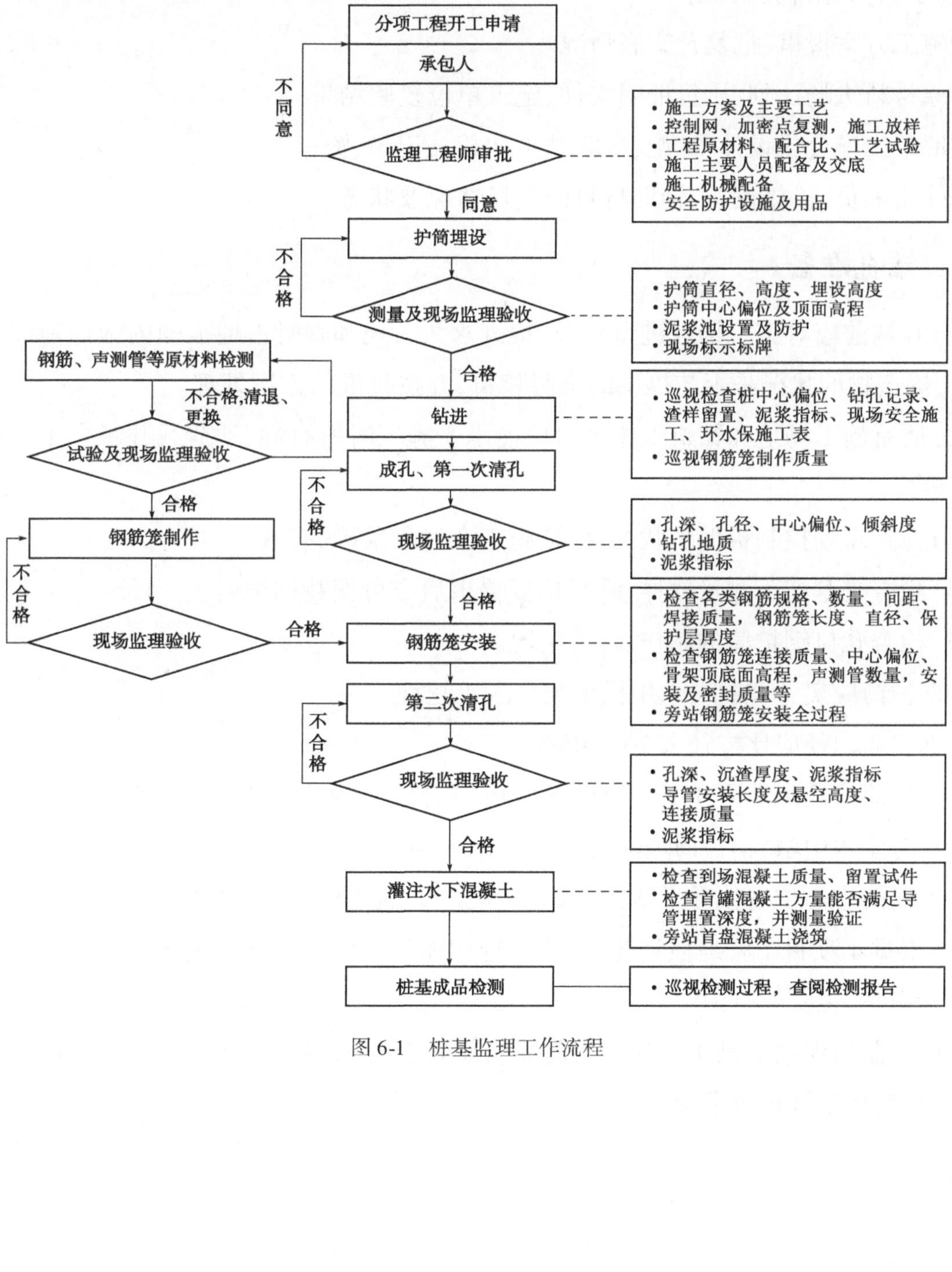

图6-1　桩基监理工作流程

6.3　监理工作要点

6.3.1　施工准备

(1)确定桩基质量控制要点:混凝土强度、桩位偏差、钻孔倾斜度、沉淀厚度、桩身完整性应符合设计和规范要求,桩径、桩长不小于设计值,确保桩的承载力满足设计要求。

(2)检查施工基础资料准备情况,包括工程地质、水文材料、设计文件、图纸、相关合同文件内容及外部环境条件,如地形、地貌、交通、供电、排水、地下管线和障碍物分布等。

(3)检查控制网、加密点复测及施工测量放样工作,确保桩位正确。

(4)检查开钻准备情况:

①施工方案报审、批复及交底情况。

②原材料进场计划、质量证明文件、施工单位复验结果。

③混凝土配合比设计、试配、检验结果和相关记录、资料。

④施工人员、机械设备、辅助材料的进场情况及状态。

6.3.2　钻孔准备

(1)开钻前应对施工场地进行检查,检查永久占地和临时占地范围内地面障碍物和地下管线、构造物的状况是否与提供的资料相符,并按批准的方案处理。

(2)所有施工场地和钻机工作平台应能承受施工时所有静、动荷载并考虑施工机械能否安全进出。

(3)检查现场控制桩保护状况,保证施工全过程准确、有效。

(4)检查桩基施工测量放样,满足精度要求后方可安装钢护筒。

(5)检查孔口钢护筒的制作、埋设情况。

①钢护筒应实、不漏水,采用机械配合人工挖埋。

②钢护筒内径应比桩径大20~40cm。

③钢护筒应高出地面30cm,埋设深度应符合施工规范要求,并应考虑地下水位变化的影响。对于水中墩,钢护筒埋深要考虑冲刷影响。

④护筒的中心位置偏差不得大于5cm,倾斜度偏差不得大于1%护筒高度。

(6)根据本项目工程地质情况,钻孔时选用泥浆护壁。监理人员事先检查造浆系统和泥浆配制质量,主要检查内容如下:

①用于制造泥浆的黏土或膨润土的质量应符合要求,数量应满足施工进度需要,检查泥浆净化、循环系统设置情况。

②泥浆指标应控制在下列范围内,比重1.03~1.1,黏度25~35Pa·s,失水量小于12mL/30min,pH值约9.5。在钻孔前、钻孔过程中均应按规定检查,如超限,责令现场及时整改。

(7)检查钻孔机械设备性能能否满足施工需要,检查钻机平台、井架等安装是否符合施工规范和操作规程的规定,确保施工安全、稳定、规范、方便。

6.3.3 钻进、成孔

(1)开钻前应核对桩位放样、施工机械状况、钢护筒埋设、混凝土生产、泥浆设备、试验检测设备及人员到位等情况,一切就绪后方可同意开钻。

(2)应经常检查进尺、钻进状况、钻渣分类及对应的高程孔深,以便准确地掌握地质情况。测孔深用的测绳或其他测量工具应有计量合格证,应经过现场同条件标定方可使用。

(3)发现钻孔实际地质状况与地质、设计资料出入较大时,应要求施工单位收集原始资料,提交总监办、建设单位、设计单位、地质勘探单位共同研究。

(4)应经常检查钻进过程中的泥浆指标,以保证钻孔的顺利进行。

(5)钻孔过程中应注意观察、记录机械设备的工作状况,发现问题及时督促解决。

(6)施工单位对整个施工过程应做翔实记录,包括规范、规程规定的全部作业内容。监理人员应检查泥浆试验记录、钻孔记录、水下混凝土灌注记录、问题或事故处理记录等资料,监督检查施工过程,并做监理记录。

(7)钻孔过程中出现塌孔、流沙、孔位偏差、卡钻、掉钻等事故时应及时处理,视情节轻重要求施工单位尽快采取防护措施、提交处理方案或立即处理,记录处理过程和处理结果。

(8)钻孔到位后要求施工单位按规范进行成孔检测,检测标准如下:

①钻孔孔径孔深必须符合设计要求。

②桩位偏差群桩允许偏差不大于10cm,排架桩允许偏差不大于5cm。

③钻孔倾斜度≤1%桩长,且≤50cm。

④孔底沉渣厚度摩擦桩不得大于10cm,端承桩不得大于5cm。

当以上4项满足要求,合格后予以签证,准许进入下道工序施工。

6.3.4 钢筋笼制作、安装

(1)检查施工单位进场钢筋、声测管、连接套筒等原材料及半成品质量证明文件、材质证明书和施工单位对原材料、钢筋连接接头试验的结果,在施工单位自检合格的基础上按10%的频率进行抽检,确保原材料及半成品检验合格。

(2)根据设计要求和验收规范、施工规范与施工合同文件的规定,检查钢筋笼的制作质量,包括钢筋规格、数量、间距、除锈、接头及整体尺寸、加劲箍、定位筋安装等项目,要求主筋与加强筋、定位筋全部焊接(表6-2)。

钻孔灌注桩钢筋安装实测项目　　表6-2

项次	检查项目(mm)	规定值或允许偏差	检查方法和频率
1	主筋间距	±10	尺量:每段测2个断面
2	箍筋间距或螺旋筋间距	±20	尺量:每段测2个间距
3	钢筋骨架外径	±10	尺量:每段测2个断面
4	钢筋骨架长度(mm)	±100	尺量:每个骨架测2处
5	钢筋骨架底端高程	±50	水准仪:测顶端高程,用骨架长度计算
6	保护层厚度	+20,-10	尺量:测钢筋骨架外侧定位块厚度

(3)检查钢筋接头质量:双面焊接搭接焊,搭接长度不小于$5d$(d为钢筋直径);单面焊接搭接焊,搭接长度不小于$10d$;采用直螺纹套筒连接时,外露螺纹不宜超过2倍螺距,且扭矩值应符合相应规范要求。

(4)检查同一根钢筋在接头长度区段内,是否满足不允许有两个焊缝;钢筋笼同一截面焊头数量不超过50%(长度$35d$且不大于500mm视为同一截面)等要求。

(5)检查声测管的安装工艺是否满足有关规范要求。声测管的连接必须可靠,声测管在钢筋笼制造安装及浇筑混凝土过程中是否采取了保护措施。

(6)钢筋笼下放之前通过检孔器对成孔质量进行检测。

(7)钢筋笼吊装时检查吊点设置、起吊方式是否符合方案要求,确保钢筋笼不受损伤且整体性良好。

(8)钢筋笼下放过程如出现下放困难或卡笼问题应及时查找原因,避免延误,造成塌孔等意外。

(9)钢筋笼下放到位后检查其高程、平面位置和固定情况,钢筋笼应牢固定位,确保灌注混凝土过程中不掉笼、不浮笼。

(10)钢筋笼下放过程中应保持必要的泥浆比重,保护桩孔。

(11)灌注水下混凝土过程中应保护钢筋笼不受外力影响而移位、损伤或与混凝土结合不良。

6.3.5　灌注水下混凝土

(1)检查灌注水下混凝土前的准备工作:

①混凝土生产、运输、灌注机械设备全部试运转良好,各部人员、工器具就位。

②拌和站应根据原材料的含水率计算混凝土需水量,确定施工配合比。

③当桩径小于1.5m时,水下混凝土的坍落度宜为180~220mm;当桩径大于或等于1.5m时,水下混凝土的坍落度宜采用160~200mm。

(2)清孔应控制以下内容:

①施工单位完成清孔并自检合格后,必须经监理检查合格后方可开始灌注。

②应根据钻孔方法采用不同的清孔方法,必要时视清孔效果可做适当调整。检查清孔后是否达到以下标准:孔内排出或抽出的泥浆手摸无2~3mm颗粒,泥浆比重1.03~1.1,黏度17~20Pa·s,含砂率<2%,胶体率不小于98%。严禁采用加深钻孔深度的方法代替清孔。

③灌注水下混凝土前检查孔底沉渣厚度应满足设计和规范要求,摩擦桩则应尽量降低泥浆浓度,保持孔壁摩擦力,减少桩身摩擦力损失。

(3)灌注水下混凝土应重点控制以下几个方面:

①灌注前应将孔底沉渣吹起后,立即开始灌注混凝土。

②混凝土灌注前应测定混凝土拌和物的坍落度;施工单位测定,监理单位见证或平行试验。

③灌注首批混凝土前导管下口至孔底的距离以30~40cm为宜,首批混凝土入孔后导管埋深不得小于1m。

④水下混凝土灌注应连续、快速进行,导管埋深应不小于2m,也不宜大于6m。

⑤灌注混凝土过程中定时测量混凝土面高度,计算导管埋深,及时拆除导管。

⑥混凝土接近钢筋笼时,宜使导管保持稍大埋深,放慢灌注速度,防止钢筋笼上浮。

⑦水下混凝土灌注面宜高出桩顶设计高程0.5~1.0m,使得凿除桩头后桩头质量满足要求。

⑧灌注混凝土过程中督促施工单位应经常检查混凝土坍落度,按规范要求现场制作混凝土试件。

⑨混凝土达到设计强度后开挖基坑,达到设计高程后凿除桩头,桩头按设计伸入系梁。

(4)伸入系梁内的桩身钢筋应按设计要求恢复其张角、箍筋,确保连接良好。

(5)测量成桩桩位和高程,确保符合设计和规范要求。

6.3.6 岩溶地区桩基

地勘资料显示,K4+200~K6+800段(集中在洪湖1号特大桥范围内)灰岩埋深30.5~68.0m,岩溶弱发育,设计文件要求对该段桥梁基础施工时必须验证岩层情况。

(1)督促做好现场核对和地质调查工作,发现地质情况与设计有较大变化时,应要求施工单位及时通知设计代表,根据实际情况修改完善设计后方可施工。

(2)严格按设计文件督促施工单位做好孔底钻探,当钻进至设计桩底高程后,在孔底钻孔5~8m深(视岩层风化程度而定)(根据两阶段施工图设计要求),确认无溶洞存在,经监理认可后方可进行终孔。

(3)施工前要求施工单位根据实际地质情况制定可行的应对意外情况的预案,配备足够的抢险机具设备和材料。

(4)建立孔底钻探台账,如实记录各桩孔底钻探情况。

6.3.7 桩基检测

根据设计和规范要求对钻孔桩进行桩身完整性检测。

6.4 监理工作方法与措施

6.4.1 监理工作方法

监理工作方法有旁站、巡视检查、抽检、验收等。

6.4.1.1 旁站

根据现行规范、监理计划,结合本项目钻孔灌注桩工艺特点,明确规定旁站监控点。旁站监理人员对试桩、钢筋笼安放和首盘混凝土浇筑等关键工序进行旁站监理,并做好旁站记录。

工作要求:

(1)检查施工单位管理人员的到位情况。

(2)检查执行施工方案以及工程建设强制标准情况。

(3)严格按照监理工作的控制要点中相应工序的质量要求进行过程检验。

(4)认真、准确地做好旁站监理记录。

(5)发现异常问题,监理人员应及时报告,经妥善处理后方可转入下道工序施工。

6.4.1.2 巡视检查

采取以巡视为主的方式进行桩基施工现场监理,对施工的主要工程每天巡视不少于1次,并填写巡视记录。

巡视应包括下列主要内容:

(1)桩基施工现场管理人员,特别是质量、安全管理人员是否到位,特种作业人员是否持证上岗。

(2)使用的原材料或混合料、构配件和主要施工机械设备是否与批准的一致。

(3)是否按技术标准、工程设计文件、批准的施工组织设计和方案施工。

(4)质量、安全、环保和施工标准化等措施是否落实,施工自检和工序交接是否符合规定。

6.4.1.3　抽检

抽检时,对重点桩位复测不少于30%;对钢筋、水泥、碎石等原材料及水泥混凝土抽检频率按批次应不低于施工检验频率的10%;对分项工程中的关键项目(保护层厚度、混凝土强度、孔深、桩身完整性)和结构主要尺寸(主筋间距、钢筋骨架长度、孔径、沉淀厚度等),抽检频率按批次应不低于施工检验频率的20%。

6.4.1.4　验收

钻孔灌注桩施工过程中的验收内容包括桩位、孔深、孔径、倾斜度、沉渣厚度、泥浆性能、钢筋笼制作质量、钢筋笼焊(连)接质量、钢筋安装质量等。

对关键工序及隐蔽工程进行摄影或录像,并形成影像资料记录。桩基隐蔽工程项目有:

(1)孔深检测、孔径检测、沉淀厚度。

(2)钢筋笼连接。

(3)破桩头。

6.4.2　监理工作的主要措施

6.4.2.1　组织措施

明确内部职责分工,建立岗位责任制,制定监理工作制度,同时采取考核的办法,落实质量控制的责任。

6.4.2.2　技术措施

根据施工的每一阶段(施工准备阶段、施工阶段和竣工验收阶段),采取事前、事中和事后相结合的质量控制措施,并注意突出控制重点,充分运用监理独立的平行检验手段,实施对施工全过程的监理。

6.4.2.3　合同措施

审查分包、专业分包的资质,监督和防止转包、层层分包与总包单位以包代管的现象。自觉按合同办事,督促施工单位遵守合同,协调合同纠纷。

6.4.2.4　经济措施

充分运用合同管理和工程计量权,督促承包方按合同办事,严格执行工程质量的检查和验收制度,对不符合合同规定质量及安全要求的工程不予中间交工、不予计量。

监理控制的重点放在施工前的准备阶段和施工阶段,做好事前监理和主动监理,把问题发现和解决在开工之前和施工过程之中。

6.5　巡视、旁站、抽检和验收计划

6.5.1　巡视

对钻孔灌注桩施工过程中的巡视检查内容包括：钻机就位过程、成孔过程、清孔过程、钢筋笼制作过程等（表6-3）。

巡视计划表　　表6-3

部　　位	监理人员	备　　注
钻孔前场地及钻进过程	张某、李某	
钢筋笼加工	张某、李某	
水下混凝土灌注	张某、李某	
现场安全防护措施落实	张某、李某	

6.5.2　旁站

按照合同条款、《公路工程施工监理规范》（JTG G10—2016）附录A及监理计划相关要求，本项目桩基旁站项目为试桩、钢筋笼安放及首盘混凝土浇筑（表6-4）。

旁站计划表　　表6-4

部　　位	监理人员	备　　注
试桩	张某、李某	
钢筋笼安放	张某、李某	
首盘混凝土浇筑	张某、李某	

6.5.3　抽检

对重点桩位复测不少于30%；对钢筋、水泥、碎石等原材料及水泥混凝土抽检频率按批次应不低于规定施工检验频率的10%；对分项工程中的关键项目和结构主要尺寸，抽检频率按批次应不低于施工检验频率的20%（表6-5）。

抽检计划表　　表6-5

部　　位	监理人员	备　　注
原材料	张某、李某	
桩位复测	张某、李某	
关键项目和结构主要尺寸	张某、李某	

6.5.4 验收

桩基分项工程施工完成后,督促施工单位提交中间交工验收申请,及时组织验收(表6-6)。

验收计划表　　表6-6

部　　位	监理人员	备　　注
成孔、清孔	张某、李某	
钢筋工程	张某、李某	
混凝土工程	张某、李某	

第7章 深水钢吊箱承台监理细则

——以九江长江公路大桥为例

7.1 工程内容和特点

7.1.1 工程内容

福银高速九江长江公路大桥在江西省区域内九江区段跨越长江，连接江西省九江市与湖北省黄梅县，是全国长江干流过江通道会议上规划确定的70座长江过江通道之一，也是国家7918高速公路网福银主线的重要组成部分。大桥全长5541m，其中主桥为70＋75＋84＋818＋233.5＋124.5＝1405m双塔混合梁斜拉桥，效果如图7-1所示。

图7-1 福银高速九江长江公路大桥效果图

北主塔（22号）采用哑铃形承台，圆形直径30m，系梁宽度14m，承台高度8m，系梁与承台同厚度，横向总宽82m，承台每个圆形布置19根桩基，系梁下布置5根桩基，共计43根ϕ2.5m钻孔灌注桩，桩长88m，呈梅花形布置，按摩擦桩设计。

为加强基础抵抗水平力的能力，桩顶伸入承台40cm。承台底面受力主筋采用6层网格钢筋，主筋为两根一束的ϕ32钢筋，网格间距纵桥向、横桥向均为20cm，最下一层主筋到承台底面46cm，两层主筋之间的间距为20cm。承台底面配置ϕ20钢筋网，网格间距15cm，到底面距离11.2cm。

承台顶面受力主筋分为通长钢筋、系梁顶面加强钢筋两部分。通长钢筋采用3层网格钢筋，横桥向网格间距为15cm，主筋为单根ϕ32钢筋；纵桥向中间14m范围内（对应系梁位置）间距为20cm主筋，为两根一束的ϕ32钢筋，其他部分间距为15cm，主筋为单根ϕ32钢筋；最顶层一层主筋到承台顶面15cm，两层主筋之间的间距20cm。系梁顶除通长钢筋外还增设了4层加强钢筋，也采用网格钢筋形式，横桥向网格间距为15cm，主筋为单根ϕ32钢筋；纵桥向间距为20cm，主筋为两根一束的ϕ32钢筋，两层主筋之间的间距20cm。北塔承台设计配备5层冷却管。在承台表面（底面除外）距离最外层钢筋中心4cm处设置一层D10@10cm焊接钢筋网抗裂。

7.1.2 承台工程施工特点和难点

北主塔基础采用先桩基后吊箱围堰及承台施工方案。

7.1.2.1 钢吊箱

(1)钢吊箱是桥梁深水承台施工最关键的临时围水大临结构，以确保14000m^3混凝土承台施工过程中始终处于“干”的施工状态。钢吊箱混凝土封底的成功与否直接关系到承台混凝土的施工质量和工程进度。钢吊箱混凝土封底失败而出现严重涌水、漏水的质量事故在国内外桥梁深水施工中时有发生，可谓屡见不鲜，对桥梁工程建设造成较大或巨大的经济损失，同时严重影响工程进度。

(2)超大规模哑铃型钢吊箱（84.9m×32.9m×17.5m）规模宏大，结构及受力复杂，采用异地工厂制造、工厂整体拼装、气囊下水、拖轮整体浮运、3台大型起重浮吊船整体吊装、仓壁注水下沉、精调位就位的施工技术，总起吊重量近2000t。北索塔深水基础施工在施工技术方面难度非常大，极具挑战性，需解决很多施工设计和施工工艺上存在的技术难题。

(3)吊箱底板水下混凝土封底数量（混凝土封底高3m）共计达4427m^3。因钢吊箱结构受力和构造上的要求，底板上设置的4道横向加劲桁架，188根斜竖向拉压杆，43根2.8m钢护筒及钢护筒周围堆码的封堵材料势必对水下混凝土的流动产生障碍，导致混凝土离析，对封底混凝土质量产生直接影响。

(4)主塔43根桩基先期施工近10个月，长期在浑浊江水的作用下，河床面以上钢护筒外附着一层污垢及微生物，影响封底混凝土与桩基钢护筒的良好结合，可能导致严重涌水或漏水。

钢吊箱设计平面布置及施工结构如图7-2、图7-3所示。

7.1.2.2 超大体积混凝土承台

由于混凝土在硬化过程中产生大量的热量，使混凝土浇筑后产生较高的水化热温升，形成不均匀非稳定温度场，产生非均匀的温度变形。大体积混凝土承台温度变形在下部钢吊箱围堰封底混凝土、桩基和自身的约束之下将产生较大的温度应力，温度应力往往超过混凝土的抗拉强度，导致混凝土开裂而影响承台使用的耐久性。超大体积混凝土承台应采取主动温控措施，优化混凝土配合比，降低水泥水化热绝热温升和内外温差，减少分块和分层浇筑龄期，以避免混凝土产生温度裂纹和收缩裂纹。

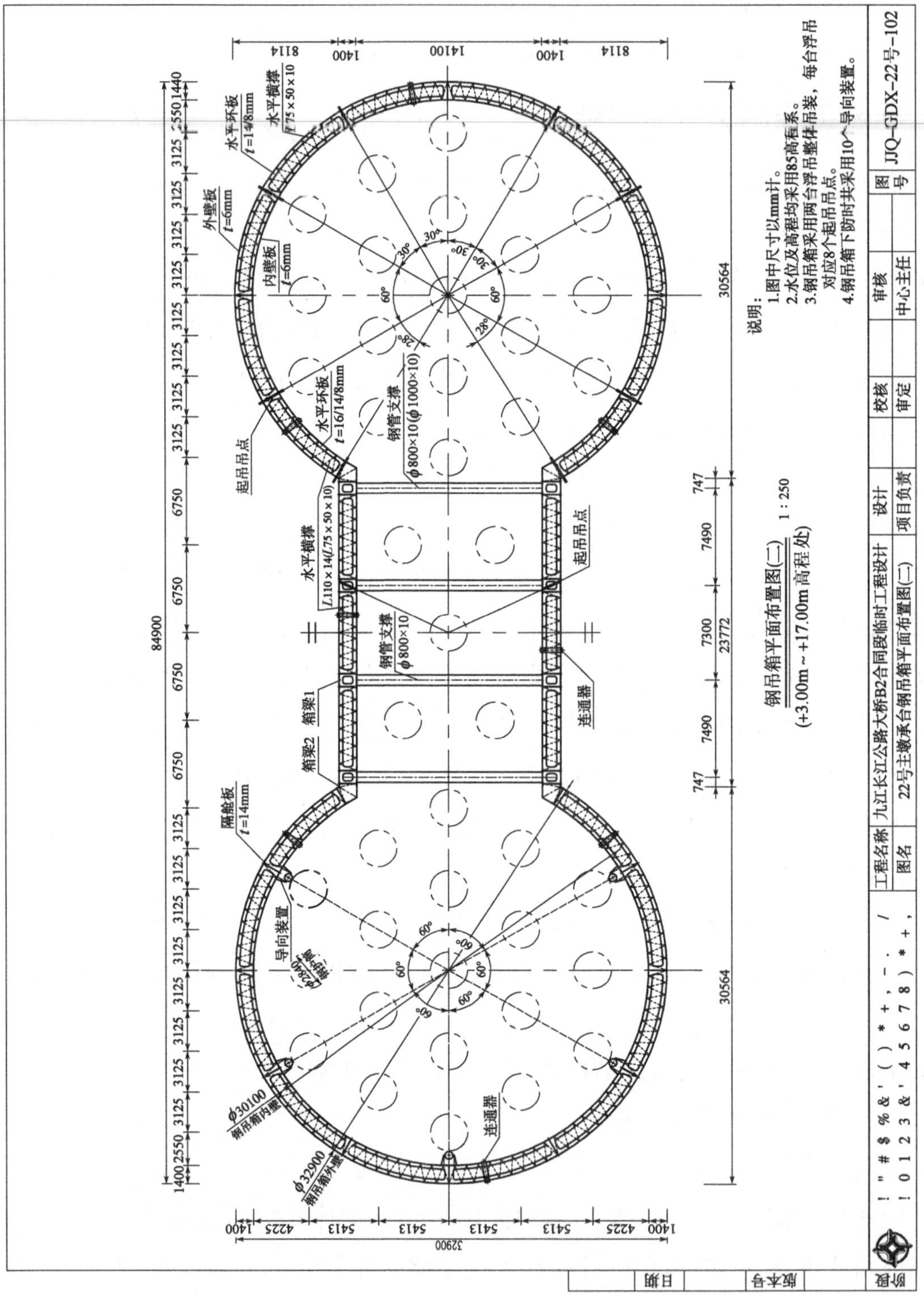

图7-2 钢吊箱设计平面布置

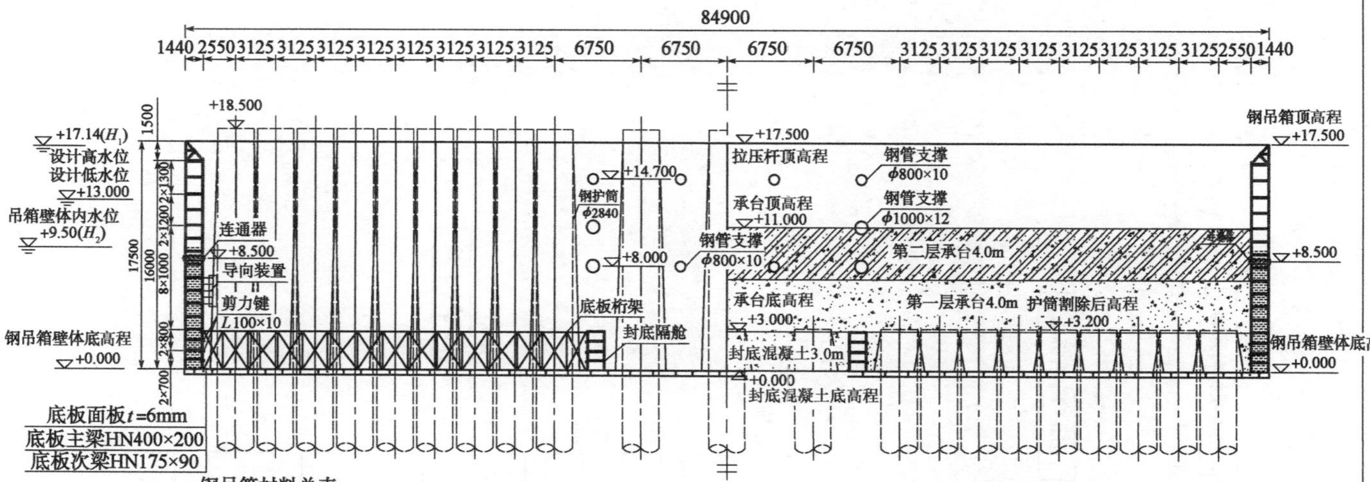

底板面板t=6mm
底板主梁HN400×200
底板次梁HN175×90

钢吊箱下沉到位时

钢吊箱内干施工时

钢吊箱立面图1：250

钢吊箱材料总表

序号	名称	质量(kg)	备注
1	钢吊箱双壁结构	1192411	
2	封底隔舱	19894	
3	钢吊箱底板结构	262074	
4	钢管支撑	39915	
5	连通器	1136	
6	导向装置	8020	
7	拉压杆	160402	
8	起吊吊耳	16432	
9	底板桁架	39046	
10	底板桁架端加强结构	5144	
11	拖拉吊耳	2814	
12	顶推架	8571	
	起吊重量	1755859kg	
13	钢吊箱单壁结构	24162	
14	钢吊箱入水底板垫板	185990	t=12mm
15	封底混凝土(C25)	4427m³	
合计	钢材：1966011 kg 混凝土：4427 m³		

说明：

1.图中尺寸以mm计，高程以m计。

2.水位及高程均采用85高程系。

3. 钢吊箱抽水及浇筑承台期间，施工期与夹壁内水位之差$\Delta H=H_1-H_2$应控制在6.5m≤ΔH≤7.64m；且当施工期水位≥16.0m时，ΔH应取大值。

阶段	版本号	日期								
工程名称	九江长江公路大桥B2合同段临时工程设计	设计		校核		审核		图号	JJQ-GDX-22号-103
图名	22号主墩承台钢吊箱立面图	项目负责		审定		中心主任			

图7-3　钢吊箱施工结构

7.2　监理工作流程

监理工程流程见图 7-4 和图 7-5。

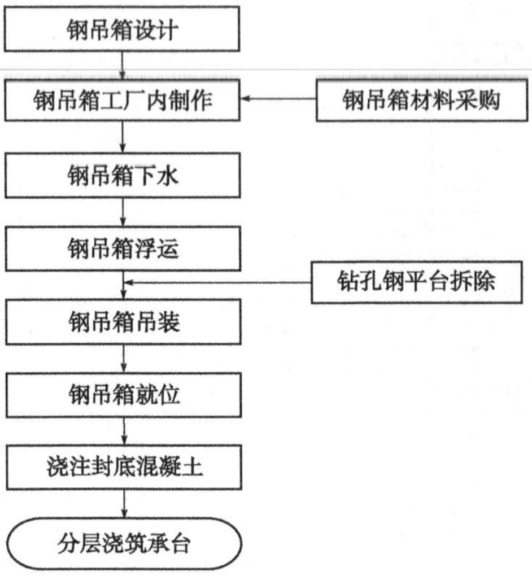

图 7-4　承台施工工艺流程

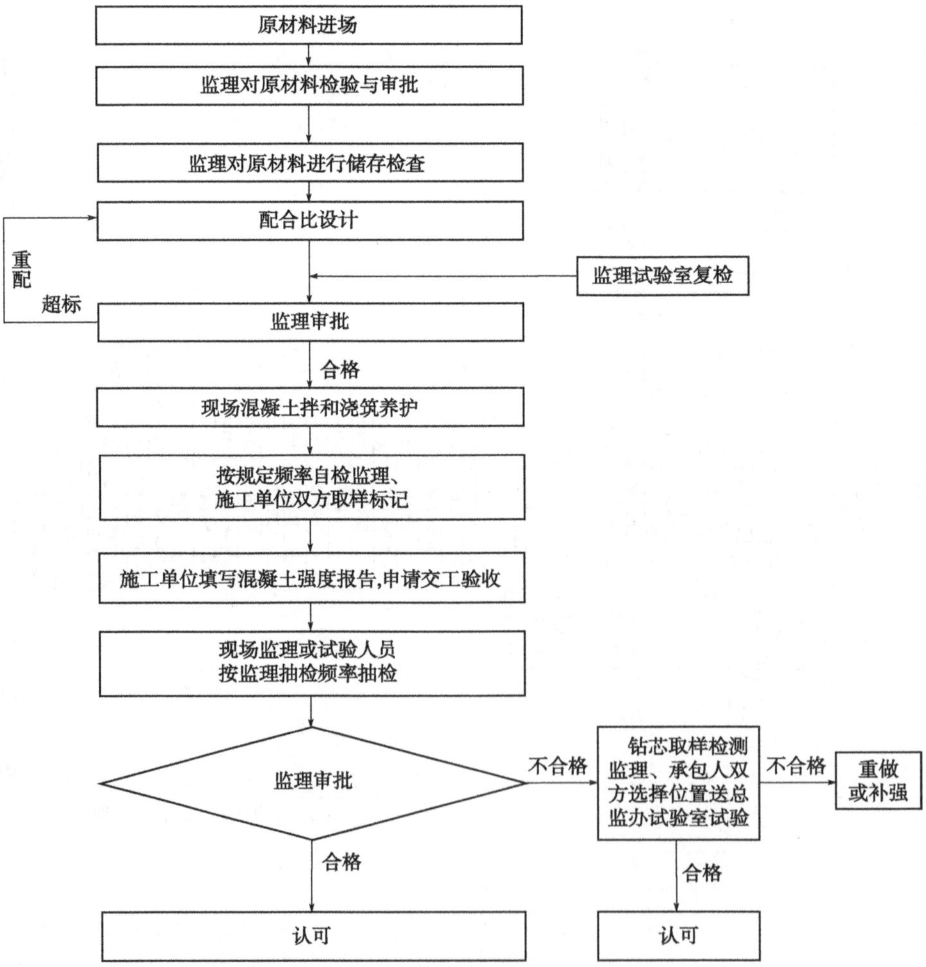

图 7-5　混凝土工程监理程序

7.3　监理工作要点

7.3.1　施工准备阶段

7.3.1.1　钢吊箱围堰工厂制造和现场施工

(1)审批钢吊箱结构设计图纸及设计计算书。

(2)审批钢吊箱制造工艺方案及焊工资质证书。

(3)检查验收钢吊箱材质型号及质量证明书。

(4)督促制造单位对原材料进行力学性能检验。

(5)审批钢吊箱气囊下水、浮运专项方案及计算书。

(6)审批钢吊箱吊装及就位专项方案及计算书。

7.3.1.2　钢吊箱围堰水下混凝土封底

(1)审批钢吊箱封底混凝土专项方案。

(2)审批封底混凝土配合比(重点控制混凝土工作性能指标:混凝土扩展度、坍落度损失等参数)。

7.3.1.3　承台超大体积混凝土分层、分块浇筑

(1)审批承台大体积混凝土施工专项施工方案和温控方案及温控计算书。

(2)审批混凝土配合比。

在大体积混凝土中,水泥用量直接影响混凝土中产生水化热的多少和混凝土温升,因此选用合适的混凝土配合比非常重要。根据本项目承台施工情况,承台混凝土将采用泵送施工,混凝土配合比应满足设计强度、泵送工艺、低水化热、缓凝时间长等要求。在施工单位混凝土配合比设计管控方面,为满足以上要求,监理主要从以下几个方面考虑:

①在保证强度和耐久性的同时尽量降低单位用水量,以减少水泥单位用量。单位水泥用量与大体积混凝土的温升有着直接关系,降低单位水泥用量是最有效的温控措施。根据混凝土热功试验和经验,水泥单位用量中每降低10kg水泥,一般可降低混凝土1℃左右绝热温升。

②选择对大体积混凝土温控有利的缓凝高效减水剂,能有效地延缓水泥水化热的释放,降低水化热温升峰值,使水化热释放平缓,以避免大体积混凝土中心温度急剧上升导致内外温差增大。

③混凝土采用双掺技术:

粉煤灰可使混凝土水化热在一定程度上延缓释放,对大体积混凝土的温控相当有利;粉煤灰还可增加混凝土的后期强度,使混凝土在水泥用量相对较少的情况下强度得到保

证;掺粉煤灰还可较大限度地改善混凝土的工作性能。

④改善混凝土的体积稳定性,提高混凝土自身的抗裂能力。提高混凝土内粗集料含量可有效地改善混凝土的抗裂能力,在满足强度和混凝土工作性能的前提下尽可能降低砂率,使混凝土有足够的粗集料。

(3)大体积混凝土温控标准。

①混凝土的内、表温差应小于25℃。

②大体积混凝土入仓温度应小于 $T+4$℃(T 为浇筑期旬平均气温),且需低于温控计算所限制的极端最高混凝土入模温度(原则上混凝土入模温度不超过28℃)。

③大体积混凝土内的最高温度应小于55℃,温度下降速率小于1.5℃/d,最大水化热绝热温升宜小于30℃。

(4)温控技术措施。

①通水降温。根据温控设计方案,督促施工单位在大体积内安装冷却水管和温度监控元件。混凝土浇筑前监理人员对冷却水管布置层数、间距和试通水进行检查验收,冷却水管水平间距、层距一般为80~100cm;根据采集的温控数据,适时进行通水降温。

②降低混凝土入仓温度(不宜高于28℃),控制大体积混凝土内最高温度。九江地处亚热带季风气候区,年平均气温16~17℃,年降雨量1300~1600mm,极端最高气温41.4℃,极端最低气温-15.6℃。基于桥址处环境气温情况,将协助建设单位根据季节变化情况,合理安排各分部工程开工和完工时间,督促施工单位根据总体工期安排,合理地优化各项资源,在保证总体工程进度的前提下,使承台超大体积混凝土施工(温控)安排在比较适宜的季节进行。

(5)合理控制承台分层浇筑龄期,层间浇筑龄期宜控制在10d以内,以避免龄期差过大,层间混凝土收缩不同而导致混凝土裂纹。

(6)混凝土必须采取适宜的保温养护措施。对于北主塔承台,督促施工单位采取覆盖保温材料的蓄水保温养护。

7.3.2　施工阶段

7.3.2.1　钢吊箱围堰工厂制造

(1)钢吊箱结构几何尺寸和焊缝的外观质量检查验收。

(2)督促制造单位对焊缝质量进行100%频率无损探伤检测。

(3)对钢吊箱内、外壁板全部焊缝进行水密渗透性(用柴油)试验。

(4)根据主塔墩桩基钢护筒现场实测偏位坐标情况,钢吊箱下水之前,检查钢吊箱工厂制作底板开孔位置、开孔形状、开孔大小及现场封堵钢板安装情况。

(5)下水之前,督查施工单位对吊箱封底混凝土高度范围内内壁板进行除锈,以保证与封底混凝土良好结合。

7.3.2.2　钢吊箱气囊下水、浮运

(1)下水之前,检查气囊型号及充气后的状况。

(2)检查滑道是否有障碍物、气囊后锚座及后锚钢丝绳质量、连接情况。

(3)钢吊箱下水后全面检查吊箱仓壁是否存在漏水情况及量测吃水深度。

(4)检查拖轮与钢吊箱绑带钢丝绳连接情况。

(5)钢吊箱浮运之前检查主塔墩钻孔桩钢平台拆除状况,是否影响钢吊箱吊装就位。

7.3.2.3　钢吊箱吊装就位

(1)检查吊具、吊耳焊缝及销轴、钢丝绳等质量状况。

(2)检查2台800t和1台500t浮式起重机站位及抛锚定位状况(采用3台浮吊抬吊)。

(3)3台浮式起重机抬吊钢吊箱离水面20~50cm后停止30min,进行静载试验,检查各浮式起重机锚缆及吊具、吊耳和钢丝绳有无异常状况。

(4)确认浮式起重机吊装正常后,继续钢吊箱起吊提高、移位、下放(使钢吊箱底板开孔顺利穿过主塔群桩钢护筒)、下放入水(入水之前、安装钢护筒与吊箱底板缝隙封堵钢板)、初定位检查。

(5)钢吊箱壁仓对称注水下沉到设计高程、精调位、吊箱顶安装反压牛腿及安装群桩外圈钢护筒与吊箱内壁临时锁定装置。

(6)检查验收钢吊箱平面位置、高程等空间姿态参数。

(7)安装钢吊箱承受封底混凝土重量型钢拉压杆及检查验收。

7.3.2.4　钢吊箱水下混凝土封底

(1)潜水员检查验收吊箱底板与桩基钢护筒缝隙封堵情况。

(2)对封底混凝土高度范围内桩基钢护筒外壁异物(如铁锈、水泥附着物、附着微生物等)进行处理,以保障与封底混凝土良好结合。

(3)封底混凝土平台搭设检查验收。

(4)中心集料斗和溜槽安装及水下混凝土灌注导管布置的检查验收。

(5)检查拌和站混凝土各项原材料储备情况。

(6)封底混凝土测点布置检查。

(7)采用分仓对称浇筑封底混凝土方法,首先对称同步浇筑吊箱两端哑铃形仓室,等混凝土强度达到80%后,再浇注中间系梁仓室封底混凝土。封底过程中全面检查封底混凝土高程并绘制高程纵、横面图,根据横面图调整灌注顺序。

(8)封底混凝土灌注过程中,检查拉压杆及吊箱围堰是否存在异常情况。

(9)封底混凝土结束后全面检查验收封底混凝土顶高程情况,对个别高程较低的地方,重新下导管进行补料调整(相当于施工缝连接)。控制原则:宁低勿高,但不宜低于20cm 。

7.3.2.5　承台大体积混凝土浇筑

(1)封底混凝土达到设计强度后,围堰内抽水。抽水过程中检查内支撑有无变形情况。

(2)围堰内抽干水后,如存在局部渗水情况,督促施工单位开凿引水沟,沟上覆盖盖板,将水引入套箱壁内用水泵抽出。

(3)清除封底混凝土顶杂物,测量封底混凝土高程,施工混凝土找平层,保证承台底高程误差满足设计或规范要求。

(4)割除拉压杆和护筒,破桩头,桩头高程和桩头混凝土检查验收。

(5)桩头钢筋的整形检查验收。

(6)承台钢筋、主塔预埋塔柱钢筋、钢筋机械连接、冷却水管的数量、间距等检查验收。

(7)冷却水管的通水检查验收,确认是否漏水。

(8)北主塔承台为哑铃形结构,高 8m,混凝土 14000m^3,承台水平分 2 层,竖向分 2 块分别浇注。承台混凝土灌注全过程旁站。控制混凝土入模温度,检查混凝土灌注时的分层、振捣情况是否满足施工规范要求。

(9)根据施工时实际气温情况,督促施工单位采取蓄水养护或洒水养护或覆盖保温材料的保水养护。

(10)检查验收混凝土承台分层和分块浇筑施工缝凿毛情况。

(11)承台验收。

质量检验标准:

平面尺寸:±30mm;轴线偏位:15mm;

顶面高程:±20mm;混凝土强度(MPa):满足设计要求。

7.4　监理工作方法与措施

7.4.1　监理工作方法

监理工作方法有旁站、巡视检查、抽检、验收等。

7.4.1.1　旁站

(1)钢吊箱气囊下水及浮式起重机吊装钢吊箱。

(2)封底混凝土浇筑。

(3)承台混凝土浇筑。

7.4.1.2 巡视检查

(1)钢吊箱工厂制作各道工序。

(2)现场各类施工设备的运行状态。

(3)钢吊箱气囊下水、浮运。

(4)浮式起重机吊装钢吊箱、注水下沉、定位。

(5)钢吊箱水下封底混凝土施工。

(6)钢吊箱抽水过程结构状况。

(7)承台钢筋和塔柱预埋钢筋加工及现场安装。

(8)混凝土浇筑。

(9)温控措施落实及混凝土养护。

7.4.1.3 抽检

(1)钢吊箱焊缝外观质量按规范100%频率检查。

(2)钢吊箱平面定位及承台高程按规范100%频率测量。

(3)钢筋、水泥、粗细集料等原材料按不低于规范20%的频率试验检测。

(4)钢筋接头质量按不低于规范20%的频率检测。

(5)混凝土强度按不低于规范20%的频率抽检。

7.4.1.4 验收

各部分验收内容详见表7-1。

钢吊箱承台施工验收内容　　表7-1

内容			方法	措施
钢筋安装	受力钢筋间距(mm)		尺量:每构件检查2个断面	
	箍筋、横向水平钢筋、螺旋筋间距(mm)		尺量:每构件检查5~10个间距	
	钢筋骨架尺寸(mm)		尺量:按骨架总数的30%检查	
	弯起钢筋位置(mm)		尺量:每骨架抽查30%	
	保护层厚度(mm)		尺量:每构件沿着模板周边检查8处	
钢吊箱制作拼装	顶面中心位置(mm)	顺桥向	全站仪或经纬仪:测围堰两轴线交点,纵横各检查2点	
		横桥向		
	围堰平面尺寸(mm)		尺量:每节检查4处	
	高度(mm)		尺量:每节检查2处	
	节间错台(mm)		尺量:每节检查4处	
	焊缝质量		超声:无损检测各50%	
	焊缝水密试验		焊缝水密试验100%	

续上表

内　容		方　法	措　施
封底混凝土	混凝土强度(MPa)	按《公路工程质量检验评定标准》(JTG F8011—2017)附录D检查	
	顶面高程(mm)	测绳和水准仪:检查5～9处	
		水准仪:检查5处	
承台	混凝土强度(MPa)	按《公路工程质量检验评定标准》(JTG F8011—2017)附录D检查	
	尺寸(mm)	尺量:长、宽、高检查各2点	
	顶面高程(mm)	水准仪:检查5处	
	轴线偏位(mm)	全站仪或经纬仪:纵横各测量2点	

7.4.2　监理工作的主要措施

7.4.2.1　组织措施

明确内部职责分工,建立岗位责任制,制定监理工作制度,同时采取考核的办法,落实质量控制的责任。

7.4.2.2　技术措施

根据分部工程施工的每一阶段(施工准备阶段、施工阶段和竣工验收阶段),采取事前、事中和事后相结合的质量控制措施,并注意突出控制重点,充分运用监理独立的平行检验手段,实施对施工全过程的监理。

7.4.2.3　经济措施

充分运用合同管理和工程计量权,督促施工单位按合同办事,严格执行工程质量的检查和验收制度,对不符合合同规定质量及安全要求的工程不予中间交工、不予计量。

7.4.2.4　合同措施

审查分包、专业分包的资质,监督和防止转包、层层分包和总包单位以包代管的现象。自觉按合同办事,督促施工单位、作业队遵守合同,协调合同纠纷。

7.5　巡视、旁站、抽检和验收计划

7.5.1　巡视

采取以巡视为主的方式进行钢吊箱围堰承台施工现场监理,对施工的主要工程每天巡视不少于1次,并填写巡视记录(表7-2)。

巡视计划表

表7-2

部　位	监理人员	备　注
钢吊箱工厂制造	张某、李某	驻厂监理
现场各类制造设备的运行状态	张某、李某	驻厂监理
钢吊箱气囊下水、浮运	张某、李某	驻厂监理
浮吊吊装钢吊箱、注水下沉、定位	张某、李某	现场监理
钢吊箱水下混凝土封底	张某、李某	现场监理
承台和塔柱预埋钢筋加工及现场安装	张某、李某	现场监理
承台混凝土浇筑及养护	张某、李某	现场监理

7.5.2 旁站

按照合同条款、《公路工程施工监理规范》(JTG G10—2016)附录A及监理计划相关要求开展旁站工作(表7-3)。

旁站计划表

表7-3

部　位	监理人员	备　注
钢吊箱气囊下水	张某、李某	驻厂监理
浮吊吊装钢吊箱就位	张某、李某	现场监理
钢吊箱水下封底混凝土浇筑	张某、李某	现场监理
承台混凝土浇筑	张某、李某	现场监理

7.5.3 抽检

对钢吊箱焊缝外观质量、钢吊箱平面定位及承台高程测量抽检频率100%;对原材料检测及钢筋接头质量检测抽检频率应不低于规范的20%(表7-4)。

抽检计划表

表7-4

部　位	监理人员	备　注
钢吊箱焊缝外观质量	张某、李某	驻厂监理
钢吊箱平面定位及承台高程测量	张某、李某	测量监理
原材料检测	张某、李某	试验监理
钢筋接头检测	张某、李某	试验监理

7.5.4 验收

钢吊箱承台分项工程施工完成后,督促施工单位提交中间交工验收申请,监理及时组织验收(表7-5)。

验收计划表　　　　表7-5

部　位	监理人员	备　注
钢吊箱加工制造	张某、李某	驻厂监理
钢吊箱精确定位	张某、李某	现场监理(包括测量监理)
钢吊箱水下封底混凝土浇筑	张某、李某	现场监理
抽水后封底混凝土高程	张某、李某	测量监理
承台钢筋及塔柱预埋钢筋安装	张某、李某	现场监理
承台混凝土几何尺寸及高程	张某、李某	现场监理(包括测量监理)

第 8 章　索塔塔身施工监理细则

——以石首长江公路大桥项目为例

8.1　工程内容和特点

8.1.1　工程内容

石首长江公路大桥主桥为双塔单侧混合梁斜拉桥，桥跨布置为(75 + 75 + 75)m + 820m + (300 + 100)m；混凝土主梁和钢主梁均采用分离式双边箱的 PK 梁断面；索塔采用收腿的倒 Y 形造型，整体式承台，群桩基础，全桥采用半漂浮结构体系（图 8-1）。

索塔包括上塔柱、中塔柱、下塔柱和下横梁，总高 234m（北岸 232m）；其中上塔柱（含塔冠）高 73.5m，中塔柱（含中、上塔柱过渡段）高 125m，下塔柱（含下横梁）高 35.5m（北岸 33.5m）。索塔在桥面以上高度约为 198.2m，高跨比为 0.242。下、中塔柱为普通钢筋混凝土结构，上塔柱、上中塔柱结合段、横梁为预应力混凝土结构，锚固形式为钢锚梁。下横梁设在主梁下方，顶部高程 63.000m，采用箱形断面，为预应力混凝土结构。塔柱设置钢锚梁、牛腿 23 套，钢锚梁最大吊装重量 30.3t。

8.1.2　工程特点

施工精度要求高，高塔施工线形控制、索塔混凝土耐久性、混凝土的泵送、钢锚箱的加工与安装精度以及下横梁施工质量等几个方面是索塔施工的关键问题。针对塔高、风大、质量要求高、工期紧的特点，石首长江公路大桥索塔施工需解决以下关键技术和施工难点。

8.1.2.1　索塔施工设备布置

塔柱高度为 234.0m，倒 Y 形索塔塔柱施工和上塔柱钢锚箱安装，需要克服高空作业、大风等不利因素影响，克服超高混凝土输送可能出现的各种问题。因此，索塔施工时大型起重设备及混凝土泵送设备的选型和布置方式尤为关键。

8.1.2.2　索塔施工测量监控

塔柱的施工精度要求高，施工测量控制难度大。索塔施工测量监控的重点和难点有以下几个：索塔线形的监控包括高程、平面位置测控；钢锚箱安装的精确定位测控；索塔结构应力和变形监控技术，包括多种工况以及日照温差、风荷载等因素影响下的索塔各部位的应力状态和变形情况。因此,索塔施工过程中应综合应用多种测量手段,使用高效的施工监控工艺,同时加强施工监测,以确保满足索塔施工精度要求,如图 8-1 所示。

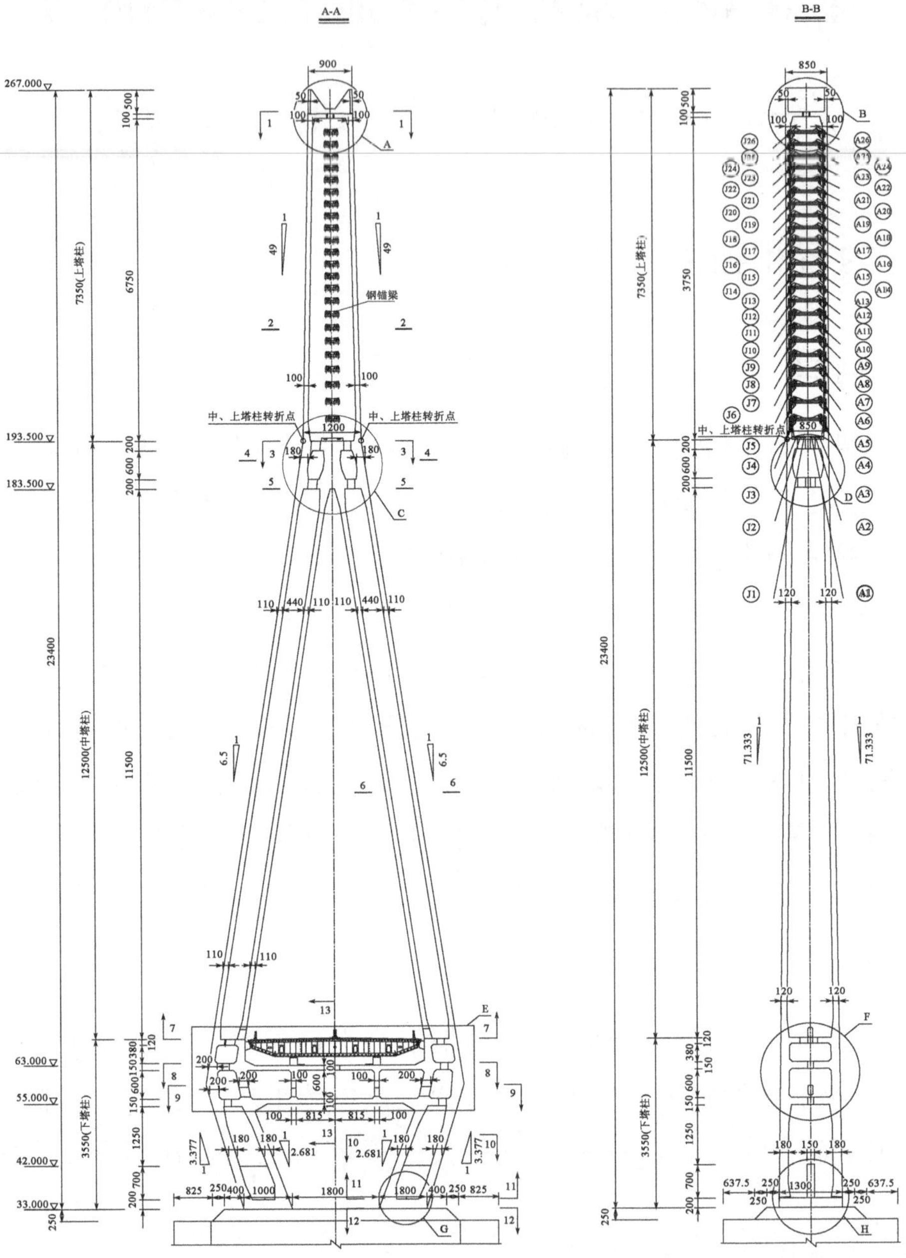

图 8-1 索塔施工测量监控

8.1.2.3 钢锚箱施工

钢锚箱的加工精度、安装精度要求高,特别是首节钢锚箱安装定位非常困难,是整个索塔钢锚箱施工的关键所在。

8.1.2.4 索塔高性能混凝土施工

索塔 C50 混凝土的耐久性、混凝土的泵送施工要求高,高强度等级、高性能混凝土的配合比设计难度大,因此,保证超高程混凝土的泵送要求、满足混凝土的外观质量要求、确定混凝土的浇筑工艺是确保索塔混凝土施工质量的关键。

8.1.2.5 下横梁施工

下横梁采用钢管支架法分段施工,支架安装高度高、承重大,要求施工质量高。支架的承载能力及稳定性是整个横梁施工的关键所在。

8.1.2.6 上塔柱锚固区预应力施工

斜拉索索力大,锚固点集中,从而使塔柱的索、梁锚固区应力集中。锚固区域预应力的施工质量关系到锚固区域是否具有足够的水平向承载能力和抗裂安全度,这是塔身施工质量的关键。

8.1.2.7 施工组织难度大

由于塔高、风大、工期紧,质量要求高,索塔施工组织安排难度大。

8.2 监理工作流程

监理工程流程见图8-2。

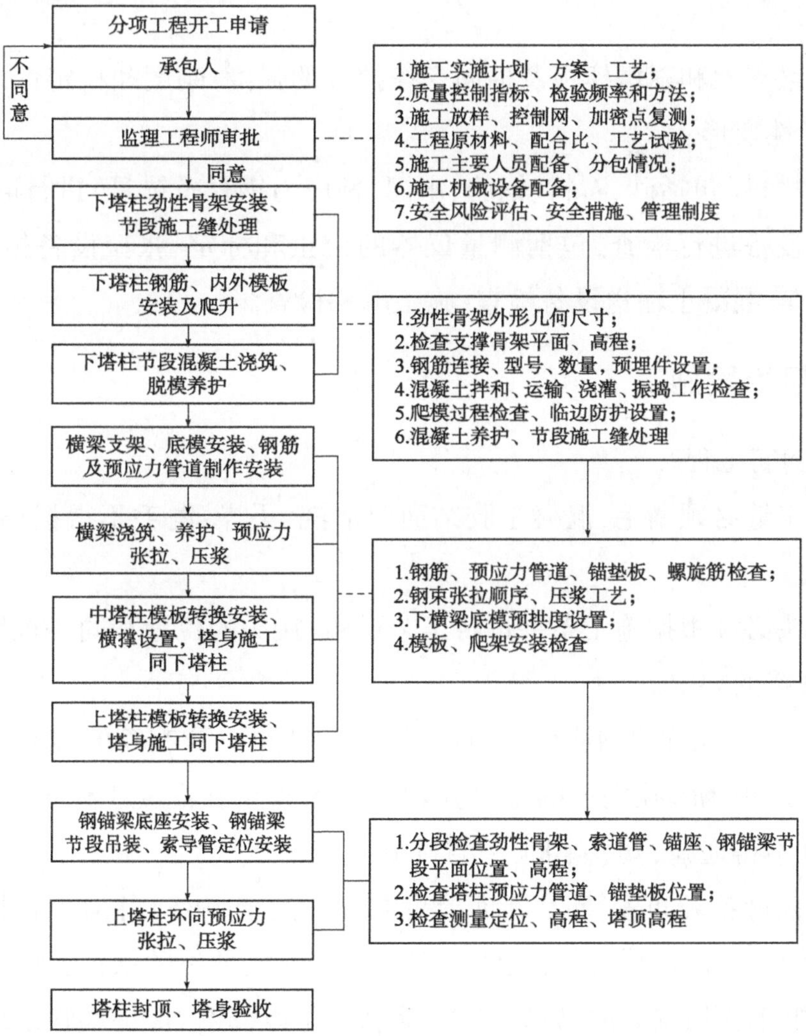

图8-2 索塔监理工作流程

8.3　监理工作要点

8.3.1　施工准备

(1)确定索塔施工质量控制要点:塔身平面位置、结构尺寸及倾斜度,劲性骨架的位置及拼接,钢筋的规格、数量、位置及连接,斜拉索锚索管的定位与固定,预应力管道位置及张拉控制,爬模与塔连接的强度。

(2)检查控制网、加密点复测及施工测量放样工作。审查施工测量方案,建立完善的测量系统,在索塔施工中认真做好测量监控工作。

(3)审查索塔施工组织设计,包括临时设施的复核验算,施工方法和工艺应保证适用、安全且能满足设计和验收要求,安全措施周密可靠,完善质保体系。

(4)审查索塔混凝土配合比,混凝土性能良好,具有较高的弹性模量和较小的混凝土收缩、徐变性能。

(5)审查横梁支架和索塔模板及横向支撑拉杆的强度、刚度和稳定性。横梁支架应设预留拱度抵消弹性变形。

(6)对各种材料(包括砂、石料、钢筋、水泥、预应力钢材及锚具)进行取样试验。

(7)对施工设备进行检查,包括测量仪器的校正和标定、张拉设备标定、爬模进场验收、起重设备检查、混凝土输送设备检查、施工电梯检查。

8.3.2　塔身起始段施工

8.3.2.1　钢筋工程

(1)塔柱施工缝必须凿毛,混凝土胶结面要清洗、干燥;凿毛不得损伤预埋钢筋,否则必须加强。

(2)钢筋接头必须根据施工条件进行工艺试验,接头的位置和同一根钢筋的接头数量均应符合有关规范的规定。

(3)安装钢筋时,配置的钢筋级别、直径根数和间距以及钢筋的混凝土保护层厚度均应符合设计要求。现场绑扎钢筋的金属扎丝丝头不得留在混凝土保护层内,以免形成锈蚀通道。预埋件不得遗漏,安装牢固、位置准确。

(4)钢筋接头应错开布置,同一断面接头数量不大于50%,并避免将接头设置于最大应力处;钢筋直螺纹套筒连接之前,应清除钢筋端部连接部位的铁锈、砂浆等附着物,钢筋端部应平直,影响钢套筒安装的马蹄、飞边、毛刺应予以修磨;保护块强度应高于结构混凝土强度一个等级,与钢筋的连接应稳固;接地钢筋定位准确,避免钢筋加工中对接地钢筋造成损伤。

8.3.2.2 模板工程

(1)模板表面应平整光滑,无明显错台,竖向和横向接缝基本一致。

(2)模板的制作安装应满足结构尺寸和相互位置的正确,并具有足够的强度、刚度和稳定性。当验算模板及支架在自重和风荷载等作用下的抗倾倒稳定时,验算抗倾覆稳定系数不得小于1.3。

(3)塔柱液压爬模拼装及施工检查控制标准。

①锚锥定位应采用适当工艺措施,保证其平面定位误差小于10mm。

②拼装的容许偏差应满足如下精度控制要求:

a. 爬升装置安装垂直度:±2mm;

b. 上爬架和下吊架安装垂直度:±5mm;

c. 两爬升装置、上爬架和下吊架间距:±5mm;

d. 支座中心线对定位轴线的偏移:±3mm。

模板、支架制作及安装质量标准见表8-1、表8-2。

模板、支架制作质量标准 表8-1

项目			允许偏差(mm)
木模板制作	模板的长度和宽度		±5
	不刨光模板相邻两板表面高低差		3
	刨光模板相邻两板表面高低差		1
	平板模板表面最大的局面不平	刨光模板	3
		不刨光模板	5
	拼合板中木板间的缝隙宽度		2
	支架尺寸		±5
	榫槽嵌接紧密度		2
钢模板制作	外形尺寸	长和宽	+0,-1
		肋高	±5
	面板端偏斜		0.5
	连接配件(螺栓、卡子等)的孔眼位置	孔中心与板面的间距	±0.3
		板端中心与板端的间距	-0,-0.5
		沿板长、宽方向的孔	±0.6
	板面局部不平		1
	板面和板侧挠度		±1

注:板面局部不平用2m靠尺、塞尺检测。

模板、支架安装质量标准　　表 8-2

项目		允许偏差(mm)
模板高程	柱、梁	±10
模板尺寸	上部构件的所有构件	+5，-0
轴线偏位	柱	8
	梁	10
装配式构件支承面的高程		+2，-5
模板相邻两板表面高低差		2
模板表面平整		5
预埋件中心线位置		3
预留孔洞中心线位置		10
预留孔洞截面内部尺寸		+10，-0
支架	纵轴的平面位置	跨度的 1/1000 或 30

8.3.2.3　混凝土工程

(1)用于混凝土的原材料应符合设计要求,监理应进行原材料进场的验证试验及各项工程开工前的标准试验,监理工程师的抽样频率应达到承包人自检频率的 10%。

(2)混凝土浇筑前的准备。

①混凝土浇筑前,承包人应分别填写《水泥混凝土浇筑申请单》和《结构物水泥混凝土配料通知单》,经试验工程师检查签字批准。

②检查混凝土的自动称量系统,确保计量准确,如有误差,及时进行调整。

③检查浇筑混凝土用的砂、石、水泥、淡水等备料量是否满足混凝土浇筑量的需要。

④检查各种浇筑用机械设备性能是否正常。

(3)混凝土的浇筑过程控制。

①试验监理应旁站混凝土整个生产过程,检查的主要内容有:混凝土配合比设计通知单和配料单是否正确,混凝土原料是否与批准的一致、质量是否合格,后台计量称料是否准确,拌和时间是否充分,混凝土熟料是否均匀、无离析。

②混凝土出料后,试验监理应监督承包人对混凝土坍落度、混凝土稠度和温度进行测试,同时完成混凝土试件取样等试验检测工作。检测的坍落度应与配合比试验得出的坍落度比较,如超出规定的偏差范围,监理工程师指令承包人查明原因,调整某些材料用量,并将不符合要求的混凝土报废。如经数次调整,坍落度仍不稳定,则要求暂停生产,从计量控制和设备方面查找原因并整改,使生产处在可控状态。

③混凝土分层浇筑厚度应小于 30cm;对于分次浇筑的混凝土,要按施工缝处理,其结合面处应凿毛,用淡水冲洗,并对裸露钢筋的根部喷涂阻锈剂,若锈蚀较严重,还需进行除

锈处理。

④在混凝土浇筑前后及浇筑过程中，要安排专人对模板变位变形进行观测，发现问题，及时处理。

(4)实心段混凝土温控措施。

下塔柱起始段为实心混凝土，依据规范为大体积混凝土施工，应采取温控措施。施工前应进行温控设计和温控监测设计，并应在浇筑后按该设计要求对混凝土内部和表面的温度实施监测与控制。对大体积混凝土进行温度控制时，应使其内部最高温度不大于75℃、内表温差不大于25℃。温度控制宜按照“内降外保”的原则，对混凝土内部采取设置冷却水管通循环水冷却，对混凝土外部采取覆盖蓄热或蓄水保温等措施进行。在混凝土内部通水降温时，进出口水的温差宜小于或等于10℃，且水温与内部混凝土的温差宜不大于20℃，降温速率宜不大于2℃/d；利用冷却水管中排出的降温用水在混凝土顶面蓄水保湿养护时，养护温度与混凝土表面温度的差值应不大于15℃。

8.3.3　索塔节段施工

8.3.3.1　钢筋工程

1)内容同8.3.2.1。

2)劲性骨架安装

(1)劲性骨架安装前，必须先对塔柱节段顶面的施工缝进行凿毛处理，并清除混凝土碎渣。

(2)劲性骨架作为支撑钢筋骨架、固定索道管锚座和模板的辅助施工构造，其构造尺寸、组装精度及焊接质量应符合设计图纸要求，保证劲性骨架应有的刚度与强度。

(3)劲性骨架节段单元桁片的加工应在专门的台座上进行，相邻两节骨架的联结点必须同槽适匹加工，保证节点的连接精度。

(4)上塔柱的劲性骨架上标志着索道管的位置，其安装位置应符合索道管的安装质量要求。

(5)完成每节劲性骨架安装，承包人自检合格后，向现场监理申报劲性骨架中间检验单，结构专业监理工程师必须检查劲性骨架的外形尺寸和焊接质量，必须达到设计要求。

3)钢筋骨架及预应力管道的安装

(1)钢筋骨架包括主筋及构造筋、预应力管道及锚具、索道管及锚座和其他工程预埋件与施工预埋件等。

(2)工程预埋件包括塔内电梯、预留门洞、预留通风孔、照明灯座、航空障碍灯座、避雷针等安装用预埋件。

(3)施工预埋件包括爬模预埋件、塔式起重机、塔外电梯锚固钢板、混凝土泵送管、水管、塔柱临时支撑、塔内临时爬梯、横梁施工支架和塔柱脚手架等附着预埋件。

(4)附着于塔身外表面的施工预埋件,宜采用带高强螺杆的锥形螺栓,可避免模板任意开孔,完工后便于拆除模板,栓孔容易修补,且修补面积最小,可避免用气焊切割螺栓或钢板,保证塔身外观质量。

(5)上塔柱斜拉索道管及锚座的安装位置和斜角要准确,经承包人与测量监理同时反复校正后,与劲性骨架联结牢固。

(6)钢筋骨架各部件的材料规格、数量、外形尺寸、间距和位置,应符合设计图纸要求,其偏差要求在规范容许范围之内;预应力管道线形的相对坐标,应用钢筋定位架来实现。

(7)锈蚀或破损的预应力管道不准使用,管道间的接头和管道与锚具的联结必须牢固密封。

(8)钢筋骨架各部件绑扎、焊接要牢固,特别是锚具、锚垫板和联结钢板等结构预埋件,定位要准确牢固,锚垫板与管道必须垂直正交。

(9)钢筋骨架与模板之间要设有足够数量的砂浆垫块,间距宜为1.5~2.0m交错布设,保证钢筋保护层厚度。

8.3.3.2 模板工程

内容同8.3.2.2。

8.3.3.3 混凝土工程

内容同8.3.2.3。下塔柱与中塔柱连接段为实心段大体积混凝土,其温控措施同8.3.2.3。

8.3.4 索塔横梁施工

横梁采用异步施工,即横梁滞后于塔柱,在爬模依次经过横梁高度到达横梁上方后再立模施工横梁,需要认真制订工艺技术方案并严格执行,但需处理好模板错台、钢筋的连接,特别是预应力管道的定位以及混凝土外观质量。异步施工时塔柱与横梁之间浇筑混凝土的时间间隔应不超过30d。

索塔横梁支架应当预压消除非弹性变形,需通过恒载和预应力以及温度场计算设置横梁立模预拱度。

8.3.4.1 钢筋工程

内容同8.3.2.1。

8.3.4.2 模板工程

内容同8.3.2.2。

8.3.4.3 混凝土工程

内容同8.3.2.3。

8.3.4.4 预应力工程

下横梁与两根下塔柱及承台构成了倒梯形刚架，下横梁施工前后，发生了从静定到3次超静定的结构体系转换；也正因为下塔柱短、刚度大，超静定内力就大，下横梁浇筑后下塔柱强烈约束横梁混凝土的横桥向收缩变形，极易导致养护中出现贯通性收缩裂缝，应在第一层混凝土达到龄期和弹性模量后尽快张拉第一批下横梁钢束。

(1)预应力钢材、锚夹具及连接器和管道等材料及半成品，均应按合同文件、设计和规范要求的验收检验频率进行相应的力学性能和使用性能项目的检测，性能指标应达到相关技术标准的规定。所有材料及半成品均须有质量检验证书和产品出厂合格证。

(2)进场的预应力材料及半成品，必须离地30cm堆放在高处或存入仓库，并采取有效的防雨措施，不得浸水、沾泥和淋雨，锈蚀、污染、损伤的材料及半成品不得用于工程。

(3)预应力钢材下料切断，必须采用切断机或砂轮机切割，不得采用气割或电弧切割。

(4)张拉千斤顶、油泵及压力表，应通过定期的系统校验，一般使用半年或200次后应重新校验；压力表精度不低于1.5级，校验周期为2个月。使用设备应附有效的定期校验证书。

(5)索塔下横梁及上塔柱的混凝土强度达到设计强度的90%后方可施加预应力，下横梁的预应力束采取两端张拉。

(6)预应力束张拉锚固后的实际伸长量与理论伸长量的差值应控制在6%以内；钢绞线与锚夹具的回缩变形应不大于6mm，否则应查明原因或通过试验，采取措施调整合格后，方可继续施工。每束预应力钢绞线允许滑丝或断丝一根，否则应换束重新张拉。

(7)在预应力张拉前，承包人应事先向专业监理工程师上报《预应力张拉控制计算书》，监理工程师复核计算合格并现场检查预应力施工条件具备后，方可实施张拉作业；张拉作业时监理必须在现场进行全过程旁站；同时填写《施加预应力(后张法)记录表》，旁站监理现场在该记录表上签认。

(8)预应力筋张拉锚固后应在48h内压浆，采用专用压浆料进行压浆。对于分层的孔道应按先下层后上层的顺序进行压浆。孔道压浆宜采用信息化数据处理系统对相关参数进行采集，并记录压浆材料、配合比、压浆日期、搅拌时间、出机初始流动度、浆液温度、环境温度、压浆量、稳压压力及时间。

8.3.5　钢锚梁与索导管施工

8.3.5.1　钢锚梁及钢牛腿制造

(1)钢锚梁、钢牛腿在厂内制造重点为:零件放样、下料及加工尺寸精度的控制,组装外形尺寸的精度及焊接变形的控制,拉索中心线与设计成桥线形一致性,组装焊接质量。

(2)钢锚梁、钢牛腿在工厂各自组焊成形并进行试拼装,安装工装用临时加固匹配构件。检验整体几何尺寸、塔壁板面平整度、对接偏差和栓孔重合率等,检验合格后完成各部分的防腐涂装。

(3)钢锚梁、钢牛腿在工厂进行整体组装,钢锚梁边跨侧端与钢牛腿连接的高强螺栓在工厂中需施加预紧力,形成固结状态,钢锚梁主跨侧端与钢牛腿用高强螺栓临时固结,确保高强螺栓螺母端按最终索塔安装状态是朝向下方,再组装工装用临时加固匹配构件,形成整体结构后方可出厂。

(4)钢锚梁有先装法和后装法。先装法在相应混凝土牛腿施工前吊装到位,一定程度上会影响施工进度;后装法将钢锚梁分为两部分,吊装到位后用高强螺栓连接,增加了高空作业工作量。施工中,应按照审批的施工组织方案严格实施,并应重点做好施工测量工作。

8.3.5.2　钢锚梁吊装

(1)本桥钢锚梁为双联结构,有4个锚孔中心要同时精确定位,4个牛腿承压板必与之密贴。当钢锚梁加工完毕后,先将4个牛腿预制密贴,并临时连接后再将牛腿与预埋板焊接好。钢锚梁和钢牛腿在工厂内进行组装,在现场将钢锚梁、钢牛腿整体吊装,须采取有效措施保证钢锚梁、钢牛腿的就位精度。若起重能力限制,可分节吊装,在征得设计同意的前提下,吊装单位可根据起吊需要,在钢牛腿上设计临时固结吊架。

(2)高强度螺栓施拧前,应按生产厂提供的批号,并按每批不少于8套分批测定高强度螺栓连接副的扭矩系数。该批扭矩系数平均值应在0.110~0.150范围内,其标准偏差应小于或等于0.010。高强螺栓的扭矩系数随温度上升而减小。高强螺栓施工时应考虑环境温度对扭矩系数的影响,应使扭矩系数的测试环境温度与施拧温度接近,施拧扭矩应以实测扭矩系数制定。

(3)钢锚梁安装测量必须在日落后4h、日出前2h进行,如用转点法在白天进行测量放样,必须在前天夜里转点三维坐标进行标定。

(4)钢锚梁与钢牛腿整体安装精度按照表8-3的标准执行。

钢锚梁与钢牛腿整体安装精度　　表 8-3

项　目		允许偏差(mm)
钢锚梁	梁轴线在横桥向的位置偏差	±5
	横桥向锚固点位置偏差	±5
	顺桥向锚固点位置偏差	±5
	锚固点高程偏差	±2
钢牛腿	上承板上表面四角高差	1
	上下相邻预埋钢板错边量	≤0.5

8.3.5.3　钢锚梁、索导管定位测量

1)首节钢锚梁的定位

第一节钢锚梁的安装精度直接影响整个钢锚梁的几何线形,设计要求该节段钢锚梁倾斜度偏差 <1/4000,轴线的平面位置偏差 <5mm。为了达到设计要求的精度,平面定位与高程定位分两步进行:高程定位在首节钢锚梁吊放前利用钢框架进行控制,平面定位在首节钢锚梁吊放后微小移动至设计位置。待钢锚梁底座混凝土达到设计强度后,在钢锚梁底座高程面上采用全站仪进行放样。放样出钢锚梁的纵横轴线及 4 个角点位置,形成轴线控制网,作为首节的安装平面基准。

2)其余钢锚梁的定位

在安装上层钢锚梁前,首先对已安装好的下层钢锚梁上的角点、轴线的平面位置及高程进行精确测量。以确定是否对待安装的钢锚梁进行平面及高程微调。微调采用在两节钢锚梁之间加入楔形钢垫的方法进行。

3)拉索管道定位

为了防止混凝土堵塞拉索管道,定位前需将管道两端用薄钢板临时封口。只要保证斜拉索管道“上口中心点”(锚固中心点)与“下口中心点”同时达到各自设计平面坐标与高程,则管道安装正确完成。首先将斜拉索管道用导链滑车吊装在劲性骨架上并临时固定。然后采用全站仪测量管道上、下口的平面坐标,同时用水准仪测量此两点的高程,然后利用千斤顶、导链滑车等微动设备进行调整。采用逐渐趋近法移动斜拉索管道,最终使管道上、下口的平面位置及高程同时达到设计的坐标及高程,最后将其焊接在劲性骨架上。

8.4　监理工作方法和措施

8.4.1　监理工作方法

监理工作方法有旁站、巡视检查、抽检、验收等。

8.4.1.1 旁站

根据现行规范、监理计划，结合本项目工艺特点，规定旁站监控点，旁站监理人员对混凝土浇筑、预应力张拉压浆等重要工序进行旁站，并做好旁站记录。

8.4.1.2 巡视检查

监理应对施工的主要工程每天巡视检查不少于1次，并填写巡视记录。巡视应包括以下内容：

(1)质量管理、安全管理人员是否按规定到岗。

(2)特种作业人员是否持证上岗。

(3)现场使用的原材料或混合料、外购产品、施工机械设备及采用的施工方法与工艺是否与批准的一致。

(4)质量、安全及环保措施是否实施到位。

(5)是否按规定进行了施工自检和工序交接。

8.4.1.3 抽检

应按规定重点对施工过程中使用的钢材、预应力材料、水泥、粉煤灰、砂、碎石等主要原材料及各种混合料进行抽检以及必要的附加试验。抽检频率应不低于承包人自检频率的20%，其余材料应不低于10%；对已完成工程实体质量(钢筋安装尺寸、保护层厚度、混凝土强度、外轮廓尺寸、倾斜度、壁厚、孔道位置等)的抽检频率应不低于承包人自检频率的20%。

8.4.1.4 验收

验收内容包括钢筋加工及安装、混凝土工程、预应力工程、钢锚梁安装等。

8.4.2 监理工作措施

8.4.2.1 组织措施

总监办明确内部职责分工，建立岗位责任制，制定监理工作制度，同时采取考核的办法，落实质量控制的责任。

8.4.2.2 技术措施

根据施工的每一阶段(施工准备阶段、施工阶段和竣工验收阶段)，采取事前、事中和事后相结合的质量控制措施，并注意突出控制重点，充分运用监理独立的平行检验手段，实施对施工全过程的监理。

8.4.2.3 经济措施

充分运用合同管理和工程计量权，督促承包方按合同办事，严格执行工程质量的检查和验收制度，对不符合合同规定质量及安全要求的工程不予中间交工、不予计量。

8.4.2.4 合同措施

审查分包、专业分包的资质，监督和防止转包、层层分包和总包单位以包代管的现象。自觉按合同办事，督促施工单位、综合队遵守合同，协调合同纠纷。

监理控制的重点放在施工前的准备阶段和施工阶段，做好事前监理和主动监理，把问题发现和解决在开工之前和施工过程之中。

8.5 巡视、旁站、抽检和验收计划

8.5.1 巡视

对塔身施工过程中的巡视检查内容包括：钢筋和劲性骨架安装、爬模安装与爬升、混凝土浇筑、支架搭设、预应力施工、钢锚梁安装、索导管安装等(表8-4)。

巡视计划表　　表8-4

部　位	监理人员	备　注
钢筋和劲性骨架安装	张某、李某	
爬模安装爬升	张某、李某	
混凝土浇筑	张某、李某	
预应力施工	张某、李某	
钢锚梁安装	张某、李某	
索导管安装	张某、李某	
支架搭设	张某、李某	
现场安全防护措施落实	张某、李某	

8.5.2 旁站

按照合同条款、《公路工程施工监理规范》(JTG G10—2016)附录A及监理计划相关要求，本项目塔身施工旁站项目为塔身节段混凝土浇筑、预应力筋加工及张拉、首次压浆等(表8-5)。

旁站计划表　　表8-5

部　位	监理人员	备　注
塔身节段混凝土浇筑	张某、李某	
预应力筋加工及张拉	张某、李某	
首次压浆	张某、李某	

8.5.3 抽检

抽检时，对塔身节段放样复测不少于20%；对钢筋、水泥、碎石等原材料及水泥混凝土

抽检频率按批次应不低于规定施工检验频率的10%；对分项工程中的关键项目和结构主要尺寸，抽检频率按批次应不低于施工检验频率的20%（表8-6）。

抽检计划表　　表8-6

部　位	监理人员	备　注
原材料	张某、李某	
塔身节段放样复测	张某、李某	
塔身结构主要尺寸	张某、李某	
预应力工程	张某、李某	
钢锚梁、索导管安装	张某、李某	

8.5.4 验收

塔身分项工程施工完成后，督促施工单位提交中间交工验收申请，及时组织验收（表8-7）。

验收计划表　　表8-7

部　位	监理人员	备　注
钢筋工程	张某、李某	
混凝土工程	张某、李某	
塔身主要结构尺寸	张某、李某	
预应力工程	张某、李某	
钢锚梁安装	张某、李某	
索导管安装	张某、李某	

第9章　斜拉索制造与安装监理细则

——以秭归长江大桥为例

9.1　工程内容和特点

9.1.1　工程内容

秭归长江大桥主桥为组合混合梁双塔双索面斜拉桥，桥跨布置为48m+48m+78m+470m+78m+48m+48m=818m。索塔采用倒Y形桥塔，桥面以上塔高118.726m；塔柱为钢筋混凝土构件，3～17号索锚固区设钢锚梁。梁面为钢混组合梁，钢主梁标准索距13.5m，混凝土主梁标准索距8m（图9-1、图9-2）。

图9-1　桥型布置示意图

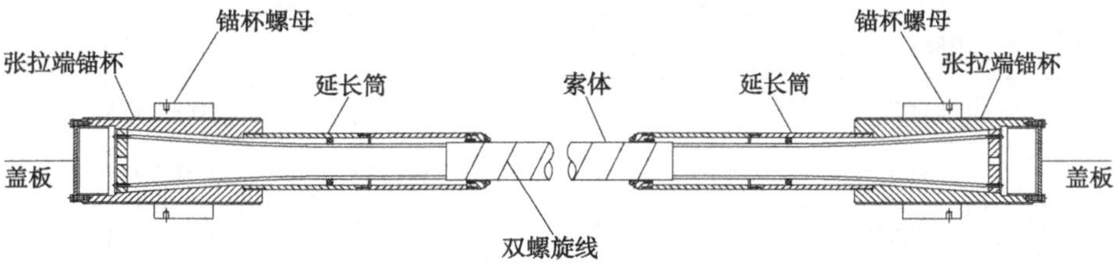

图9-2　斜拉索构造示意图

斜拉索采用空间扇形布置。全桥共17×4×2=136根斜拉索，拉索采用PESC7-109、PESC7-139、PESC7-163、PESC7-187、PESC7-223、PESC7-241、PESC7-253七种规格。斜拉

索由整股钢丝束经扭绞缠包后，外挤 HDPE（高密度聚乙烯）护套，钢丝的抗拉标准强度 $f_{ptk}=1770\text{MPa}$；最长索 255.3281m，最短索 77.4544m；单根索最大重量 20783kg（包含锚具及填料重量），见表 9-1、表 9-2。

4 号墩（东塔）斜拉索参数　　表 9-1

序号	拉索编号	规　格	数量（根）	成桥索力（kN）	斜拉索长度（m）	单根重量（kg）
1	ES1	PESC7-109	2	2055.20	77.4653	2750.02
2	ES2	PESC7-109	2	2636.34	80.1961	2846.97
3	ES3	PESC7-139	2	2606.80	88.8762	3981.65
4	ES4	PESC7-139	2	2738.61	97.3931	4363.21
5	ES5	PESC7-139	2	3527.14	106.9225	4790.13
6	ES6	PESC7-163	2	3447.75	118.4115	6228.45
7	ES7	PESC7-163	2	4493.10	125.3973	6595.90
8	ES8	PESC7-187	2	4261.24	132.6462	7958.77
9	ES9	PESC7-187	2	4311.11	139.8974	8393.84
10	ES10	PESC7-223	2	4469.38	147.3243	10563.15
11	ES11	PESC7-223	2	4642.25	154.7144	11093.02
12	ES12	PESC7-223	2	4133.26	162.2476	11633.15
13	ES13	PESC7-223	2	4734.31	169.7192	12168.87
14	ES14	PESC7-223	2	5106.25	177.2743	12710.57
15	ES15	PESC7-253	2	5462.91	184.9046	15051.23
16	ES16	PESC7-253	2	6035.94	192.4802	15667.89
17	ES17	PESC7-253	2	6280.86	200.1039	16288.46
18	EC1	PESC7-109	2	2178.92	77.9879	2768.57
19	EC2	PESC7-109	2	2845.53	81.1835	2882.01
20	EC3	PESC7-139	2	2803.36	90.2861	4044.82
21	EC4	PESC7-139	2	2742.20	99.1639	4442.54
22	EC5	PESC7-139	2	2914.05	109.0475	4885.33
23	EC6	PESC7-163	2	3254.33	119.8934	6306.39
24	EC7	PESC7-163	2	3481.70	131.0504	6893.25
25	EC8	PESC7-187	2	3673.87	142.6363	8558.18
26	EC9	PESC7-187	2	3896.12	154.4720	9268.32
27	EC10	PESC7-223	2	4120.51	166.5478	11941.48
28	EC11	PESC7-223	2	4326.02	178.8239	12821.67

续上表

序号	拉索编号	规　　格	数量（根）	成桥索力（kN）	斜拉索长度（m）	单根重量（kg）
29	EC12	PESC7-223	2	4499.51	191.4011	13723.46
30	EC13	PESC7-223	2	4709.59	203.9759	14625.07
31	EC14	PESC7-223	2	5229.28	216.6354	15532.76
32	EC15	PESC7-253	2	5269.70	229.4672	18678.63
33	EC16	PESC7-253	2	5855.15	242.2823	19721.78
34	EC17	PESC7-253	2	5090.91	255.3281	20783.71

5号墩(西塔)斜拉索参数　　表9-2

序号	拉索编号	规　　格	数量（根）	成桥索力（kN）	斜拉索长度（m）	单根重量（kg）
1	WS1	PESC7-109	2	2073.88	77.9985	2768.95
2	WS2	PESC7-109	2	2680.22	81.2066	2882.83
3	WS3	PESC7-139	2	2672.40	90.3440	4047.41
4	WS4	PESC7-139	2	2826.05	99.1847	4443.48
5	WS5	PESC7-139	2	3684.60	109.1141	4888.31
6	WS6	PESC7-163	2	3030.75	120.8199	6355.13
7	WS7	PESC7-163	2	4644.17	127.9145	6728.30
8	WS8	PESC7-187	2	4380.01	135.3239	8119.43
9	WS9	PESC7-187	2	4434.59	142.7211	8563.27
10	WS10	PESC7-223	2	4600.48	150.2899	10775.79
11	WS11	PESC7-223	2	4767.05	157.8123	11315.14
12	WS12	PESC7-223	2	4343.90	165.4667	11863.96
13	WS13	PESC7-223	2	4885.18	173.0663	12408.85
14	WS14	PESC7-223	2	5223.00	180.7443	12959.37
15	WS15	PESC7-253	2	5551.49	188.5146	15345.09
16	WS16	PESC7-253	2	6070.20	196.2493	15974.69
17	WS17	PESC7-253	2	6410.62	204.0426	16609.07
18	WC1	PESC7-109	2	2159.29	77.4544	2749.63
19	WC2	PESC7-109	2	2807.77	80.1731	2846.15

续上表

序号	拉索编号	规　格	数量（根）	成桥索力（kN）	斜拉索长度（m）	单根重量（kg）
20	WC3	PESC7-139	2	2760.00	88.8907	3982.30
21	WC4	PESC7-139	2	2691.27	97.3669	4362.04
22	WC5	PESC7-139	2	2855.86	107.0485	4795.77
23	WC6	PESC7-163	2	3191.09	117.5280	6181.97
24	WC7	PESC7-163	2	3412.94	128.4560	6756.79
25	WC8	PESC7-187	2	3600.21	139.8380	8390.28
26	WC9	PESC7-187	2	3818.44	151.4927	9089.56
27	WC10	PESC7-187	2	4040.02	163.4045	9804.27
28	WC11	PESC7-187	2	4246.51	175.5301	10531.81
29	WC12	PESC7-223	2	4417.15	187.9625	13476.91
30	WC13	PESC7-223	2	4625.24	200.4051	14369.05
31	WC14	PESC7-223	2	5137.50	212.9398	15267.78
32	WC15	PESC7-241	2	5174.42	225.6499	17555.56
33	WC16	PESC7-241	2	5759.78	238.3495	18543.59
34	WC17	PESC7-241	2	5146.00	251.2563	19547.74

注：1. 表中“WS”表示西塔边跨，“WC”表示西塔中跨。
2. 拉索重量为成盘斜拉索重量，包含保护层重量、锚具重量。

斜拉索两端锚具均采用冷铸锚具，塔端分两种形式锚固：1～2 号索塔端锚固在塔柱内混凝土齿块上，3～17 号索塔端锚固在塔内钢锚梁上。梁端分两种形式锚固：S6～S17 索锚固于梁下混凝土锚窝内，其他斜拉索锚固于梁面锚拉板。

9.1.2　工程特点

（1）项目处于山区，交通不便，道路窄且曲折，对斜拉索运输有较大影响。

（2）现场吊装工况复杂，需要根据现场起吊设备，确定斜拉索吊装上桥、塔端挂设、桥面脱空展索等工序起吊重量。

（3）索塔采用倒 Y 形结构，塔端斜拉索张拉作业空间非常有限，常规方法不能满足塔端对称张拉的操作需求，需要选用合适吨位与尺寸的张拉机具满足张拉需求。

（4）根据施工索力计算，S12～S17、C11～C17 索梁端牵引力较大，需要对比塔、梁两端作业空间，选择合适的牵引安装方式。

9.2　监理工作流程

监理工作流程见图9-3、图9-4。

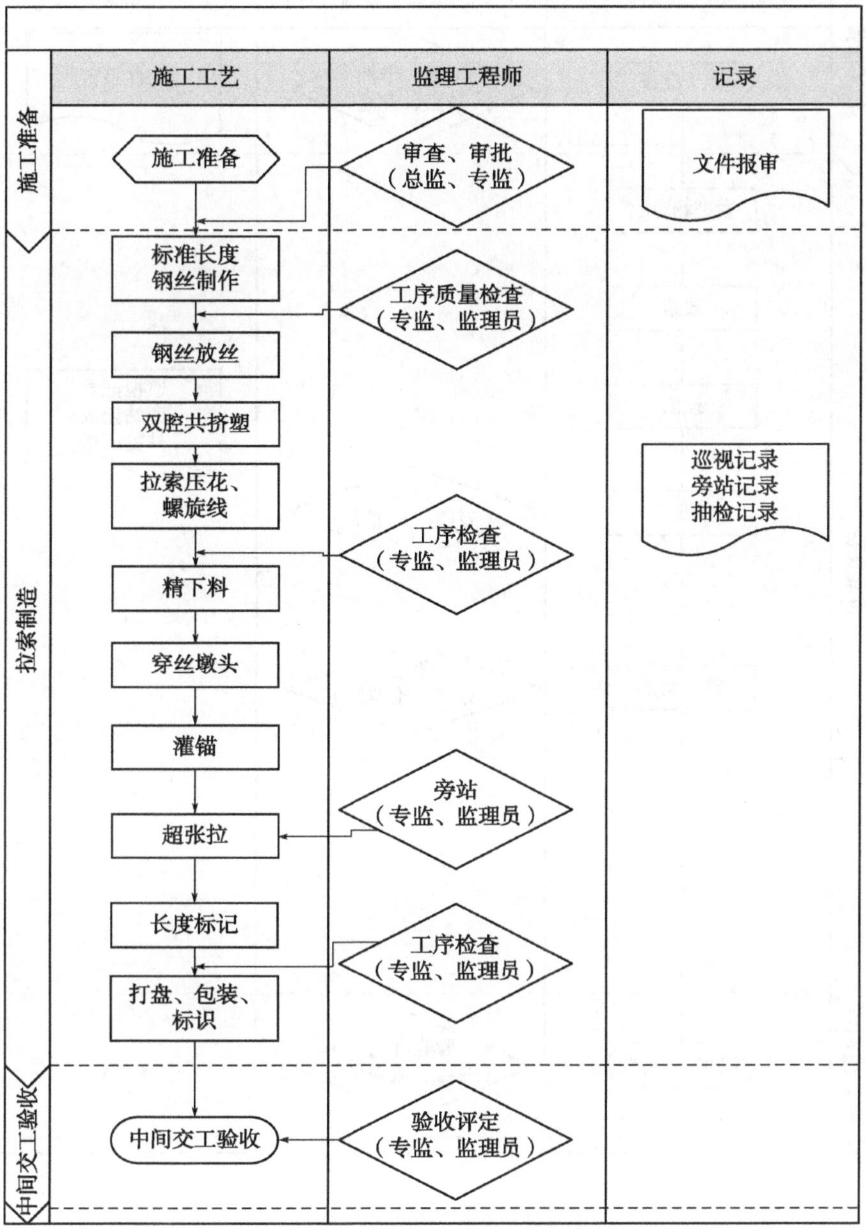

图9-3　斜拉索制造监理流程

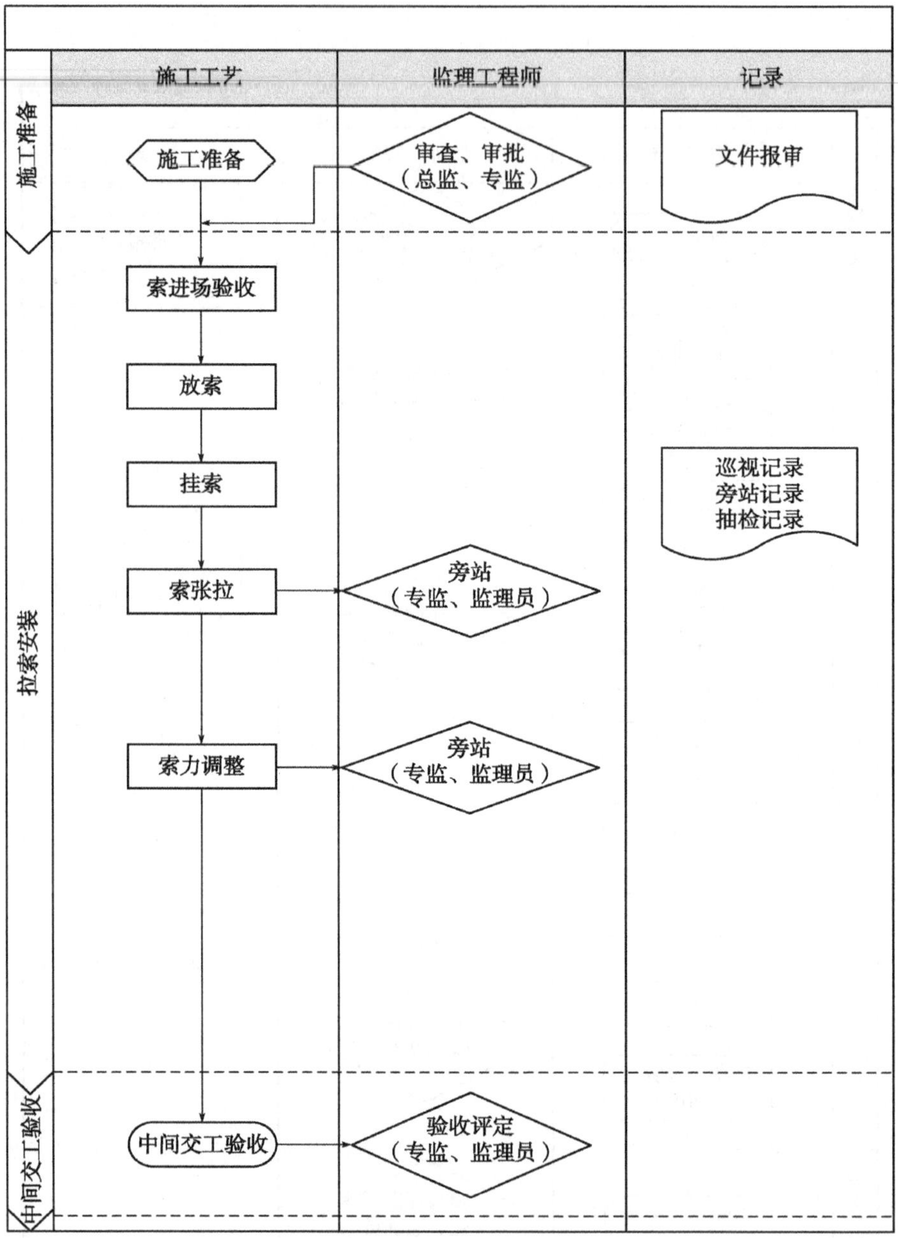

图9-4　斜拉索安装监理流程

9.3 监理工作要点

9.3.1 斜拉索制造

9.3.1.1 施工准备

(1)审查、审批制造单位提交的斜拉索制造方案。

(2)检查原材料的质量。

制作拉索的原材料主要有钢丝、高密度聚乙烯、冷铸填料、锚具和缠包带,其质量标准应符合现行《大跨度斜拉桥平行钢丝斜拉索》(JT/T 775)的要求。

①钢丝检查。应有钢厂的出厂质量合格证书和承包商的质量抽验报告,钢丝的各项技术性能指标应符合设计要求;检验的频率应满足规范要求。

②高密度聚乙烯的检查。各项技术性能指标应符合规范及设计要求。

③冷铸填料的检查。冷铸填料是索股和锚杯连接锚固的关键材料,对配料应严格控制,其配料的配合比应制取试件进行强度试验,试验结果须符合设计要求。

④锚具的检查。

a. 锚具选用型号与选用拉索型号相匹配,锚杯尺寸严格满足设计要求。

b. 制作用的合金钢和锻钢材料的各项技术性能应满足设计要求。

c. 锚杯、螺母的表面硬度应符合设计要求。

d. 对锚具、螺母进行超声波探伤(检查内部缺陷)和磁粉探伤(检查表面缺陷)。

⑤缠包带的检查。缠包带的宽度、厚度、抗拉强度和延伸率应满足规范要求。

(3)督促斜拉索制造单位进行试验索工艺试验。

若合同有明确要求进行试验索的疲劳试验、静载试验、水密试验,监理应督促斜拉索制造单位在拉索批量生产前完成相关工艺试验。

9.3.1.2 平行钢丝索的制作

1)标准丝的制作监理

(1)实测进料各钢丝的弹性模量,选取与平均值最接近的钢丝制作成标准丝。

(2)标准丝的长度即拉索的实际长度,拉索的实际长度由监控单位提供,但须经设计确认。

(3)量取标准丝的钢卷尺须经过标定,使用时应用弹簧秤施加拉力,量取的数值应进行长度修正。

(4)制作标准丝的台座须经过国家勘测计量部门的长度复核,其精度应达到有关规定的要求。

(5)检查标准丝的制作步骤：

①将钢丝固定在专用台钳上并夹紧。

②用专用加载夹具夹持住钢丝的另一端实现加载。

③按有关要求,在钢丝上做好“起点标记”(红色+黑色)。

④根据标准丝实际长度(拉索实际长度),在终点处设置移动标记台;在经过标定的钢卷尺上用弹簧秤施加拉力,按该标准丝的理论长度在钢丝终点处做一临时标记(按照工艺提供的钢卷尺读数进行操作),并进行长度修正。

⑤对标记点长度进行复核,复核无误后喷漆标记。

⑥等喷漆干后,卸掉载荷并松开两端的夹具,按要求分别以两终点为起点,向外量取一定的长度,做“灌锚控制标记点”。

2)放丝

(1)考虑各种制作修正(如测量误差、钢丝因扭绞引起的与拉索中心线的偏角修正等)后确定钢丝粗下料长度。

(2)钢丝必须梳理顺直,标准丝必须处于拉索的中心位置。

3)缠包带施工

检查牵引速度、扭绞转速及缠带机转速,确保最外层钢丝绞合角严格控制在3°±0.5°且不松散,绕包带单层重叠宽度不小于带宽的1/3。

4)双层挤塑

(1)做好挤塑的前期准备工作,包括烘料、预热相应规格挤塑机机头、机筒各部位等,达到预定加热温度后方可启动挤塑机。

(2)预先准备一根长2m左右试挤短索用于调整偏心,确定偏心情况满足工艺要求方可正式进行挤塑。

(3)调整牵引速度和挤塑机螺杆转速,确保内外层护套厚度。

(4)检查护套厚度偏差符合规范要求[(+1.0,-0.5)mm],护套表面不得有裂纹。

5)抗风雨振措施

抗风雨振措施有螺旋线和表面压花两种,检查压花或螺旋线的间距应符合设计图纸要求。

6)精下料及制作精度确定

(1)检查精下料的工艺方法。

先用经过标定的50m或100m钢卷尺测量确定标准丝的初下料标记的位置,局部剥套后进行初下料,但要保证该初下料标记点保留在标准丝上。找到初下料标记点后通过测量标准丝校验段长度(L_g)确定精下料标记点的位置,并及时将该精下料标记点转移至索体最外层钢丝上，然后按照工艺要求测量剥套长度，进行剥套。精下料长度仍然必须用钢卷尺进行长度复核，做好长度复核记录，确认复核无误后才能进行精确下料。标准丝各标记点位置对应斜拉索长度的位置如图 9-5 所示，通过标准丝可直接测量斜拉索长度。

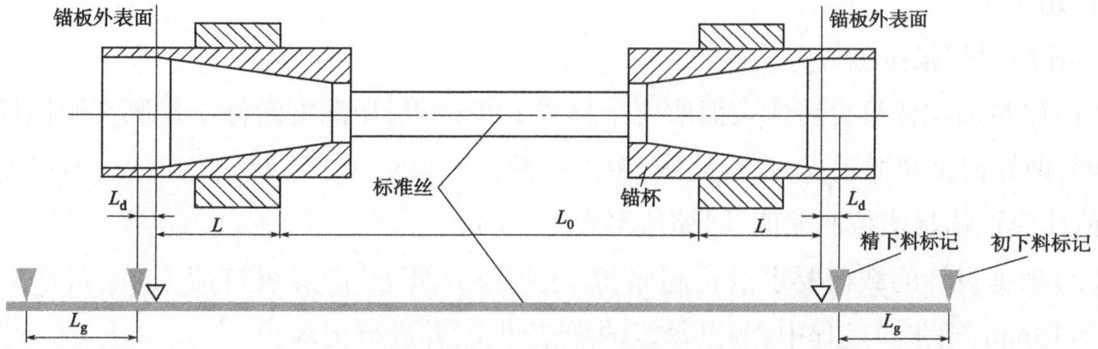

图 9-5 标准丝的标记点位置对应斜拉索长度的位置

（2）斜拉索长度制作精度的测定。

通过测量标准丝实际校验段（L_g'）的长度并按下面公式计算即可得到斜拉索长度的制作精度。

$$斜拉索长度的制作精度 = \Delta L / L \times 100\% = 2|L_g' - L_g| / L \times 100\%$$

式中：L_g'——标准丝实际校验段长度；

L_g——标准丝理论校验段长度。

成品斜拉索长度偏差 ΔL 应符合以下规定：

索长 $L_0 \leqslant 100$m 时，$\Delta L \leqslant \pm 20$mm；

索长 $L_0 > 100$m 时，$\Delta L \leqslant \pm (L_0/5000)$mm。

（3）剥套过程中应特别注意不能损伤钢丝。

（4）精下料切割时应严格保证拉索切割端面与拉索轴线的垂直度。

7）穿丝镦头

（1）检查锚板的孔眼直径应符合规范要求。

（2）采用有机溶剂（对钢丝表面无损伤且易挥发掉）逐根清洗钢丝端部。

（3）钢丝镦头应头形圆整，直径不小于钢丝直径的 1.4 倍，高度不小于钢丝直径，镦头不允许出现横向裂缝，纵向裂纹宽度小于 0.1mm。

（4）每镦头一批，须仔细对镦头机进行检查、调整，以保证镦头质量。

（5）应有措施确保锚板与镦头紧密贴合。

8）冷铸锚浇铸

（1）检查冷铸材料的配料，材料的检验须符合相关规范的要求。

(2)锚头和拉索应垂直固定,并保证拉索中心与锚头中心完全一致。

(3)灌注冷铸填料前应按工艺要求预热锚杯至规定温度。

(4)浇铸时加温固化应严格控制程序、温度和时间,每浇铸一炉须随炉固化一组三只试样,用于检验灌锚质量。

9)超张拉

监理应对超张拉进行旁站监督:

(1)张拉前在锚具冷铸体表面取三个互成120°的点,用深度游标卡尺测其距锚杯端面的深度,做好记录和标记;超张拉完毕,用深度游标卡尺复测三点标记的深度,前后差值的平均值作为该锚具锚板回缩值,回缩值不大于5mm。

(2)根据设计的载荷要求进行超张拉,超张拉分级进行,每级持荷5min,最后一级持荷10~15min;超张拉过程中,测量每级的弹性伸长,并进行记录。

(3)张拉后,锚杯与螺母必须旋合自如。

10)长度测量、标记

(1)斜拉索的弹性模量受钢丝的弹性模量偏差、直径偏差以及其他因素的影响,并非定值。为了保证斜拉索的施工架设质量,便于施工单位的施工控制,在斜拉索张拉后进行应力状态下的长度测量复核,即在超张拉卸载至20%的超张拉力时,用标定的激光测距仪和钢卷尺配合测量拉索的长度,然后根据超张拉检验测得的弹性模量以及工艺要求的温度修正,将测量得到的斜拉索长度换算为设计温度、无应力条件下的索长。

(2)每根斜拉索均应进行长度测量,长度测量应在稳定的均匀温度下避光进行。

(3)斜拉索基准温度下的无应力长度计算公式:

$$L_{\mathrm{CD}}=\frac{L_{\mathrm{CP}}}{1+\dfrac{P_{20}}{\mathrm{EA}}+\alpha(t-t_0)}$$

11)包装、打盘

(1)按相关标准对成品拉索进行严格的包装前检验,包括:拉索表面塑料护套检验(不得有深于1mm的划痕、不得有面积大于300mm^{2}的损伤)、锚具镀锌层及螺纹不得有损伤等。

(2)超张拉后对锚具连接筒段以及拉索防腐段进行表面处理,用棉纱擦拭干净,做到表面无水、无油污等残留杂质。成品拉索经最终检验合格后进行包装,拉索索体包装宜采用两层:内层棉布、外层包覆,宜采用防火材料。

(3)拉索两端锚具应有保护措施,如涂上防锈油脂、用聚丙烯薄膜及塑料纤维编织布双层包装后,再用防火材料做整体包裹。

(4)在每根拉索两端锚具连接筒上,用红色油漆标明拉索编号与规格型号,然后在包装表面用不易褪色的油漆以醒目的中文印刷体标明货物的名称、编号、重量、尺寸等。

(5)成品拉索采用脱盘及钢盘包装,具体与施工单位协商并征得指挥部同意。斜拉索盘绕内径不得小于20倍斜拉索直径,同时不小于1.8m;每盘成品拉索须采用防水、防火材料紧密包裹。

12)标识、储存、发运

(1)斜拉索检验合格后,应在每根拉索的两端连接筒上,用红色油漆写上拉索编号与规格型号;每根拉索还应挂有合格标牌,标牌应牢固可靠地系于包装层外的两端锚具处,牌上注明拉索编号、规格型号、长度、重量、制造厂名、工程名称、生产日期等,字迹应清晰。

(2)斜拉索以脱胎成盘或钢盘卷绕的形式包装运输。每盘成品拉索采用不损伤拉索表面质量的材料捆扎结实,捆扎不少于6道,然后用麻布条将整个圆周紧密包裹。锚具应有保护措施,包装好后平稳整齐地堆垛。

(3)成品索宜库内存放,若露天存放应进行遮盖,并加强防火措施,同时应保证斜拉索盘卷不直接接触地面,免于潮湿并保证通风。

(4)成品斜拉索不论采用何种运输工具,在运输和装卸过程中都应采取措施防止碰伤冷铸锚和聚乙烯护套。

(5)斜拉索成品在出厂前须做放索试验。

(6)未经监理工程师确认并签署合格证的拉索不得发运出厂。

9.3.2 斜拉索安装

9.3.2.1 施工准备

1)方案审查

审核承包商编制、上报的“斜拉索施工组织设计”和“斜拉索安装安全专项方案”,必要时组织专家进行方案评审。

监理工程师应重点审查以下内容:根据斜拉索长度、重量、倾角,施工设备的牵引、起吊能力等综合因素审查承包商的拉索牵引力计算是否符合安全要求;承包商所选牵引设备,软牵引所用钢绞线数量、连接方式是否合理;承包商的张拉体系是否满足张拉力和张拉空间的要求。

2)机具、设备检查

(1)起吊设备及吊具等须留有足够的安全系数,并经监理检查验收。

(2)对吊索用钢丝绳、卷扬机以及塔吊进行定期不定期的检查、保养,对出现损伤的钢丝绳立即进行更换。

(3)张拉撑脚、连接套、拉杆螺母安全系数大于或等于2.0,使用前均做静拉(压)试验。

(4)张拉顶须经过标定,施工时最大张拉力不超过千斤顶容许荷载的95%,油压表采用0.4级精度表。

(5)牵引系统应安排专人检查和保管。

3)人员检查

参加吊装作业、高空作业和张拉作业的人员必须具备国家规定机构颁发的特种作业操作证,施工前承包商的技术负责人应对所有施工人员进行安全、技术交底和岗前培训。

4)运输要求

须有确保索盘不滑移、不滚动的措施;装船(车)时不得出现偏载现象;被运索盘应有防雨、防晒和防火措施。

9.3.2.2　斜拉索安装

1)放索

监理应对放索工艺执行情况进行巡视检查,检查内容主要有:

(1)放索时,应避免拉索与桥面接触而受到损伤,可采用铺设地毯、设置滚轮、走管或安装滚动托架的方法给予解决,索体应贴在特制的滚轮上拖拉。

(2)在放索过程中,为防止转盘转速突变或倾覆导致散盘,危及人身安全,应对转盘设置制动装置。

(3)放索即将完成时要注意防止拉索锚头突然跌落。

(4)放索完成后应对拉索的外观进行一次全面复查,对出现的问题及时记录、及时汇报、及时处理。

2)挂索

监理应对挂索工艺执行进行情况进行巡视检查,检查内容主要有:

(1)挂索前检查准备工作情况。

①清除锚垫板上及索导管内的水泥砂浆、焊渣和孔口处毛刺,保证挂索、张拉过程中锚头螺纹不被刮伤。

②在锚垫板上放出孔道口的十字中心线并等分刻度,以保证锚头安装位置正确。

③清除锚头内螺纹上的杂物,与张拉杆或者软索引进行试连接。

④检查挂索设备的机械运作情况和操作平台的安全情况,以确保挂索安全。

(2)检查斜拉索的吊点布设和安装工艺。

①不得用起重钩或易于对索体产生集中应力的吊具直接挂扣拉索,宜用专用的管形

索夹具(抱箍,如图 9-6 所示)进行起吊。

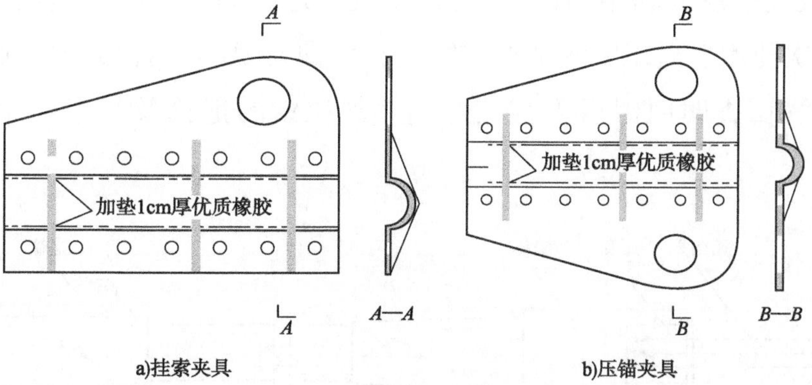

图 9-6　管形索夹其结构示意图

②吊点安装时要注意在索夹具与斜拉索之间采取衬垫橡胶皮等措施来保护柔性 PE 保护层。

③抱箍应有足够的长度,其夹紧用的螺栓应有足够的强度,拧紧后应使抱箍与斜拉索之间(垫有橡胶皮)产生足够的摩擦力,以防止抱箍受力后滑移。

④在保证锚头顺利通过索导管的前提下,吊点离锚头的距离尽量短,吊点的设置不应使吊点位置的弯曲半径小于斜拉索极限最小弯曲半径,避免斜拉索局部受力。

⑤塔端索导管水平倾角大的斜拉索安装时,要考虑设置双吊点,通过后吊点来调整悬臂锚头端的倾角,使进索更方便。拉索的空中牵引如图 9-7 所示。

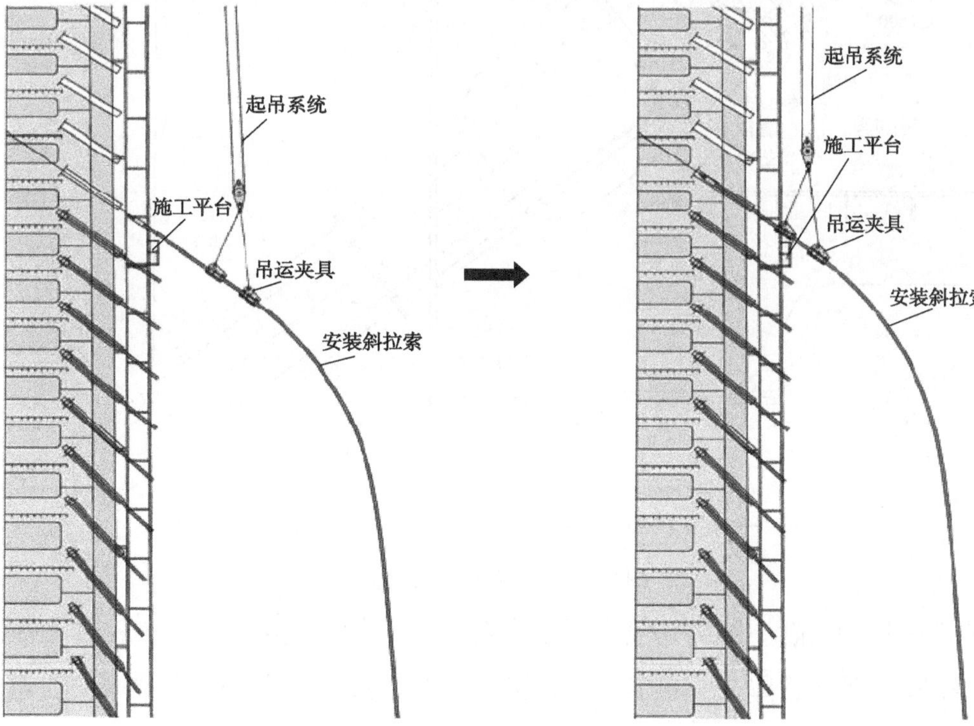

图 9-7　斜拉索的空中牵引示意图

(3)牵引施工前应安排专人对牵引系统的所有连接部位进行专项检查,确保其安全可靠。软牵引钢绞线是反复利用的设备,夹片要反复地锚固、松开,故钢绞线使用次数要严格控制,防止多次使用后出现断丝情况;软索引张拉时,要随时观察千斤顶油表读数,如压力突升应立即关机,查明原因后再继续牵引。斜拉索的抱箍及软牵引示意图如图9-8、图9-9所示。

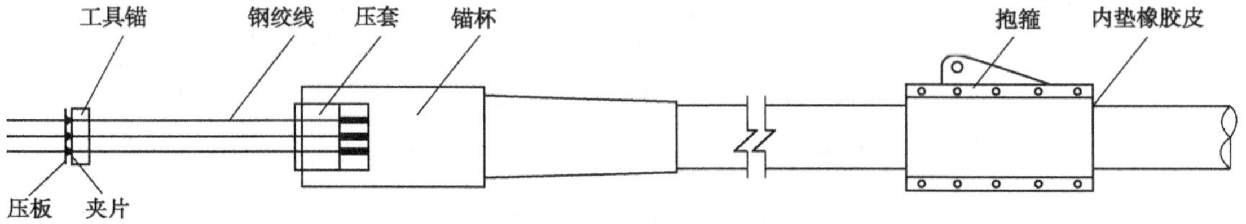

图9-8 斜拉索抱箍示意图

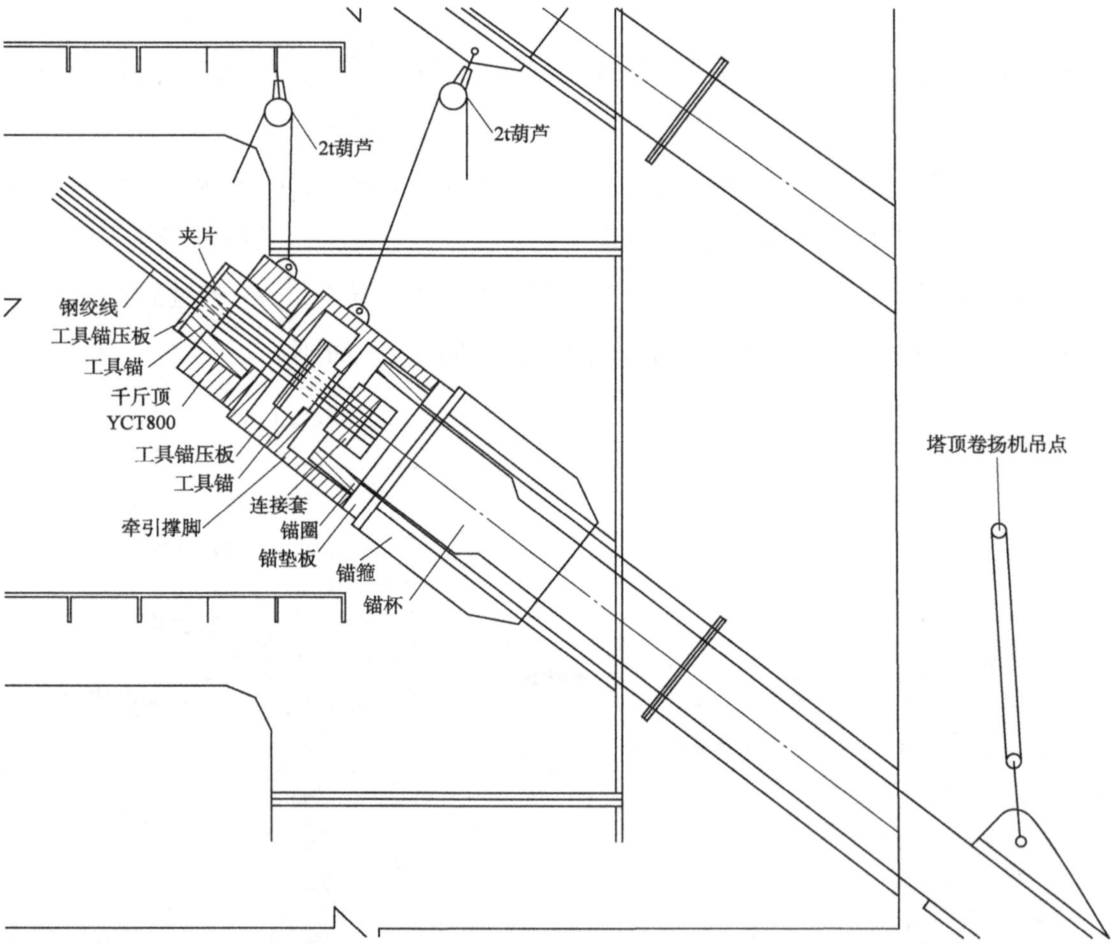

图9-9 斜拉索软牵引示意图

(4)安装过程中,锚头螺纹应包裹,及时清除拉索的包护物。斜拉索锚头在进入索导管内部时,容易和索导管壁发生碰撞,损坏锚头外丝,承包商应采取保护措施,避免锚头直接和索导管壁碰撞。

(5)张拉杆的连接、张拉杆和锚头内螺纹的连接以及张拉杆和钢绞线连接器的连接，都要保证螺纹的旋入数量。承包商必须做好旋入标记，并测量外露长度，进行复核。

(6)由于千斤顶行程限制，在各分次张拉过程中，都要临时锚固以便千斤顶回油，锚固一定要严格控制锚固质量。锚头的最后锚固要确保露出螺纹在4丝以上。

(7)梁端斜拉索安装时，要注意加强对索导管出口的斜拉索PE层的保护。因为当斜拉索较长较重时，由于垂度的影响，斜拉索可能在梁顶面的索导管出口紧压在索导管钢壁上，引起局部弯折和PE保护层破损。拉索梁端牵引示意图如图9-10所示。

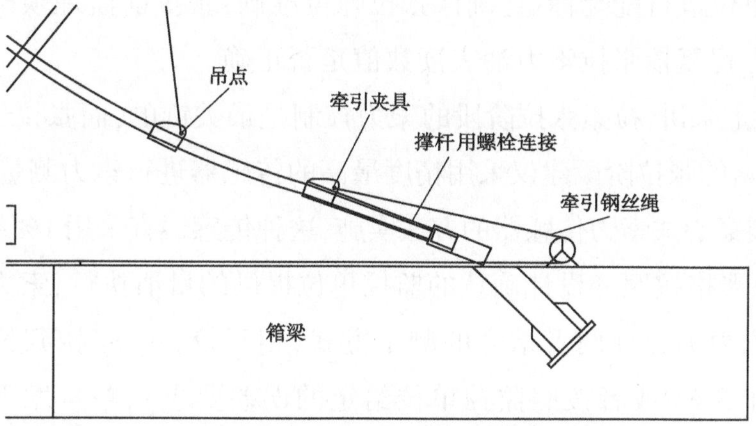

图9-10　拉索梁端牵引示意图

(8)施工中，拉索抗振的约束环和减振器未安装前，必须确保索管(特别是梁上索管)和锚端的防水、防腐及防污染。

(9)拉索防护层和锚头损伤应及时修补并记入有关的表格存档以便跟踪维护。

(10)加强卷扬机、塔吊、滑车组等牵引起吊设备的质量安全检查，严格按照有关高空作业的要求进行，确保施工安全。

(11)在接触斜拉索的构件上涂装防锈漆，避免施工过程中污染斜拉索外套。机械作业时注意油污污染成品，作业前应对机械(如千斤顶、油泵等)进行检查或试验，确保不因发生意外故障(如密封圈漏油、油管爆裂等)而污染成品。

3)斜拉索张拉

斜拉索张拉要按照设计文件要求和监理单位提供的张拉程序以及分次张拉控制吨位严格控制张拉质量，监理应对斜拉索张拉进行旁站。

(1)采用塔端张拉方式，由于斜拉索张拉端倾斜角度越来越大，塔端张拉空间相对变小，需根据塔内空间合理选用张拉机具以适合长索张拉。张拉工具的设计控制要点如下。

①张拉撑脚高度：撑脚尺寸由斜拉索锚环、锚杯、锚垫板尺寸确定，不同类型、不同的索长应配不同高度的张拉撑脚。

②张拉千斤顶：施工时最大张拉力不超过千斤顶容许荷载的95%的施工规范要求，油

压表采用0.4级精度表。

③张拉杆：由斜拉索张拉吨位及张拉空间确定，张拉杆最小长度＝撑脚高度－锚环高度＋千斤顶高度＋索力计高度＋拉杆螺母高度＋锚杯凹槽深度＋2～5cm富余长度。

④斜拉索张拉施工完后，拉杆需从锚杯凹槽中悬出15～20cm后方可拆除张拉设备，在布置张拉设备时需考虑此空间。

⑤张拉撑脚、连接套、拉杆螺母安全系数大于或等于2.0，使用前均做静拉试验。

(2)斜拉索张拉用千斤顶吨位较大，精度要求高，监理应督促承包商将千斤顶和油表送国家法定计量单位进行配套标定，确保张拉吨位准确；张拉前监理须按照千斤顶张拉力与压力读数回归方程复核张拉索力油表读数值是否正确。

(3)从重要性上来讲，拉索张拉阶段的索力控制是最关键的，而张拉千斤顶不具备足够的精度，因此在拉索的张拉阶段建议采用精度最高的传感器进行索力测量，测试方法主要以在千斤顶尾部安装穿心式索力传感器的方法实施，这种传感器宜采用1%级的锚索计。

(4)张拉吨位严格按照经设计确认的监控单位提供的量值执行，索力宜采取张拉千斤顶油表读数值和索力测力计两者结合的测量方式，相互校核。张拉到位后的索力与监控指令误差不得大于5%（或者按照监控单位给定的误差要求），一旦发现差值超过允许要求，应及时和监控单位沟通，取得处理意见。

(5)严肃张拉纪律。索塔顺桥向两侧拉索（组）和横桥向对称的拉索（组）必须对称同步张拉；同步张拉的不同步索力的相差值不得超出设计规定；两侧不对称的或设计拉力不同的拉索，应按设计规定的索力分级同步张拉，各千斤顶同步之差不得大于油表读数的最小分格，索力终值误差小于±2%。

(6)斜拉索的张拉必须在均匀的温度下，前后、左右、均匀、分级、对称、同步进行，以减少对塔柱和梁的位移以及内力的影响，同时加强对高程、截面的应力、应变、塔柱的偏位进行观测和测试。

(7)拉索的张拉过程中，拉索的锚圈应及时跟进，确保锚固安全；每一次张拉到位的斜拉索无论是临时锚固还是永久锚固，在锚固作业时都要详细检查锚固情况，确保锚固质量。

(8)拉索锚固时不宜在锚环与承压板加垫，需要加垫时，其垫圈材料和强度应符合承压要求，并应设成两个密贴带扣的半圆。

(9)斜拉索张拉过程中，应让塔吊、卷扬机、混凝土输送泵等产生动荷载的各种设备停止工作。

(10)前支点挂篮施工采用塔端张拉方式时，其梁端是通过连接机构锚固在挂篮上，张拉前监理必须逐个检查连接机构是否处于自由活动状态，保证没有横向外力作用在连接机构上;同时,检查梁端锚头上的锚环是否完全脱离锚垫板,避免在张拉过程中锚环受力,引起张拉事故。从斜拉索初张拉到体系转换前,斜拉索锚固端锚环始终不能对梁底锚垫板产生压力。

(11)每根斜拉索的最终索力张拉完成后,施工方、测量监控方、监理方须把所测数据汇总上报,监控组进行分析后,下达下一梁段的控制指令表,并经有关签认后,才能进行下一梁段的安装。

4)拉索的索力调整

主梁全桥合龙后应进行一次线形、索力以及关键断面的应力测量。为控制索力,一般应至少一次全桥索力调整。调整方案由设计计算确定,调整后还应进行全桥索力与高程的测量。监理应对拉索力调整张拉进行旁站,并对成桥线形和高程、塔偏进行抽检测量。

(1)索力调整时,可从超过设计索力最大或最小的拉索开始(放或拉),直到调至设计索力。

(2)索力调整时,应对塔和相应梁段进行位移检测,并做出存档记录,记录内容包括日期、时间、环境温度、索力、索伸缩量、桥面荷载状况、塔梁的变位量及主要相关控制断面应力等。

(3)千斤顶和油泵应配套标定,斜拉索的索力调整应由专业人员进行。

(4)锚环、张拉杆、张拉杆螺母等各自的悬紧程度要一致,以免斜拉索、张拉杆在索力的调整过程中受力不匀。

(5)斜拉索、撑架、千斤顶、张拉杆在调索施力的过程中位置要居中,以免拉索、张拉杆受力不均匀。

(6)索力调整的过程中,应注意保护拉索不受伤害。

(7)张拉和索力调整过程中,要及时校核索力的增量和拉伸量值之间的对应关系。

(8)索力调整的过程中,必须同时进行梁段和索塔变位观测并与设计变位校核。超过设计规定范围或出现其他不正常的情况时应停工,检查原因,并与设计单位研讨,采用适当方法进行修正。

(9)调索过程中要密切注意油泵的压力表值,如遇压力突升应及时关机,查明原因并解决后才能继续工作。

(10)塔上索力调整系高处作业,对施工人员、设备的安全保护应有可靠措施。

9.4 监理工作方法与措施

9.4.1 监理工作方法

监理工作方法有旁站、巡视检查、抽检、验收等。

9.4.1.1 旁站

根据现行规范、监理计划，结合本项目斜拉索制造和安装工艺特点，规定旁站监控点。

（1）斜拉索制造：原材料见证取样及试验、斜拉索超张拉、长度测量。

（2）斜拉索安装：斜拉索张拉、索力调整。

上述需要监理旁站的工作过程，斜拉索制作和安装单位要在开始之前通知监理，监理接到通知后应及时到达现场旁站，并做好旁站记录。

9.4.1.2 巡视检查

驻场监理对斜拉索制作施工过程中的巡视检查内容包括标准长度钢丝制作、钢丝放丝、挤塑、压花和螺旋线、精下料、穿丝墩头、灌锚、超张拉、长度标记、打盘包装标志等。

现场监理对斜拉索安装施工过程中的巡视检查内容包括放索、挂索、索张拉、索调整等。

监理在斜拉索制造和安装过程中，每天至少进行一次巡视检查，掌握项目工程进展与安全、质量情况，及时处理所发现的相关问题，并做好每天的巡视记录。

9.4.1.3 抽检

监理人员对下列内容进行质量检验或抽检：

（1）对分项工程中的关键项目（索制作超张力和锚垫板回缩值、索安装张拉力、索调整张拉力）和结构主要尺寸（拉索防护厚度、锚具尺寸），抽检频率应不低于规定施工检验频率的20%。

（2）钢丝厂按现行《桥梁缆索用热镀锌或锌铝合金钢丝》（GB/T 17101）要求的检验项目、频次对钢丝进行检验，缆索厂家对钢丝原材料的验收按照钢丝生产厂家取样数量的5%进行抽样检测，驻厂监理按20%频率见证检验，审核检验报告。

（3）高密度聚乙烯护套料的试验方法按现行《桥梁缆索用高密度聚乙烯护套料》（CJ/T 297）的规定进行，检验频次为1组/每批。制索厂负责检验，驻厂监理见证取样过程，审核检验报告。

（4）锚杯和锚圈试验制索厂负责检验，驻厂监理按20%的频率见证检验，审核检验报告。

9.4.1.4 验收

监理应在索制造完成后，组织拉索分项工程验收，质量标准执行现行《大跨度斜拉桥平行钢丝斜拉索》（JTT 775）的要求。

监理应在斜拉索调整完成后，组织拉索安装分项工程验收，质量标准执行现行《公路工程质量检验评定标准》（JTG F80/1）。

9.4.2 监理工作的主要措施

9.4.2.1 组织措施

明确内部职责分工，建立岗位责任制，制定监理工作制度，同时采取考核的办法，落实质量控制的责任。

9.4.2.2 技术措施

根据施工的每一阶段（施工准备阶段、施工阶段和竣工验收阶段），采取事前、事中和事后相结合的质量控制措施，并注意突出控制重点，充分运用监理独立的平行检验手段，实施对施工全过程的监理。

9.4.2.3 经济措施

充分运用合同管理和工程计量权，督促承包方按合同办事，严格执行工程质量的检查和验收制度，对不符合合同规定质量及安全要求的工程不予中间交工、不予计量。

9.4.2.4 合同措施

审查分包、专业分包的资质，监督和防止转包、层层分包和总包单位以包代管的现象。自觉按合同办事，督促施工单位、综合队遵守合同，协调合同纠纷。

9.5 巡视、旁站、抽检和验收计划

9.5.1 巡视

采取以巡视为主的方式进行斜拉索制作和安装现场监理，对施工的主要工程每天巡视不少于1次，并填写巡视记录（表9-3）。

巡视计划表　　表9-3

序号	部　位	巡视人员
1	拉索制作	专监：××，监理员：××
2	放索	专监：××，监理员：××
3	牵索张挂	专监：××，监理员：××
4	拉索防护	专监：××，监理员：××
5	安装减振装置	专监：××，监理员：××

9.5.2 旁站

按照合同条款、《公路工程施工监理规范》（JTG G10—2016）附录A及监理计划相关要求开展旁站工作（表9-4）。

旁站计划表　　表 9-4

序号	部　位	旁站人员
1	原材料见证取样及试验	监理员：×××
2	制作超张拉	监理员：×××
3	安装张拉锚固	监理员：×××
4	安装索力调整	监理员：×××

9.5.3　抽检

对斜拉索制作原材料及锚具探伤等监理见证抽检频率不低于施工单位自检频率的 20%。

对分项工程中的关键项目（索制作超张拉力和锚垫板回缩值、索安装张拉力、索调整张拉力）和结构主要尺寸（拉索防护厚度、锚具尺寸），抽检频率应不低于规定施工检验频率的 20%（表 9-5）。

抽检计划表　　表 9-5

序号	部　位	抽检人员
1	钢丝等原材料	委托第三方检验人员：××
2	索防护厚度、锚具尺寸、锚垫板超张拉回缩量	专监：××，监理员：××
3	斜拉索索长	专监：××，监理员：××
4	斜拉索索力	专监：××，监理员：××

9.5.4　验收

斜拉索制造和安装分项工程施工完成后，督促施工单位提交中间交工验收申请，及时组织验收（表 9-6）。

验收计划表　　表 9-6

序号	部　位	抽检人员
1	斜拉索制作（每根）	专监：××，监理员：××
2	斜拉索安装（每根）	专监：××，监理员：××

第10章　主缆和吊索制造与安装监理细则

——以宜都长江大桥项目为例

10.1　工程内容和特点

10.1.1　工程内容

宜都长江大桥主跨为1000m单跨双绞钢桁梁悬索桥，组合梁桥面系，主缆矢跨比1/9，北岸边缆跨度276m，南岸边缆跨度269m。全桥共两根主缆，中跨两主缆中心横向间距为36.0m。主缆采用预制平行钢丝束股法（PPWS）形成，每根索股由127丝直径为5.2mm、公称抗拉强度为1860MPa的锌-铝合金镀层高强钢丝组成。全桥共两根主缆，每根主缆有索股169股。主缆索夹外直径约852mm。索股用定型捆扎带绑扎而成，使其断面成正六边形，两端设热铸锚头。热铸锚头由锚杯、盖板及分丝板组成，锚杯内浇铸锌铜合金。

吊索与索夹为骑跨式连接，与钢加劲梁为销接式连接。吊点从白洋侧向宜都侧方向编号，第一吊点为1号，顺次为2～65号，吊点标准间距为15.0m，索塔中心线至近吊点间距为20.0m。每一吊点均设置2根吊索，1号、65号每根吊索采用ϕ82mm镀锌钢丝绳，2～64号每根吊索采用ϕ76mm镀锌钢丝绳，吊索公称抗拉强度为1960MPa，结构形式为8×55WS+IWR（图10-1）。

图10-1　宜都长江大桥效果图

10.1.2 工程特点

10.1.2.1 主缆与吊索制造工程特点

(1)悬索桥的成桥状态线形由缆索和吊索无应力长度确定，因此在索股和吊索制造时监理应按照监控指令严格控制索股和缆索制造的无应力长度。

(2)索股和吊索制造的灌锚质量是控制关键，锚杯、锚板、耳板和销轴应逐件进行无损探伤，合格后方可使用，监理应严格检查热铸锚合金灌铸率和锚头顶压时的索股外移量。

(3)索股和吊索在成批生产前，应按照设计要求进行拉伸破坏试验，试验后锚头进行剖面检查，合格后方可成批生产。

10.1.2.2 主缆与吊索安装工程特点

1)猫道安装和拆除

猫道作为悬索桥重要的高空作业平台，临时结构安全至关重要。监理在施工过程中应严格检查猫道预埋件，安装和拆除是否严格按照批准的施工方案实施，安装完成后组织进行临时结构验收，使用过程中，组织阶段性的检查，确保施工安全。

2)单根主缆索股数量多且长度较长

主缆采用预制平行钢丝索股法(PPWS)架设。单根主缆索股达169股，每根索股由127根直径为5.2mm、公称抗拉强度为1860MPa的高强度镀锌钢丝组成，索股长达约1668m。制造精度要求高，安装难度大。

3)主缆调索的精度要求高

调索是主缆索股安装中的一项极为关键的工序，调索质量对主缆几何形状有决定性影响。调索的时间应在当天气温相对恒定时进行。

4)主缆测量是悬索桥控制的关键

主缆测量工作面广，测量精度要求高，高空测量危险性大，测量时间及周期长，协作人员及部门多。再者，主缆是柔性体系，受力复杂，其垂度受温度影响很大。主缆测量精度受环境影响的因素多，主要有风速、温度、气压、测量视线障碍物等。

5)安全风险大

索股架设过程中，高空作业危险性大，索股调整又需在夜间作业，安全风险增大。

10.2 监理工作流程

10.2.1 索股制造监理工作流程(图 10-2)

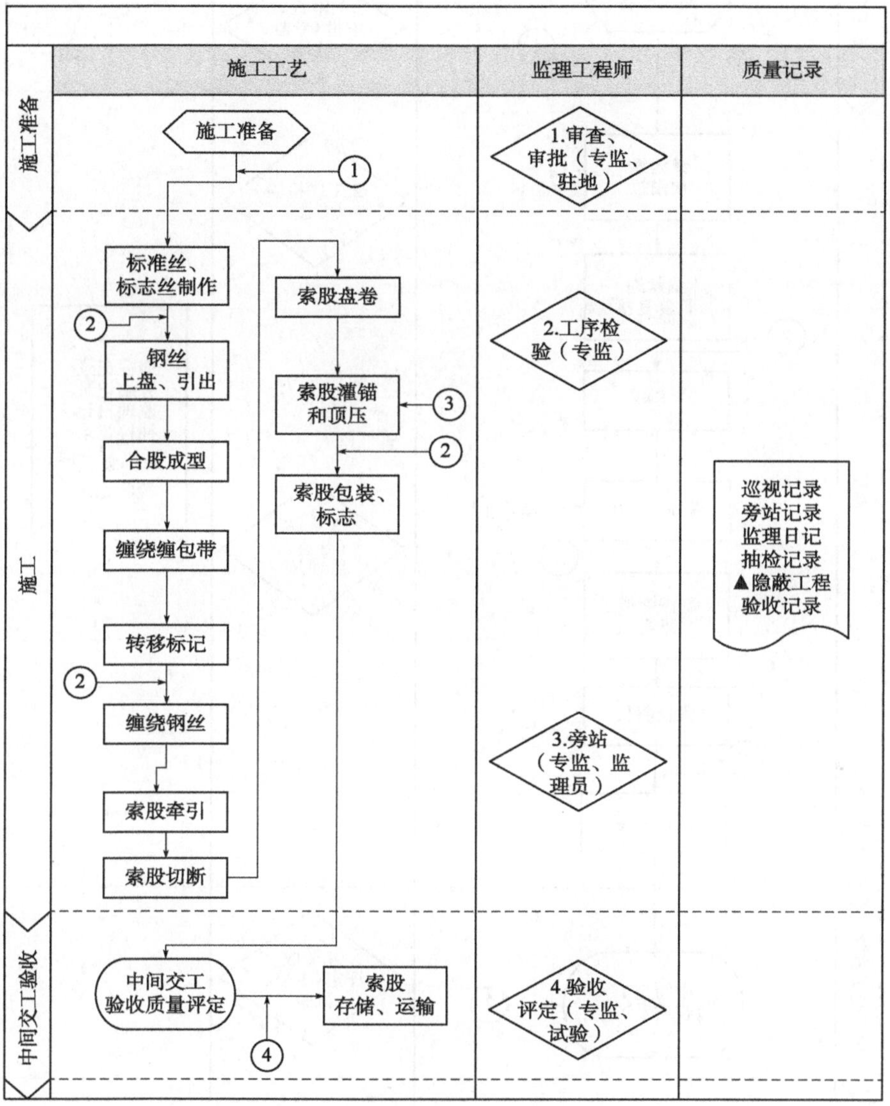

图 10-2 索股制造监理工作流程

10.2.2　吊索制造监理工作流程(图10-3)

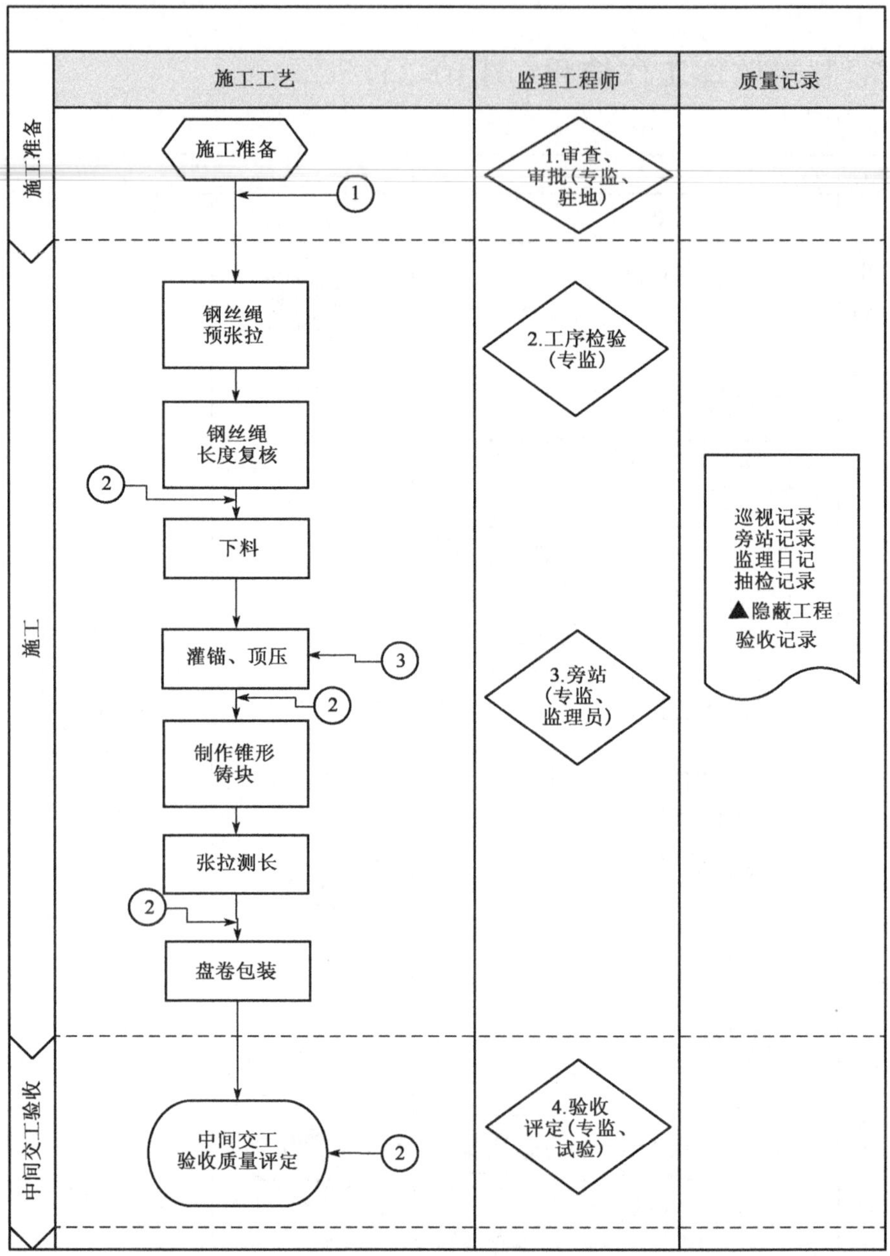

图10-3　吊索制造监理工作流程

10.2.3　主缆、吊索安装监理工作流程(图 10-4)

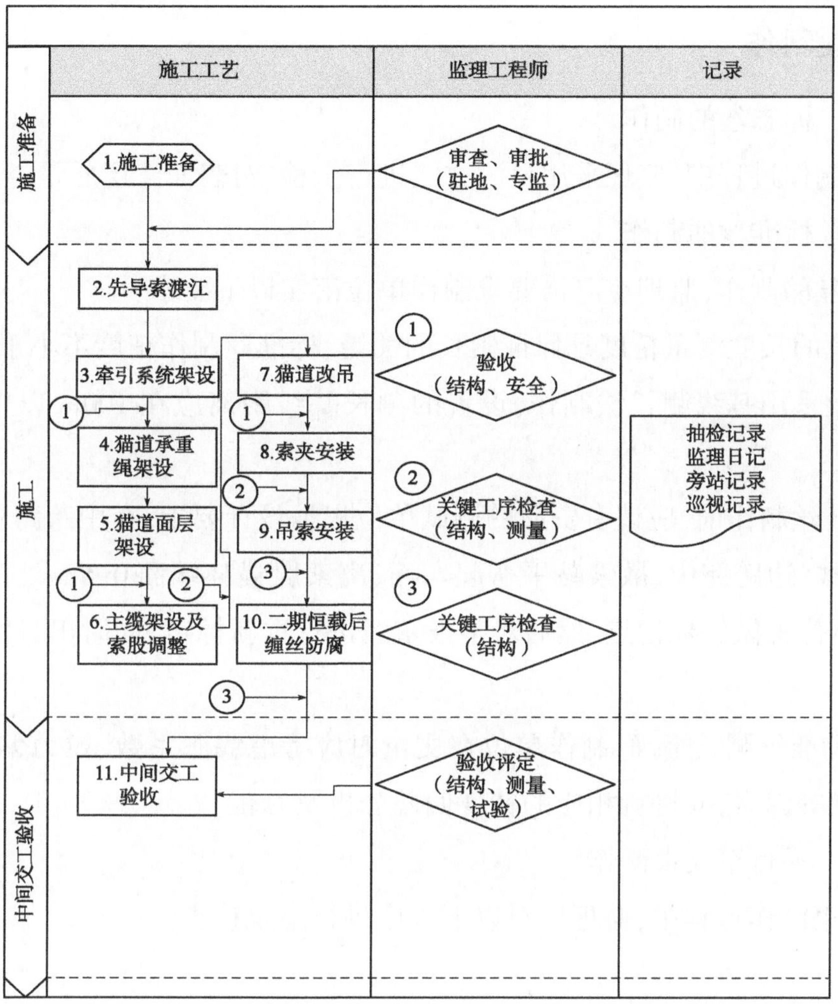

图 10-4　主缆、吊索安装施工监理流程

10.3　监理工作要点

10.3.1　施工准备

10.3.1.1　索股、吊索制作施工准备

(1)监理审查索股、吊索制作方案。

(2)验收进场材料、见证取样抽检。

(3)监理见证索股、吊索工艺试验,审查工艺试验总结。

10.3.1.2　主缆与吊索安装施工准备

(1)监理审查猫道架设方案,主缆、吊索安装方案。

(2)验收进场材料、见证取样抽检。

(3)检查、验收塔顶门架、牵引系统、猫道架设等大临设施。

(4)检查施工人员、机械设备到位情况。

10.3.2 索股制作

10.3.2.1 标志丝的制作

在标志丝制作过程中,监理采用目测方式进行全检,对表面漆层质量进行控制。

10.3.2.2 标准丝的制作

关于标准丝的制作,监理应严格要求制作单位落实以下要求:

(1)标准丝的长度测量精度是保证索长的关键,标准丝制作精度不小于1/15000。

(2)标准丝采用基线测长法制作,设置的测长基线距离应在100m以上,并应尽可能加长。

(3)在标准丝制作前,应请有资质的测试单位根据设计要求,在中跨跨中、主塔顶鞍座圆心所在铅垂线、边跨跨中、散索鞍平弯起弯面、离索股锚杯端面0.5m处、索股锚杯端面等共11个具体位置做好标记点,然后对整条基线进行重新标定,同时出具"标准丝制作基桩标定报告"。

(4)为使标准丝测长精确,制作单位在丈量时应考虑线胀系数、拉力偏差、直径偏差、弹模偏差、温度等因素,并进行相应的精度偏差分析及修正。

10.3.2.3 平行钢丝束制作

平行钢丝束制作过程中,监理应对以下工序进行巡视检查。

1)放丝

钢丝放线盘共需91个,每盘钢丝的张力应基本一致。两侧的放线盘上放置相同倍尺、不同旋向的成圈钢丝(包括1根标志丝、1根标准丝)。钢丝在主缆索股中不得有任何形式的接头,并保持平行,不得出现交叉、扭绞及钢丝在索股内长短不齐现象。

2)分丝

在分丝架上设置滚轴对钢丝进行支撑、隔离,以防止刮伤其镀层。

3)聚并成型、牵引、缠包、颜色标记、成盘

通过调节每个滚压轮的相对位置和压紧力,使钢丝索股整型为正六边形,且使索股内各钢丝相互贴紧。

索股成型过程中,应每隔1.5m用缠包带进行定型,每处至少4层,缠包力应提前控制。缠包带应具有良好的抗拉强度、延伸率及弹性恢复率,缠包带进场时监理应核查质保单,并见证取样、复试。

沿长度方向根据标准丝上的记号在标记点两侧沿索股的整个周边分别用两种颜色的

油漆做出标记（各宽 6 ~ 8cm 即可，分界线为标记点的准确位置）。

索股上盘应控制张紧力，主缆索股成形后，按各索股标准丝长度切断并安装锚具。

10.3.2.4　制锚

索股锚头由锚杯（铸钢）、锌铜合金（热铸体）、分丝板及后盖板组成。

1）锚杯的制作

锚杯进场时，监理核查其质量证明文件是否齐全，检查外观和尺寸，见证检测，合格后方可使用。

2）丝股灌锚

监理应督促制作单位对锚杯灌水测量容积，检查主缆索股端头的钢丝在锚杯内散开后保持均匀间距。

监理核查锌铜合金铸体材料质量合格证书，要求制作单位提供每一炉合金样品分析报告。

灌锚时，监理重点检查：锚杯和索股在浇铸台上垂直固定，将插入锚杯部分索股钢丝呈同心圆散开，应保证索投中心与锚杯中心完全一致，并保证钢丝的任何部位不与锚杯接触。合金灌铸温度为（460 ± 10）℃，将合金注入锚杯时，应避免任何振动，浇铸应一次完成，不得中断。合金灌铸应密实，内无气孔，实际铸入量应为理论铸入量的 92% 以上。锚杯灌铸后通过空气冷却，锚杯表面温度低于 80℃之前不得有任何移动。合金灌铸后索股与锚头端面的垂直度应控制在 90° ±0.5°。

3）顶压

锚头及浇铸的合金完全冷却至常温后，监理对浇铸质量做如下检查：将锚头固定在顶压台上，在出口端的索股上做出标记，将顶压头顶在浇铸好的合金上，按照设计荷载顶压，持续 5min 以上，卸压的测量索股的外移量不大于 5mm 为合格。否则，应将注入的合金溶化，重新进行浇注。

10.3.2.5　索股展开试验

为了掌握索股引出时的特性、出现的问题及解决方法，制作单位应进行索股展开试验，监理全程巡视、审查索股展开试验总结。

10.3.2.6　包装、储存和运输

索股的包装、储存和运输应满足以下要求，监理进行检查：

成品索股的两端锚具上必须用红色油漆按规范规定进行编号，配有经检验合格的标志牌，其上注明制造厂名、工程名称、生产日期、丝股编号、规格、长度和质量。

所有成品索股均应采用成盘包装，最好存放于仓库中，露天存放时应采取防雨措施，如进行遮盖，避免雨水侵蚀。

装卸中应按规定要求操作,运输中应固定丝盘,同时避免碰撞及直接与硬物摩擦。

10.3.2.7 交付使用

交付使用时制作单位提供以下有关技术资料,监理核查无误后方可使用:

(1)成品索股的质量保证书及合格证。

(2)成品索股出厂检验报告。

(3)进行型式检验时,提供其检验报告。

10.3.3 吊索制作

10.3.3.1 钢丝绳预张拉

吊索制造前,应对钢丝绳进行预张拉,以消除非弹性变形,监理检查钢丝绳预张拉记录。

10.3.3.2 钢丝绳长度复核和下料

监理巡视检查钢丝绳长度复核和下料,检查重点:根据测量载荷和钢丝绳温度进行长度修正,在规定的下料载荷下进行长度复核,并在切割标记点处做标志,多次多人复核无误后,将载荷卸载至零,根据切割位置点进行下料。

10.3.3.3 灌锚和顶压

监理对吊索锚头的锚杯、叉形耳板、锌铜合金必须按图纸要求进行严格检验,合格后方可使用。

灌锚时,监理重点检查:锚杯中心应与吊索索体中心完全一致,插入锚头部分的吊索索体钢丝应呈同心圆散开,并保证钢丝的任何部分不与锚杯接触。合金灌铸温度为(460±10)℃,锚杯内合金浇铸应密实、无气孔,实际铸入量应为理论计算铸入量的92%以上。锚杯内合金材料应垂直浇铸,在合金材料完全冷却后,才允许平放吊索。合金浇铸后,索股与锚头端面的垂直度应控制在90°±0.5°的范围内。

锚杯及浇铸的合金完全冷却后,在浇铸好的合金上施加顶压力,监理重点检查:顶压力为1730kN,持荷5min,卸压后测量吊索的外移量,外移量小于5mm为合格,否则应将注入的合金熔化,并重新进行浇铸。但只允许一次,超过一次其锚杯不得再使用。

10.3.3.4 张拉测长

锚头浇铸等相关工序完成后,将钢丝绳吊索进行长度复核,监理检查:在标距精确的试验台架上调整总成长度,并通过调整锚头耳板来精确调整吊索两端锚头耳板孔之间的距离,使吊索长度能满足图纸规定的精度值。在长度满足要求后,在叉形耳板的螺纹部分钻90°锥形凹坑,上紧螺钉定位。

10.3.3.5 制作锥形铸锌块

监理检查:锥形铸锌块采用2号锌制作,应符合《锌锭》(GB/T 470—2008)的相关规定。铸锌熔液浇铸温度为(460±10)℃,浇铸连续进行,快浇满时要缓慢浇铸,并需进行必要的补灌以保证浇铸的密实度。冷却方式采用空气中的自然冷却,以防止铸体急剧降温引起较大的内应力。待铸体材料完全冷却后,脱去钢模,切除浇冒口和毛边,并用抛光片将铸体表面适当抛光处理。

10.3.3.6 卷盘包装

卷盘包装时应符合以下要求,监理检查:

在每根吊索索端锚具上,用红色油漆标明其编号和规格。每根吊索均挂有合格证,注明制造厂名、工程名称、吊索编号、规格、长度和重量及制造日期等。装好的吊索露天存放时整体采用专用防雨油布,存储场地需通风、排水良好。

骑跨式钢丝绳成品吊索上盘时,应将吊索在中央对弯,由中央向两侧卷绕,中央对弯部分的弯曲半径要大于钢丝绳直径的8倍。

吊索以脱胎成盘的形式包装运输,其盘绕内径为1800mm,每盘成品吊索采用不损伤拉索表面质量的材料捆扎结实,捆扎不少于6道,然后用麻布条紧密包裹。

10.3.4 主缆安装

10.3.4.1 猫道安装和拆除

1)猫道安装

(1)监理验收钢丝绳、门架、锚杆等猫道材料,注意核查猫道承重绳预张拉记录。

(2)猫道架设过程中,监理巡视检查:上下游猫道承重绳架设应保持基本同步,数量差不宜超过1根。中跨、边跨猫道面的架设进度,要以塔的两侧水平力差异不超过设计要求为准。在架设过程中须监测塔的偏移量和承重索的垂度。

猫道安装完成后,监理应组织检查验收,合格后方可投入使用,使用过程中应组织阶段性检查,确保施工安全。

2)猫道改挂

在加劲梁吊装之前必须把猫道分段悬挂于主缆上,监理巡视检查:分次放松承重绳锚固调节系统,使其不呈悬链线受力状态;猫道改挂前必须拆除横向天桥;悬挂点须对应在猫道底梁处,间距不宜超过24m。

3)猫道拆除

猫道拆除时监理巡视检查:是否按既定拆除方案实施;猫道拆除时采取适当措施保护吊索、主缆和桥面铺装,避免伤及已施工完成的结构。

10.3.4.2　主缆索股架设

主缆索股架设分为基准索股架设和一般索股架设。

索股架设分索股牵引、索股横移、索股整形、索股入鞍、索股入锚、索股垂度调整及锚跨张力调整几个工序。

1)索股牵引

(1)监理对牵引系统、猫道、索股等索股架设准备工作进行一次全面检查。

(2)牵引索股时,监理检查:

在牵引过程中同一牵引系统中两台卷扬机应保持同步进行,收、放速度一致,牵引被动卷扬机始终要保持一定的反拉力。在过塔顶门架、散索鞍支墩门架时适当降低牵引速度,以减少拽拉器对门架的冲击力,确保索股牵引的正常进行。对前锚头、猫道滚筒、鞍座滚筒、塔顶及散索鞍门架导轮组、放索机构等进行重点观测,以完善系统调试,提高后续牵引速度。在散索鞍支墩顶、塔顶、猫道上,均安排人员监视索股牵引情况,若发现索股扭转、散丝、鼓丝、缠包带断裂等情况,应督促施工单位采取措施及时纠正或处理。

索股架设时,原则上,上下游的两根主缆应对称架设施工,架设数量差不超过1根索股。

2)索股横移

牵引完的索股放在猫道托辊上,在索股提升前,监理检查索股的扭转情况,并将检查出来的扭转纠正,使索的每一根钢丝都处在完全平行状态,保证成缆后受力均匀。

提升和横移时,监理检查全跨径索股是否离开猫道托辊,人员不能进入提高的索股下,以防意外。

3)索股整形、入鞍

监理检查索股断面整形情况,是否放入鞍座内设定位置,索股就位后用楔形木块顶紧。

4)索股入锚

监理检查索股两端锚头临时锚固在相应锚杆上的情况,应锚固牢靠。

5)索股垂度调整

索股垂度调整,监理控制要点如下:

(1)主缆索股垂度调整分为基准索股垂度调整和一般索股垂度调整两种。基准索股垂度调整方法是绝对高程法,一般索股垂度调整方法是相对于基准索股垂度进行垂度调整。

(2)白天架设完的索股,垂度调整一般应选择在温度相对稳定、风力不大的夜间进行。在垂度调整前,要进行外界气温和索股温度的测量。不符合温度稳定条件、风力超过12m/s(六级风)、雾太浓时不能进行索股调整。

(3)调整顺序。

通常,索股垂度调整顺序是先中跨后边跨。首先调整中跨索股垂度,符合要求后在主索鞍鞍槽内固定。再调整两边跨索股垂度,符合要求后在散索鞍鞍槽内固定。锚跨则利用千斤顶张拉索股张力进行调整,垂度调整完成后,应做上标记,以便后续索股架设时检查有无滑移。

(4)基准索股垂度监测。

基准索股垂度调整采用绝对高程法进行。基准索股的线形实质上直接影响以后主缆的线形,因此调整方法及监控方案必须绝对可靠,以满足主缆设计线形。

基准索股垂度调整好后,须进行至少3天稳定观测,确认索股线形完全符合稳定要求后,其中中跨绝对高程允许误差为(+40,-20)mm,边跨为(+60,-30)mm,将连续3天观测数据经算术平均后作为基准索股最终线形。

(5)一般索股垂度调整。

基准索股以外的索股为一般索股,一般索股是依据相对基准索股进行相对垂度调整。

为保证一般索股调整时所用的基准索股始终处于自由漂浮状态,采用主缆各层外侧一根一般索股作为相对基准索股,其垂度依靠1号基准索股进行传递,然后利用各层相对基准索股调整同一层一般索股和上一层相对基准索股的垂度,以达到主缆线形调整的目的。为了消除调整误差的积累,每根相对基准索股的调整误差均进行传递,即调整下一根相对基准索股时,它们之间的理论相对垂度值中要减去当前相对索股的调整误差值,以确保每一根索股相对于1号索股的调整误差均为0~5mm。

6)索股张力调整

监理检查锚跨张力调整用千斤顶标定报告、旁站张力调整过程;检查锚固情况,与监控单位索力测试情况进行比对,锚跨张力与设计值误差控制在±10kN范围内。

7)主缆架设施工监控量测

(1)监控指令。

监理督促、检查施工单位按监控指令要求进行主缆垂度调整、锚跨张力调整、施工监测等工作。

(2)监控量测。

施工监控单位需独立对索股垂度、索塔偏位进行监测,监理及时对施工监测和监控量测数据进行比对分析。

10.3.4.3 紧缆施工

紧缆可分为初紧缆和正式紧缆。

1)初紧缆

初紧缆,监理控制要点如下:把架设完成的主缆六边形初步紧成近似圆形,空隙率控制在28% ~30%。

初紧缆在温度比较稳定的时段(夜间)进行。

初紧缆作业使用设备为手拉葫芦及手扳葫芦。监理督促施工单位将预紧点6~7m范围内的主缆外层索股绑扎带解除,在主缆的外层包一层起保护作用的麻袋或塑料布等其他软质物品。

检查索股和钢丝的排列,避免出现绞丝、串丝和鼓丝现象;测量主缆的周长,待主缆的空隙率目标控制值满足目标值26% ~28%,用软钢带将主缆捆扎紧固。

2)正式紧缆

正式紧缆监理控制要点如下:

(1)主缆回弹率试验。

正式紧缆前的现场试验在中跨跨中进行,以此检验紧缆机的工作性能和测定主缆紧缆后的回弹率(主缆空隙率控制值指的是紧缆机移开至少5m后所测的结果),按照要求做好相应记录。根据试验情况对紧缆机进行调整和制定相应的紧缆工艺,确定工作压力,然后转入正式紧缆。

(2)正式紧缆。

正式紧缆可在白天进行。每根主缆由2台紧缆机进行紧缆施工,根据施工工艺要求,正式紧缆顺序为边跨由塔顶向锚碇方向,中跨由跨中向塔顶方向进行紧缆作业。

在紧缆时,注意检查主缆钢丝是否平行,不能有交叉及外窜现象,否则要及时处理。在初加压阶段,必须严格控制6个紧固蹄的同步性。当紧固蹄处主缆直径经测量符合要求后,用不锈钢带绕在主缆上捆扎,并用带扣固定。

(3)主缆直径的测定。

主缆全部紧固完成后,测定捆扎带旁边的主缆直径及周长,确定实际的空隙率。

在各索夹安装位置附近,根据设计要求,紧缆时索夹处主缆空隙率控制在18%,以方便后续索夹安装,其余主缆空隙率为20%;主缆直径不圆度(主缆横径和竖径差)应控制在主缆直径的2%内。

10.3.4.4 主缆缠丝防护

1)工地缠丝试验

监理审查缠丝试验方案,全程参与缠丝试验,记录缠丝速度、缠丝张力等数据及出现的问题,审查缠丝试验总结。

2）主缆缠丝

主缆缠丝监理控制要点：

（1）检查主缆表面清洁处理情况。

（2）检查主缆缠丝张力、钢丝间隙、钢丝焊接质量。

10.3.4.5 主缆防腐施工

采用缠包带的形式对主缆进行防腐处理。

（1）对进场主缆缠包带进行验收。

（2）在缠包带施工时，检查缠绕间距、叠压宽度、加热温度和时间，聚硫密封剂和楔形带的安装质量。

10.3.5 吊索安装

吊索安装监理控制要点：

（1）吊索安装前，应对吊索进行检查验收。

（2）位置不同，吊索长度就不同，故安装时应仔细检查其编号，使吊索的编号和索夹位置对应。

（3）吊索在现场搬运、安装施工过程中（特别是吊索穿越猫道面网时），采取切实有效的措施避免损伤、污染吊索。

（4）巡视检查吊索安装，对安装完成的吊索进行检查验收，吊索应顺直、无扭转，防护完好，检查吊索上、下游吊点高差是否符合规范要求。

10.4 监理工作方法与措施

10.4.1 监理工作方法

监理工作方法有旁站、巡视检查、抽检、验收等。

10.4.1.1 旁站

根据现行规范、监理计划，结合本项目特点，规定旁站监控点，旁站监理人员对索股工艺试验、索股锚头反顶检验过程、吊索工艺试验、吊索锚头反顶检验过程、基准索股架设安装、首根吊索安装等关键工序的质量进行旁站，并做好旁站记录。

10.4.1.2 巡视检查

对施工过程中的巡视检查内容包括主缆索股厂内制作、吊索厂内制作、猫道架设、主缆索股架设、主缆紧缆、主缆防腐、吊索安装等。

10.4.1.3 抽检

对重点桩位复测不少于30%；对钢丝、钢丝绳、锌铜合金、锚具等原材料抽检频率按批次应不低于规定施工检验频率的10%；对分项工程中的关键项目(主缆索股和锚头制作：索股基准丝长度、成品索股长度、热铸锚合金灌注率、索股轴线与锚头端面垂直度；吊索和锚头制作：热铸锚合金灌注率、吊索轴线与锚头端面垂直度；主缆架设：索股高程；主缆防护：缠丝张力、防护层厚度)抽检频率按批次应不低于规定施工检验频率的20%。

10.4.1.4 验收

施工过程中的验收内容包括索股和锚头、吊索和锚头、主缆架设、吊索安装、主缆防护等。

10.4.2 监理工作的主要措施

10.4.2.1 组织措施

明确内部职责分工，建立岗位责任制，制定监理工作制度，同时采取考核的办法，落实质量控制的责任。

10.4.2.2 技术措施

根据施工的每一阶段(施工准备阶段、施工阶段和竣工验收阶段)，采取事前、事中和事后相结合的质量控制措施，并注意突出控制重点，充分运用监理独立的平行检验手段，实施对施工全过程的监理。

10.4.2.3 经济措施

充分运用合同管理和工程计量权，督促施工单位按合同办事，严格执行工程质量的检查和验收制度，对不符合合同规定质量及安全要求的工程不予中间交工、不予计量。

10.4.2.4 合同措施

审查分包、专业分包的资质，监督和防止转包、层层分包和总包单位以包代管的现象。自觉按合同办事，督促施工单位、综合队遵守合同，协调合同纠纷。

10.4.3 具体措施

(1)监理人员应熟悉设计文件，参加设计交底。监理人员对施工图应重点核对：

①现场地形、地貌、水文和地质条件。

②设计中考虑采用的施工方法、技术措施、新技术、新工艺和新材料等。

③采用的设计标准、结构细节的质量要求。

(2)在审批施工组织设计(施工方案)时，监理人员除考虑满足规范及设计要求外，应重点审查工艺是否合理，施工方法是否安全可靠有效，施工平面布置是否符合现场的条件以及环境保护和水土保持(以下简称环水保)的要求。

(3)进场的工程材料、半成品、构配件和设备等应符合国家现行有关标准，监理人员应检查相关质量文件，并按规定抽样试验，经检测合格后，方可批准使用。

(4)施工中使用的各种机械、设备和设施,施工单位使用前应进行全面检查或鉴定,经运转合格后,方准使用。监理人员应对此进行监督,并要求施工单位经常检查,定期校核标定。

(5)对隐蔽工程,施工单位必须在自检合格后,报请监理检查。监理人员应对每道工序检验并签认,未经监理签认,不得进入下道工序。

(6)对关键工序进行旁站,旁站中做出详细记录,真实反映施工过程。

10.5 巡视、旁站、抽检和验收计划

10.5.1 巡视

采取以巡视为主的方式进行施工现场监理,对施工的主要工程每天巡视不少于1次,并填写巡视记录(表10-1)。

巡视计划表　　表10-1

部　位	监理人员	备　注
主缆索股厂内制作	张某、李某	
吊索厂内制作	张某、李某	
猫道架设	张某、李某	
主缆索股架设	张某、李某	
主缆紧缆	张某、李某	
主缆防腐	张某、李某	
吊索安装	张某、李某	

10.5.2 旁站

按照合同条款、《公路工程施工监理规范》(JTG G10—2016)附录A及监理计划相关要求开展旁站工作(表10-2)。

旁站计划表　　表10-2

部　位	监理人员	备　注
索股厂内制作重要试验过程(工艺试验、顶压试验等)	张某、李某	
基准索股架设	张某、李某	
索股垂度调整	张某、李某	
锚跨张力调整	张某、李某	
首件吊索安装	张某、李某	

10.5.3　抽检

对重点桩位复测不少于30%；对钢丝、钢丝绳、锌铜合金、锚具等原材料抽检频率按批次应不低于规定施工检验频率的10%；对分项工程中的关键项目（主缆索股和锚头制作：索股基准丝长度、成品索股长度、热铸锚合金灌注率、索股轴线与锚头端面垂直度；吊索和锚头制作：热铸锚合金灌注率、吊索轴线与锚头端面垂直度；主缆架设：索股高程；主缆防护：缠丝张力、防护层厚度）抽检频率按批次应不低于规定施工检验频率的20%（表10-3）。

抽检计划表　　表10-3

部　　位	监 理 人 员	备　　注
测量桩位抽检	张某、李某	
原材料检测	张某、李某	
主缆索股和锚头制作	张某、李某	
吊索和锚头制作	张某、李某	
主缆架设	张某、李某	
主缆防护	张某、李某	

10.5.4　验收

分项工程施工完成后，督促施工单位提交中间交工验收申请，及时组织验收（表10-4）。

验收计划表　　表10-4

部　　位	监 理 人 员	备　　注
索股和锚头	张某、李某	
吊索和锚头	张某、李某	
主缆架设	张某、李某	
吊索安装	张某、李某	
主缆防护	张某、李某	

第11章　梁板预制与安装监理细则

——以湖北交投监利至江陵高速公路东延段建设项目为例

11.1　小箱梁预制监理细则

11.1.1　工程内容和特点

11.1.1.1　工程内容

项目起讫点桩号为K38+010~K64+900，路线全长26.89km（不含互通及连接线）。主线桥梁9718m/31座，其中特大桥2199m/1座、大桥6453m/座、中桥1066m/13座，全线设互通立交3处（斗闸线大桥1处，闸口单喇叭互通1处，孟家溪枢纽互通1处），桥梁占路线总里程的34.6%。

本项目预制小箱梁共2430片，共设3个梁场。其中25m预制小箱梁714片，30m预制小箱梁1596片，40m预制小箱梁120片。

11.1.1.2　工程特点

(1)采用C50混凝土，对原材料及混凝土技术指标要求高。

(2)钢筋连接及安装、模板定位安装、预应力管道定位、混凝土浇筑与养护、预应力张拉、孔道压浆和封端等工艺标准要求高。

11.1.2　预制梁板监理工作流程(图 11-1)

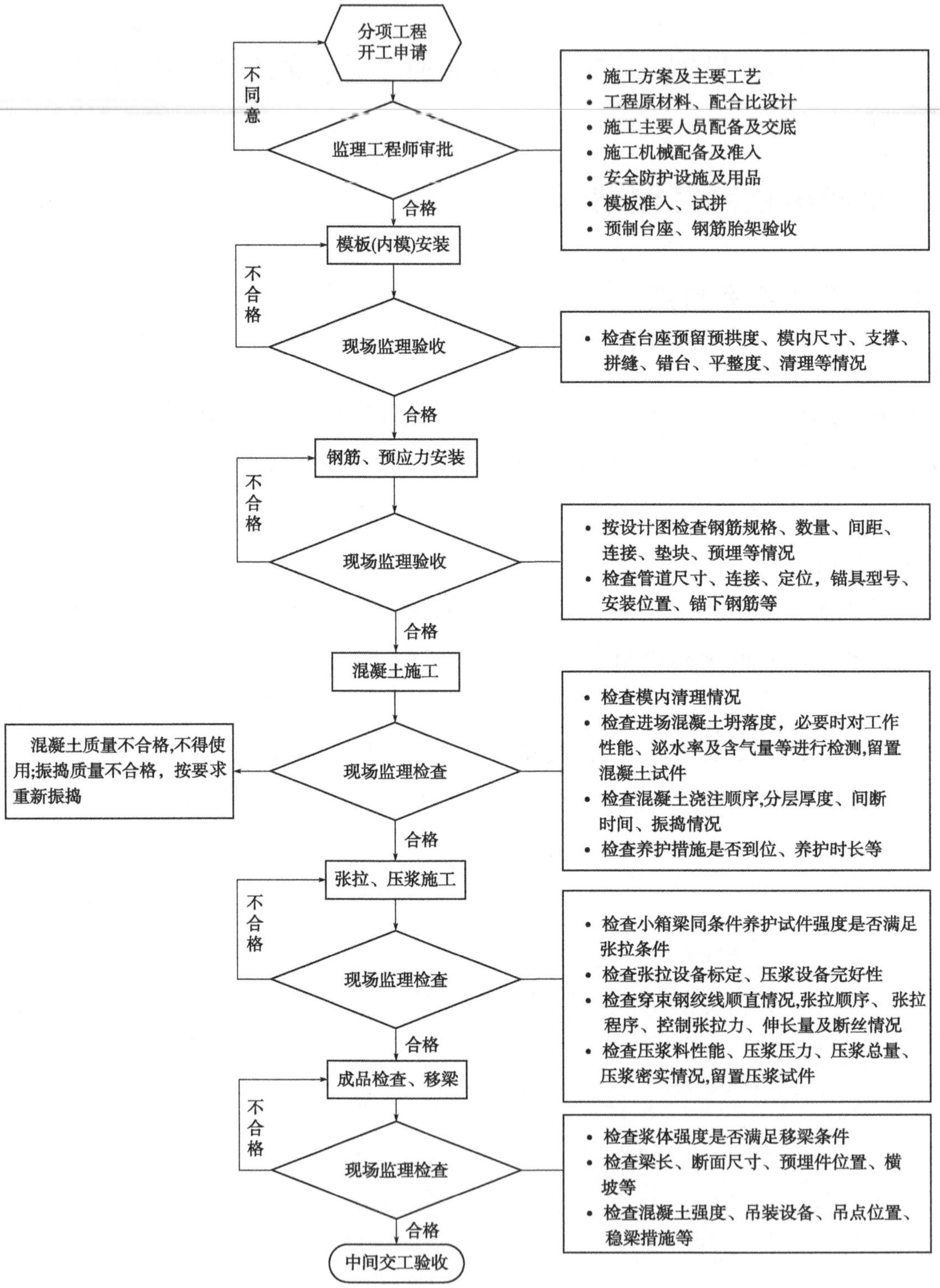

图 11-1　预制梁板监理工作流程

11.1.3　监理工作要点

11.1.3.1　施工准备

预制梁场及拌和站需按照批复的建设方案建设完成并通过验收。

1)确定小箱梁预制监理工作重点

(1)混凝土、外加剂、钢筋、预应力筋及锚夹具、波纹管等原材料及半成品质量。

(2)模板的强度、刚度、结构尺寸及底座尺寸、反拱设置精度的控制。

(3)钢筋的加工、连接、制作质量,钢筋胎架制作精度的控制及验收。

(4)混凝土的配比,混凝土浇筑、养护设备及混凝土养护的控制。

(5)混凝土的强度,梁体混凝土芯部、表层与环境温差的控制。

(6)预应力筋的位置、张拉设备的标定、预应力张拉时对混凝土强度和混凝土弹性模量要求值的控制。

(7)预应力管道压浆与封端质量。

2)检查施工准备情况

(1)施工方案报审、批复及交底情况。

(2)原材料进场计划、质量证明文件、施工单位复验结果。

(3)混凝土配合比设计、试配、检验结果和相关记录、资料。

(4)施工人员、机械设备、辅助材料的进场情况及状态。

(5)模板准入及拼装情况。

11.1.3.2　模板工程

(1)模板实行准入制,所有模板进场后,须经过施工单位自检合格,报监理验收合格后方可投入使用。

(2)检查钢模板是否有足够的强度、刚度及稳定性,且具有能经多次使用不致产生影响梁体外形的刚度。

(3)检查模板焊接效果,接缝是否平整,确保不漏浆。

(4)检查内外模的规格、几何尺寸、光洁度、平整度,确保梁体各部位尺寸正确,预埋件位置准确。

(5)模板制作及安装允许偏差见表11-1、表11-2。

模板制作允许偏差　　表11-1

序号	项　目	允许偏差(mm)
1	长度和宽度	+0,-1
2	肋高	±5
3	面端板倾斜	0.5

续上表

序号	项　　目	允许偏差(mm)
4	连接配件孔眼位置,孔中心与板面的间距	±0.3
5	连接配件孔眼位置,板端中心与板端的间距	+0,-0.5
6	连接配件孔眼位置,沿板长、宽方向的孔	±0.6
7	板面局部不平	1
8	板面和板侧挠度	±1

模板安装允许偏差 表11-2

序号	项　　目	允许偏差(mm)
1	模板高程	±10
2	横板尺寸	+5,-0
3	轴线偏位	10
4	装配式构件支承面的高程	+2,-5
5	模板相邻两板表面高低差	2
6	模板表面平整	5
7	预埋件中心线位置	3
8	预留孔洞中心线位置	10
9	预留孔洞截面内部尺寸	+10,-0

11.1.3.3 钢筋加工及安装

检查钢筋出厂材质证明和检验报告,施工单位完成自检工作:

(1)检查钢筋连接质量,采用电弧焊时,要选择焊接工艺与参数,焊接搭接长度双面焊不小于 $5d$,双面焊不小于 $10d$,焊缝饱满平滑,不得夹渣、不得伤主筋,接头位置不得在最大弯矩(跨中)和最大剪力(支承端)处 $35d$ 范围内接头,面积不得超过50%,接头处的弯折角不得大于4°,按每批300个接头做焊接检验。采用绑扎时,受拉区搭接长度不小于 $25d$,受压区为受拉区的0.7倍,末端应做成弯钩,不做弯钩搭接长度应不小于 $30d$。

(2)钢筋安装质量。检查钢筋构件的形状、尺寸、直径、根数、间距及位置;现场绑扎钢筋时应符合相关规定:

①检查钢筋的交叉点是否用铁丝绑扎结实,或者点焊焊牢。

②检查除设计有特殊规定外,梁中的箍筋是否与主筋垂直。

③全数检查箍筋的末端是否向内弯曲,箍筋转角与钢筋的交点是否绑扎牢固。

④全数检查交叉处的绑扎是否扎牢,扎用的铁扎丝是否向里弯,并不得伸向保护层内,保护层材料(要求采用成品砂浆块)和厚度是否符合规定。

⑤全数检查通风孔、吊装孔、泄水孔处的加强钢筋是否与设计相符,预埋钢板防锈及调坡(纵坡调整)坡度,单独预埋钢筋、钢板、连接器是否与梁体钢筋连为一体。

⑥外观鉴定：钢筋表面应无裂皮、油污、颗粒状或片状锈蚀及焊渣、烧伤，绑扎或焊接的钢筋网和钢筋骨架不得松脱和开焊；焊接接头不得出现裂纹。

⑦钢筋安装允许偏差见表11-3。

钢筋安装允许偏差　　表11-3

项次	项目		允许偏差(mm)
1	受力钢筋间距	两排以上排距	±5
		梁、板、拱肋及拱上建筑	±10
2	箍筋、构造钢筋、螺旋筋间距		±10
3	钢筋骨架尺寸	长	±10
		宽、高或直径	±5
4	弯起钢筋位置		±20
5	保护层厚度	梁、板、拱肋及拱上建筑	±5

11.1.3.4　预埋件、预留钢筋、排水系统的控制

(1)检查支座预埋钢板尺寸、位置是否正确。

(2)检查通风孔、吊装孔、检查孔、泄水孔的位置、孔径、深度是否符合设计和规范的要求。

(3)检查防撞护栏预埋筋、伸缩预埋筋、横隔板预埋筋、湿接缝预埋筋等预留钢筋的位置、高度、长度及预留孔PVC管设置是否符合设计和规范要求。

(4)检查排水孔是否符合设计和验标要求。

(5)以上用观察、尺量等方法全部检查，并检查相关施工记录。

11.1.3.5　预应力筋及管道制作和定位

(1)检查预应力筋预留管道的金属螺旋管，确保管道位置准确，管节连接平顺。管道“#”字定位钢筋，直线段间距100cm，曲线段间距50cm。管道接头采用大一型号管道连接，并要求采用封口胶带密封严实，防止漏浆。孔道锚固端的预埋锚垫板应垂直于孔道中心线，孔道成型后应对孔道进行检查，发现孔道阻塞或残留物应及时督促处理。钢筋焊接或绑扎时，要做好预应力管道防护，防止火星或物理伤害造成孔洞漏浆。

(2)管道安装允许偏差见表11-4。

管道安装允许偏差　　表11-4

项次	项目		允许偏差(mm)
1	管道坐标	梁长方向	±30
		梁宽方向	±10
		梁高方向	±10
2	管道间距	同排	±10
		上下层	±10

(3)预应力钢绞线制作。

①钢绞线下料长度通过计算确定,复核计算时考虑孔道长度、锚夹具厚度千斤顶长度、镦头预留量、弹性回缩值、张拉伸长值、张拉工作长度。

②钢绞线下料采用切断机或砂轮锯切断,严禁使用电弧焊切割。

③检查多根钢绞线整体穿入孔道工艺是否符合规范要求。应先编束,编束应将钢绞线逐根理顺,防止缠统,并每隔 1 ~ 1.5m 捆绑一次,使其绑扎牢固、顺直。

11.1.3.6 混凝土工程

1)混凝土原材料及拌和

(1)检查进场原材料是否有供应商提供的出厂检验合格证,并按相关检验要求实施进场检验。水泥、外加剂、矿物掺和料、细集料、粗集料、拌和用水应符合现行的《公路桥涵施工技术规范》(JTG/T 3650)等相关规范要求。

(2)检查混凝土拌和物配料是否采用自动计量装置,粗细集料中的含水率应及时测定,并按实际测定值调整用水量、粗细集料用量;禁止拌合物出机后加水。

(3)检查现场混凝土浇筑设备、人员是否符合方案要求,梁体泵送混凝土连续灌筑、一次成型,灌筑时间不宜超过 6h 或不得超过混凝土的初凝时间。

2)混凝土浇筑

(1)浇筑混凝土前,应仔细检查钢筋保护层垫块的位置、数量及其坚固程度。构件侧面和底面的垫块至少应为 4 个/m^2。绑扎垫块和钢筋的铁丝不得伸入保护层。

(2)测试预制梁混凝土拌和物入模前的含气量及工作性能,含气量控制在 2% ~ 4%(每 50m^3测量一次)。

(3)梁混凝土灌筑时,检查模板温度,宜在 5 ~ 35℃范围内。

(4)梁混凝土拌和物的入模温度,宜在 5 ~ 30℃范围内(每 50m^3 测量一次)。当昼夜平均气温低于 5℃或最高气温低于 -3℃时,应按冬期施工处理。

(5)检查混凝土浇筑顺序是否符合施工方案要求。

(6)督促按要求制作同条件养护试件。

3)混凝土振捣

梁混凝土应具有良好的密实性。检查灌筑时是否采用附着式振动器并辅以插入式高频振捣棒振捣成型,振捣棒应垂直点振,不得平拉,快插慢抽,并应防止过振、漏振。

4)混凝土养护

小箱梁应按规定养护不少于 14d,养护方式应符合专项施工方案。

5)梁体混凝土拆模

拆模时的梁体强度应符合规范要求,且能保证棱角完整。

11.1.3.7 预应力张拉

预应力按预张拉、初张拉和终张拉三个阶段进行，张拉前检查锚具、夹具和连接器是否符合现行《预应力筋用锚具、夹具和连接器》（GB/T 14370）要求，按批次和数量抽样检验外观、硬度、静载锚固性能试验。预应力钢绞线技术性能是否符合国家现行《预应力混凝土用钢绞线》（GB/T 5224）的规定和满足设计要求。

（1）检查张拉用的千斤顶、油压表、油泵、阀门接头等应校验标定并在有效期内使用。预应力设备应建立台账并定期校验；检查张拉千斤顶的校正系数，千斤顶额定张拉力应为所需张拉力的1.5倍，不得小于所需张拉力的1.2倍，油压表的精度不得低于1.0级，最大读数为张拉力的1.5～2.0倍，千斤顶与油表配套标定和使用。千斤顶、油表标定的有校期不得超过6个月，张拉次数不超过300次。

（2）控制梁体混凝土强度，当达到设计强度的85%后，且混凝土龄期不小于7d时，方可同意进行钢绞线张拉。

（3）全程旁站张拉施工，检查预应力筋张拉程序，除符合设计要求外，根据现行《公路桥涵施工技术规范》（JTG/T F50）规定的程序执行：0—10% σ_{com}—20% σ_{com}—σ_{com}（持荷5min锚固）。

（4）检查张拉操作工艺。

重点检查每束钢绞线根数与相应的锚具、锚板配套情况；安装的工具锚和工具夹片是否符合规范及产品要求；检查张拉顺序、加载分级、两端同步性、持荷时间是否符合相关规范及设计要求；检查伸长量测量记录规范性、准确性；张拉值的大小以油压表的读数为主，以预应力筋伸长值做校核，实际伸长值与理论伸长值应控制在±6%范围内，每端锚具回缩量控制在6mm以内，超出范查找分析原因并处理；检查全梁断丝，滑丝总数是否满足不超过钢丝总数的1%，且一束内断丝数量不得超过一丝，也不得在同一侧的要求；督促落实张拉安全防护措施。

（5）后张预制梁终张拉后，见证实测梁体弹性上拱，实测上拱值不大于1.05倍设计计算值。

11.1.3.8 管道压浆

（1）根据施工方案，检查预制小箱梁压浆工艺是否采用大循环智能压浆系统，设备是否符合方案要求。

（2）检查压浆时间，后张预制梁终拉完成后，宜在48h内进行管道真空辅助大循环智能压浆。压浆时及压浆后3d内，梁体及环境温度不5℃。

（3）检查压浆用水泥，水泥应为强度等级不低于42.5级硅酸盐水泥。浆体28d强度不低于50MPa。要求压浆饱满，强度达到40MPa时，箱梁方可吊装。

（4）压浆后应通过检查孔抽查压浆的密实情况，如有不实，应及时进行补压浆处理。

(5)压浆浆液性能指标见表11-5。

压浆浆液性能指标　　表11-5

序号	项　目		性能指标	检验方法标准
1	水胶比		0.26～0.28	现行《水泥标准稠度用水量,凝结时间、安全性检验方法》(GB/T 1346)
2	凝结时间(h)	初凝	≥5	
3		终凝	≤24	
4	流动度(25度)(s)	初始流动度	10～17	《公路桥涵施工技术规范》(JTG/T F50)附录C3
5		30min流动度	10～20	
6		60min流动度	10～25	
7	泌水率(%)	24h自由泌水率	0	《公路桥涵施工技术规范》(JTG/T F50)附录C4
8		3h钢丝间泌水率	0	《公路桥涵施工技术规范》(JTG/T F50)附录C5
9	压力泌水率(%)	0.22MPa(垂直高度≤1.8)	≤2.0	《公路桥涵施工技术规范》(JTG/T F50)附录C6
10		0.36MPa(垂直高度>1.8)		
11	自由膨胀率(%)	3h	0～2	《公路桥涵施工技术规范》(JTG/T F50)附录C4
12		24h	0～3	
13	充盈度		合格	《公路桥涵施工技术规范》(JTG/T F50)附录C7

(6)检查作业时间,水泥浆搅拌结束至压入管道的时间间隔不应超过40min;见证试件制作。

(7)检查冬季压浆时是否采取保暖措施,并掺加引气剂。

11.1.3.9　预应力筋封锚

(1)检查梁端封锚处混凝土表面凿毛质量、钢筋网片绑扎质量及工作面清理情况。封锚混凝土采用微膨胀混凝土,抗压强度不应低于设计要求。严格控制封锚后的梁体长度。

(2)检查锚具处理情况,封锚前应对锚具、锚垫板表面及外露钢绞线用聚氨酯防水涂料进行防水处理。

(3)检查接缝处理,封锚混凝土养护结束后,应采用聚氨酯防水涂料对新老混凝土之间的交接进行防水处理。

(4)封锚混凝土与相连混凝土应无大于5mm的施工接缝错台;不应存在现行《公路工程质量检验评定标准　第一册　土建工程》(JTG F80/1)附录P所列限制缺陷。

11.1.4 监理工作方法与措施

11.1.4.1 监理工作方法

监理工作方法有旁站、巡视检查、抽检、验收等。

1)旁站

根据现行规范、监理计划,结合本项目预制小箱梁工艺特点,明确规定旁站监控点,旁站监理人员对首件工程、首次张拉、首次压浆质量进行严格的旁站监理,并做好旁站记录。工作要求如下:

(1)检查施工单位管理人员的到位情况。

(2)检查施工方案落实情况及工程建设强制标准情况。

(3)严格按照监理工作控制要点的质量要求进行过程检验。

(4)认真、准确地做好旁站监理记录。

(5)发现异常问题,当班监理人员应及时向监理组长报告,经妥善处理后方可转入下道工序施工。

2)巡视检查

监理工程师采取以巡视为主的方式进行施工现场监理,对施工的主要工程每天不少于1次,并填写巡视记录。

巡视应包括下列主要内容:

(1)施工现场管理人员特别是质量、安全管理人员是否到位,特种作业人员是否持证上岗。

(2)使用的原材料或混合料、构配件和主要施工机械设备是否与批准的一致。

(3)是否按技术标准、工程设计文件、批准的施工组织设计和方案施工。

(4)质量、安全、环保和施工标准化等措施是否落实,施工自检和工序交接是否符合规定。

3)抽检

对钢筋、水泥、碎石等原材料及水泥混凝土抽检频率按批次应不低于规定施工检验频率的10%;对分项工程中的关键项目(混凝土强度、钢筋间距、保护层厚度、张拉应力值、张拉伸长量、浆体强度、压浆压力值、梁体断面尺寸)和结构主要尺寸,抽检频率按批次应不低于规定施工检验频率的20%。

4)验收

施工过程中的验收内容包括钢筋加工及安装、模板制作及安装;预应力管道安装,混凝土强度及外观质量等。对关键工序及隐蔽工程进行摄影或录像,并形成影像资料记录。

11.1.4.2 监理工作的主要措施

1)组织措施

总监办明确内部职责分工,建立岗位责任制,制定监理工作制度,同时采取考核的办法,落实质量控制的责任。

2)技术措施

根据施工的每一阶段(施工准备阶段、施工阶段和竣工验收阶段),采取事前、事中和事后相结合的质量控制措施,并注意突出控制重点,充分运用监理独立的平行检验手段,实施对施工全过程的监理。

3)合同措施

审查分包、专业分包的资质,监督和防止转包、层层分包及总包单位以包代管的现象。自觉按合同办事,督促施工单位、综合队遵守合同,协调合同纠纷。

4)经济措施

充分运用合同管理和工程计量权,督促承包方按合同办事,严格执行工程质量的检查和验收制度,对不符合合同规定质量及安全要求的工程不予中间交工、不予计量。

监理控制的重点放在施工前的准备阶段和施工阶段,做好事前监理和主动监理,把问题发现和解决在开工之前和施工过程之中。

11.1.5 巡视、旁站、抽检和验收计划

11.1.5.1 巡视

施工过程中的巡视检查内容包括钢筋、模板、混凝土、预应力张拉、孔道压浆、封端等(表11-6)。

巡视计划表　　表11-6

部位	监理人员	备注
钢筋加工安装	张某、李某	
模板清理安装	张某、李某	
混凝土浇筑	张某、李某	
预应力张拉压浆	张某、李某	
预制梁移梁存放	张某、李某	

11.1.5.2 旁站

按照现行《公路工程施工监理规范》(JTG G10)附录A及监理计划相关要求,本项目旁站项目为首件工程、首次张拉、首次压浆,旁站频率100%(表11-7)。

旁站计划表

表11-7

部　　位	监理人员	备　　注
首件工程	张某、李某	
首次张拉	张某、李某	
首次压浆	张某、李某	

11.1.5.3　抽检

对钢筋、水泥、碎石等原材料及水泥混凝土，抽检频率按批次应不低于规定施工检验频率的10%；对分项工程中的关键项目和结构主要尺寸，抽检频率按批次应不低于规定施工检验频率的20%（表11-8）。

抽检计划表

表11-8

部　　位	监理人员	备　　注
原材料	王某、李某	
钢筋加工及安装	张某、李某	
预应力筋加工和张拉	张某、李某	
预应力管道压浆	张某、李某	

11.1.5.4　验收

小箱梁预制分项工程施工完成后，督促施工单位提交中间交工验收申请，及时组织验收（表11-9）。

验收计划表

表11-9

部　　位	监理人员	备　　注
钢筋工程	张某、李某	
预应力工程	张某、李某	
混凝土工程	张某、李某	

11.2　预制小箱梁安装监理细则

11.2.1　工程内容和特点

11.2.1.1　工程内容

项目主线桥梁9718m/31座，其中特大桥2199m/1座、大桥6453m/座、中桥1066m/13座，全线设互通立交3处（公安南互通主线桥1处，闸口单喇叭互通1处，孟家溪枢纽互通1处），桥梁占路线总里程的34.6%。

本项目预制小箱梁共2430片，共有3个架梁作业队。其中25m预制小箱梁714片，30m预制小箱梁1596片，40m预制小箱梁120片。箱梁在预制场内集中预制，在存梁区集中堆放,然后由运梁车运至施工现场,采用架桥机安装。

11.2.1.2　工程特点

(1)本项目桥梁占路线比重:59.38%,梁板吊装工作量大。

(2)梁板桥面运输路线长,安全隐患多。

(3)吊装作业专业性强,对设备、人员均需持证上岗。

(4)简支→连续体系转换,技术、质量要求高。

11.2.2　梁板安装监理工作流程(图11-2)

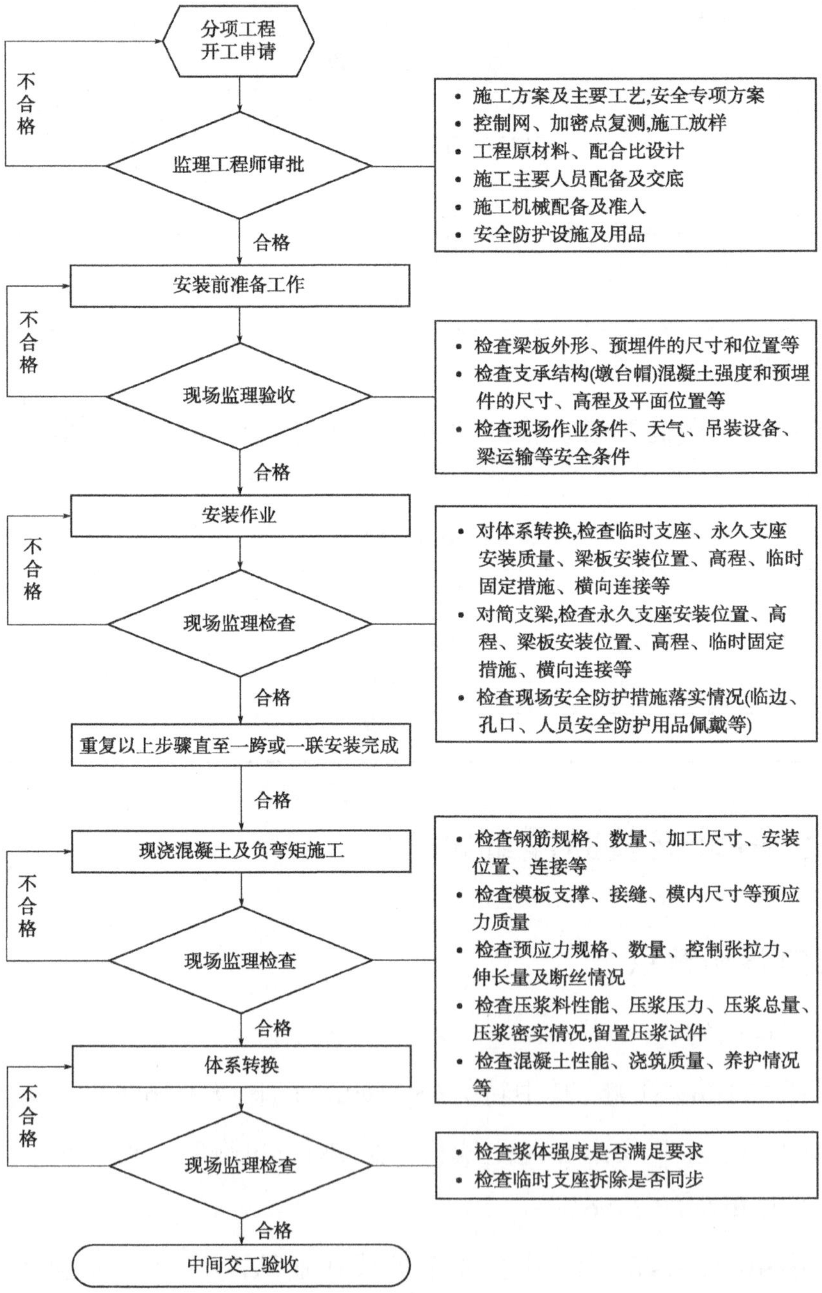

图11-2　梁板安装监理工作流程

11.2.3 监理工作要点

11.2.3.1 施工准备

1)确定梁板安装监理工作重点

(1)装卸及运输过程中不对梁板产生损伤及变形的保护措施。

(2)梁板运输及安装所涉及的机械的安全检验及鉴定。

(3)临时支座、永久支座安装偏位、高程及四角高差。

(4)梁板安装的支承中心偏位、梁顶面高程及相邻梁端顶面高差的精度控制。

(5)梁板运输、吊装、现浇施工中安全技术措施的落实与执行。

2)检查施工资料准备情况

检查施工资料准备情况包括设计文件、图纸、相关合同文件内容等。

3)检查施工准备情况

(1)施工方案、安全专项施工方案报审、批复及交底情况。

(2)施工人员、机械设备、辅助材料的进场情况及状态;架桥机进场检验、检测、使用登记等资料是否齐全,是否建立一机一档,特种作业人员是否持证上岗。

架桥机检查内容:

①架桥机型号、吊具形式应与批准的施工专项方案一致。根据特种设备相关管理规定,取得使用许可。

②架桥机支腿处应铺设垫木并进行临时固结。垫木应使用硬杂木,一般不多于三层。

③当现场风力达到6级以上或雨雪中级以上时,必须停止作业。

④有专人监控吊具、钢丝绳、制动装置、限位开关、防护护栏和安全网的重要安全设备,并做好记录。

⑤为保护架桥机电机,应设置防雨棚及检修平台,检修平台应设护栏。

⑥架桥机临近、穿越、跨越高压线时应设防电护网。架桥机作业平台及楼梯应设置护栏。

⑦架桥机应设置有效的限位器,轨道尽头应设置缓冲器。

(3)控制网、加密点复测成果,施工放样情况。

(4)原材料检验、配合比批复情况。

(5)支座垫石自检、抽检情况。

(6)现场作业条件、天气、吊装设备、梁板运输等安全条件。

4)安装前的检查

(1)检查盖梁、支座垫石的外观及尺寸、高程、平面位置、预埋件及混凝土强度是否达到设计要求。

（2）检查预制梁板外观、尺寸、预埋件及移梁条件是否符合设计要求。

11.2.3.2　支座安装

（1）检查桥台和简支墩上永久支座安装情况，垫石处清理应干净，高程超限的应凿毛清理，用干硬性水泥砂浆将支承面缺陷修补找平，并使其顶面高程符合设计要求。检查永久支座的连接螺栓深入台帽是否符合设计不小于10cm的要求及环氧树脂砂浆填充质量。

（2）支座安装平面位置应符合设计要求，连续墩支座位于桥墩中心线，支座安装前用全站仪测出支座中心点，按轴线与法线方向制成十字线，分别标注在垫石上，将橡胶支座准确安放在垫石上，要求支座中心十字线与垫石中心十字线重合，连续墩支座在中横梁施工时安放。

（3）检查支座底下钢板与垫石锚固方式、安装顺序及质量是否符合方案及相关规范要求。

（4）支座的不锈钢板表面不得有损伤、拉毛等缺陷，不锈钢板与上垫板采用榫槽结合时，上垫板开槽方向应与滑动方向垂直。四氟板支座安装时，支座表面应用丙酮或酒精擦干净，表面涂刷硅脂油。

11.2.3.3　临时支座安装

（1）检查连续墩上临时支座安装是否符合施工方案要求。待横隔板、现浇连续段、湿接缝、负弯矩钢绞线张拉及整联桥面现浇层施工完成后，方可同意临时支座拆除。

（2）现场精确进行高程测量，确定每个砂筒实际总高度，考虑到砂的压缩量，要求临时支座上垫板表面高于永久支座顶面5～8mm。为了控制梁的安装高程与设计高程一致，临时支座受到梁的重量后进行沉降量观测，要求放置箱梁后细沙的沉降量控制在6～8mm范围内。对砂筒里的砂有一定的质量要求，砂要细，含泥量要少，并且烘干含水率不大于1%。

（3）梁临时支座中心线位于桥墩中心线顺桥向50cm处，由于每个砂筒都对应固定的位置，不可混乱使用，导致高程错误。砂筒在安装完后要进行高程复核测量，高程合格后方可进行箱梁吊装。为了保证砂筒顶面均匀受力，砂筒钢垫板顶面宜放置2mm厚的橡胶皮，这样箱梁底部能与砂筒紧密均匀贴在一起。

（4）临时支座顶面高程应与永久支座顶面高程齐平。

11.2.3.4　梁板安装

（1）架设梁时应有专人统一指挥，按预先在墩帽顶完成的架设定位线准确缓慢落梁，两端同时下降到距离盖梁50cm左右高度，两端分别调整至安装线后，控制两端高差，保证两端同时就位。

(2)检查就位后梁板是否与安装线吻合。需要调整时,必须两端同时吊起再次调整。

(3)检查梁板间距,保证边梁与防震挡块的有效距离,梁板边板不得紧贴防震挡块。

(4)检查梁板间湿接缝的距离及边跨孔预留伸缩缝宽度。按不同的设计要求调整预留伸缩缝缝隙宽度。严禁伸缩缝预留宽度过小和过大,不得夹有混凝土块、石块、木头等杂物,影响自由伸缩。

(5)检查横隔梁是否准确对应,检查梁板纵、横向线形是否顺畅。

(6)梁板安装就位完毕并经过检查校正符合要求后,应及时横向焊接或做好临时支撑,防止梁体倾覆。

(7)不得随意挠动护栏、伸缩缝等预埋钢筋。

11.2.3.5 现浇施工及体系转换

(1)现浇连续段混凝土浇筑前,监理检查钢筋绑扎、焊接及顶板束波纹管安装质量是否符合设计及规范要求。在日温最低时浇筑连续接头,混凝土达到设计强度的85%后,且混凝土龄期不小于7d时,张拉顶板负弯矩预应力钢束,并压注水泥浆。

(2)检查桥面板湿接缝施工缝清理、钢筋绑扎、焊接、模板设置。湿接缝处理层表面的松弱层应予凿除,人工凿毛时,混凝土强度应达到2.5MPa;采用风动机凿毛时,混凝土强度应达到10MPa。经凿毛处理后的混凝土表面应采用洁净水冲洗干净。桥面板湿接缝混凝土应由跨中向支点浇筑,振捣密实。

(3)在体系转换前,检查确认转换时机是否符合方案要求。体系转换中检查解除临时支座操作是否符设计及规范要求。体系转换后检查永久支座安装质量,支座应保持水平,不得有偏斜、不均匀受力和脱空等现象(图11-3)。

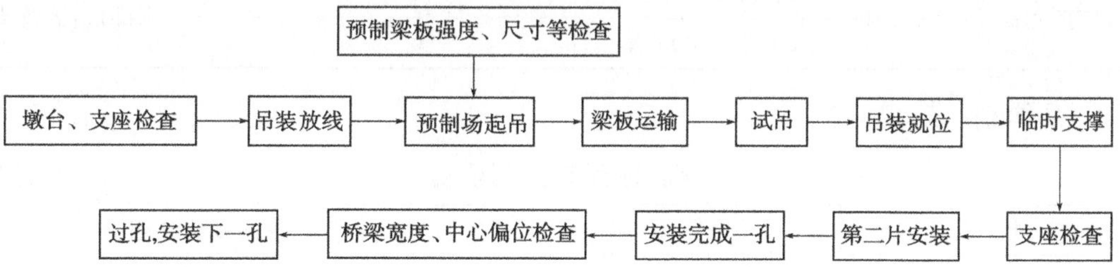

图11-3 梁板安装工序框图

11.2.3.6　实测检查项目

1）盖梁（表11-10）

盖梁实测项目　表11-10

检查项目	允许偏差	检验方法
混凝土强度（MPa）	在合格标准内	按现行《公路工程质量检验评定标准》（JTG/T F50）附录D检查
断面尺寸（mm）	±20	尺量：测3个断面
轴线偏位（mm）	≤10	全站仪：纵、横向各2点
顶面高程（mm）	±10	水准仪：测5点
支座垫石预留位置（mm）	≤10	尺量：每个检查
平整度	≤8	用2m直尺量：每侧面测3处，每处测长度方向

2）支座垫石（表11-11）

支座垫石实测项目　表11-11

检查项目	允许偏差	检验方法
混凝土强度（MPa）	在合格标准内	按现行《公路工程质量检验评定标准》（JTG/T F50）附录D检查
轴线偏位（mm）	≤5	全站仪、尺量：纵、横向方向，抽查50%
断面尺寸（mm）	±5	尺量：测1个断面，抽查50%
顶面高程（mm）	±2	水准仪：测中心及四角
顶面高差（mm）	≤1	水准仪：测中心及四角
预埋件位置（mm）	≤5	尺量：测每件

3）支座（表11-12）

支座实测项目　表11-12

项次	检查项目		规定值或允许偏差	检查方法和频率
1	支座中心横桥向偏位（mm）		≤2	尺量：测每支座
2	支座中心顺桥向偏位（mm）		≤5	尺量：测每支座
3	支座高程（mm）		按设计规定： 设计未规定时，±5	水准仪：测每支座中心线
4	支座四角高差（mm）	承压力≤5000kN	≤1	水准仪：测每支座
		承压力＞5000kN	≤2	

4）梁、板预制（表11-13）

梁、板预制实测项目　表11-13

检查项目	允许偏差	检测方法和频率
混凝土强度（MPa）	在合格标准内	按规定
梁板长度（mm）	+5，-10	尺量：每梁板
湿接缝宽度（梁翼缘）（mm）	±20	尺量：检查3处
箱梁顶宽（mm）	±20（±5）	尺量：检查3处
箱梁底宽（mm）	±10（±5，0）	尺量：检查3处
箱梁高度（mm）	+0，-5	尺量：检查2个断面

续上表

检查项目	允许偏差	检测方法和频率
箱梁顶板厚(mm)	+5，-0	尺量：检查2个断面
箱梁底板厚(mm)	+5，-0	尺量：检查2个断面
箱梁腹板厚(mm)	+5，-0	尺量：检查2个断面
平整度(mm)	≤5	2m直尺：每侧面每10m梁长测1处×2
预埋件位置(mm)	≤5	尺量：每件

5)梁、板安装(表11-14)

梁、板安装实测项目 表11-14

检查项目	允许偏差	检验方法
支承中心偏位(mm)	≤5	尺量：每跨测6个支承处，不足6个时全测
梁板顶面高程(mm)	±10	水准仪：每跨测5处，跨中、桥墩处应布置测点
相邻梁板面高差(mm)	≤10	尺量：测每相邻梁、板高差最大处

11.2.4 监理工作方法与措施

11.2.4.1 监理工作方法

监理工作方法有旁站、巡视检查、抽检、验收等。

1)旁站

根据现行规范、监理计划，结合本项目现浇梁工艺特点，规定旁站监控点，旁站监理人员对预应力张拉、首次孔道压浆等关键工序的质量进行旁站，并做好旁站记录。

工作要求：

(1)检查施工单位管理人员的到位情况。

(2)检查施工执行施工方案以及工程建设强制标准情况。

(3)严格按照监理工作的控制要点中相应工序的质量要求进行过程检验。

(4)认真、准确地做好旁站监理记录。

(5)发现异常问题，监理人员应及时报告，经妥善处理后方可转入下道工序施工。

2)巡视检查

监理工程师采取以巡视为主的方式进行施工现场监理，对施工的主要工程每天不少于1次，并填写巡视记录。

巡视应包括下列主要内容：

(1)施工现场管理人员特别是质量、安全管理人员是否到位，特种作业人员是否持证上岗。

(2)使用的原材料或混合料、构配件和主要施工机械设备是否与批准的一致。

(3)是否按技术标准、工程设计文件、批准的施工组织设计和方案施工。

(4)质量、安全、环保和施工标准化等措施是否落实,施工自检和工序交接是否符合规定。

3)抽检

对钢筋、水泥、碎石等原材料及水泥混凝土抽检频率按批次应不低于规定施工检验频率的10%;对分项工程中的关键项目(混凝土强度、钢筋间距、保护层厚度、张拉应力值、张拉伸长量、浆体强度、压浆压力值、梁体断面尺寸)和结构主要尺寸,抽检频率按批次应不低于规定施工检验频率的20%。

4)验收

施工过程中的验收内容包括小箱梁安装、现浇段钢筋加工及安装、现浇段模板制作安装,现浇段混凝土及外观质量等。

11.2.4.2 监理工作的主要措施

1)组织措施

总监办明确内部职责分工,建立岗位责任制,制定监理工作制度,同时采取考核的办法,落实质量控制的责任。

2)技术措施

根据施工的每一阶段(施工准备阶段、施工阶段和竣工验收阶段),采取事前、事中和事后相结合的质量控制措施,并注意突出控制重点,充分运用监理独立的平行检验手段,实施对施工全过程的监理。

3)合同措施

审查分包、专业分包的资质,监督和防止转包、层层分包及总包单位以包代管的现象。自觉按合同办事,督促施工单位、综合队遵守合同,协调合同纠纷。

4)经济措施

充分运用合同管理和工程计量权,督促承包方按合同办事,严格执行工程质量的检查和验收制度,对不符合合同规定质量及安全要求的工程不予中间交工、不予计量。

11.2.5 巡视、旁站、抽检和验收计划

11.2.5.1 巡视

施工过程中的巡视检查内容包括架桥机移位、小箱梁运输吊装、预应力张拉、孔道压浆、体系转换等(表11-15)。

巡视计划表 表11-15

部　　位	监 理 人 员	备　　注
架桥机移位	张某、李某	
小箱梁运输吊装	张某、李某	
混凝土浇筑	张某、李某	
预应力张拉压浆	张某、李某	
体系转换	张某、李某	

11.2.5.2 旁站

按照现行《公路工程施工监理规范》(JTG G10)附录A及监理计划相关要求,本项目旁站项目为首件工程、首次张拉、首次压浆(表11-16),旁站频率100%。

旁站计划表 表11-16

部　　位	监 理 人 员	备　　注
首件工程	张某、李某	
首次张拉	张某、李某	
首次压浆	张某、李某	

11.2.5.3 抽检

对钢筋、水泥、碎石等原材料及水泥混凝土,抽检频率按批次应不低于规定施工检验频率的10%;对分项工程中的关键项目和结构主要尺寸,抽检频率按批次应不低于规定施工检验频率的20%(表11-17)。

抽检计划表 表11-17

部　　位	监 理 人 员	备　　注
原材料	王某、李某	
现浇段钢筋加工及安装	张某、李某	
现浇段预应力筋加工和张拉	张某、李某	
现浇段预应力管道压浆	张某、李某	

11.2.5.4 验收

预制小箱梁安装分项工程施工完成后,督促施工单位提交中间交工验收申请,及时组织验收(表11-18)。

验收计划表 表11-18

部　　位	监 理 人 员	备　　注
小箱梁安装	张某、李某	
钢筋工程	张某、李某	
预应力工程	张某、李某	
混凝土工程	张某、李某	

第 12 章　钢箱桁架拱肋安装监理细则

——以秭归长江大桥主桥为例

12.1　工程内容和特点

12.1.1　工程内容

秭归长江大桥主桥为 531.2m 全推力中承式钢箱桁架拱，主桥拱肋采用空间变截面桁架式结构，主桁下弦杆中心线净跨径为 508m，下弦中心矢高为 127.0 m，矢跨比为 1/4。主拱轴线采用悬链线线形，拱轴系数为 2.0。桁架拱采用双片主桁，上、下游两榀主桁平行布置，主桁的横向中心距为 25.3m。主桁采用易于控制腹杆稳定的柏氏桁架，主桁拱顶截面径向高采用 12m，拱脚截面径向高采用 14m。主桁采用变节间布置，共有 12m、11.8m 两种布置方式，桥面以上主桁节间长度为 12m，桥面以下主桁节间长度为 11.8m，拱上立柱间距为 11.8m。桥面系全宽 27.3m（不含两侧各 2.5m 宽人行道），桥面系纵向布置为 15m + 7 × 11.8 m + 28 × 12 m + 7 × 11.8 m + 15m。

主桥钢箱桁架拱钢结构构件包括拱肋主桁、拱肋联结系、拱上立柱、主桥桥面系。钢结构构件总重量为 17455t，其中拱肋重 11597t、拱上立柱重 1131t、主桥桥面系重 3325t，另有吊杆 153t 及人行道 1249t（图 12-1）。

图 12-1　主桥实景

12.1.2 钢箱桁架拱设计概况

12.1.2.1 拱桁杆件

吊装节段设置:全桥拱桁安装采用节段整体吊装方案,两个主桁节间(含上下弦杆、整体节点、腹杆)组成一个整体吊装节段。全桥共划分为44个整体吊装节段(其中单榀拱桁共划分为22个整体吊装节段,南、北岸各11个),8个拱脚节段(A0、B0节点段),2个跨中合龙段。

拱桁截面:主桁杆件为箱形焊接截面,采取等宽度、等高度设置,杆件按照四面拼接设计。为方便主桁杆件的加工制造,主桁上、下弦杆箱内宽统一为1600mm,箱内高统一为1800mm。拱桁腹杆截面根据部位不同采用箱形或H形,腹杆内轮廓线高度统一为1600mm,H形截面腹杆翼板宽700mm。

拱桁节点:设计采用整体式节点。主桁焊接整体节点在工厂内把杆件和节点板焊接成一体;拱肋腹杆与上、下弦整体节点板通过高强度螺栓连接。拱肋弦杆造节点位置附近通过箱梁腹板的变高而形成整体节点板,节点板变宽处通过圆弧匀顺过渡。

连接方式:拱肋弦杆的顶、底、腹板均采用焊接的连接方式(合龙段弦杆与已安装节段间连接方式为栓接)。考虑到拱桁弦杆箱内各纵肋施焊条件较差,箱内各纵肋采用高强度螺栓进行连接。

拱脚构造:拱脚连接构造采用端部承压板式,该方式在拱脚弦杆端部设置200mm的承压板,同时在端部区域弦杆的顶板、底板、腹板的内外侧设置一定数量的加劲钢板,并与端部承压板有效连接,完成弦杆端部的刚度过渡;承压板底部设置开孔板连接件,连接件下部设置一定数量的局部承压钢筋网。每个拱脚弦杆外侧设置16根预应力钢拉杆,钢拉杆下端通过锚梁在混凝土拱座内锚固,钢拉杆上端通过弦杆四周设置的加劲牛腿进行张拉锚固。

12.1.2.2 联结系

联结系布置形式含上下平联、主桁横向联结系。

桥面以上部分拱肋上弦平面设置“菱”字形纵向平联,桥面以下拱肋上下弦平面内设置K字形纵向平联,桥面以上部分的拱肋下弦之间不设纵向联结系。纵向联结系杆件主要采用焊接箱形截面,桥面以上拱肋上弦之间的水平撑杆采用焊接H形截面。

桥面以下部分每个拱肋节间布置一道桁架式横联,桥面以上部分每两个拱肋节间设置一处桁架式横联。横联杆件主要采用焊接H形截面。

联结系与主桁之间以及联结系杆件在节点处均采用栓接的连接方式,其中上下平联横杆、A11~A23节点上平联斜杆及拱肋横撑接头均采用插入式栓接,A1~A10节点斜杆及下平联斜杆接头均采用对接栓接(拼接板)。

12.1.2.3 拱上立柱

拱上立柱采用钢排架结构，立柱采用等截面钢箱。立柱钢箱横桥向宽度为1.6m，顺桥向长度根据立柱高度不同采用1.2～1.6m。钢箱截面壁厚均采用16mm，P1立柱底部局部加厚至20mm。立柱内设纵向加劲肋及横隔板。立柱沿高度方向每隔10m左右设置一道水平撑，每两道水平撑之间采用斜撑加强。水平撑、斜撑及竖直撑杆件均采用H形截面，杆件高564mm。

立柱与主桁以及立柱节段间采用焊接的连接方式，立柱与横撑及斜撑之间采用插入式栓接的连接方式。

12.1.3 工程特点

12.1.3.1 钢结构制造难度大

由于本桥钢构件所用钢板厚度较大(拱脚弦杆端部设置200mm承压板)、材质强度较高(最高使用Q420qE)、构件种类繁多、产品质量要求严格，提高了加工制作难度。

12.1.3.2 吊装节段重

本桥拱肋主桁的安装采取节段整体吊装方案，节段最大吊重约270t(两个主桁节间组成一个整体吊装节段)，吊装节段重。

12.1.3.3 缆索吊机吊装风险大

主桥吊装采用缆索吊机，缆索吊机的安装及试吊成为主桥钢桁架安装能否安全实现的关键。扣锚索的架设、安装、张拉过程是质量安全关键控制点，吊装风险大。

12.1.3.4 现场安装条件复杂

(1)桥址区位于三峡库区，河谷呈深V形，且常年水位落差达30m，高水位期间最大水深达180m，给运输船只驻泊定位带来很大困难。

(2)桥址处峡谷风速大，风向多变，持续时间长，拱肋大悬臂结构抗风稳定与单节段吊装抗风稳定性差，主拱吊装安全风险大。

(3)桥址位于长江主航道与香溪河交汇口附近，过往船只较多，水上驻泊吊装对航道交通及安全影响大，且处受峡谷风、航道通航综合影响，每天有效吊装作业时间短。

(4)钢箱梁桁架拱安装涉及的临时结构体系复杂而庞大，安装过程还涉及拱座受两岸下卧断层影响，桩基断层以上加扣缆塔自由高度大，扣挂系统及桩基抗不均衡水平力能力弱，为确保缆索吊机基础(1号、4号墩桩基)结构安全，应严格控制施工质量、加强施工监测工作。

12.1.3.5 现场焊接质量要求高

钢箱梁桁架拱安装的质量控制重点是杆件的焊接和栓接质量，拱肋、拱上立柱为箱形结构,采用焊接的方式连接。箱形截面在空间位置上的焊接为横焊,焊工技术水平要求比平焊、立焊要求要高。焊接时箱内的通风换气是本项焊接工作的安全重点控制点。

12.1.3.6　制造、安装线形控制要求高

制造及安装平面位置和线形控制是现场控制的重点和难点。因钢箱梁桁架拱的制造线形是通过控制杆件的无应力长度实现的,在制造精度满足要求的前提下,安装线形主要取决于扣索张力,监理工程师在实施过程中应严格按照监控指令控制扣索张力,并对安装过程中的姿态和线形进行测量,以确保安装过程中的线形符合监控指令要求。

12.2　监理工作流程

监理工作流程见图12-2。

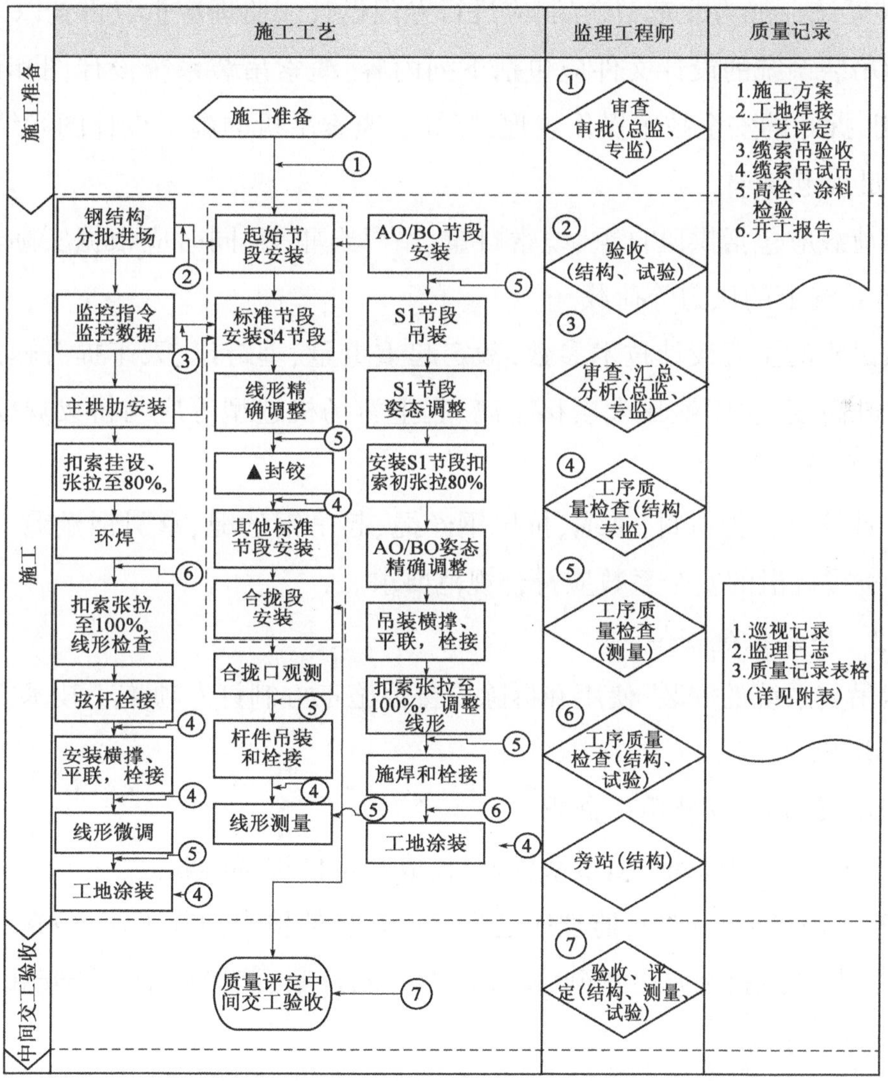

图12-2　钢箱桁架拱安装监理工作流程

12.3 监理工作要点

12.3.1 施工准备

(1)审查钢箱桁架拱肋安装方案。

(2)审查到场人员和设备。

(3)钢桁架现场检验与验收,包括钢桁架、高强度螺栓连接副、拼接板、工地涂装材料等。

(4)见证工地焊接工艺评定试验,审查焊接工艺评定试验报告。

12.3.2 吊装系统

12.3.2.1 吊装系统设计

缆索吊装系统一般为非定型产品,应进行专门设计。监理应重点审查以下内容:

(1)缆索吊装系统的设计文件应包括下列内容:缆索吊装系统设计图和说明书,计算书,拼装、使用、拆卸的安全技术操作规程,等等。缆索吊机的施工设计图和结构计算书要完整,并且满足规范要求。

(2)计算荷载应包括拱段自重、缆索自重、吊具自重等,同时应根据实际情况,考虑作用在缆索吊装系统上的风力等荷载。

(3)缆索吊机的主要设计技术参数,额定起重重量、垂跨比、天车提升速度、天车牵引速度、最大提升高度、主索鞍最大横移距离、起重卷扬机选型等应与桥梁规模、构件重量、施工环境条件等相适应。

(4)设计计算时各种材料:主缆、抗风钢丝绳、起吊钢丝绳、牵引钢丝绳、扣索钢丝绳、钢绞线、锚碇抗拔抗滑的安全系数应符合规范要求。

12.3.2.2 吊装系统安装

(1)缆索吊装系统的安装、使用和拆除应督促施工方制订专项施工技术方案和安全技术方案,监理审查。

(2)监理审查制造、安装单位资质。

(3)扣塔、缆塔、锚固系统、缆索系统材料、成品构件进场验收。

(4)扣塔、缆塔拼装完成后,监理应进行全面系统的检查验收工作,检查主要项目内容包括:全部杆件与节点拼装是否正确、螺栓是否上满拧紧、连接销轴是否安装到位、塔架根部锚固点位置连接情况。

(5)锚碇桩锚采用钢筋混凝土挖孔桩+锚体方式,监理对桩基成孔、钢筋笼、混凝土灌注、锚体钢筋和混凝土质量进行管控。岩锚按照现行《岩土锚杆(索)技术规程(附条文说明)》(CECS 22)的要求对锚索进行试验,监理见证。

(6)承重索(主索)穿挂调整时,监理对绳索的垂度和塔架位移进行测量复核,根据监控指令督促施工方调整塔架风缆索力,使其满足设计要求。单根主索应位于同垂直面内,同一组主索应相互平行,垂度误差:<100mm(用全站仪利用三角高程测量缆索的高程);后锚固点位置一致,基准位置误差:<50mm。

(7)监理审核跑车与吊点出厂合格证、检查技术证明书及产品使用说明书,对跑车与吊点的重要部件的外观、结构几何尺寸应予以全面检查。

跑车要进行试组拼,监理进行检查,做好检查记录。跑车和吊点安装完毕后应做全面检查,合格后可进行空载走行,确认无误后办理验收手续。

(8)监理对电控系统、安全设施等进行检查。

12.3.2.3　吊装系统验收

吊装系统验收采用分部分项工程分阶段验收办法。主要分部工程有扣塔、缆塔、锚碇系统、缆索系统、起重牵引系统、索鞍系统、电控与监控系统等。

1)检查验收程序

(1)施工单位现场自检并完成整改,准备完整的验收资料,监理验收。

(2)监理进行现场验收,审查相关资料,报建设单位验收。监理、建设单位提出整改意见,由施工单位完成整改。

(3)缆索吊机验收合格后进行试吊,由质量安全监督部门进行验收。办理特种设备使用许可证。

(4)监理、建设单位出具最终验收意见。

2)试吊

缆载吊机试吊包括静载试验和动载试验,按《缆索吊机荷载试验专项方案》实施。该项工作监理人员负责监督。

监理人员应对缆索吊试吊的关键过程进行巡视检查,对主索吊点垂度、塔顶位移及锚碇位移等数据进行抽测、记录。

12.3.3　主拱安装

主桥上部安装采用斜拉扣挂、缆索吊装系统。拱肋主桁、联结系、拱上立柱及桥面系采用缆索吊机安装就位,两岸对称悬拼,扣索与锚索均在扣塔上设张拉端;全桥设两组缆索吊装系统,缆索吊塔与扣塔合二为一。拱肋主桁采取节段整体吊装。

1)A0、B0 节点段安装

(1)A0、B0 节点段为首个节点段,监理必须严格按照表 12-1 控制安装精度。

A0、B0 节点段安装允许偏差　　表 12-1

序　号	项　目	允许偏差(mm)
1	轴线偏位	20
2	高程	10
3	两岸对称点相对高程差	5
4	同一断面拱肋相对高程差	5

(2)节段钢锚箱调整到位后,立即将其与支架之间抄垫密实,垫块与支架焊接固定,防止松动,监理检查固定情况。

2)S1 节段安装

S1 节段吊装顺序为:上游拱肋安装→下游拱肋安装→A2-B1 横撑安装→B0-B1 下平联、A0-A1 上平联安装→A1-A2 上平联、B1-B2 下平联安装。

(1)拱肋吊装。

监理检查 SS1 节段拱脚铰轴与预埋铰座对位、SS1 节段拱肋与 A0、B0 节点段对位情况。

(2)扣索安装及初张拉。

检查钢绞线安装和预张拉情况,核查预张拉记录。

(3)平联及横撑安装。

上、下游主桁安装完成,进行平联及横撑安装。

监理检查平联及横撑安装精度,节点板、高强螺栓连接初拧、终拧情况。

(4)扣锚索终张拉。

S1 节段平联及横撑安装完成后,上下游同步将扣锚索张拉至 100%,监理检查张拉情况、核对扣索张力,测量复核拱肋线形。

(5)拱肋节点焊缝施焊。

监理检查组拼质量、焊接坡口质量,焊接顺序、焊接工艺,见证焊缝无损检测。

3)标准节段安装

(1)拱肋吊装。

监理检查节段间拼装质量,节点板、高强螺栓连接情况。

(2)扣锚索安装及初张拉。

监理检查扣锚索钢绞线安装和预张拉情况,核查预张拉记录。依据监控指令,监理检查扣锚索钢绞线张拉情况。

(3)主拱肋线形精调。

监理测量复核上游(或下游)主拱肋线形并完成精调(控制主拱肋上下游高程差 <5mm)。

(4)拱肋节点焊缝施焊。

监理检查主桁焊接质量,见证焊缝无损检测。焊缝施工完成并检测合格,检查上下游扣锚索张拉情况,测量复核上下游主拱肋线形,当高程差 >5mm 时,督促施工方通过调整扣锚索索力调整两片拱肋的线形一致。

(5)拱肋高强螺栓安装及施拧。

主拱加劲肋高栓在焊缝检测合格后施拧,监理检查高强螺栓施拧情况。

(6)防护涂装。

监理检查主桁接头焊缝及周边防腐涂装情况。

(7)平联及横撑安装。

监理检查平联及横撑安装精度,节点板、高强螺栓连接初拧、终拧情况。

每节段拱肋安装完成,开始另一岸下一节段拼装。监理对安装过程进行巡视检查,对节段安装的焊接和栓接质量进行抽检,并核对扣索张力,测量复核主拱肋线形。扣索张拉和线形应满足节段监控指令要求。

4)封铰和第一次体系转换

前4个节段拱肋架设完成后,封固临时铰。封铰采用C40微膨胀混凝土浇筑,混凝土达到设计强度及龄期后,张拉拱脚钢拉杆并压浆防腐,完成第一次体系转换。

封铰前监理复核前4个阶段的线形,满足监控指令要求后方可封铰,监理对锚杆张拉和压浆进行旁站。

5)合龙段施工

主拱合龙段设置在A23-A22'节点(上弦杆)、B22-B21'节点(下弦杆)之间,节点采用节点板+高栓连接,在上下弦杆跨中侧节点上设合龙锁定销孔。合龙方式采用自然合龙(配切)。合龙顺序:下弦杆→上弦杆→斜腹杆→上平联。

合龙锁定时机选在温度较稳定时间段(22:00—7:00,25~19℃),锁定4根弦杆。

合龙段施工时,监理对线形观测进行复测,对合龙段施工过程进行巡视检查,检查现场是否按合龙方案实施,对合龙段安装的焊接质量进行抽检。

6)拱肋安装质量标准(表12-2、表12-3)

钢桁拱节段拼装控制允许偏差 表12-2

序　　号	项　　目	拼装控制(mm)
1	轴线横向偏位	±10
2	拱顶高程	相对(+5,-2)
3	对称点相对高程差	±5
4	桁片竖向垂直度	桁高300,且≤10
5	拱肋中心距	±10

钢桁拱安装允许偏差　　表 12-3

序　号	项　目	拼装控制(mm)
1	轴线横向偏位	± L/6000
2	拱顶高程	± L/3000
3	对称点相对高程差	L/3000
4	桁片竖向垂直度	桁高/300,且≤20
5	拱肋中心距	±20

注:L 为跨径(m)。

7)高强度螺栓连接

(1)施拧工具的校验与保管。

监理检查电动扳手及终拧检查扳手标定情况,施拧扳手的标定次数为每班上班前和下班后各一次。

(2)高强度螺栓安装。

监理检查螺栓规格有无用错,螺母、垫圈有无装反,螺栓朝向是否符合要求。

(3)高强度螺栓施拧。

监理巡视检查高强度螺栓施工工艺执行情况,对高强度螺栓连接质量进行抽检。

每个节点或栓群抽查的螺栓,其不合格者不得超过抽查总数的 20%,对不合格的螺栓群应继续抽查,直到累计总数有 80% 的合格率为止,然后对欠拧者(含漏拧者)补拧,对超拧者(含垫圈转动者)进行螺栓更换。

高强度螺栓施拧后无损坏、无变形,螺杆端部外露长度为 2 ~ 3 丝。

8)工地焊接连接

监理巡视检查焊接工艺的执行情况,依据设计图纸和规范要求对焊缝外观质量、焊缝尺寸进行抽检,见证焊缝无损检测。

9)工地涂装

监理巡视检查涂装工艺执行情况,并对涂装外观、厚度、附着力等质量指标进行抽检。

10)扣锚索拆除

主桁拱肋合龙,完成第二次体系转换后,逐级对称拆除扣锚索。扣锚索拆除施工顺序为:从拱顶至拱脚,先锚固端后张拉端,依次拆除。

监理对扣索拆除过程进行巡视检查,并对拆除后的线形进行复测,收集整理监理抽检记录,进行中间交工验收和质量评定。

11)测量及监控

(1)测量。

监理的测量抽检工作包括以下内容:施工期间两岸控制网的联测,杆件安装姿态和线形(轴线偏位、高程、垂直度),封铰线形,成拱线形,临时结构和永久结构位移与变形监测。

(2)监控量测。

在施工过程中,监理负责监控指令的审查和签发,监控量测反馈数据的收集、汇总和分析、上报,协调各方对监控数据异常情况及时预警,组织专题会议研究制定处理方案,监督按照制定的处理方案进行处理。

12.4　监理工作方法与措施

12.4.1　监理工作方法

监理工作方法有旁站、巡视检查、抽检、验收等。

12.4.1.1　旁站

根据现行规范、监理计划,结合本项目特点,规定旁站监控点,旁站监理人员对重要原材料的试验检测、焊接工艺试验、涂装工艺试验、抗滑移试板和焊接产品试板的制作试验过程、拱座钢拉杆张拉和压浆等关键质量点进行旁站,并做好旁站记录。

12.4.1.2　巡视检查

对施工过程中的巡视检查内容包括缆索吊施工、钢箱桁架拱肋安装、防护涂装等。

12.4.1.3　抽检

对重点桩位复测不少于30%;对钢板、焊材、高强螺栓等原材料,抽检频率按批次应不低于规定施工检验频率的10%;对分项工程中的关键项目(钢箱桁架拱肋安装:对称点相对高差、焊缝探伤、高强螺栓扭矩,防护涂装:除锈等级、粗糙度),抽检频率按批次应不低于规定施工检验频率的20%。

12.4.1.4　验收

施工过程中的验收内容包括钢箱桁架拱肋制作、钢箱桁架拱肋安装、防护涂装等。

12.4.2　监理工作的主要措施

12.4.2.1　组织措施

明确内部职责分工,建立岗位责任制,制定监理工作制度,同时采取考核办法,落实质量控制的责任。

12.4.2.2　技术措施

根据施工的每一阶段(施工准备阶段、施工阶段和竣工验收阶段),采取事前、事中和事后相结合的质量控制措施,并注意突出控制重点,充分运用监理独立的平行检验手段,实施对施工全过程的监理。

12.4.2.3 经济措施

充分运用合同管理和工程计量权，督促施工单位按合同办事，严格执行工程质量的检查和验收制度，对不符合合同规定质量及安全要求的工程不予中间交工、不予计量。

12.4.2.4 合同措施

审查分包、专业分包的资质，监督和防止转包、层层分包和总包单位以包代管的现象。自觉按合同办事，督促施工单位、综合队遵守合同，协调合同纠纷。

12.4.3 具体措施

(1)监理人员应熟悉设计文件，参加设计交底。监理人员对施工图应重点核对：

①现场地形、地貌、水文和地质条件。

②设计中考虑采用的施工方法、技术措施、新技术、新工艺和新材料等。

③采用的设计标准、结构细节的质量要求。

(2)在审批施工组织设计(施工方案)时，监理人员除考虑满足规范及设计要求外，还应重点审查工艺是否合理，施工方法是否安全可靠有效，施工平面布置是否符合现场的条件以及环境保护和水土保持的要求。

(3)进场的工程材料、半成品、构配件和设备等应符合国家现行有关标准，监理人员应检查相关质量文件，并按规定抽样试验，经检测合格后，方可批准使用。

(4)施工中使用的各种机械、设备和设施，施工单位使用前应进行全面检查或鉴定，经运转合格后，方准使用。监理人员应对此进行监督，并要求施工单位经常检查，定期校核标定。

(5)对隐蔽工程，施工单位必须在自检合格后，报请监理检查。监理人员应对每道工序检验并签认，未经监理签认，不得进入下道工序。

(6)对关键工序进行旁站，并做出详细记录，真实反映施工过程。

12.5 巡视、旁站、抽检和验收计划

12.5.1 巡视

采取以巡视为主的方式进行施工现场监理，对施工的主要工程每天巡视不少于1次，并填写巡视记录(表12-4)。

巡视计划表 表 12-4

部　　位	监理人员	备　　注
缆索吊施工	张某、李某	
钢箱桁架拱肋安装	张某、李某	
防护涂装	张某、李某	

12.5.2 旁站

按照合同条款、《公路工程施工监理规范》(JTG G10—2016)附录A及监理计划相关要求开展旁站工作(表12-5)。

旁站计划表 表 12-5

部　　位	监理人员	备　　注
重要原材料的试验检测	张某、李某	
焊接工艺试验	张某、李某	
涂装工艺试验	张某、李某	
抗滑移试板和焊接产品试板的制作试验过程	张某、李某	
拱座钢拉杆张拉和压浆	张某、李某	

12.5.3 抽检

对重点桩位复测不少于30%；对钢板、焊材、高强螺栓等原材料，抽检频率按批次应不低于规定施工检验频率的10%；对分项工程中的关键项目(钢箱桁架拱肋安装：对称点相对高差、焊缝探伤、高强螺栓扭矩；防护涂装：除锈等级、粗糙度)，抽检频率按批次应不低于规定施工检验频率的20%(表12-6)。

抽检计划表 表 12-6

部　　位	监理人员	备　　注
测量桩位抽检	张某、李某	
原材料检测	张某、李某	
钢箱桁架拱肋安装	张某、李某	
防护涂装	张某、李某	

12.5.4 验收

分项工程施工完成后，督促施工单位提交中间交工验收申请，及时组织验收(表12-7)。

验收计划表 表 12-7

部　　位	监理人员	备　　注
钢箱桁架拱肋制作	张某、李某	
钢箱桁架拱肋安装	张某、李某	
防护涂装	张某、李某	

第 13 章　支架现浇箱梁监理细则

——以沙公南高速公路工程杨麻公路大桥项目为例

13.1　工程内容和特点

13.1.1　工程内容

沙公南高速公路工程杨麻公路大桥中心桩号 K40 + 875.2，起讫点桩号为 K40 + 511 ~ K41 + 239.4，全长 728.4m。杨麻公路大桥第 3 联上跨正在建设中的站中大道为火车站站前广场的主干道，设计时速 60km。第 5 联第四跨跨越杨麻公路及宽约 8.0m 的沟渠，杨麻公路为三级沥青公路，路面宽 6.0m，现状路面破损严重，与路线交角为 135°。桥上桥下均无高压线、管线等。

13.1.2　工程特点

本桥纵面内有一个变坡点，变坡点桩号 K40 + 900，高程43.849m，曲线要素为 $R = 16000\text{m}$，$T = 172\text{m}$，$E = 0.924\text{m}$，$i_1 = 1.35\%$，$i_2 = -0.8\%$。

桥跨形式：左幅上部结构 5 × 30m + 4 × 26.9m + (29.4 + 28.5 + 2 × 29) m + 4 × 25m + (2 × 31.65 + 36 + 28.6) m + 4 × 30m，共 6 联，其中第 3 联(29.4 + 28.5 + 2 × 29) m 和第 5 联(2 × 31.65 + 36 + 28.6) m 为预应力混凝土现浇箱梁，其余 4 联为预应力混凝土连续小箱梁；右幅上部结构 4 × 30m + 6 × 25m + 4 × 29m + 3 × 25m + (2 × 30.65 + 36 + 28.6) m + 5 × 26.9m，共 6 联，其中第 3 联(4 × 29) m 和第 5 联(2 × 30.65 + 36 + 28.6) m 为预应力混凝土现浇箱梁，其余 4 联为预应力混凝土连续小箱梁。

13.2 监理工作流程

13.2.1 支架搭设与预压施工监理工作流程(图 13-1)

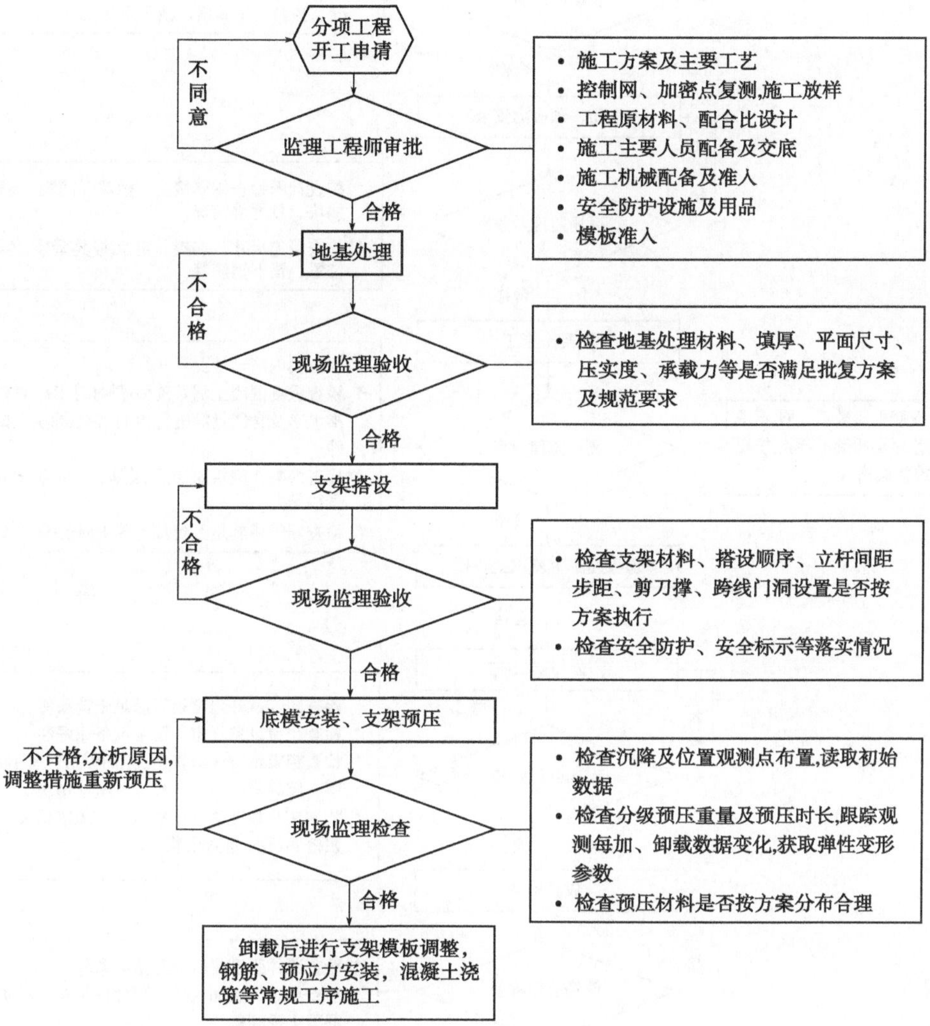

图 13-1 支架搭设与预压施工监理工作流程

13.2.2　支架现浇梁施工监理工作流程(图 13-2)

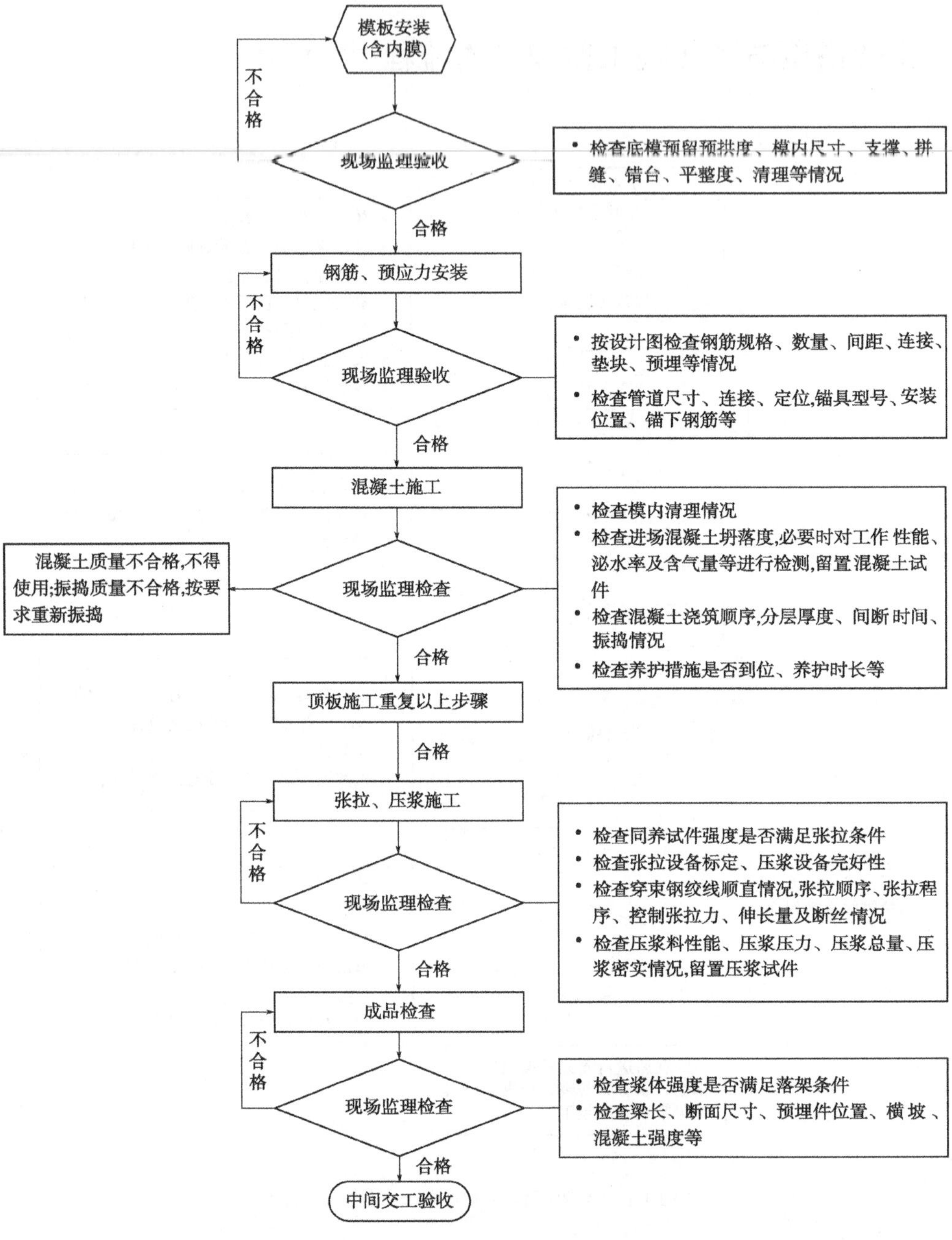

图 13-2　支架现浇梁施工监理工作流程

13.3　监理工作要点

13.3.1　施工准备

(1)监理审查施工单位上报的专项施工方案,重点审查以下内容:

①施工方案编审程序是否符合相关要求。

②施工方案及主要施工工艺控制要点等是否符合有关技术标准。

③技术、质量和安全管理人员及主要操作人员等配备计划是否满足施工合同要求及施工需要。

④支架安拆方案审查。

a. 督促施工单位编制支架施工专项方案(含结构受力计算)并对其进行审核,必要时组织专家对方案进行论证会并按专家意见修改完善,在施工单位技术负责人批准后,由总监审批签字后予以实施。

b. 方案内容除技术措施外,还应包含安全应急预案,应急组织建立和设备、设施的配备、应急演练安排情况,提高对现场事故的应急响应和处理能力。

c. 支架施工前,监督施工单位对所有参与施工作业的人员进行安全技术交底,交底人员包括现场施工管理人员、技术人员、架子工、起重工等。

d. 水上支架施工前,施工单位应按照水上作业项目的相关要求及时与水域管理部门联系,办理水域施工的相关施工许可手续。

e. 现场使用的各大型机械设备(如履带吊、汽车吊等)应满足施工需要,检查验收合格后方可使用。

f. 支架搭设施工所使用的钢管、型钢及贝雷梁等原材料履行进场检验,各钢材的规格、尺寸及性能应能满足图纸设计要求。

g. 支架应结合模板的安装一并设置预拱度(考虑受载后的弹性变形、非弹性变形、地基沉降等)和卸落装置。

(2)确定现浇梁质量控制要点:受力钢筋间距、保护层厚度、张拉应力值 、张拉伸长率、浆体强度、压浆压力值、支座中心横桥向偏位、支座高程、混凝土强度、断面尺寸、顶面高程、轴线偏位、平整度应符合设计和规范要求。

(3)检查施工基础资料准备情况,包括工程地质、水文材料、设计文件、图纸、相关合同文件内容及外部环境条件,如地形、地貌、交通、供电、排水及障碍物分布等。

(4)检查控制网、加密点复测及施工测量放样工作,确保放样正确。

(5)检查施工准备情况:

①施工方案报审、批复及交底情况。

②钢筋加工厂、混凝土拌和站、工地试验室的建设及试运转情况。

③原材料进场计划、质量证明文件、施工单位复验结果。

④混凝土配合比设计、试配、检验结果和相关记录、资料。

⑤施工人员、机械设备、辅助材料的进场情况及状态。

13.3.2 基础处理

鉴于本项目现浇梁多位于水塘、水田内，为提高地基承载力，方案中基础处理自上而下分别为混凝土、毛渣、青砂、膜袋（视地质情况不同，结构层材料、厚度不同）分层夯实碾压，再现浇混凝土硬化处理。基础处理完成须经承载力检查合格后方可开始支架搭设作业。

基础处理应有足够的宽度，硬化后的高程根据每孔支架主杆的配料设计，上下托架的合理调节量、底模的结构厚度、梁底支撑系统的高度综合合理确定。混凝土硬化每侧需建排水系统，保证排水通畅，现场内不得积水，以防施工过程中雨水浸泡地基而降低地基承载力。

13.3.3 支架搭设与拆除

（1）支架材料、力学性能必须符合国家、行业现行标准的相关规定，整体结构应具有足够的强度、刚度和稳定性。

（2）支架材料应有产品合格证及检测报告，材料进场使用前应进行质量检查，有裂缝、变形的材料严禁使用，同时应有防锈处理措施。

（3）不同型号支架材料不得混用。

（4）搭设场地要平整，场地四周设置排水沟。

（5）支架搭设作业必须在统一指挥下，严格按批复方案执行（方案须经详细验算和专家论证），按设计放线、设置底座、标定立杆位置，从一端向另一端有序进行，斜撑、剪刀撑等整体拉结杆件应随架安装。

（6）支架搭设完成，须由施工单位自检合格，形成验收记录，报监理验收合格后方可投入使用，施工过程中经常检查地基、支架是否出现明显变形、沉降、压扁、弯曲、位移等情况，并及时处理。

（7）支架上不得堆放过多荷载，不得集中堆置，需均匀分布。

（8）护栏、安全网、上下楼梯等安全设施及安全标示等应同步设置。

（9）支架搭设和拆除时，作业区域周围应竖立警戒标志，设专人指挥，严禁非作业人员入内，施工人员必须戴安全帽、系安全带、穿防滑鞋，拆除遵循自上而下、先搭后拆、后搭先拆的原则。

13.3.4 支架预压

督促施工单位按照批复的专项方案和相关规定要求组织实施支架预压，做好沉降、位移观测点布设，读取初始数据，按分级进行加载，检查分级加载重量、荷载分布和持载时长是否按方案执行,同步做好加载和卸载数据采集及记录整理,分析各变量,指导后续施工。发现异常立即停止并采取措施进行处理。

13.3.5 支座

(1)检查支座的标志牌、型号是否与设计要求相符,并符合相应新产品标准规定。

(2)支座在安装前,监理应对支座垫石的混凝土强度、平面位置、顶面高程、预留地脚螺栓孔和预埋钢垫板等进行复核检查,确认符合设计要求后方可同意进行安装。

(3)检查支座纵横轴方向与桥梁纵横轴方向是否对准,高程是否与设计一致,且支座保持水平,不得有偏斜、不均匀受力和脱空等现象。

(4)检查施工过程中对已安装完毕的支座进行保护,发现异常应及时督促施工单位处理。

13.3.6 模板工程

(1)模板和支架应具有足够的强度、刚度和稳定性,应能承受施工过程中所产生的各种荷载。构造应简单、合理、结构受力应明确,安装、拆除应方便。与混凝土结构或构件的特征、施工条件和浇筑方法相适应,应保证结构物各部位形状尺寸和相互位置的准确。模板板面平整,接缝处严密且不漏浆;模板与混凝土的接触面应涂刷隔离剂,不得采用废机油等油料,不得污染钢筋及混凝土的施工缝。

(2)模板实行准入制,模板进场后,须经过施工单位自检合格,报监理验收合格后方可投入使用。

(3)监理人员应对模板安装的平面位置和高程进行复核和抽测,应详细检查模板安装的尺寸、模板平整度、接缝高差、接缝的严密性等。检查模板支撑结构的牢固性和稳定性,模板内的杂物、积水应清理干净。

(4)模板安装(表13-1)。

模板安装实测项目 表13-1

项目	部位	允许偏差(mm)
模板高程	基础	±15
	柱、梁	±10
	墩台	±10
模板尺寸	上部构造的所有构件	+5,-0
	基础	±30
	墩台	±20
轴线偏位	基础	15
	柱	8

续上表

项　　目	部　　位	允许偏差(mm)
轴线偏位	梁	10
	墩台	10
装配式构件支承面的高程		+2，-5
模板相邻两板表面高低差		2
模板表面平整		5
预埋件中心线位置		3
预留孔洞中心线位置		10
预留孔洞截面内部尺寸		+10，-0
支架	纵轴的平面位置	跨度的1/1000或30

13.3.7　钢筋工程

(1)钢筋应具有出厂产品合格证和出厂检验报告。品种、级别、规格性能应符合相关规范要求；进场时，应抽取试样进行力学性能检验，检验合格后方可使用。

(2)钢筋的形状、尺寸应按照设计的规定进行加工。加工后的钢筋，其表面不应有削弱钢筋截面的伤痕。加工的质量应符合表13-2的规定。

加工质量主要技术标准　　表13-2

项　　目	允许偏差(mm)
受力钢筋顺长度方向加工后的全长	±10
弯起钢筋各部分尺寸	±20
箍筋、螺旋筋各部分尺寸	±5

(3)钢筋的连接。

①焊接。钢筋焊接前，必须根据施工条件进行试焊，合格后方可正式施焊。焊工必须持焊工考试合格证上岗。钢筋接头应符合设计及施工技术规范要求。

②滚轧直螺纹连接。钢筋机械连接接头的材料、制作、安装施工及质量检验和验收，应符合现行《钢筋机械连接用套筒》(JG/T 163)或《钢筋机械连接技术规程》(JGJ 107)的规定。钢筋连接工程开始前及施工过程中，应对第一批进场钢筋进行接头工艺试验。

钢套筒原材料选用优质碳素结构钢，符合现行《优质碳素结构钢》(GB/T 699)的要求，套筒表面没有裂纹，表面及内螺纹没有锈蚀。丝头加工应分批进行抽检，钢筋端头应切平，无弯曲、马蹄状缺陷，牙型应饱满、无断牙、秃牙等缺陷，加工质量应采用专用检测工具(通止规)检测。钢筋接头处两根钢筋的丝头应在套筒中间位置相互顶紧，标准型接头连接套筒外应有有效螺纹外露，现场钢筋安装的接头应进行拧紧的抽检。

③钢筋连接接头的布置检查。受力筋的接头位置应相互错开，两个接头中心距离长

度至少为钢筋直径的35倍,且不小于500mm的区段范围内;有接头的受力钢筋截面面积占受力钢筋总截面面积的百分率不宜超过50%。

(4)钢筋安装实测项目的检查。

安装完成的钢筋,承包人在自检合格的基础上,报监理人员进行工序检查确认。监理人员应仔细阅读施工图纸,核对各类钢筋的型号、分布间距、保护层厚度,检查钢筋构件的形状、尺寸、直径、根数、间距及位置。现场绑扎钢筋时应符合相关规定:

①检查钢筋的交叉点是否用铁丝绑扎结实,或者点焊焊牢。

②检查除设计有特殊规定外,梁中的箍筋是否与主筋垂直。

③全数检查箍筋的末端是否向内弯曲,箍筋转角与钢筋的交点是否绑扎牢固。

④全数检查交叉处的绑扎是否扎牢,扎用的铁扎丝是否向里弯,并不得伸向保护层内,保护层材料(要求采用成品砂浆块)和厚度是否符合规定。

⑤全数检查通风孔、吊装孔、泄水孔处的加强钢筋是否与设计相符,预埋钢板防锈及调坡(纵坡调整)坡度,单独预埋钢筋、钢板、连接器是否与梁体钢筋连为一体(表13-3)。

钢筋安装实测项目　　表13-3

项次	检查项目			规定值或允许偏差(mm)	检查方法和频率
1△	受力钢筋间距	两排以上排距		±5	尺量:长度≤20m时,每构件检查2个断面;长度>20m时,每构件检查3个断面
		同排	梁、板、拱肋及拱上建筑	±10(±5)	
			基础、锚碇、墩台身、墩柱	±20	
2	箍筋、构造钢筋、螺旋筋间距			±10	尺量:每构件测10个间距
3	钢筋骨架尺寸		长	±10	尺量:按骨架总数30%抽测
			宽、高或直径	±5	
4	弯起钢筋位置			±20	尺量:每骨架抽查30%
5	保护层厚度		梁、板、拱肋及拱上建筑	±5	尺量:每构件各立模板面每$3m^2$检查1处,且每侧面不少于5处
			基础、锚碇、墩台身、墩柱	±10	

13.3.8　预应力工程

(1)检查预应力筋预留管道的金属螺旋管,确保管道位置准确,管节连接平顺,制孔管应管壁严密不易变形。孔道锚固端的预埋锚垫板应垂直于孔道中心线,孔道成型后应对孔道进行检查,发现孔道阻塞或残留物应及时督促处理。

(2)检查预应力孔道,根据设计要求,本项目采用金属螺旋管造孔。管道安装允许偏差见表13-4。

管道安装允许偏差　表 13-4

项次	项目		允许偏差(mm)
1	管道坐标	梁长方向	±30
		梁宽方向	±10
		梁高方向	±10
2	管道间距	同排	±10
		上下层	±10

(3)预应力钢绞线制作。

①检查施工单位在钢绞线下料长度计算时,是否考虑孔道长度、锚夹具厚度千斤顶长度、镦头预留量、弹性回缩值、张拉伸长值、张拉工作长度等。

②钢绞线下料采用切断机或砂轮锯切断,严禁使用电弧焊切割。

③检查多根钢绞线整体穿入孔道时是否按规范要求,先编束,编束逐根理顺钢绞线,防止缠绕,并每隔 1 ~ 1.5m 捆绑一次,使其绑扎牢固、顺直。

(4)预应力管道。

①检查预应力管采用的镀锌钢带壁厚是否满足不小于 0.3mm,且不得出现压扁和卷曲等要求。

②督促施工单位按同批钢带所制造的产品每 50000m 为一批次抽取试件做径性刚度、水密性、外观等检测。

③检查管道接头是否采用大一型号管道连接,并要求采用封口胶带密封严实,防止漏浆,预应力管道尽可能减少接头量数量或无接头。

④检查预应力管道固定是否按设计要求采用“#”字钢筋定位,直线段间距 100cm,曲线段间距 50cm。

⑤检查在其他钢筋焊接或绑扎时,是否对预应力管道做好防护,防止火星或物理伤害造成孔洞漏浆。

13.3.9 混凝土工程

13.3.9.1 混凝土原材料

(1)检查原材料是否有供应商提供的出厂检验合格证,并按有关检验项目、批次规定、严格实施进场检验。

(2)同一座桥梁应采用同一品种水泥,散装水泥以 500t 为一批,不足时亦按一批计。

(3)检查细集料,优先选用级配良好、质地坚硬、颗粒洁净且粒径小于 5mm 的河砂,含泥量不大于 3.0%,泥块含量不大于 1.0%,硫化物及硫酸盐含量不大于 1.0%。细集料的坚固性损失不应超过8%。细集料的其余技术要求应符合现行《公路桥涵施工技术规范》(JTG/T F50)表6.3.1的规定。

(4)检查粗集料,集料应级配合理、粒形良好、质地均匀坚固、线胀系数小的洁净碎石不得采用砂岩碎石。粗集料最大公称粒径不应大于25mm。粗集料应采用二级或多级级配,其松散堆积密度应大于1350kg/m^3,坚密空隙率宜小于47%,吸水率应小于2%。当粗集料为碎石时,碎石的强度用岩石抗压强度表示,且岩石抗压强度与混凝土强度等级之比不应小于1.5。粗集料的坚固性损失不应超过8%。压碎指标不应大于20%,含泥量不应大于1%,针片状颗粒含量不应大于15%。粗集料的碱活性膨胀率应小于0.1%,否则应采取抑制碱-集料反应的技术措施,不得使用具有碱碳酸盐反应活性的集料。粗集料的其余技术要求应符合现行《公路桥涵施工技术规范》(JTG/T F50)表6.4.1的规定。不得采用具有碱碳酸盐反应的集料,并优先采用非活性集料。

(5)检查外加剂,应采用减水率高、坍落度损失小、适量引气、能明显提高混凝土耐久性且质量稳定的产品。外加剂与水泥之间应有良好的相容性。外加剂的均质性应满足现行《混凝土外加剂》(GB 8076)的规定,使用前应进行复验,复验结果满足要求后方可用于工程中。外加剂的品种和掺量应根据使用要求、施工条件、混凝土原材料的变化等通过试验确定。

(6)检查混凝土矿物,掺和料应保证其产品品质稳定,来料均匀;掺和料应由生产单位专门加工,进行产品检验并出具产品合格证书。各掺和料掺入量应在使用前通过试验确定。

(7)检查混凝土的拌和用水,可采用饮用水。pH值≥5,不溶物≤2000mg/L,可溶物≤2000mg/L,氯化物含量≤500mg/L,硫酸盐含量≤600mg/L,碱含量≤1500rag/L。对于使用钢丝或经热处理钢筋的预应力混凝土,拌和水氢离子含量不得超过350mm。养护用水除不溶物、可溶物不做要求外,其他项目要求同上。

13.3.9.2 混凝土的配合比

审查混凝土设计配合比是否满足要求,检查施工配合比。

13.3.9.3 混凝土浇筑

(1)检查混凝土拌和物配料是否采用自动计量装置,粗细集料中的含水率应及时测定,并按实际测定值调整用水量、粗细集料用量。

(2)浇筑混凝土前,应仔细检查钢筋保护层垫块的位置、数量及其坚固程度。构件侧面和底面的垫块至少应为4个/m^2。绑扎垫块和钢筋的铁丝不得伸入保护层内。

(3)检查梁体是否采用泵送混凝土连续浇筑,分层浇筑时间不得超过该层混凝土的初凝时间。

(4)测试混凝土拌和物入模前的含气量应控制在2% ~45%(每$50m^3$测量一次)。

(5)梁混凝土浇筑时,检查模板温度,宜在5 ~35℃范围内。

(6)梁混凝土拌和物的入模温度,宜在5 ~30℃(每$50m^3$测量一次)范围内。当昼夜平均气温低于5℃或最高气温低于 -3℃时,督促施工单位按冬期施工处理。

(7)混凝土振捣。梁混凝土应具有良好的密实性。采用插入式高频振捣棒振捣成型,振捣棒应垂直点振,不得平拉,快插慢抽,并应防止过振、漏振。试生产前,应进行混凝土配合比选定试验,制作各龄期强度立方体试件和棱柱体弹性模量试件;制作抗冻性、抗渗性、抗氯离子渗透性、抗碱-集料反应性等混凝土耐久性试件。批量生产中,应抽取抗冻融循环、抗渗性、抗氯离子渗透性、碱-集料反应耐久性试件各一组,进行耐久性试验。

(8)按要求制作同条件养护试件。

13.3.9.4 混凝土养护

(1)混凝土浇筑完成后,应在收浆后尽早、及时予以覆盖保湿养护。

(2)应按规定养护,不少于14d,养护方式应符合专项施工方案。

13.3.10 预应力张拉

预应力宜按预张拉、初张拉和终张拉三个阶段进行,张拉前,检查试压同条件养护混凝土试件强度。

(1)检查张拉用的千斤顶、油压表、油泵、阀门接头等应校验标定并在有效期内使用。预应力设备应建立台账并定期校验。

(2)控制梁体混凝土强度,当达到设计强度的85%后,且混凝土龄期不小于7d时,即可进行钢绞线张拉。

(3)全程旁站张拉施工,检查预应力筋张拉程序是否符合设计与规范要求。

(4)检查张拉操作工艺。按每束根数与相应的锚具配套,带好工作夹片,将钢线从千斤顶中心穿过,安装工具锚和工具夹片,工具夹片便于退出,应打石蜡或黄油。测量伸长值,对比实际伸长值与理论伸长值差值,在±6%范围内不做处理,超出范围查找分析原因并处理。

向千斤顶油缸充油并对钢绞线进行张拉。张拉值的大小以油压表的读数为主,以预应力筋伸长值做校核,实际伸长值与理论伸长值应控制在±6%范围内,每端锚具回缩量应控制在6mm以内。检查两端伸长量偏差是否控制在规定范圈内,伸长$\Delta L_s = \Delta L_1 + \Delta L_2$,$\Delta L_1$为初应力至最大张拉应力间实测伸长值,$\Delta L_2$为初应力下理论伸长值。

油压达到张拉吨位后关闭主油缸回路,并保持5min,测量钢绞线伸长量加以校核。在保持 5min 后，若油压下降，须补油到设计吨位的油压值，夹片自动锁定则该束张拉结束，及时做好记录。

(5)预应力束张拉前，督促清除管道内的杂物和积水。

(6)检查预施应力是否两端同步张拉，并符合设计张拉顺序。预施应力过程应保持两端的伸长量基本一致。

(7)检查张拉期间应采取的措施，避免锚具、预应力筋受雨水、养护用水浇淋，防止锚具及预应力筋出现锈蚀。

(8)检查张拉千斤顶的校正系数，预应力设备选用的额定张拉吨位宜为张拉力的 1.5 倍，且不少于 1.2 倍，油压表的精度不得低于 1.0 级，最大读数为张拉力的 1.5 ~ 2.0 倍，千斤顶与油表配套标定和使用。千斤顶、油表标定的有校期不得超过 6 个月，张拉次数不超过 300 次。预应力锚具、夹具和连接器进场后，应按批次和数量抽样检验外观、硬度、静载锚固性能试验并符合《预应力筋用锚具、夹具和连接器》(GB/T 14370—2015)要求。

(9)检查预应力筋的张拉实际伸长值与计算伸长值相差不得大于 ±6%；全梁断丝、滑丝总数不得超过钢丝总数的 1%，且一束内断丝数量不得超过一丝，也不得在同一侧。监理检查张拉/放张记录，并进行旁站。

(10)后张预制梁终张拉后，见证实测梁体弹性上拱，实测上拱值不宜大于 1.05 倍设计计算值。

13.3.11 管道压浆

(1)根据施工方案，压浆采用大循环智能压浆系统，确保预应力孔道水泥浆截面密实饱满。

(2)检查压浆时间，预应力张拉完成后，宜在 48h 内进行管道真空辅助大循环智能压浆。压浆时及压浆后 3d 内，梁体及环境温度不低于 5℃。

(3)检查压浆用水泥，水泥应为强度等级不低于 42.5 级硅酸盐水泥。浆体 28d 强度不低于 50MPa，要求压浆饱满。

(4)压浆后应通过检查孔抽查压浆的密实情况，如有不实，应及时进行补压浆处理。

(5)压浆浆液性能指标见表 13-5。

压浆浆液性能指标 表 13-5

序号	项目		性能指标	检验方法标准
1	水胶比		0.26 ~ 0.28	现行《水泥标准稠度用水量、凝结时间、安全性检验方法》(GB/T 1346)
2	凝结时间(h)	初凝	≥5	
3		终凝	≤24	

续上表

序号	项　　目		性能指标	检验方法标准
4	流动度(25 度)(s)	初始流动度	10～17	现行《公路桥涵施工技术规范》(JTG/T F50)附录 C3
5		30min 流动度	10～20	
6		60min 流动度	10～25	
7	泌水率(%)	24h 自由泌水率	0	现行《公路桥涵施工技术规范》(JTG/T F50)附录 C4
8		3h 钢丝间泌水率	0	现行《公路桥涵施工技术规范》(JTG/T F50)附录 C5
9	压力泌水率(%)	0.22MPa(垂直高度≤1.8)	≤2.0	现行《公路桥涵施工技术规范》(JTG/T F50)附录 C6
10		0.36MPa(垂直高度>1.8)		
11	自由膨胀率(%)	3h	0～2	现行《公路桥涵施工技术规范》(JTG/T F50)附录 C4
12		24h	0～3	
13	充盈度		合格	现行《公路桥涵施工技术规范》(JTG/T F50)附录 C7

(6)检查作业时间,水泥浆搅拌结束至压入管道的时间间隔不应超过 40min。见证试件制作。

(7)检查冬季压浆时是否采取保暖措施,并掺加引气剂。

13.3.12　预应力筋封锚

(1)检查梁端封锚处混凝土表面凿毛质量、钢筋网片绑扎质量及工作面清理情况。封锚混凝土采用微膨胀混凝土,抗压强度不应低于设计要求。严格控制封锚后的梁体长度。

(2)检查锚具处理,封锚前应对锚具、锚垫板表面及外露钢绞线用聚氨酯防水涂料进行防水处理。

(3)检查接缝处理,封锚混凝土养护结束后,应采用聚氨酯防水涂料对新老混凝土之间的交接进行防水处理。

(4)封锚混凝土与相连混凝土应无大于 5mm 的施工接缝错台;不应存在现行《公路工程质量检验评定标准　第一册　土建工程》(JTG F80/1)附录 P 所列限制缺陷。

13.3.13　拆模后检查

(1)非承重的侧模板应在混凝土强度能够保证其表面及棱角不至于因拆模而损坏时方可拆除,一般应在混凝土强度达到 2.5MPa 时方可拆除。

(2)监理人员对拆模后的混凝土外观质量进行检查,观察是否存在非受力裂缝、混凝土缺陷,量测结构尺寸。

13.4 监理工作方法与措施

13.4.1 监理工作方法

监理工作方法有旁站、巡视检查、抽检、验收等。

13.4.1.1 旁站

根据现行规范、监理计划，结合本项目现浇梁工艺特点，规定旁站监控点，旁站监理人员对预应力张拉、首次孔道压浆等关键工序的质量进行旁站，并做好旁站记录。

工作要求：

(1)检查施工单位管理人员的到位情况。

(2)检查施工执行施工方案以及工程建设强制标准情况。

(3)严格按照监理工作的控制要点中相应工序的质量要求进行过程检验。

(4)认真、准确地做好旁站监理记录。

(5)发现异常问题，当班监理人员应及时向监理组长报告，经妥善处理后方可转入下道工序施工。

13.4.1.2 巡视检查

采取以巡视为主的方式进行桩基施工现场监理，对施工的主要工程每天巡视不少于1次，并填写巡视记录。

巡视应包括下列主要内容：

(1)桩基施工现场管理人员，特别是质量、安全管理人员是否到位，特种作业人员是否持证上岗。

(2)使用的原材料或混合料、构配件和主要施工机械设备是否与批准的一致。

(3)是否按技术标准、工程设计文件、批准的施工组织设计和方案施工。

(4)质量、安全、环保和施工标准化等措施是否落实，施工自检和工序交接是否符合规定。

13.4.1.3 抽检

对从基准点引出的工程控制桩的重点桩位复测不少于30%；对钢筋、水泥、碎石等原材料及水泥混凝土，抽检频率按批次应不低于规定施工检验频率的10%；对分项工程中的关键项目(受力钢筋间距、保护层厚度、混凝土强度、断面尺寸、张拉应力值、张拉伸长率、浆体强度、压浆压力值、支座中心横桥向偏位、支座高程等)和结构主要尺寸(箍筋间距、钢筋骨架长度等)、顶面高程及轴线偏位，抽检频率按批次应不低于规定施工检验频率的20%。

13.4.1.4 验收

现浇梁施工过程中的验收内容包括地基处置、支架搭设、钢筋加工及安装、模板制作安装;预应力管道安装、外观质量等。

13.4.2 监理工作的主要措施

13.4.2.1 组织措施

明确内部职责分工,建立岗位责任制,制定监理工作制度,同时采取考核的办法,落实质量控制的责任。

13.4.2.2 技术措施

根据施工的每一阶段(施工准备阶段、施工阶段和竣工验收阶段),采取事前、事中和事后相结合的质量控制措施,并注意突出控制重点,充分运用监理独立的平行检验手段,实施对施工全过程的监理。

13.4.2.3 经济措施

充分运用合同管理和工程计量权,督促承包方按合同办事,严格执行工程质量的检查和验收制度,对不符合合同规定质量及安全要求的工程不予中间交工、不予计量。

13.4.2.4 合同措施

审查分包、专业分包的资质,监督和防止转包、层层分包及总包单位以包代管的现象。自觉按合同办事,督促施工单位、综合队遵守合同,协调合同纠纷。

13.4.3 具体措施

(1)监理人员应熟悉设计文件,参加设计交底。监理人员对施工图应重点核对:

①现场地形、地貌、水文和地质条件。

②设计中考虑采用的施工方法、技术措施、新技术、新工艺和新材料等。

③采用的设计标准、结构细节的质量要求。

(2)在审批施工组织设计(施工方案)时,监理人员除考虑满足规范及设计要求外,应重点审查工艺是否合理,施工方法是否安全可靠有效,施工平面布置是否符合现场的条件以及环境保护和水土保持的要求。

(3)进场的工程材料、半成品、构配件和设备等应符合国家现行有关标准,监理人员应检查相关质量文件,并按规定抽样试验,经检测合格后,方批准使用。

(4)施工中使用的各种机械、设备和设施,施工单位使用前应进行全面检查或鉴定,经运转合格后,方准使用。监理人员应对此进行监督,并要求施工单位经常检查,定期校核标定。

(5)对隐蔽工程,施工单位必须在自检合格后,报请监理检查。监理人员应对每道工序检验并签认,未经监理签认,不得进入下道工序。

(6)对关键工序进行旁站,旁站中做出详细记录,真实反映施工过程。

13.5 巡视、旁站、抽检和验收计划

13.5.1 巡视

对现浇梁施工过程中的巡视检查内容包括地基及支架沉降变形、钢筋、模板、混凝土质量、预应力张拉、孔道压浆、封端等(表13-6)。

巡视计划表 表13-6

部　位	监理人员	备　注
地基处理	张某、李某	
支架搭设	张某、李某	
模板、钢筋安装	张某、李某	
混凝土浇筑、预应力张拉压浆	张某、李某	
支架拆除施工	张某、李某	

13.5.2 旁站

按照合同条款、现行《公路工程施工监理规范》(JTG G10)附录A及监理计划相关要求开展旁站工作(表13-7)。

旁站计划表 表13-7

部　位	监理人员	备　注
梁段混凝土浇筑	张某、李某	
预应力张拉	张某、李某	
预应力压浆	张某、李某	

13.5.3 抽检

对钢筋、水泥、碎石等原材料及水泥混凝土,抽检频率按批次应不低于规定施工检验频率的10%;对分项工程中的关键项目和结构主要尺寸,抽检频率按批次应不低于施工检验频率的20%(表13-8)。

抽检计划表 表13-8

部　位	监理人员	备　注
原材料	张某、李某	
钢筋、预应力等隐蔽工序 关键项目和结构主要尺寸	张某、李某	
轴线偏位、高程	张某、李某	
结构主要尺寸	张某、李某	
横坡、平整度	张某、李某	

13.5.4 验收

监理应对分部、分项等隐蔽工程进行验收。现浇箱梁工程施工完成后,督促施工单位提交中间交工验收申请,及时组织验收(表13-9)。

验收计划表 表13-9

部 位	监理人员	备 注
支架搭设	张某、李某	
钢筋工程	张某、李某	
混凝土工程	张某、李某	
预应力工程	张某、李某	

第 14 章　悬臂浇筑箱梁监理实施细则

——以沌口长江大桥跨武金堤高架桥为例

14.1　工程内容和特点

14.1.1　工程内容

武汉沌口长江公路大桥是武汉市四环线跨越长江的关键性工程，其主桥主跨为 760m 双塔双索面半漂浮体系钢箱梁斜拉桥，桥宽按双向八车道设计。

武昌侧跨武金堤高架桥全长 190m，上部结构为(50 + 90 + 50)m 三跨预应力混凝土连续梁桥，采用挂篮悬臂浇筑工艺，该桥下部结构为桩基配承台结构，花瓶式桥墩。

跨武金堤高架桥单幅箱梁采用单箱双室截面，顶宽 20m，顶板悬臂长度 3m，顶板翼缘端部厚 20cm，根部厚 60cm，顶板厚 28cm。箱梁根部梁高 6m，跨中梁高 3m，底板厚从跨中至根部断面位置由 32cm 变化为 70cm，箱梁高度以及箱梁底板厚度按 2 次抛物线变化。腹板厚度为 50 ~ 70cm，腹板内直线变化。

箱梁 0 号节段长 10m、1 号节段长 3m。每个悬浇 T 纵向对称划分为 12 个节段，梁段长从根部至跨中对称布置 6 × 3.0m + 6 × 3.5m 节段，悬浇总长 39m。边、中跨合龙段长均为 2m，边跨悬浇段长 4m。箱梁主跨根部设一道厚 2.5m 的横隔板，中跨跨中设一道厚 0.4m 的横隔板，边跨梁端设一道厚 1.5m 的横隔板。

墩顶现浇段(0 号、1 号块)采用支架法施工，箱梁内模采用脚手架支撑；悬浇梁段采用菱形挂篮悬臂施工；合龙段采用吊架施工，吊架底篮及模板采用挂篮的相应部件；边跨现浇段采用钢管立柱支架法施工；钢筋由工厂集中加工制作，运至现场由吊车提升、现场绑扎成型；箱梁混凝土设计采用 C50。混凝土由搅拌站集中供应，搅拌输送车运输，混凝土采用天泵输送入模，插入式振捣器振捣。混凝土养护采用土工布覆盖洒水。

箱梁按三向预应力设计，横、竖向预应力采用二次张拉工艺，以消除锚具回缩应力损失。纵、横向预应力采用高强度低松弛钢绞线，其标准强度 f_{pk} = 1860MPa，设计锚下张拉控制应力 $0.75f_{pk}$。竖向预应力采用精轧螺纹钢筋，标准强度 f_{pk} = 785MPa，张拉控制应力为 $0.9f_{pk}$ = 706.5MPa，YGM 锚固体系见表 14-1。

跨武金堤高架桥悬浇梁段设计参数表 表 14-1

节段名称	节段长度(m)	单块方量	节段块数	总方量(m^3)
2 号	3	69.21	4	276.84
3 号	3	66.33	4	265.32
4 号	3	63.65	4	254.6
5 号	3	61.53	4	246.12
6 号	3	61.19	4	244.76
7 号	3.5	57.99	4	231.96
8 号	3.5	57.54	4	230.16
9 号	3.5	56.47	4	225.88
10 号	3.5	55.32	4	221.28
11 号	3.5	54.55	4	218.2
12 号	3.5	54.16	4	216.64

14.1.2 工程特点

(1)单幅箱梁按单向 4 车道重载交通设计,采用单箱双室截面,顶宽达 20m,结构设计较为复杂。

(2)箱梁按三向预应力设计,挂篮悬臂施工,施工工序繁多,工艺较为复杂。

14.2 监理工作流程

14.2.1 0 号、1 号块支架现浇施工监理工作流程(图 14-1)

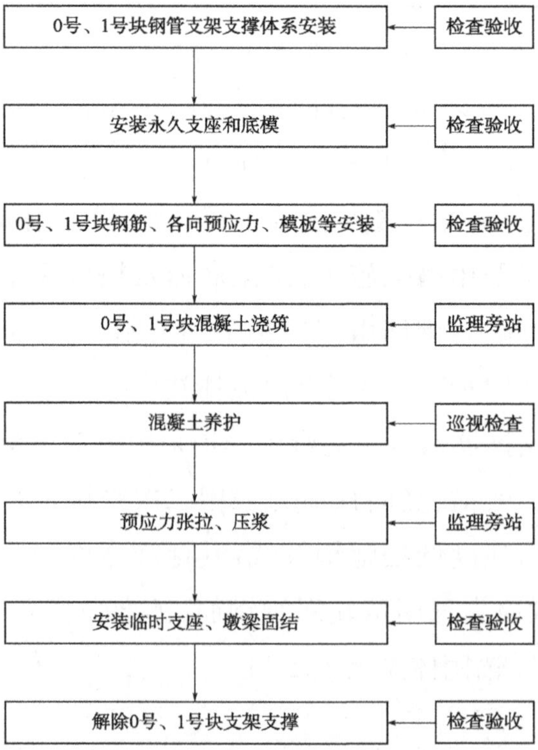

图 14-1 0 号、1 号块支架现浇施工监理工作流程

14.2.2 挂篮悬浇节段施工监理工作流程(图 14-2)

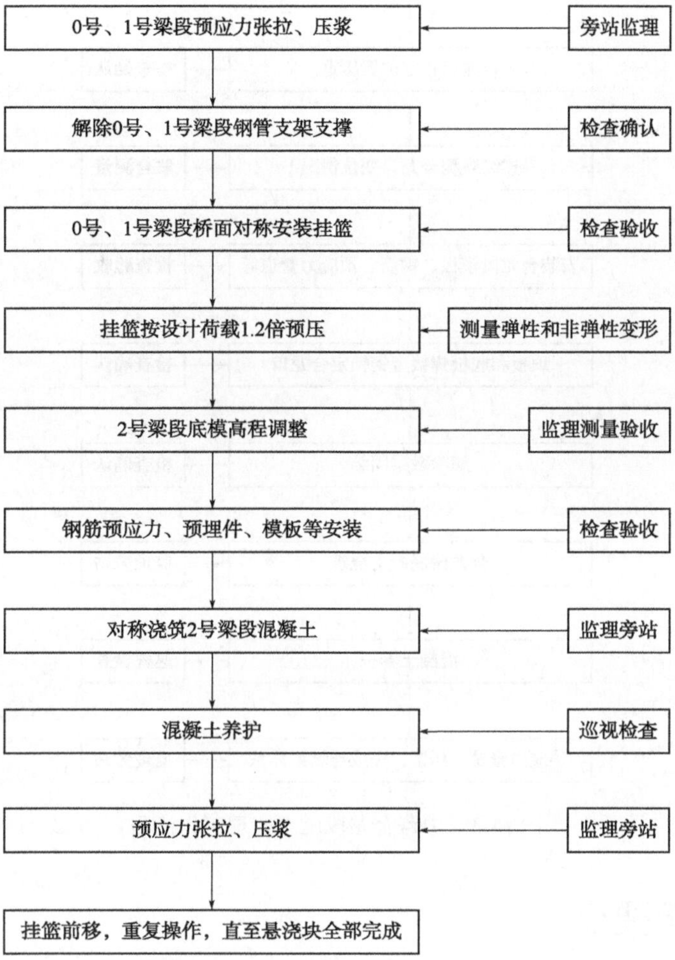

图 14-2 挂篮悬浇节段施工监理工作流程

14.2.3　中跨合龙段施工监理工作流程(图 14-3)

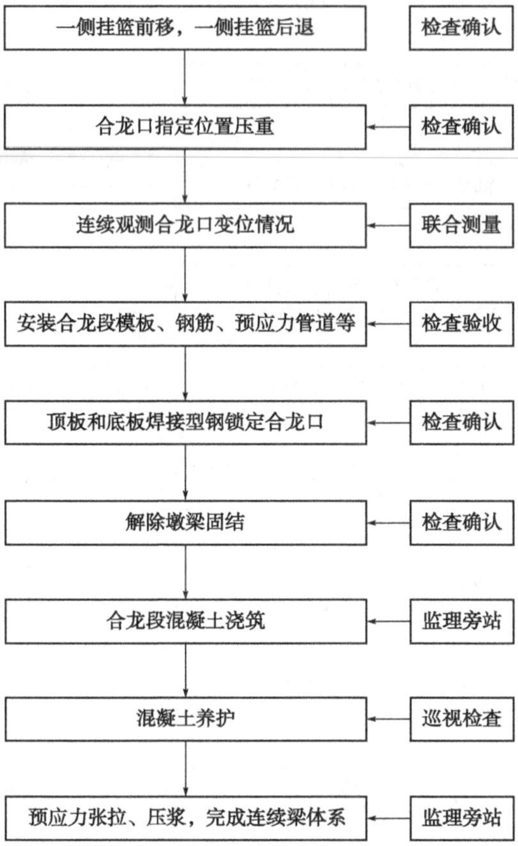

图 14-3　中跨合龙段施工监理工作流程

14.3　监理工作要点

14.3.1　施工准备

(1)审批跨武金堤连续梁桥挂篮悬浇施工专项方案。

①0 号、1 号梁段现浇支架设计图纸及设计计算书。

②墩梁临时固结设计图纸及设计计算书。

③挂篮设计图纸及设计计算书。

④挂篮预压方案。

(2)审批边跨现浇梁段支架施工专项方案(包括支架设计图及设计计算书)。

(3)审批边、中跨合龙专项方案。

(4)审批 C50 混凝土配合比和预应力压浆配合比。

(5)对混凝土原材料、普通钢筋、预应力筋、锚具、混凝土试件等材料督促施工单位按规范 100% 的频率自检,监理不低于 20% 的频率抽检。

(6)参与审核施工线形监控方案。

14.3.2 施工阶段

14.3.2.1 0号、1号梁段支架现浇施工

(1)为保障桥面两侧长度满足挂篮拼装长度要求,0号、1号梁段采用少支点钢管立柱支架现浇施工。0号梁段钢管支撑在桥墩承台上,1号梁段钢管支架支撑在打入钢管桩桩帽上。钢管支架、贝雷梁、分配梁安装质量检查验收。

(2)永久支座、临时墩梁固结支座检查验收。

(3)0号、1号梁段箱梁底模安装完毕后进行支架预压,预压按设计荷载1.2倍进行,检测弹性变形量和非弹性变形量。

(4)根据监控指令进行底模高程的检查验收。

(5)底板、横梁、腹板普通钢筋及预应力管道(竖向和纵向)安装后检查验收。

(6)安装横梁、腹板钢筋内外模板及箱梁顶板支撑和顶板底模。模板和顶板支撑体系安装质量的检查验收。

(7)安装顶板钢筋和纵横预应力管道与预应力锚垫板(包括竖向预应力锚垫板)、端头模板、永久和临时预埋构件等,检查验收。

(8)混凝土浇筑按先底板后腹板再顶板的浇筑顺序从低端向高端分层进行。混凝土的初凝时间宜大于梁段混凝土计划的浇筑时间。混凝土浇筑过程中全程旁站监理。

(9)混凝土采取顶板洒水覆盖和带模保温养护,巡视检查。

(10)拆除内膜和端头模板,全面检查混凝土外观质量。

(11)与现场同环境养护的混凝土试件达到设计规定的预应力张拉强度后,按设计要求的各向预应力张拉顺序进行张拉、压浆。预应力张拉、压浆全过程旁站监理。

(12)检查临时墩梁固结情况,拆除0号、1号梁段钢管支架,进行后续挂篮安装施工。

14.3.2.2 挂篮安装和预压

0号、1号梁段钢管拆除后,在0号、1号梁段顶面安装挂篮系统,挂篮系统安装完毕后进行检查验收。

挂篮预压按悬臂浇筑梁段混凝土最重荷载的1.2倍进行加载,检测挂篮的弹性变形和非弹性变形,以验证挂篮的整体刚度情况。

14.3.2.3 挂篮悬浇梁段施工

(1)1号梁段端头面混凝土凿毛验收。

(2)检查挂篮后锚点的锚固状况,根据监控指令验收2号梁段箱梁底板底模高程和梁段中心线。

(3)检查验收底板、腹板钢筋及其预应力管道(竖向和纵向)的情况。

(4)安装整体式箱梁内模和整体式腹板外模,检查验收。

(5)安装顶板钢筋和纵、横预应力管道及预应力锚垫板(包括竖向预应力锚垫板)、端头模板、永久和临时预埋构件等,检查验收。

(6)对称浇筑双悬臂节段混凝土,T构两侧挂篮节段混凝土浇筑方量差、一副挂篮左右边混凝土浇筑方量差应控制在设计容许范围内。混凝土的初凝时间宜大于节段混凝土计划浇筑时间。混凝土浇筑之前对已浇节段凿毛面充分湿润(洒水),由于梁段为变高度结构,底板混凝土应从低端向高端方向浇筑(挂篮后端向前端),腹板和顶板混凝土应从挂篮前端向后端(已浇筑梁段)浇筑,全过程旁站监理。

(7)混凝土采取顶板洒水覆盖和带模保温养护,巡视检查。

(8)打开节段混凝土内外模板,检查混凝土外观质量。

(9)与现场同环境养护的混凝土试件达到设计规定的预应力张拉强度后,按设计要求的各向预应力张拉顺序进行各向预应力的张拉、压浆。预应力张拉、压浆全过程旁站监理。各向预应力张拉之前,应全面检查已浇节段混凝土质量,如存在较大或严重的混凝土质量缺陷,必须经监理同意修补方案并修补混凝土达到设计强度后方可张拉预应力。

(10)预应力张拉后,测量梁顶高程、纵向中心等参数。

(11)挂篮前移、锚固,继续循环施工下一梁段(后续挂篮施工梁段控制要点相同),直至边、中跨合龙段。

14.3.2.4　边跨支架现浇梁段施工

(1)边跨现浇梁段采用少支点钢管立柱支架,钢管支架支撑在打入钢管桩桩帽上。钢管支架、贝雷梁、分配梁安装质量检查验收。

(2)过渡墩永久支座、临时支座安装检查验收。

(3)边跨现浇梁段支架预压按混凝土设计荷载的1.2倍进行,检测支架弹性变形量和非弹性变形量。

(4)根据监控指令进行现浇梁段底模高程的检查验收。

(5)底板、墩顶横梁、腹板钢筋及其预应力管道(竖向和纵向)安装后检查验收。

(6)安装墩顶横梁、腹板内外模板及箱梁顶板支撑和顶板底模。模板和顶板支撑体系检查验收。

(7)安装顶板钢筋和纵、横向预应力管道与锚垫板(包括竖向预应力锚垫板)、端头模板及永久和临时预埋构件,检查验收。

(8)混凝土浇筑按先底板后腹板再顶板的浇筑顺序从低端向高端分层进行。混凝土浇筑过程中全程旁站监理。

(9)混凝土采取顶板洒水覆盖和带模保温养护,巡视检查。

(10)拆除内膜和端头模板,全面检查混凝土外观质量。

14.3.2.5　边跨合龙梁段施工

采用先边跨后中跨的合龙顺序进行边、中跨合龙施工。边跨合龙梁段一般利用边跨挂篮承重主构件采用吊模体系,其特点是边跨支架现浇梁段处于无应力的静止状态,挂篮悬臂梁端始终处于无约束自由状态,其控制要点如下:

(1)根据监控指令,挂篮前移到指定位置,按监控指令要求在边跨悬臂端头梁段指定位置进行合龙段混凝土重量等代荷载压重,在基本稳定和非稳定温度场时段测量合龙段两侧端口混凝土高程变化情况。

(2)利用改装后挂篮底模安装合龙段底板底模,检查验收合龙段两侧施工缝接头模板搭接情况。

(3)检查验收底板、腹板钢筋及其预应力管道(竖向和纵向)情况。

(4)安装挂篮改装后整体式箱梁内模和腹板外模,检查验收。

(5)安装顶板钢筋和纵、横预应力管道与预应力锚垫板(包括竖向预应力锚垫板)、永久和临时预埋等构件,检查验收。

(6)在环境温度场均匀(22 点至 6 点时段)时段焊接合龙段顶板和底板型钢拉压杆,以锁定合龙段两侧变位。

(7)在同期环境温度较低且温度场基本均匀稳定的夜晚(22 点之后)浇筑边跨合龙段混凝土。混凝土浇筑过程中,根据监控指令随合龙段浇筑混凝土方量逐步撤除等代压重荷载。

(8)混凝土采取顶板洒水覆盖和带模保温养护,巡视检查。

(9)与现场同环境养护的边跨合龙段混凝土试件达到设计规定的预应力张拉强度后,按设计要求的各向预应力张拉顺序进行各向预应力的张拉、压浆。预应力张拉、压浆全过程旁站监理。

(10)边跨预应力张拉完毕后,解除过渡墩永久支座约束,使其处于纵向活动状态,拆除边跨现浇梁段钢管支架,完成边跨的合龙及结构体系转换。

14.3.2.6　中跨合龙梁段施工

连续梁两侧边跨合龙后再进行中跨合龙梁段施工。中跨合龙一般利用中跨一侧挂篮承重主构件采用吊模体系,另一侧挂篮后退至指定位置。中跨合龙特点是两侧悬臂端头均处于无约束自由位移状态,其控制要点如下:

(1)根据监控指令,一侧挂篮前移、另一侧挂篮后退至指定位置,按监控指令要求,在中跨悬臂端头梁段指定位置进行合龙段混凝土重量等代荷载压重,在基本稳定和非稳定温度场时段测量合龙段两侧端口高程变化情况。

(2)利用改造后的挂篮底模安装合龙段底板底模,检查验收合龙段两侧施工缝接头模板搭接情况。

(3)检查验收底板、腹板钢筋及其预应力管道(竖向和纵向)情况。

(4)安装箱梁内模和腹板外模,检查验收。

(5)安装顶板钢筋和纵、横预应力管道与预应力锚垫板(包括竖向预应力锚垫板)、永久和临时预埋件等构件,检查验收。

(6)在环境温度场均匀时段(22 点至 6 点)焊接合龙段顶板和底板型钢压杆,张拉合龙段顶、底板临时预应力束(承受拉力),以锁定合龙口两侧变位。

(7)解除墩梁固结构约束及临时支座,使其永久支座按设计设置要求处于固定支座或活动支座的状态。检查验收。

(8)在同期环境温度较低且温度场基本均匀稳定的夜晚(22 点之后)浇筑中跨合龙段混凝土。根据监控指令随合龙段浇筑混凝土方量逐步撤除等代压重荷载。

(9)混凝土采取顶板洒水覆盖和带模保温养护,巡视检查。

(10)与现场同环境养护的中跨合龙段混凝土试件达到设计规定的预应力张拉强度后,按设计要求的各向预应力张拉顺序进行各向预应力的张拉、压浆,完成连续梁结构体系转换。预应力张拉、压浆全过程旁站监理。

14.4 监理工作方法与措施

14.4.1 监理工作方法

监理工作方法有旁站、巡视检查、抽检、验收等。

14.4.1.1 旁站

(1)永久支座安装。

(2)混凝土浇筑。

(3)预应力张拉。

(4)预应力管道压浆。

14.4.1.2 巡视检查

(1)支架现浇梁段钢管支架系统检查。

(2)桥墩墩梁固结检查。

(3)永久支座和临时支座安装。

(4)混凝土施工缝凿毛检查。

(5)梁段底模高程、纵向轴线测量。

(6)挂篮后锚点及其承重构件检查。

(7)普通钢筋、预应力钢筋管道及锚垫板、永久和临时预埋件等构件安装检查。

(8)模板安装检查。

(9)混凝土原材料检查和试验。

(10)混凝土浇筑。

(11)梁段混凝土养护检查。

(12)梁段混凝土外观质量检查。

(13)悬臂梁段预应力张拉后梁顶高程、中心线等参数测量。

(14)中跨合龙段混凝土浇筑之前,解除墩梁固结锁定、安装型钢及张拉临时预应力锁定合龙端口,检查、测量合龙端口锁定状况。

14.4.1.3 抽检

(1)混凝土原材料、混凝土强度、预应力管道压浆强度、普通钢筋、预应力筋及锚具、钢筋接头等按不低于规范20%的频率检测。

(2)梁段平面位置和立模高程按100%的频率测量。

(3)普通钢筋、预应力钢筋管道及锚垫板、永久和临时预埋件等构件安装按100%的频率抽检。

(4)模板安装按100%的频率抽检。

(5)梁段成品混凝土外观质量按100%的频率抽检。

(6)梁段施工缝凿毛和预应力封锚按100%的频率抽检。

(7)梁段预应力张拉后梁顶高程和中心线按100%的频率抽检。

14.4.1.4 验收(表14-2~表14-6)

成品梁段允许偏差 表14-2

项次	项目		允许偏差
1	混凝土强度(MPa)		大于C50设计强度
2	轴线偏位(mm)		≤10
3	顶面高程(mm)		±20
4	断面尺寸(mm)	高度	+5,-10
		顶宽	±30
		底宽	±20
		顶、底、腹板厚	+10,0
5	合龙后同跨对称点高程差(mm)		≤20
6	顶面横坡(%)		±0.15
7	平整度(mm)		≤8
8	相邻梁段间错台(mm)		≤5

钢筋加工允许偏差　　表 14-3

项　　目	允许偏差(mm)
受力钢筋顺长度方向加工后的全长	±10
弯起钢筋各部分尺寸	±20
箍筋、螺旋筋各部分尺寸	±5

钢筋安装允许偏差　　表 14-4

项次	检查项目			规定值或允许偏差	检查方法和频率
1△	受力钢筋间距(mm)	两排以上排距		±5	尺量:长度≤20m 时,每构件检查 2 个断面;长度>20m 时,每构件检查 3 个断面
		同排	梁、板、拱肋及拱上建筑	±10(±5)	
			基础、锚碇、墩台身、墩柱	±20	
2	箍筋、构造钢筋、螺旋筋间距(mm)			±10	尺量:每构件测 10 个间距
3	钢筋骨架尺寸(mm)	长		±10	尺量:按骨架总数的 30% 抽测
		宽、高或直径		±5	
4	弯起钢筋位置(mm)			±20	尺量:每骨架抽查 30%
5	保护层厚度(mm)	梁、板、拱肋及拱上建筑		±5	尺量:每构件各立模板面每 $3m^2$ 检查 1 处,且每侧面不少于 5 处
		基础、锚碇、墩台身、墩柱		±10	

预应力管道安装允许偏差　　表 14-5

项次	项　　目		允许偏差(mm)
1	管道坐标	梁长方向	±30
		梁宽方向	±10
		梁高方向	±10
2	管道间距	同排	±10
		上下层	±10

模板安装允许偏差　　表 14-6

项　　目	部　　位	允许偏差(mm)
模板高程	柱、梁	±10
模板尺寸	上部构造的所有构件	+5,-0
轴线偏位	梁	10
装配式构件支承面的高程		+2,-5
模板相邻两板表面高低差		2
模板表面平整		5

续上表

项目	部位	允许偏差(mm)
预埋件中心线位置		3
预留孔洞中心线位置		10
预留孔洞截面内部尺寸		+10，-0
支架	纵轴的平面位置	跨度的1/1000或30

14.5 监理工作的主要措施

14.5.1 组织措施

明确内部职责分工，建立岗位责任制，制定监理工作制度，同时采取考核的办法，落实质量控制的责任。

14.5.2 技术措施

根据连续梁挂篮悬臂分部工程施工的每一阶段（施工准备阶段、施工阶段和竣工验收阶段），采取事前、事中和事后相结合的质量控制措施，并注意突出控制重点，充分运用监理独立的平行检验手段，实施对施工全过程的监理。

14.5.3 经济措施

充分运用合同管理和工程计量权，督促施工单位按合同办事，严格执行工程质量的检查和验收制度，对不符合合同规定质量及安全要求的工程不予中间交工、不予计量。

14.5.4 合同措施

审查分包、专业分包的资质，监督和防止转包、层层分包及总包单位以包代管的现象。自觉按合同办事，督促施工单位、作业队遵守合同，协调合同纠纷。

14.6 巡视、旁站、抽检和验收计划

14.6.1 巡视

采取以巡视为主的方式进行挂篮悬臂梁段和支架现浇梁段施工现场监理，对施工的主要工程每天巡视不少于1次，并填写巡视记录（表14-7）。

巡视计划表　　表 14-7

部　位	监理人员	备　注
现浇梁段钢管支架系统安装	张某、李某	现场监理
挂篮悬臂施工桥墩墩梁固结	张某、李某	现场监理
挂篮安装	张某、李某	现场监理
永久支座和临时支座安装	张某、李某	现场监理
梁段混凝土施工缝凿毛	张某、李某	现场监理
挂篮后锚点及其承重构件	张某、李某	现场监理
普通钢筋、预应力钢筋管道及锚垫板、永久和临时预埋件等构件安装	张某、李某	现场监理
模板安装	张某、李某	现场监理
混凝土浇筑	张某、李某	现场监理
混凝土养护	张某、李某	现场监理

14.6.2　旁站

按照合同条款、《公路工程施工监理规范》(JTG G10—2016)附录 A 及监理计划相关要求开展旁站工作(表 14-8)。

旁站计划表　　表 14-8

部　位	监理人员	备　注
永久支座安装	张某、李某	现场监理
混凝土浇筑	张某、李某	现场监理
预应力张拉	张某、李某	现场监理
预应力管道压浆	张某、李某	现场监理

14.6.3　抽检

混凝土原材料、混凝土强度、预应力管道压浆强度、普通钢筋、预应力筋及锚具、钢筋接头等按不低于规范 20% 的频率检测;梁段平面位置和立模高程按 100% 的频率测量;普通钢筋、预应力钢筋管道及锚垫板、永久和临时预埋件等构件安装按 100% 的频率抽检;模板安装按 100% 的频率抽检;梁段成品混凝土外观质量按 100% 的频率抽检;梁段施工缝凿毛和预应力封锚按 100% 的频率抽检;梁段预应力张拉后梁顶高程和中线按 100% 的频率抽检(表 14-9)。

抽检计划表　　表 14-9

部　位	监理人员	备　注
各类原材料检测	张某、李某	试验监理
混凝土强度、压浆强度、钢筋接头	张某、李某	试验监理

续上表

部　　位	监理人员	备　　注
钢筋工程及预埋件	张某、李某	现场监理
模板工程	张某、李某	现场监理
梁段平面位置、立模高程	张某、李某	测量监理
施工缝凿毛和成品混凝土外观	张某、李某	现场监理

14.6.4 验收

悬臂梁段和支架现浇梁段分项工程施工完成后，督促施工单位提交中间交工验收申请，监理及时组织验收（表14-10）。

验收计划表　　表14-10

部　　位	监理人员	备　　注
各类钢筋和混凝土原材料检验	张某、李某	试验监理
混凝土和预应力管道压浆强度	张某、李某	试验监理
普通钢筋加工和现场安装	张某、李某	现场监理
预应力管道、预应力筋加工和现场安装	张某、李某	现场监理
模板加工和安装	张某、李某	现场监理
成品梁段几何尺寸、中线和高程	张某、李某	现场监理、测量监理

第 15 章　钢桁梁制造监理细则

——以宜都长江大桥为例

15.1　工程内容和特点

15.1.1　工程内容

宜都长江大桥项目位于湖北省宜昌市内，桥址位于长江中游宜昌至枝城河段，北岸是宜昌市枝江市白洋镇在建白洋工业园，南岸是宜都市城镇带(陆城镇、枝城镇等)。宜都长江大桥为主跨 1000m 双塔单跨钢桁梁悬索桥，组合钢桁梁，主缆矢跨比 1/9。

钢桁加劲梁在主桁上弦杆端节点处设竖向塔连杆，全桥共计 4 个；在主桁上、下弦杆端节点的外侧各设一个横向抗风支座，全桥共计 8 个。

主桁采用华伦式桁架，横向共两片主桁，中心间距 36m，桁高 7.5m，全桥钢桁加劲梁共划分 35 个节段，其中标准梁段长为 30m，端部节段节间长度 15.26m，跨中节段吊装长度 10.58m。各节段间工地环口采用高强度螺栓连接。

主桁采用焊接整体节点结构形式，由上弦杆、下弦杆及腹杆组成。主桁上、下弦杆均采用箱形截面，内高 660mm，内宽 660mm，板厚 20mm，节点处加厚至 28mm；主桁腹杆均采用工字形截面。

横向桁架采用焊接整体节点结构形式，由横梁上弦杆、横梁下弦杆及横梁腹杆组成，全桥主桁节间节点处均设有横向桁架。横梁上弦杆采用变高箱形截面，端部与主桁上弦整体节点等高，双向设置 2% 的横坡，内高 765.2 ~ 1082.8mm，内宽 400mm，板厚 20mm；横梁下弦杆采用箱形截面，内高 400mm，内宽 400mm，板厚 20mm；横梁腹杆均采用工字形截面。

上、下平联布置采用 K 形支撑，在端部及跨中适当加密，均采用箱形截面，内宽 340mm，内高 400mm，板厚 12mm。

桥面钢纵梁采用工字形截面，梁高 660mm，腹板厚 12mm；上翼板宽 400mm，厚 12mm；下翼板宽 400mm，厚 14mm。下翼板与支座上调平钢板焊接连接，调平钢板中心厚 20mm。纵梁端部支座上方设置 16mm 厚加劲隔板。纵梁纵向按长度划分共有 14.185m、28.5m、30m、27.765m、32.185m、10.58m 六类，纵向相邻钢纵梁通过高强螺栓拼接形成连续结构。

桥面全宽范围共17道钢纵梁，横向间距2.063m，纵梁间设置钢横系梁，通过M24高强螺栓与加劲隔板连接。系梁采用(180×110×12)mm非等边角钢。

钢桁梁制造在厂内完成钢桁梁的下料、杆件制作、杆件钻孔、桁片制作以及节段组装和预拼装工作，然后将制作完成的大型钢桁梁吊装节段通过船舶运输至桥址现场进行吊装安装(图15-1)。

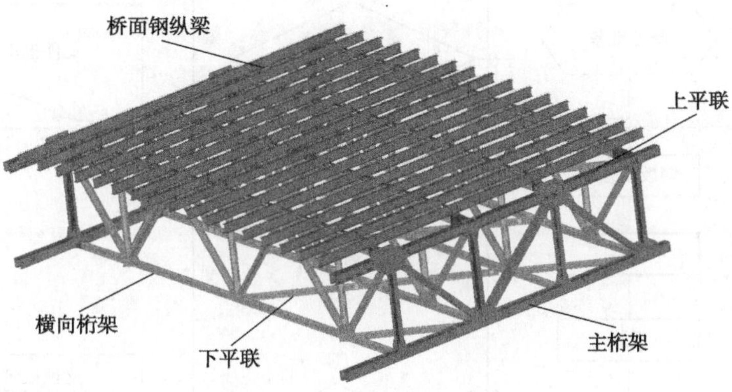

图15-1 标准节段建模

15.1.2 工程特点

由于本桥钢重要构件均为超细长箱形杆件、整体节点大、连接关系复杂、零件拼板量大、熔透焊缝多、构件种类繁多且均为栓接，高强螺栓总量大、产品质量要求严格，提高了加工制作难度和生产管理要求。

15.1.2.1 钢桁加劲梁

主弦及横梁均为超细长杆件，其中主弦腹板均为9拼1，拼接量大，焊后零件尺寸的精度控制难度大，组成箱体的零件长且软，转运及翻身困难，箱体内隔板分布不均匀且数量少，导致组装难度加大，4条隅角焊缝长，其焊接导致杆件变形难以控制，组成箱体后的矫正画线及钻孔均有制造难度。主弦上的横梁短接头与主弦腹板之间为熔透焊缝，属关键节点及施工难点，焊后进行消应处理。上横梁顶板两侧具有2%的横坡，其制造精度直接影响桥面高程及杆件间的栓接。全桥杆件螺栓孔的精度控制是本项目的重点。

15.1.2.2 组合梁钢桁梁

钢桁梁结构采用钢-混凝土组合梁，全宽33.5m，整幅设计。

钢纵梁大量采用超长结构的工字梁，材质均为Q345Qd(横系梁角钢Q345D材质除外)，给H形钢生产线带来制造难度；刚度不足容易变形，对转运及吊装不利。钢桁梁工字钢顶面的剪力栓钉是保证钢-混凝土共同受力的关键，其焊接质量、抗疲劳性能对结构寿命的影响较大，而钢纵梁顶板上数量众多。

15.2 监理工作流程

监理工作流程见图 15-2。

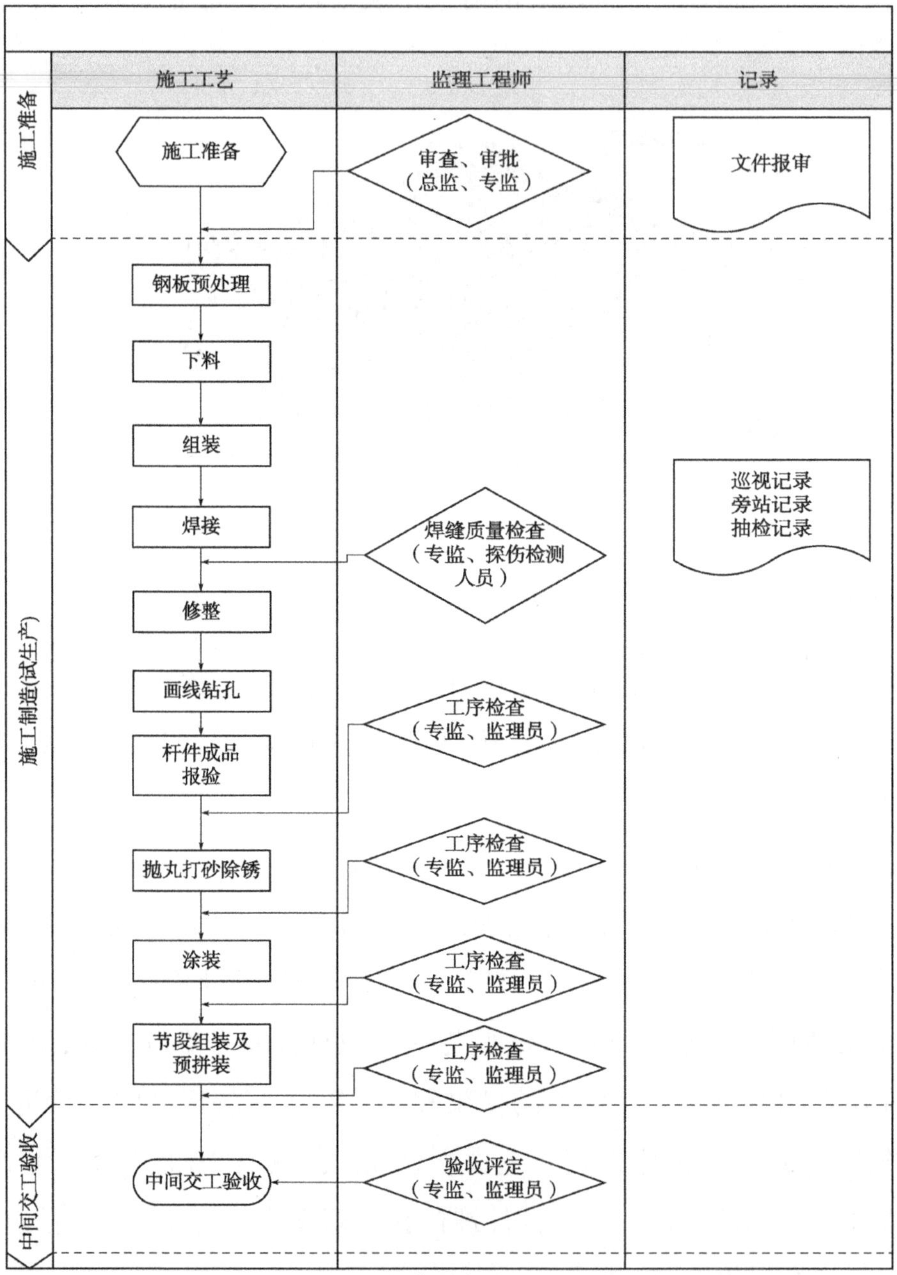

图 15-2 钢桁梁制造监理流程

注:流程图中未设置控制点的工序,监理工程师在施工过程中应当巡视检查。

15.3 监理工作要点

15.3.1 施工准备

(1)审查、审批制造单位提交的文件包括:钢桁梁制造施工组织设计(需专家评审)、制造检验规则(需专家评审)、焊接工艺评定总结(需专家评审)、加工制作专项安全方案、焊接工艺评定任务书、无损检测探伤清册、涂装工艺评定。

(2)组织验收胎架、工装平台。

(3)物资供应单位,试验单位的资质审核。

物资供应单位要具备相应营业执照(包括所经营范围),还须提供质量保证体系认证证书和供应过该品种物资的(近期)业绩凭证,所述资料报给(必要时进行实地考察)驻厂监理审核认可同意后,方可进行相应物资采购。

试验单位包括原材料复验试验单位以及焊接工艺评定、焊接产品试板、抗滑移试验单位和无损检测单位等。试验单位应具有国家试验室认可证书和CMA(中国计量认证)证书,相关资料报给(必要时进行现场考核)驻厂监理审核同意后,方可委托所报试验单位进行相应项目的试验检测工作。

(4)原材料质量确认。

构件所用各种主辅材料,均应具备质量证明书(或带有技术指标的合格证);驻厂监理要在存放处现场检查外观质量,主材钢材表面有锈蚀、麻点或划痕等缺陷时,其深度不得大于该钢材厚度允许负偏差值的1/2,钢材端边或断口处不应有分层、夹渣等缺陷,全程旁站取样复验。只有外观质量和复验结果全部满足要求,按程序报监理工程师同意后,该种材料方可投产使用。

①钢材:加工制作单位要按同一制造厂家生产、同一材质和规格(厚度)、同一出厂状态的每10个炉批抽取一组试件进行复验;监理按加工制作单位自检总量的10%批次进行抽检。每个炉(批)号不宜超过60t。

主桥钢结构构件的材质主要采用材质为Q345qD的钢材,材质技术条件符合《桥梁用结构钢》(GB/T 714—2015)的规定。

②焊接材料:按照焊接工艺评定试验结果和焊缝数量确定所需焊材的种类及数量。加工制作单位要按进场焊材种类和批次进行抽样复验,监理对每种焊材取一个批号进行抽检。所复验的首批焊材,除进行化学成分分析之外,还必须进行熔敷金属相关试验。每批次最高质量不宜超过50t。

③剪力焊钉:加工制作单位要按批次对剪力焊钉进行复验,检验内容包括理化试验、焊接工艺试验和弯曲拉伸试验等;监理抽取加工制作单位10%的批次(至少一个批号)进行检验。质量标准符合《电弧螺柱焊用圆柱头焊钉》(GB/T 10433—2002)。

剪力焊钉在每日每台班开始生产焊接前或焊接条件变化时,都必须按规定的焊接工艺试焊两个剪力焊钉,进行外观检查和30°角弯曲试验,合格后方可进行正式焊接;若其中一个剪力焊钉破坏,应重新焊接两个剪力焊钉进行检验,若再不合格,就要调整焊接工艺参数重新试焊,直到合格为止。试焊用钢板必须与构件材质相同,板厚允许变动不大于25%,焊接位置均采用平焊。

④高强螺栓:钢桁加劲梁各杆件间连接均采用摩擦型高强度螺栓连接,摩擦面应采用喷砂后喷铝的方法进行处理,并应保证摩擦面间的抗滑移系数达到0.45,处理后的摩擦面不得被污染。高强螺栓均采用10.9S级,螺母、垫圈采用45号优质碳素钢。加工制作单位按批次进行复验,监理按照加工制作单位自检批数10%进行抽检(至少抽检一次)。复验结果满足《钢结构用高强度大六角头螺栓》(GB/T 1228—2006)、《钢结构用高强度垫圈》(GB/T 1230—2006)的要求。每批高强度螺栓数量不大于3000套(每套包含一个螺杆、一个螺母、两个垫圈)。

⑤抗滑移系数检验以2000t为一批,不足2000t视为一批,每批在出厂时和架设时各检验三组试件(两块芯板、两块盖板为一组)。钢结构构件出厂时,相应代表试件抗滑移系数试验值不小于0.55,架设吊装时不小于0.45。抗滑移系数试件与其代表批次的重要构件要求同材质、同工艺、同批制造,并且同时发运及同条件存放。加工制作单位按规定进行抗滑移系数试验,监理抽检数量为加工制作单位10%(至少一组)。

⑥涂装材料:加工制作单位要分品种按批次进行复验,监理抽取其10%批次(每种至少一个批号)进行检验。每批涂装材料不超过4000L抽检一组,每超过4000L增加一组复验。

(5)特种设备许可证审核。

本项目使用的起重机必须具有国家质量监督机构核发的检验报告,并在有效期范围内使用,运输车辆与船舶必须证照齐备。

(6)特殊工种的资格审核和培训考试。

无损检测人员、起重工、起重机司机、电焊工、电架子工等特殊工种的施工人员必须持有国家权威部门签发的专业证书。无损检测须取得2级及以上资格的探伤人员进行操作。电焊工和检测人员上岗前还应进行专项培训,并且进行理论和实作考试;合格者发项目上岗证,并造册交驻厂监理备案,无证人员不得从事相关工作。

(7)计量资格审核。

加工制作单位必须通过国家二级以上计量资格认证,加工制作过程中所使用的量具、表具及其他计量仪器(表)必须在标定的有效期内使用,并根据工期时间和检定周期及时进行标定;相关资料要求报给驻厂监理进行审查。工地用尺在使用前必须与工厂用尺相互校对,设计图所标尺寸均为20℃基准温度下的尺寸,其中未计入焊接收缩和施工过程的压缩量。

15.3.2 钢桁梁制作

钢结构构件制作应严格遵照《铁路钢桥制造规范》(Q/CR 9211—2015)、《公路桥涵施工技术规范》(JTG/T 3650—2020)的相关要求办理,并执行设计文件中的特殊规定;制作加工单位应根据结构特点与架设方案要求,制定专门的制作加工工艺规则,经过专家评审后实施。

大桥主桥钢结构加工制作过程是其质量形成的重要过程,首批成品构件加工制作和预拼装是发现问题、积累经验的关键阶段,目的是检验制造工艺,为构件批量生产和后续试拼装工作提供依据,验证工装强度和刚度是否满足制造精度的要求,摸索焊接变形规律和探究焊接变形矫正方法。驻厂监理要重点监控该过程的关键工序,逐件、逐工序进行严格而全面的检验,这些工序包括下料、部件组焊、构件组焊、修整、钻孔、成品检验、试拼装等,发现问题时及时纠正,并调整相关工序工艺。首批构件制作完成后要求加工制作单位进行工艺总结,完善设计与制造工艺,保证白洋长江大桥主桥钢桁梁制作质量。完成首批构件加工制作后,应由建设单位组织设计、施工、监理、监控等相关单位进行首批构件的出厂验收。在构件制作的全部过程中,应坚持上道工序不经检查验收合格,不准进入下道工序作业的原则。

15.3.2.1 钢板预处理

监理应对钢板预制处理工艺执行情况进行巡视检查。

钢板预处理应在预处理线上进行,除锈、涂漆一起完成。钢板预处理表面应达到 Sa 2.5 级的清洁度、粗糙度 $R_z=40\sim80$m,喷涂无机硅酸锌车间底漆一道,漆膜干膜厚度 20μm。涂层表面平整、均匀,无漏底、流挂、橘皮等缺陷。钢板预处理后的平面度要达到 1mm/1m 范围内不得出现褶皱、翘曲等现象;板材吊要用磁力吊,防止钢板产生局部塑性变形。

15.3.2.2 零件下料

监理应对零件下料工艺执行情况进行巡视检查。

(1)作样和号料应根据施工图和工艺文件进行,并按要求预留制作和安装时的构件压缩量、焊接收缩余量及切割、刨边和铣平等加工余量,号料尺寸允许偏差为 ±1.0mm。设计图中所标注的构件尺寸均为 20℃基准温度下的尺寸。

(2)主要部件零件下料时,应使其受力方向与钢板轧制方向一致。当钢板纵、横向机械性能相近并满足设计基本要求时,可不受此限制。

(3)主要零件采用数控切割,次要零件或切割后还须进行加工的零件可采用手工焰切,切割时应控制切割顺序,减少切割变形,允许偏差为 ±2.0mm,不进行加工的切割面应打磨匀顺。零件切割后需进行二次赶平,消除切割受热后变形。所有零件优先采用精密(数控、自动、半自动)切割下料。精密切割边缘表面质量要符合表15-1的规定。

精密切割边缘表面质量　　表15-1

项　目	等　级		备　注
	用于主要零件	用于次要零件	
表面粗糙度	≤25μm	≤50μm	
崩坑	不允许	1m长度内,允许有一处1mm	超限须按规定修补
塌角	允许有半径不大于0.5mm的塌角		—
切割面垂直度	≤0.05t,且不大于2.0mm		t为钢板厚度

(4)采用数控切割机下料的零件编程时,要根据零件形状复杂程度,尺寸精度要求等规定切入点和退出点、切割方向和切割顺序,并应适当加入补偿量,消除切割热变形的影响。

(5)切割面应无裂纹、硬度不超过HV350,焊接边的切割面及坡口应去除氧化皮。

(6)冷矫时的环境温度不宜低于-12℃,矫正后的钢材表面不应有明显的痕迹和其他损伤;主要零件冷作弯曲时,环境温度不宜低于-5℃,内侧弯曲半径不宜小于板厚的15倍,弯曲后的零件边缘不得产生裂纹;热矫正和热煨温度应符合《铁路钢桥制造规范》(Q/CR 9211—2015)以及钢材供货条件的要求。

15.3.2.3　板边加工

监理应对零板边工艺执行情况进行巡视检查。

(1)机加工零件的边缘加工深度≥3mm(当边缘硬度不超过HV350时,加工深度不受此限),机加工面粗糙度R_a≤25μm;涉及加工接触传力面时,加工面表面粗糙度R_a≤12.5μm,加工面垂直度允许偏差≤0.3mm。箱形杆件内隔板边垂直度≤0.5mm,隔板尺寸大于1m时≤1mm。

(2)机加工时应避免油污污染钢料,加工后必须磨去边缘的飞刺、挂渣,使端面光滑匀顺。

(3)坡口可采用机加工或精密切割,过渡段坡口应打磨匀顺,焊接坡口形状尺寸及允许偏差依据焊接工艺评定确定。

(4)材料表面伤痕控制:主要零件与受力垂直方向<0.3mm、与受力平行方向<0.5mm,其他零件<0.8mm;超差时要进行修磨和焊补。

15.3.2.4　零部件组装

监理应对零部件组装工艺执行情况进行巡视检查。

(1)组装工作必须在专用胎架上进行,胎架基础应有足够的承载力,保证生产过程中基础不发生沉降;胎架还要有足够的刚度,避免和减少胎架随着拼装重量增加而变形。在胎架外设置基准控制点,控制胎架位置及高程。在组装过程中,依据基准控制点控制每个被组装零部件的位置及高程皆在允许误差范围内，保证构件整体尺寸精度。胎架必须事先检查合格，经过首批构件制作验证，并报监理检查验收方可正式投产使用。加工制作单位应对胎架定期进行检查，以确保产品质量。

（2）主要控制因素有厚板火焰调平与构件端部孔群平面、几何形状尺寸调修以及桥面构件的磨光顶紧处理。火焰调修必须注意控制钢板加热温度，避免发生过烧现象，厚板及构件端部孔群平面要求达到 1mm/m；构件几何形状尺寸的保证，应当以严格执行制作加工工艺为主、调修矫正为辅的原则，构件几何形状尺寸应满足《白洋长江公路大桥主桥钢结构制作检验规则》；要求磨光顶紧部位，要用 0.2mm 塞尺检查，插入深度不超过要求顶紧长度的 1/4。

（3）能够用自动焊焊接的焊缝，必须使用自动焊焊接；在焊缝两端部要分别加装引熄板，引熄板的材质、厚度、坡口应与所焊件相同，引熄板长度应不小于 100mm。不能够使用自动焊焊接的焊缝，尽量采用 CO_2 气体保护半自动焊焊接，焊接时要使用平位焊，尽量避免采用仰焊。构件制作过程中所用临时加强结构和临时码板焊缝的工艺规范应与永久焊缝相同，临时加强结构和临时码板焊缝原则上都应清除，清除时应注意不伤及基材，表面应打磨平整，并按一定比例进行磁粉无损检验。

零部件组装尺寸允许偏差应符合表 15-2 的规定。

零部件组装尺寸允许偏差 表 15-2

序号	图　　例	项　　目	允许偏差(mm)
1	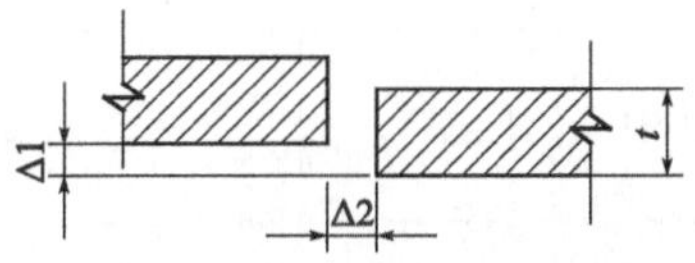	对接高低差 Δ1	0.5(t<25) 1.0(t≥25)
		对接间隙 Δ2	1.0
2	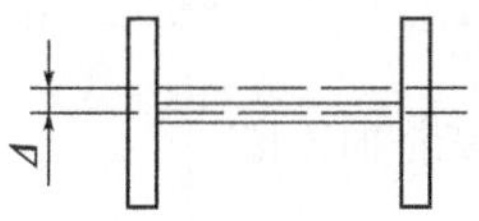	盖板中心与腹板中心线偏移 Δ	1.0
3	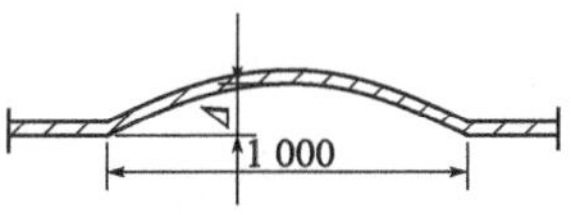	腹板平面度 Δ	1.0
4		盖板倾斜 Δ	0.5

续上表

<table>
<tr><th>序号</th><th>图　　例</th><th colspan="2">项　　目</th><th colspan="2">允许偏差(mm)</th></tr>
<tr><td>5</td><td>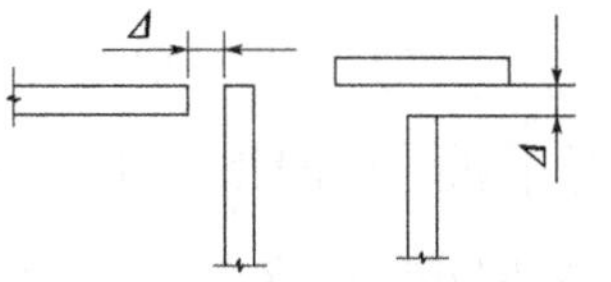</td><td colspan="2">组装间隙 Δ</td><td colspan="2">0.5</td></tr>
<tr><td rowspan="3">6</td><td rowspan="3">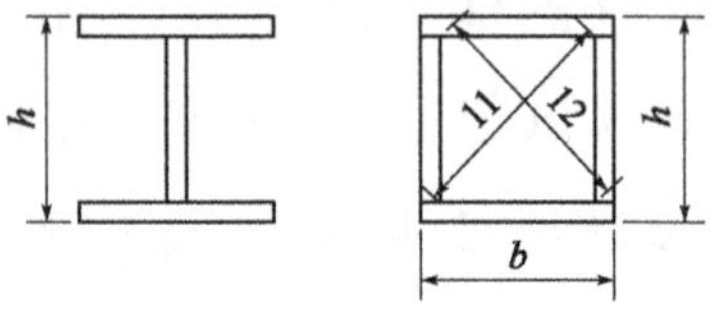</td><td colspan="2">插入式斜、竖杆高度 h</td><td colspan="2">−1.5 ~ 0</td></tr>
<tr><td colspan="2">宽度 b</td><td colspan="2">±1.0</td></tr>
<tr><td colspan="2">箱型杆件对角线差
|11 ~ 12|</td><td colspan="2">2.0</td></tr>
<tr><td rowspan="2">7</td><td rowspan="2">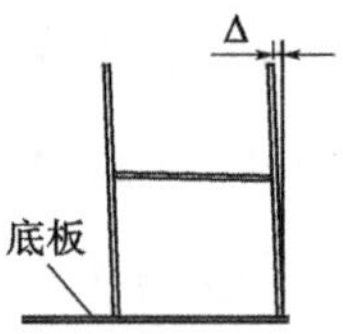</td><td colspan="2">整体节点
节点板垂直度 Δ</td><td colspan="2">1.5</td></tr>
<tr><td colspan="2">吊耳处</td><td colspan="2">1.0</td></tr>
<tr><td rowspan="3">8</td><td rowspan="3">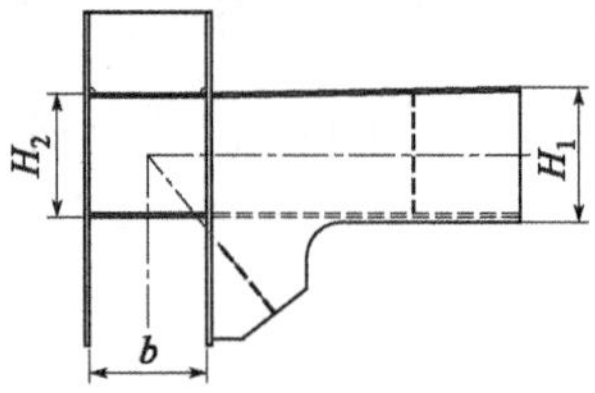</td><td colspan="2">H_1、H_2</td><td colspan="2">0 ~ 1.5</td></tr>
<tr><td colspan="2">吊点处</td><td colspan="2">±1.0</td></tr>
<tr><td colspan="2">整体节点弦杆节点
板内侧宽度 b</td><td colspan="2">0.5 ~ 2.0</td></tr>
<tr><td rowspan="2">9</td><td rowspan="2">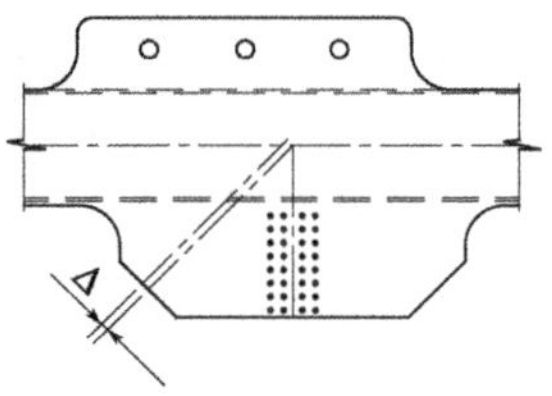</td><td colspan="2">整体节点内斜、
竖杆接头板位置，
与斜、竖杆中心线偏离 Δ</td><td colspan="2">±0.5</td></tr>
<tr><td colspan="2">两吊杆孔中心的偏差</td><td colspan="2">±2.0</td></tr>
<tr><td rowspan="2">10</td><td rowspan="2">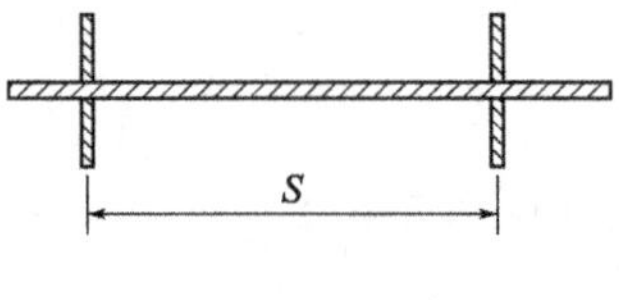</td><td rowspan="2">钢纵梁、横梁
加劲肋
间距 S</td><td>有横向连接</td><td colspan="2">±1.0</td></tr>
<tr><td>无横向连接</td><td colspan="2">±3.0</td></tr>
<tr><td>11</td><td>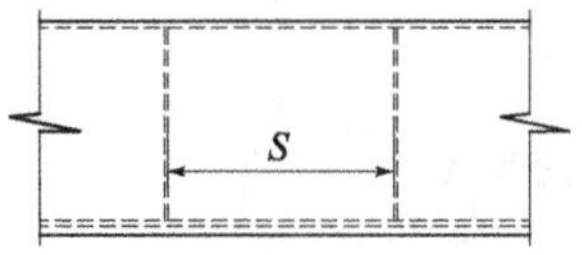</td><td colspan="2">箱型梁隔板间距 S</td><td colspan="2">±3.0</td></tr>
<tr><td rowspan="3">12</td><td rowspan="3">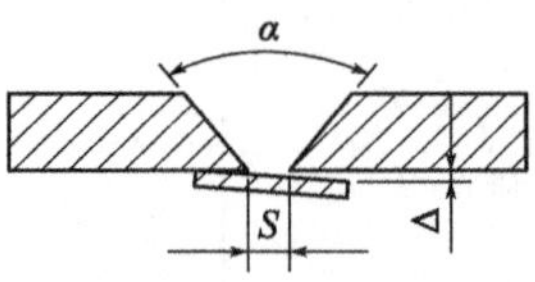</td><td colspan="2" rowspan="3">钢衬垫或陶质
衬垫对接焊接接头组装</td><td>α</td><td>±5°</td></tr>
<tr><td>Δ</td><td>0.5</td></tr>
<tr><td>S</td><td>−2.0 ~ 6.0</td></tr>
</table>

15.3.2.5　构件焊接与检验

监理应对焊接工艺执行情况进行巡视检查，对焊缝外观、尺寸和探伤进行抽检。

1）焊接的一般要求

检查焊工特种作业证书和焊工资格证书。焊工必须通过考试并取得资格证书，且只能从事资格证书中认定范围内的工作。焊工须持有效焊工证上岗，不得超越证书规定的范围和有效期进行焊接作业。

焊接前应检查并确认所使用的设备工作状态正常、仪表器具良好、齐全可靠后方可施焊，还应抽验焊接时的实际电流、电压与设备上的指示是否一致。

焊接环境温度不宜低于5℃、相对湿度不大于80%、场地风速不超过2m/s，当环境条件不满足要求时，应采取必要的预热及除潮工艺措施再进行焊接。露天焊接除局部加热和防风外，还应采取有效的防风防雨措施，否则必须停止施焊。

焊接前，构件焊缝部位30mm范围内应除锈、清除油污，清理后超过24h未进行焊接应重新清理。要严格执行焊接工艺，预热温度和层间温度，焊接电流、电压等工艺参数必须与焊接工艺一致。预热范围为焊缝位置每侧100mm以上，测温点应距焊缝30～50mm。对于栓焊联合接头，施工顺序为先焊接后栓接，焊接前采用焊钉和普通螺栓定位。

严禁在非焊接部位引弧，对伤及的基材应修补打磨（对主要受力构件还应进行磁粉探伤，确保无裂纹存在）。埋弧自动焊和CO_2气体保护自动焊焊接过程中不应断弧，如有断弧则必须将停弧处刨成1∶5斜坡，并搭接50mm再引弧施焊，焊后搭接处要修磨匀顺。焊后要清除焊缝表面熔渣与飞溅，切除引熄弧板磨平切口。

2）定位焊的要求

一般情况下，定位焊焊缝长度为50～100mm，间距400～600mm，对于基材板厚大于40mm的长大杆件，间距为300～500mm；焊脚尺寸不得大于设计焊脚尺寸的1/2；定位焊缝应距设计焊缝端头30mm以上。定位焊不得有裂纹、夹渣、焊瘤、焊偏、未填满的弧坑等缺陷，焊接前要彻底清除定位焊缝的熔渣。定位焊焊接工艺应与正式焊缝的焊接工艺相同，不得简化定位焊接工艺。

3）焊缝机械性能要求

对接接头屈服强度、极限强度要求不低于基材标准，屈服强度内控标准不超过基材标准值100MPa；角接和棱角接接头屈服强度、极限强度不低于基材标准，屈服强度内控标准不超过基材标准值120MPa。焊接接头（包括焊缝、熔合线、热影响区）的冲击韧性不低于基材标准值，延伸率同样不低于基材标准值。

4）焊缝外观质量要求

所有焊缝应待焊缝金属冷却后进行外观检查，不得有裂纹、未熔合、焊瘤、夹渣、未填满弧坑及漏焊等焊接缺陷，其外观质量应符合表15-3的规定要求。

焊缝外观质量标准(mm)　　表15-3

<table>
<tr><th>序号</th><th>项目</th><th>简　图</th><th>焊缝种类</th><th colspan="2">质量标准(mm)</th></tr>
<tr><td rowspan="4">1</td><td rowspan="4">咬边</td><td rowspan="4">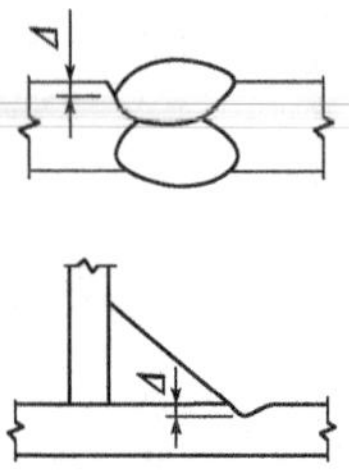</td><td>受拉杆件横向对接焊缝</td><td colspan="2">不允许</td></tr>
<tr><td>受拉杆件横向对接焊缝及竖向加劲肋角焊缝(腹板侧受压区)</td><td colspan="2">$\Delta \leq 0.3$</td></tr>
<tr><td>纵向对接焊缝、主要角焊缝</td><td colspan="2">$\Delta \leq 0.5$</td></tr>
<tr><td>其他焊缝</td><td colspan="2">$\Delta \leq 1.0$</td></tr>
<tr><td rowspan="3">2</td><td rowspan="3">气孔</td><td rowspan="3">—</td><td>横向对接焊缝</td><td colspan="2">不允许</td></tr>
<tr><td>纵向对接焊缝、主要角焊缝</td><td>直径小于1.0</td><td rowspan="2">每米不多于3个，其间距不小于20mm</td></tr>
<tr><td>其他焊缝</td><td>直径小于1.5</td></tr>
<tr><td rowspan="3">3</td><td rowspan="3">焊脚尺寸</td><td rowspan="3">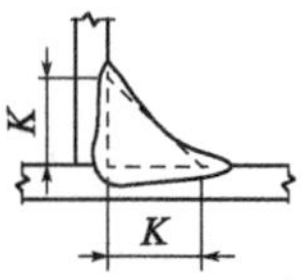</td><td>主要角焊缝</td><td colspan="2">K_{0}^{+2}</td></tr>
<tr><td rowspan="2">其他角焊缝</td><td colspan="2">K_{-1}^{+2}</td></tr>
<tr><td colspan="2">手工焊角焊缝全长的10%允许K_{-1}^{+3}</td></tr>
<tr><td>4</td><td>焊波</td><td>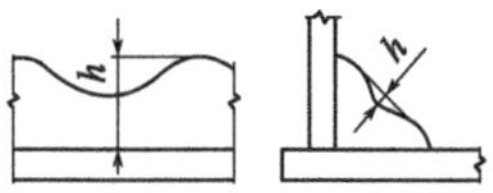</td><td>对接焊缝和角焊缝</td><td colspan="2">$h \leq 2$(任意25mm范围高低差)</td></tr>
<tr><td rowspan="2">5</td><td>余高</td><td>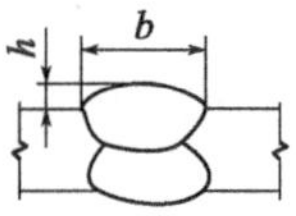</td><td>不铲磨余高的对接焊缝</td><td colspan="2">$h \leq 2$(焊缝宽度$\leq$20mm)
$h \leq 3$(焊缝宽度$>$20mm)</td></tr>
<tr><td>有效厚度</td><td></td><td>T形角焊缝</td><td colspan="2">凸面角焊缝有效厚度应不大于规定值2.0，凹面角焊缝应不小于规定值0.3</td></tr>
<tr><td>6</td><td>余高铲磨后的表面</td><td>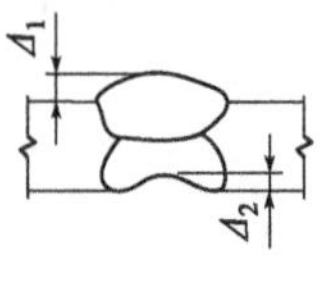</td><td>横向对接焊缝(桥顶板除外)</td><td colspan="2">不高于母材0.5
不低于母材0.3
粗糙度50μm</td></tr>
</table>

续上表

序号	项目	简　图	焊 缝 种 类	质量标准(mm)
7	焊缝型面不良	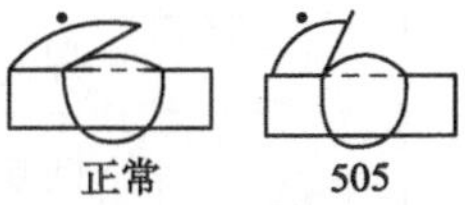 正常　505	对接焊缝	光顺圆滑
8	焊缝接头不良	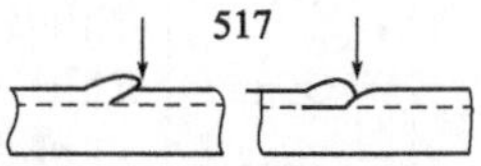 517		光顺圆滑

5)焊缝无损检测

无损检测人员必须取得资格证书,且只能从事资格证书中认定范围内的工作。焊缝超声波探伤(UT)的距离-波幅曲线灵敏度及缺陷等级评定应符合相关规定;其他要求应符合现行《焊缝无损检测超声波检测技术、检测等级和评定》(GB 11345)及《铁路钢桥制造规范》(Q/CR 9211)的规定。焊缝的射线探伤(RT)应符合现行《焊缝无损检测　射线检测　第1部分:X和伽玛射线的胶片技术》(GB/T 3323.1)的规定。射线探伤缺陷评定符合相关规定。

焊缝的磁粉探伤(MT)应符合现行《焊缝无损检测　焊缝磁粉检测　验收等级》(GB/T 26952)的规定。磁粉探伤缺陷评定符合相关规定。用射线、超声波、磁粉等多种方法检验的焊缝,须达到各自的质量要求,方可认为该合格。

加劲梁无损检验要求见表15-4。

加劲梁无损检验要求　　表15-4

焊 缝 名 称	质量等级	探伤方法	检验等级	探伤比例(%)	探 伤 部 位
加劲桁梁横向对接焊缝(顶板、底板、腹板)	Ⅰ级	超声波	B	100	焊缝全长
组合梁横向对接焊缝(顶板、底板、腹板)					
横梁短接头隅角焊缝			A	100	焊缝全长
横梁短接头与主桁熔透角焊缝					
主桁上下弦、横梁上下弦部分熔透隅角焊缝	Ⅱ级				
加劲桁梁横向对接焊缝(顶板、底板、腹板)	Ⅰ级	射线	B	10	两端各250~300mm,长度大于1200mm,中间加探250~300mm

续上表

焊缝名称	质量等级	探伤方法	检验等级	探伤比例(%)	探伤部位
熔透角焊缝	Ⅱ级	磁粉	—	100	焊缝全长
加劲桁梁主桁上下弦隅角焊缝				100	两端各1000mm,节点板范围内及两端各外延500mm
加劲桁梁横梁上下弦隅角焊缝				100	两端各1000mm,腹杆、平联范围内及两端各外延500mm
工字钢杆件角焊缝、平联隅角焊缝				100	两端各1000mm,中间每隔2000mm加探1000mm

注:探伤比例为焊缝条数的比例。

进行无损检测的焊缝,要在焊接接头冷却后、焊缝外观检查合格、焊缝施焊超过24h才能进行,对于厚度≥30mm的基材则要延长至焊接48h后进行。进行局部超声波和磁粉探伤的焊缝,当发现裂纹或其他超标缺陷时,应将该条焊缝的探伤范围延至全长;进行射线探伤的焊缝,当发现超标缺陷时应加倍检验。检验不合格的焊缝应进行返修,但同一部位返修不宜超过两次。

15.3.2.6 剪力钉焊接和质量检验

监理应对剪力钉工艺执行情况进行巡视检查,对剪力钉焊接质量进行抽检。

(1)剪力焊钉外观及尺寸符合《电弧螺柱焊用圆柱头焊钉》(GB 10433—2002)的要求,水、油污、锈蚀已清除干净,不得有裂纹、扭歪、弯曲、毛刺等缺陷;瓷环应符合《电弧螺柱焊用圆柱头焊钉》(GB 10433—2002),没有破损或裂纹,使用前150℃烘烤2h。

(2)构件拟焊部位要水平稳固,焊接位置ϕ100mm区域内应打磨清理干净,画线做出焊接标记;接好螺柱焊机,检查焊枪是否完好,并与剪力焊钉直径相匹配。

(3)在每班次焊接剪力焊钉前或更换一种焊接条件时,都必须按规定的焊接工艺试焊两个剪力焊钉,先检查焊缝外形尺寸,冷却后,锤击或用套筒把剪力焊钉从原来轴线弯曲30°,检查焊缝、热影响区没有可见裂缝为合格。若有一个不合格,应重新再做两个,直至合格。

(4)除工地对接焊位置附近的少量剪力焊钉外,其余的剪力焊钉均要在工厂焊接到钢桁梁横纵梁构件上;焊接顺序要从构件长度方向中心,沿长度方向逐渐向两边展开。

(5)焊接位置偏差检查:沿构件纵向,剪力焊钉根部和顶部都要严格控制在±3mm范围内;沿构件横向,剪力钉根部为±3mm、顶部为±5mm。

(6)剪力焊钉焊接质量靠肉眼检查来判断,要观察剪力焊钉熔化长度、挤出焊角的饱满度、挤出焊角宽度、高度及剪力焊钉与底面金属的结合程度。剪力焊钉底角应保证360°周边挤出焊角,挤出焊角沿剪力焊钉轴线方向的平均高度和最小高度分别不小于4.4mm

和3.3mm,焊缝平均直径不小于27.5mm。

15.3.2.7 矫正修整

监理应对矫正修整工艺执行情况进行巡视检查。

(1)矫正后的杆件表面不得有凹痕和其他损伤。采用人工锤击方法矫正时,应在其上放置垫板。

(2)冷矫应缓慢加力,环境温度不宜低于5℃,总变形量不得大于2%。

(3)热矫加热温度应控制在600~800℃范围内,严禁过烧,不宜在同一部位多次重复加热,温度降至室温前,禁止锤击钢材表面和用水急冷。

15.3.2.8 钻孔

监理应对钻孔工艺执行情况进行巡视检查。

(1)螺栓孔应用机械样板或数控钻床钻制,不得采用冲孔和气割孔。孔径允许正偏差不大于0.7mm,相邻两组孔群中心距偏差±0.8mm,相邻两孔距允许偏差±0.5mm,孔边距允许偏差±2mm。

(2)螺栓孔应成正圆形,孔壁表面粗糙度 R_a 不得大于25μm,孔缘无损伤不平、无刺屑,孔壁垂直度不大于0.5mm。

15.3.2.9 构件成品验收

(1)在构件进行试拼装之前,加工制造单位应在自检合格的基础上,按规定向监理工程师报检,监理工程师审核报验构件的全部质量检查资料齐全无误后,对成品构件的外观尺寸与几何形状进行频率不低于20%的随机检查,并由监理单位委托的第三方检测人员对焊缝质量进行无损探伤抽检。

(2)钢结构构件应按《公路工程质量检验评定标准 第一册 土建工程》(JTG F80/1—2017)的相关规定进行验收,尺寸允许偏差应满足经审批通过的《湖北省宜都长江公路大桥主桥钢结构制造检验规则》的要求。

15.3.2.10 钢桁梁节段组装及试拼装

监理应对节段组装和试拼装工艺执行情况进行巡视检查,对节段组装质量和试拼装质量进行抽检。

1)节段组装

(1)节段总成在节段组装胎架上进行,胎架应有足够的刚度,其基础应有足够的承载力,节段应处于不受外力的自由状态,并设置固定测量基准点和准备相应工具。节段组装先用单杆件组装成桁片,然后用桁片组装成整体节段,组装采用高强螺栓连接方式。

(2)监理抽检节段矫正允许偏差见表15-5。

钢桁梁节段矫正允许偏差 表15-5

示意图	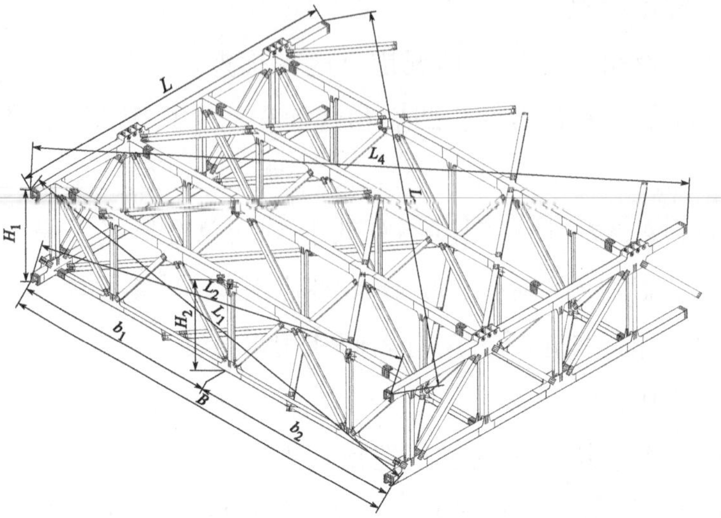			
序号	检 验 项 目		允许偏差(mm)	备 注
1	节段长 L		±3.0	余量切割后
2	端口尺寸	梁宽 B	±3.0	两侧主桁中心距
3		中心高 H_1	±2.0	
4		边高 H_2	±2.0	
5		横断面对角线差 $\lvert L_1-L_2\rvert$	≤5.0	工地接头处横断面
6	桥中心距主桁距离 b_1、b_2		±2.0	
7	桥面对角线差 $\lvert L_3-L_4\rvert$		≤5.0	
8	桥面各点高程		±5.0	
9	吊点位置	吊点中心距桥中心距离偏差	±2.0	
10		同一节段两侧吊点相对高差	5.0	
11		相邻节段吊点中心距偏差	±2.0	
12		同一节段两侧吊点中心连线与桥轴线垂直度偏差	2.0	

(3)高强螺栓连接施工。监理工程师应巡视检查高强螺栓施工工艺执行情况,并按照要求进行高强螺连接质量抽检。

①督促施工进行高强螺栓的相关检验,并委托进行抽检。

检验内容包括扭矩系数、载荷、硬度及摩擦面抗滑移系数试验。

②施拧工具的校验与保管。

高强螺栓的初拧、终拧均使用定扭矩电动扳手,为便于现场操作管理和施工质量控制,应使用同一生产厂家、同一型号规格的电动扳手及终拧检查扳手,初拧、终拧扳手要严格分开。

电动扳手采用扭矩系数试验仪标定。每把电动扳手要有专人检查校正、维修和养护,并建立履历簿,详细登记。

施拧扳手的标定次数为每班上班前和下班后各一次。标定误差规定为上班前标定不得大于规定值的 ±3%,下班后标定不得大于规定值的 ±5%。若上班前标定误差大于 ±3%,应调整至 ±3% 以内;若下班后标定误差大于 ±5%,应立即检查并进行校正记录,同时对该扳手当班施拧的全部螺栓进行紧扣检查。

紧扣检查用的表盘扳手或数显扳手,使用前必须标定,扭矩误差不得大于所使用扭矩的 ±3%。

③施拧前准备。

a. 高强度螺栓采用扭矩法施拧,施工前应做好施拧工艺试验和摩擦面抗滑移系数试验。

b. 安装高强度螺栓前要清除所有可能降低连接板摩擦面抗滑移系数的油迹、污垢以及孔边、板边的飞边、毛刺和其他附着物。

c. 在拼装部位用白色油漆标示出不同规格的高强度螺栓安装区域线,并分别注明螺栓的规格和数量,但标示线不得侵入高强度螺栓垫圈的范围,此工作在节点板预装时完成。

④高强度螺栓施拧。

a. 拧扭矩值计算。

高强度螺栓初拧扭矩取终拧扭矩的 50%,初拧后用敲击法逐个检查螺栓,检查不合格的进行复拧,复拧扭矩值与初拧值相同。

终拧采用扭矩法,用电动扳手将初拧后的高强度螺栓拧紧到终拧值。

b. 高强度螺栓安装。

构件拼装时,首先用公称直径比设计孔径小 0.2mm 的冲钉将节点板准确对孔,根据每个接头受力要求,梅花形打入冲钉、安装高强螺栓并一般拧紧。

穿放螺栓前,将栓孔的灰尘、浮锈清理干净。严禁强行穿入螺栓,对于螺栓不能自由穿入的栓孔,应用与栓孔直径相同的绞刀或钻头进行修整或扩孔,严禁气割扩孔。为防止钢屑落入钢板夹缝,绞孔或扩孔前应将该孔四周螺栓全部拧紧。对于经绞孔或扩钻的构件及孔眼位置,应有施工记录备案。

高强螺栓安装时应注意垫圈正方向,螺栓头一侧及螺母一侧各设置一个垫圈,垫圈内倒角一面应分别朝向螺栓头和螺母支撑面。

c. 高强度螺栓施拧原则和顺序。

施拧原则和顺序:自中间向两边、自中排向边排上下层对称施拧,逐步将板束压密压平,避免中间空鼓现象。

d. 高强螺栓初拧。

初拧前应检查拼装部位的冲钉和高强螺栓是否符合规定，检查螺栓规格有无用错；螺母、垫圈有无装反；螺栓朝向是否符合要求，检查无误后方可施拧。

高强螺栓初拧完成，应使用敲击法逐个检查，检查不合格的进行复拧。初拧全部合格后方可进行终拧。

e. 高强螺栓终拧。

高强度螺栓终拧前，应先检查初拧画线是否符合要求、有无漏拧的高强度螺栓，检查符合要求后方可进行终拧。

终拧的方法及施拧顺序与初拧基本相同。

⑤高强度螺栓安装质量检查。

a. 检查工具有重约0.3kg的小锤、电动检查扳手、数显扳手；检查之前，检查扭矩扳手必须标定，其扭矩误差不得大于使用扭矩值的±3%。

b. 初拧检查：对初拧后的全部高强度螺栓连接副逐个用敲击法检查。具体检查方法为：用0.3kg的小锤敲击螺母对边的一侧，并用手指紧按住螺母的另一侧，如颤动较大即认为不合格，应予复拧，复拧扭矩等于初拧扭矩。

c. 终拧检查：首先观察全部终拧后的高强度螺栓连接副，查看初拧后用白色油漆标记的螺栓、螺母、垫圈相对位置是否发生转动，以检查是否漏拧。具体检查方法为：螺栓、螺母、垫圈的画线均未错动者为漏拧；螺栓、螺母的画线未错动者为螺栓随着螺母转动；螺母、垫圈的画线未错动者为垫圈随着螺母转动。

d. 终拧扭矩检查，螺栓的检验数目：每个栓群检查数目不小于总数的10%，但不少于3个。

e. 终拧检查在螺栓终拧4h之后24h之内完成。检查方法为紧扣检查法，在螺母棱角处用画针画线并延伸至垫圈，用标定好的数显扳手再次拧紧螺栓，读取螺母上画线相对垫圈画线刚刚转动时的扭矩值，偏差不超过检查扭矩值的10%则为合格。

f. 每个节点或栓群抽查的螺栓，其不合格者不得超过抽查总数的20%，对不合格的螺栓群应继续抽查，直到累计总数有80%的合格率为止，然后对欠拧者(含漏拧者)进行补拧，对超拧者(含垫圈转动者)进行螺栓更换。

g. 检查合格后，在螺栓末端点以黄色油漆标记。

h. 高强螺栓施拧后无损坏、无变形，螺杆端部外露长度为2~3丝。

i. 质检合格后方报监理验收，验收合格后按照终拧完成后的标注方法将监理人员姓名和检查日期在螺栓群边注明。

j. 高强螺栓验收合格的，将连接处的板缝及时用腻子封闭，并按照设计要求涂装防锈。

2)节段预拼装

(1)制作完成的节段,要求在制作工厂采用短线法(5+1)进行试拼装,每轮数量不少于6个节段。在试拼装过程中,调整拼装节点精度满足要求后,采用码板及连接螺栓等临时构造固定连接接头,确保连接接头在导向及定位过程中几何精度不发生变化;经过检查验收合格后,解除连接螺栓及临时固定码板等构造,主桁节段移至存放场地按照吊装节段整体存放。

(2)钢桁梁构件试拼装胎架长度不得小于6个梁段节间的长度,要求按设计线形使相邻梁段节间连接断面相匹配。构件检验合格按安装单元配套后,应在制作工厂内进行试拼装,其长度每轮不得小于6个节段,按施工控制确定的预拼线形组拼,节段间预留焊接间隙,相邻节段端面匹配应满足公差要求。预拼装检查合格后,留下最后一段参与下一批次预拼装并标记梁段节间号,然后分梁段拆散存放。

(3)检验内容和项目

审核制作单位报送的试拼装简图、试拼装构件质量检查验收记录(制造厂、驻厂监理已会签)、试拼装主要尺寸实测数据(实测,注意误差累加)等相关资料。

试拼装胎架必须经专检人员检测,满足要求报驻厂监理备案,经过驻厂监理复核满足要求后,方可开始试拼装。测量项目只有在结构各部位的温差小于2℃的条件下才能进行;如试拼装过程中温差偏离标准温度(20℃),则应得出和标准温差的相互关系。拼装过程中应采取措施,克服温差带来的影响。

试拼装节段调整完毕后应进行全面检查,现场检验构件连接板间有无相互抵触或有无不易螺栓施拧、间隙过大处,螺栓连接处栓孔能否达到100%通过较设计孔径小于0.75mm的试孔器,连接螺栓与冲钉是否不少于螺栓孔总数的20%、10%。重点控制节段构件之间匹配、尺寸与高程误差累计和倾斜趋势、拼装线形等,并填写检验记录表,报驻厂监理签认后方可下胎。节段匹配允许偏差应符合表15-6中的规定。

节段匹配允许偏差 表15-6

序号	项目	允许偏差(mm)	备注
1	梁高(H)	±2.0	工地接头处
2	匹配长度(L)	±5.0($L \leq 50000$)	L(mm)节段匹配时最外两吊耳中心距
		±L/10000($L > 50000$)	
3	旁弯	L/5000	桥面中心线与匹配全长的两端中心所连直线的偏差
4	拱度	±3.0	$f \leq 60$时(f为计算拱度)
		±5f/100	$f > 60$时(f为计算拱度)

续上表

序号	项　　目	允许偏差(mm)	备　　注
5	主桁中心距	±3.0	
6	横断面对角线差	≤5.0	工地接头处的横断面
7	安装拼接板螺栓精度	试孔器100%通过	
8	节段匹配性	1.0	桥纵向中心线偏差
9		−1～3.0	面、底、腹板对接间隙偏差
10		2.0	板对接错台(安装匹配件后)

15.3.2.11　成品涂装

监理应对涂装工艺执行情况进行巡视检查,对喷砂抛丸、涂层厚度、附着力进行抽检。

构件加工制作单位应对涂装现场进行严格管理,主要内容包括人员培训、工艺执行、质量检验、吊装与运输、涂装环境控制等;加强涂装现场文明生产、安全管理等工作。

(1)构件表面采用喷丸或抛丸方法进行除锈,必须将表面油污、氧化皮、铁锈及其他杂物清除干净;不便于喷(抛)丸的部位,要用手工和动力工具除锈至St3级。除锈处理后要立即除去构件表面残渣、吹去灰尘,马上检查构件表面清洁度、除尘度,用对比样板检查、确认粗糙度。构件表面喷(抛)丸应达到Sa2.5级、粗糙度应达到40～80μm,要求除锈后4h内喷涂底漆;涂装环境温度在5～38℃范围内,相对湿度在85%以内。

检查构件除锈质量时,发现未处理超标缺陷,必须进行返工处理。

(2)检查每度涂料的种类、批号、色号、数量等,分清所用涂料的干燥类型;要注意双组分涂料施工时,固化剂和基料的混合比例、混合使用时间及固化剂的品牌等。严格控制每度涂料涂装的环境温度、湿度及两度涂料的间隔时间。涂装过程中,要不断检测调节每度涂层的湿膜厚度,以控制干膜厚度,控制涂层系统的总干膜厚度,特别是杆件棱角处遮盖率保证值。此外,随时目测每度涂层在成膜过程中的外观变化,注意有无漏喷、流挂、针孔、气泡、色泽不均、厚度不匀等情况,发现问题随时调节、及时修补,并做好记录。

(3)检验干膜厚度和涂层附着力时,应对所用胶布黏性(或拉拔仪)和漆膜测厚仪进行现场校验。监理可以根据自己的判断指定抽查构件及部位。

涂层厚度测量以构件为单元,每10m^2为单位选取3处基准面,每一基准面测量5点,取平均值;涂层附着力检测以涂装批次为单位,每一批次涂层各选3处表面做基底和体系涂层的附着力试验。涂层的厚度应符合设计文件的要求;附着力和检测方法应符合《公路桥梁钢结构防腐涂装技术条件》(JT/T 722—2008)的要求。

(4)主桥钢结构架设完成后,要磨除工地焊接处的焊缝余高,进行该部位的除锈与涂装,并修补好构件在运输、吊装过程中损坏的涂层;检查确认主桥钢结构涂层厚度、表面清洁度满足规定要求后,应在规定的环境和工艺条件下进行工地最后一道面漆的涂装。构件表面防腐方案见表15-7。

构件表面防腐方案　　表15-7

<table>
<tr><th>部　位</th><th>防护方案</th><th>道　数</th><th>厚度(μm)</th></tr>
<tr><td rowspan="6">钢构件外表面、检修道、检修爬梯外表面(除桥面)</td><td>二次表面处理</td><td colspan="2">喷砂处理到Sa2.5级，表面粗糙度为40~80μm</td></tr>
<tr><td>冷喷锌</td><td>2</td><td>70</td></tr>
<tr><td>冷喷锌封闭中间漆</td><td>2</td><td>100</td></tr>
<tr><td>丙烯酸脂肪族聚氨酯(工厂)</td><td>1</td><td>40</td></tr>
<tr><td>丙烯酸脂肪族聚氨酯(现场)</td><td>1</td><td>40</td></tr>
<tr><td>合计</td><td>6</td><td>250</td></tr>
<tr><td rowspan="2">钢桁梁等封闭构件内表面</td><td>二次表面处理</td><td colspan="2">喷砂处理到Sa2.5级，表面粗糙度为40~80μm</td></tr>
<tr><td>冷喷锌</td><td>2</td><td>80</td></tr>
<tr><td rowspan="5">焊接部位、工地街头、栓接部位外表面补涂部位、螺母垫圈等涂料区域</td><td>二次表面处理</td><td colspan="2">喷砂处理到Sa2.5级，表面粗糙度为40~80μm或手工彻底打磨至St3级</td></tr>
<tr><td>冷喷锌</td><td>2</td><td>80</td></tr>
<tr><td>冷喷锌封闭中间漆</td><td>2</td><td>120</td></tr>
<tr><td>丙烯酸脂肪族聚氨酯</td><td>2</td><td>80</td></tr>
<tr><td>合计</td><td>6</td><td>280</td></tr>
<tr><td rowspan="2">桥面系工字钢顶面</td><td>二次表面处理</td><td colspan="2">喷砂处理到Sa21/2级，表面粗糙度为40~80μm</td></tr>
<tr><td>冷喷锌</td><td>2</td><td>70</td></tr>
</table>

15.3.2.12　存放和运输

构件出厂发运前，监理工程师要审查拟发运构件的质量检验文件，确认资料齐全符合要求后，填发产品合格证。只有在完成全部出厂文件后，构件才能作为合格产品出厂发运。这些文件至少应包括：

——产品合格证与发运清单；

——钢材、焊接材料和涂料的质量证明书及复验报告；

——施工图、试装简图、发送杆件表；

——成品构件质量检查记录表；

——工厂试装记录；

——焊接工艺评定试验报告及其他主要工艺试验报告；

——工厂高强度螺栓摩擦面抗滑移系数试验报告；

——焊缝无损检验报告和焊接接头破坏性试验报告；

——焊缝重大修补记录(包括事故处理报告)；

——产品试板的试验报告；

——涂装试验报告等。

(1)钢结构构件的运输包括厂内运输和装船运输,所有运输过程的吊运,只能利用临时吊点起吊,严防构件发生扭转、翘曲和侧倾。加工制作单位起运构件前,必须提供节段及构件装载、起吊、运输等全过程的运输方案,保证构件不产生影响安装精度的变形和附加应力,报送建设单位及监理批准后方可实施。

(2)起吊时只能利用临时吊点,对钢丝绳和其他吊具与构件接触部位应进行保护,防止涂层损伤;构件栓接面应进行特殊保护。

(3)构件在场内要单层放置,尽量做到受力均匀,防止构件变形,不允许出现“跷跷板”的情况。存放场地应坚固可靠,不允许存放场地出现不均匀沉降;构件下应垫不小于150mm 厚度的木块,采取有效措施防止雨水侵入。

(4)构件吊运过程中,要在落地点摆好枕木铺垫,保证构件产品落位平稳;为防止运输过程中构件位移,须用钢丝绳将构件与车船两侧的地耳拉紧固定,构件四周适当位置立止位桩定位,确保构件装载平衡,并采取有效防雨措施。

(5)钢桁梁制造单位要安排专职人员在装卸现场清点先后装运的物件数量及种类,构件交接资料准备齐全,与工地联系,在确定卸货地点进行构件点交。

15.4 监理工作方法及措施

15.4.1 监理工作方法

监理工作方法有旁站、巡视检查、抽检、验收等。

15.4.1.1 旁站

根据现行规范、监理计划,结合本项目钢桁梁制造工艺特点,规定旁站监控点。

(1)钢材、焊接材料、涂装材料、高强螺栓等原材料和外购件的进场检查,复验见证取样及试验,以及重要部位的施焊、涂装。

(2)焊接、切割,涂装工艺评定的施工、试验。

(3)抗滑移试板和焊接产品试板的加工制作、试验过程。

(4)焊工实作考试及考试试板检验过程。

(5)构件加工制作过程的停止点检验。

(6)较重大的质量事故处理过程和必要的试验检验。

上述需要监理旁站的工作过程,加工制作单位要在开始之前通知驻厂监理,驻厂监理接到通知后应及时到达现场旁站,并做好旁站记录。

15.4.1.2 巡视

驻厂监理对钢桁梁制作施工过程中的巡视检查内容包括钢板预处理、零件下料、板边加工、零部件组装、焊接、矫正修整、钻孔、节段组装及试拼装、涂装、存放等。

驻厂监理在钢桁梁制造过程中,每天至少对制作现场进行一次巡视检查,掌握项目工程进展与安全、质量情况,及时处理所发现的相关问题,并做好每天的巡视记录。

15.4.1.3 抽检

驻厂监理人员要对下列内容进行质量检验或抽检:

(1)对分项工程中的关键项目(高强螺栓扭矩、涂装除锈等级、粗糙度)和结构主要尺寸(杆件结构尺寸、钢桁梁节段尺寸),抽检频率应不低于规定施工检验频率的20%。

(2)钢材理化试验为加工制作单位复验数量的10%。

(3)涂装材料每种对一个批号取样复验。

(4)焊接材料同样每种对一个批号取样复验。

(5)高强螺栓检测(含螺栓连接副扭矩系数、螺栓楔负载、螺栓脱碳层、螺母保证载荷、螺母和垫圈硬度以及摩擦面的抗滑移系数)为加工制作单位自检批数的10%。

(6)焊缝无损检测为加工制作单位自检数量的10%。

(7)产品试板理化试验为加工制作单位试验数量的10%。

(8)涂层厚度和附着力检验为加工制作单位检验数量的10%。

对于重要工序节点、隐蔽工程、关键的试验验收点必须在监理工程师的监督下进行,并对结果进行确认,该质量控制点称为停止点。对于停止点,加工制作单位必须提前通知监理工程师,监理必须到达现场,如不到就应继续等待。不经监理签认,不得进入下一工序。

构件制作过程中,共设置6个停止点,具体位置如下。

停止点一:各工序首制件报验;

停止点二:隐蔽工程(喷砂除锈、箱形扣盖涂装前);

停止点三:成品构件自检完成;

停止点四:组装及试拼装自检完成;

停止点五:构件喷砂除锈、涂装层;

停止点六:构件出厂检验。

15.4.1.4 验收

驻厂监理应在钢桁梁节段预拼装完成后,组织钢桁梁节段制作、钢梁防护涂装等分项工程验收,质量标准执行《公路工程质量检验评定标准 第一册 土建工程》(JTG F80/1—2017)。

15.4.2 监理工作的主要措施

15.4.2.1 组织措施

明确内部职责分工,建立岗位责任制,制定监理工作制度,同时采取考核的办法,落实质量控制的责任。

15.4.2.2 技术措施

根据施工的每一阶段(施工准备阶段、施工阶段和竣工验收阶段),采取事前、事中和事后相结合的质量控制措施,并注意突出控制重点,充分运用监理独立的平行检验手段,实施对施工全过程的监理。

15.4.2.3 经济措施

充分运用合同管理和工程计量权,督促承包方按合同办事,严格执行工程质量的检查和验收制度,对不符合合同规定质量及安全要求的工程不予中间交工、不予计量。

15.4.2.4 合同措施

审查分包、专业分包的资质,监督和防止转包、层层分包及总包单位以包代管的现象。自觉按合同办事,督促施工单位、综合队遵守合同,协调合同纠纷。

15.5 巡视、旁站、抽检和验收计划

15.5.1 巡视

采取以巡视为主的方式进行钢桁梁制作现场监理,对施工的主要工程每天巡视不少于1次,并填写巡视记录(表15-8)。

巡视计划表 表15-8

序号	具体部位	巡视人员
1	杆件下料	专监:张某,监理员:李某
2	杆件组装	专监:张某,监理员:李某
3	杆件焊接	专监:张某,监理员:李某
4	杆件修整	专监:张某,监理员:李某
5	划线钻孔	专监:张某,监理员:李某
6	节段组装和预拼装	专监:张某,监理员:李某
7	抛丸打砂除锈	专监:张某,监理员:李某
8	涂装	专监:张某,监理员:李某

15.5.2 旁站

按照合同条款、《公路工程施工监理规范》(JTG G10—2016)附录A及监理计划相关

要求开展旁站工作(表15-9)。

旁站计划表　表15-9

具体部位	旁站人员	备　注
原材料见证取样及试验	监理员:李某	
重要部位的施焊、涂装	监理员:李某	
焊接、切割,涂装工艺评定的施工、试验	监理员:李某	
抗滑移试板和焊接产品试板的加工制作、试验过程	监理员:李某	
焊工实作考试及考试试板检验过程	监理员:李某	
构件加工制作过程的停止点检验	监理员:李某	
较重大的质量事故处理过程和必要的试验检验	监理员:李某	

15.5.3　抽检

对钢桁梁制作原材料及焊缝探伤、涂层附着力抽检频率不低于施工单位自检频率的10%。对钢桁梁制作和涂装防护分项工程中的关键项目(高强螺栓扭矩、涂装除锈等级、粗糙度)和结构主要尺寸(杆件结构尺寸、钢桁梁节段尺寸),抽检频率应不低于规定施工检验频率的20%(表15-10)。

抽检计划表　表15-10

具体部位	抽检人员	备　注
原材料	委托第三方检验人员:××	
焊缝质量	委托第三方检验人员:××	
杆件几何尺寸	专监:张某,监理员:李某	
钢桁梁节段几何尺寸	专监:张某,监理员:李某	
高栓连接	专监:张某,监理员:李某	
涂装喷砂抛丸除锈	专监:张某,监理员:李某	
涂层厚度和附着力	专监:张某,监理员:李某	

15.5.4　验收

钢桁梁制造和涂装防护分项工程施工完成后,督促施工单位提交中间交工验收申请,及时组织验收(表15-11)。

验收计划表　表15-11

具体部位	抽检人员	备　注
杆件制作(每批)	专监:张某,监理员:李某	
钢桁梁节段(每节段)	专监:张某,监理员:李某	
涂装(每节段)	专监:张某,监理员:李某	

第 16 章　钢箱梁制造监理细则

——以棋盘洲长江公路大桥为例

16.1　工程内容和特点

16.1.1　工程内容

棋盘洲长江公路大桥(也称黄石三桥)是湖北省级高速公路 S78 蕲嘉高速公路的过江通道。棋盘洲长江公路大桥是国家规划的长江干流过江通道之一,也是武汉城市圈环线高速公路跨越长江的重要桥梁。大桥南岸位于湖北省黄石市阳新县,北岸位于湖北省黄冈市蕲春县。项目全长 21.951km。主桥方案为主跨 1038m 的单跨双绞钢箱梁悬索桥。全线采用设计速度 100km/h 的高速公路标准,长江大桥部分采用六车道,其他路段采用四车道(图 16-1)。

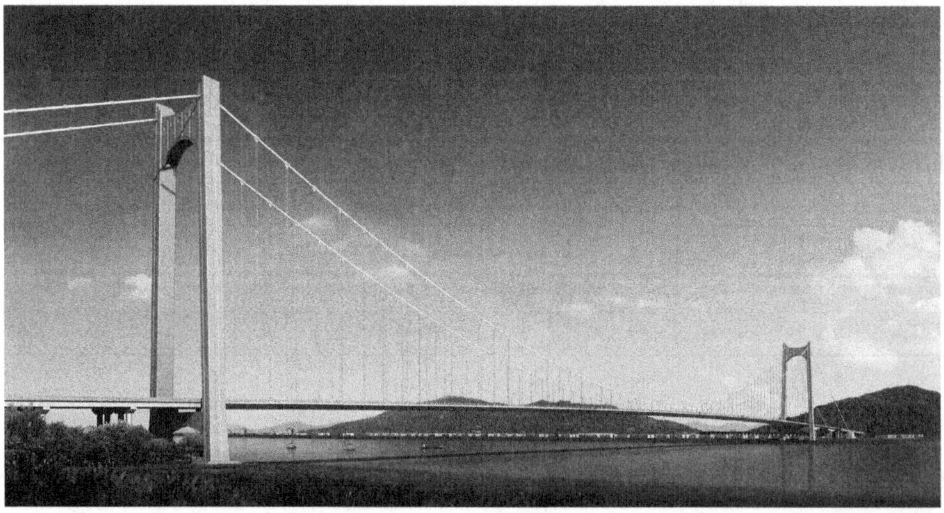

图 16-1　棋盘洲长江公路大桥效果图

本项目主桥为双塔单跨钢箱梁悬索桥,缆跨布置为 340 + 1038 + 305 = 1683m,加劲梁采用流线型扁平钢箱梁,梁高 3.0m,宽 39.6m(含风嘴及导流板);标准梁段(B 梁段)长 16.0m。全桥加劲梁分 A、B、B′、C 共计 4 种类型,65 个梁段,其中 A 梁段 2 段、B 梁段(标准梁段)58 段、B′梁段 4 段、C 梁段 1 段。梁段最大吊重 282.5t(C 梁段),标准梁段(B梁段)单个梁段吊重261.0t。桥面系附属设施主要包括防撞护栏、路缘石、灯柱底座(图16-2)。

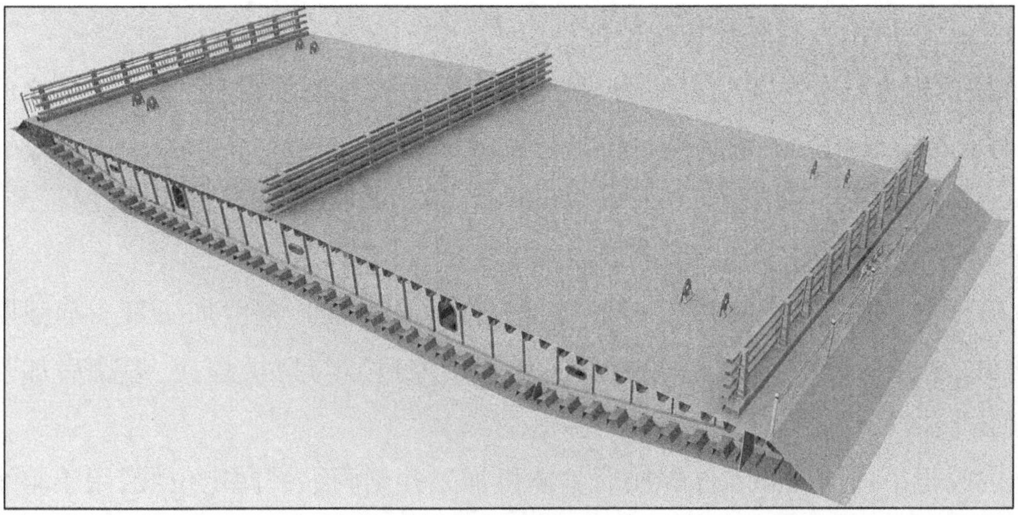

图16-2 钢箱梁结构示意图

钢箱梁制造在厂内完成钢箱梁的零件下料、单元件制作、节段组装和预拼装工作，然后将制作完成的大型钢箱梁吊装节段通过船舶运输至桥址现场进行吊装安装。

16.1.2 工程特点

16.1.2.1 预拼线形控制

在本桥钢梁制造工程中，全桥钢梁预拼装线形控制的好坏将直接影响到现场吊装质量及成桥线形，因此钢梁预拼装线形的控制是钢梁制造的一个关键环节。

(1)用于预拼装的施工场地应具有足够的刚度，且地面平整，以保证梁段在预拼过程中不发生变形，造成拼装误差。

(2)预拼装场地的起重能力应满足梁段吊装需要。

(3)制作的胎架必须有足够的刚度，使其在钢梁重量作用下，不会产生变形，影响钢梁几何线形。制造胎架需达至±1.5mm的高程精度。

(4)胎架模板应设置在梁段结构较强处，以免造成梁段变形，但同时应考虑到支撑点不宜太近，以尽量减小因支撑模板的定位误差造成的对梁段两端高程的影响。

(5)胎架的设置，应考虑梁段的摆放便于测量的需要，主要是局部坐标系的确定。

(6)根据预拼装胎架及地标图绘制分段预拼装地标线，包含分段纵横定位线及端口检查线；采用激光经纬仪检测胎架线形。

(7)在整个组拼过程中应进行胎架线形观测，如果制造胎架出现向下变形，需及时调节胎架以修正拼装几何线形。每一轮次组拼前后胎架的线形测量数据应报送监理并转监控单位。

(8)预拼装过程中的几何控制包括几何控制点的坐标测量和必要的尺寸测量。

16.1.2.2 吊拉板制造及装配精度

本桥吊拉板为整个主要受力结构,制造精度关系到与销轴衬套、关节轴承之间的安装配合,吊耳孔的安装精度关系到最后拉索位置的安装。

(1)吊耳拉板零件采用计算机放样,下料时,采用数控机床下料切割,保证外形尺寸,吊耳孔下料尺寸留有加工余量,保证最后加工尺寸。

(2)吊耳加强圈零件采用厚钢板下料,比实际厚度增加,预留加工量。加强圈周围采用机加方式,机加后利用工装保护加工孔,加工出坡口后与拉板焊接,焊接后加强圈焊缝需超声锤击。

(3)拉板与吊耳加强圈零件焊接后整体机加工并刻画纵横向定位线,用于整个拉板零件的定位。

(4)吊耳拉板与边腹板零件焊接为整体零件,保证腹板与吊耳拉板的焊缝质量。

(5)整体腹板按照纵横向定位线及地标控制点控制整个安装定位。

16.1.2.3 重量称重

为了能够测量大吨位的桥梁分段,需要对首轮梁段进行称重,并提供数据给监控和设计单位,以便确定缆索和吊索的无应力长度。

16.1.2.4 内焊技术

采用U肋内焊技术,提高U肋桥面板抗疲劳强度。

16.2 监理工作流程

监理工作流程见图 16-3。

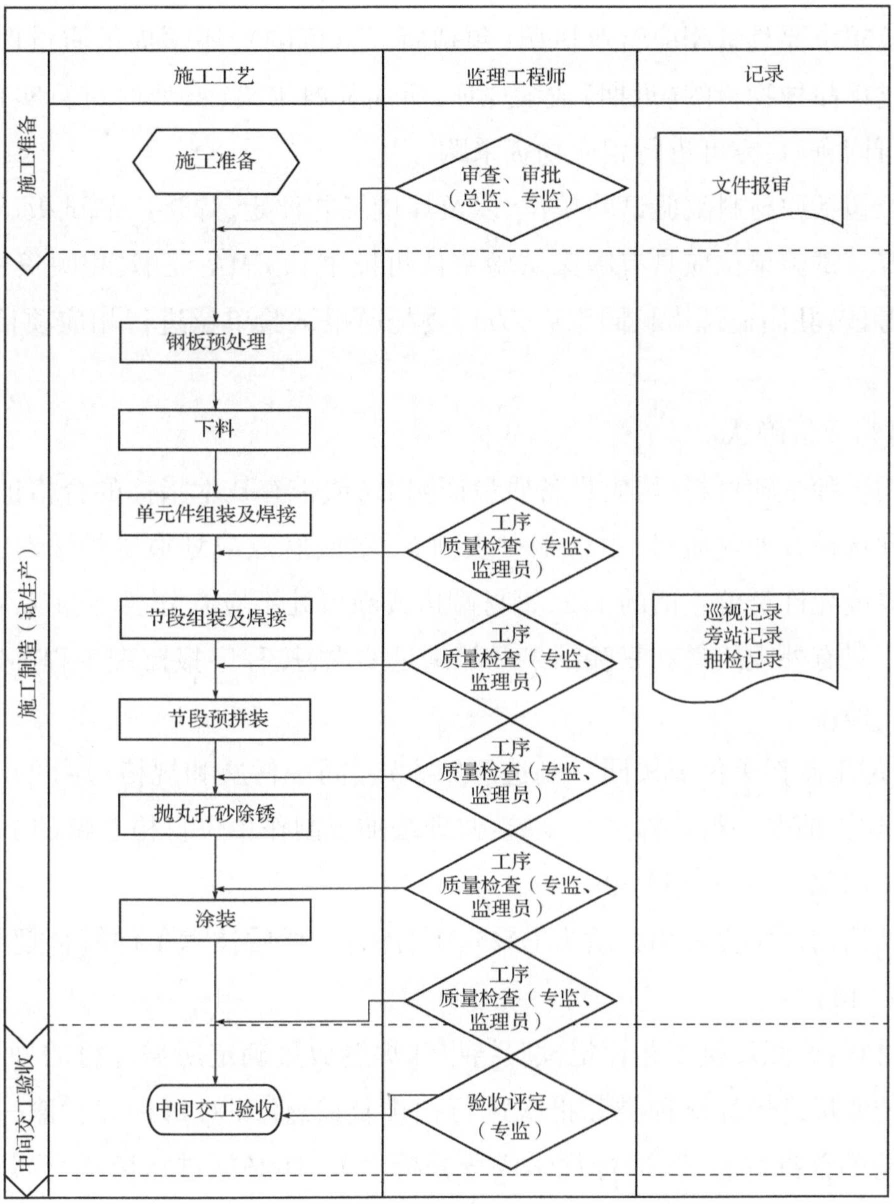

图 16-3 钢箱梁制造监理工作流程

注:流程图中未设置控制点的工序,监理工程师在施工过程中应当巡视检查。

16.3 监理工作要点

16.3.1 施工准备

(1)审查、审批制造单位提交的文件包括:钢箱梁制造施工组织设计(需专家评审)、制造检验规则(需专家评审)、焊接工艺评定总结(需专家评审)、加工制作专项安全方案、焊接工艺评定任务书、无损检测探伤清册、涂装工艺评定。

(2)组织验收胎架、工装平台。

(3)物资供应单位,试验单位的资质审核。

物资供应单位要具备相应营业执照(包括所经营范围),还须提供质量保证体系认证证书和供应过该品种物资的(近期)业绩凭证,所述资料报给(必要时进行实地考察)驻厂监理审核认可同意后,方可进行相应物资采购。

试验单位包括原材料复验试验单位,以及焊接工艺评定、焊接产品试板试验单位和无损检测单位等。试验单位应具有国家试验室认可证书和 CMA 证书,相关资料报给(必要时进行现场考核)驻厂监理审核同意后,方可委托所报试验单位进行相应项目的试验检测工作。

(4)原材料质量确认。

构件所用各种主辅材料,均应具备质量证明书(或带有技术指标的合格证);驻厂监理要在存放处现场检查外观质量,主材钢材表面有锈蚀、麻点或划痕等缺陷时,其深度不得大于该钢材厚度允许负偏差值的1/2,钢材端边或断口处不应有分层、夹渣等缺陷,全程旁站取样复验。只有外观质量和复验结果全部满足要求,按程序报监理工程师同意后,该种材料方可投产使用。

①钢材:加工制作单位要按同一制造厂家生产、同一材质和规格(厚度)、同一出厂状态的每 10 个炉批抽取一组试件进行复验;监理按加工制作单位自检总量的 10% 批次进行抽检。每个炉(批)号不宜超过 60t。

主桥钢结构构件主要采用材质为 Q345qD 的钢材,材质技术条件符合现行《桥梁用结构钢》(GB/T 714)。

②焊接材料:按照焊接工艺评定试验结果和焊缝数量确定所需焊材的种类及其数量,加工制作单位要按进场焊材种类和批次进行抽样复验,监理对每种焊材取一个批号进行抽检。所复验的首批焊材,除进行化学成分分析之外,还必须进行熔敷金属相关试验,每批次最高质量不宜超过 50t。

③涂装材料:加工制作单位要分品种按批次进行复验,监理抽取其 10% 批次(每种至少一个批号)进行检验。每批涂装材料不超过 4000L 抽检一组,每超过 4000L 增加一组复验。

16.3.1.1 特种设备许可证审核

本项目使用的起重机必须具有国家质量监督机构核发的检验报告,并在有效期范围内使用,运输车辆与船舶必须证照齐备。

16.3.1.2 特殊工种的资格审核和培训考试

无损检测人员、起重工、起重机司机、电焊工、电架子工等特殊工种的施工人员必须持有国家权威部门签发的专业证书。无损检测须取得2级及以上资格的探伤人员进行操作。电焊工和检测人员上岗前还应进行专项培训,并且进行理论和实作考试;合格者发项目上岗证,并造册交驻厂监理备案,无证人员不得从事相关工作。

16.3.1.3 计量资格审核

加工制作单位必须通过国家二级以上计量资格认证,加工制作过程中所使用的量具、表具及其他计量仪器(表)必须在标定的有效期内使用,并根据工期时间和检定周期及时进行标定;相关资料要求报给驻厂监理进行审查。工地用尺在使用前必须与工厂用尺相互校对,设计图所标尺寸均为20℃基准温度下的尺寸,其中未计入焊接收缩和施工过程的压缩量。

16.3.2 钢箱梁制作

钢结构构件制作应严格遵照现行《铁路钢桥制造规范》(Q/CR 9211)、《公路桥涵施工技术规范》(JTG/T F50)的相关要求办理,并执行设计文件中的特殊规定;制作加工单位应根据结构特点与架设方案要求,制定专门的制作加工工艺规则,经过专家评审后实施。

大桥主桥钢结构加工制作过程是其质量形成的重要过程,首批成品构件加工制作和预拼装是发现问题、积累经验的关键阶段,目的是检验制造工艺,为构件批量生产和后续试拼装工作提供依据,验证工装强度和刚度是否满足制造精度的要求,摸索焊接变形规律和探究焊接变形矫正方法。驻厂监理要重点监控该过程的关键工序,逐件、逐工序进行严格而全面的检验,这些工序包括下料、部件组焊、单元件组焊、修整、成品检验、试拼装等,发现问题时及时纠正并调整相关工序工艺。首批构件制作完成后要求加工制作单位进行工艺总结,完善设计与制造工艺,保证棋盘洲长江公路大桥主桥钢箱梁制作质量。完成首批构件加工制作后,应由建设单位组织设计、施工、监理、监控等相关单位进行首批构件的出厂验收。在构件制作的全部过程中,应坚持上道工序不经检查验收合格,不准进入下道工序作业的原则。

16.3.2.1 钢板预处理

监理应对钢板预制处理工艺执行情况进行巡视检查。

钢板预处理应在预处理线上进行,除锈涂漆一起完成。钢板预处理表面应达到Sa2.5级的清洁度、粗糙度 $R_z=40\sim80$m,喷涂无机硅酸锌车间底漆一道,漆膜干膜厚度20μm。涂层表面平整、均匀,无漏底、流挂、橘皮等缺陷。钢板预处理后的平面度要达到1mm/1m

范围内，不得出现褶皱、翘曲等现象；板材吊要用磁力吊，防止钢板产生局部塑性变形。

16.3.2.2 零件下料

监理应对零件下料工艺执行情况进行巡视检查。

(1)作样和号料应根据施工图和工艺文件进行，并按要求预留制作和安装时的构件压缩量、焊接收缩余量及切割、刨边和铣平等加工余量，号料尺寸允许偏差为 ±1.0mm。设计图中所标注的构件尺寸均为20℃基准温度下的尺寸。

(2)主要部件零件下料时，应使其受力方向与钢板轧制方向一致。当钢板纵、横向机械性能相近并满足设计基本要求时，可不受此限制。

(3)主要零件采用数控切割，次要零件或切割后还须进行加工的零件可采用手工焰切，切割时应控制切割顺序，减少切割变形，允许偏差为 ±2.0mm，不进行加工的切割面应打磨匀顺。零件切割后需进行二次赶平，消除切割受热后变形。所有零件优先采用精密(数控、自动、半自动)切割下料。精密切割边缘表面质量要符合表16-1的规定。

精密切割边缘表面质量 表16-1

项目	等级		备注
	用于主要零件	用于次要零件	
表面粗糙度	≤25μm	≤50μm	—
崩坑	不允许	1m长度内，允许有一处1mm	超限须按规定修补
塌角	允许有半径不大于0.5mm的塌角		—
切割面垂直度	≤0.05t，且不大于2.0mm		t为钢板厚度

(4)采用数控切割机下料的零件编程时，要根据零件形状复杂程度，尺寸精度要求等规定切入点和退出点、切割方向和切割顺序，并应适当加入补偿量，消除切割热变形的影响。

(5)切割面应无裂纹、硬度不超过HV350，焊接边的切割面及坡口应去除氧化皮。

(6)冷矫时的环境温度不宜低于 -12℃，矫正后的钢材表面不应有明显的痕迹和其他损伤；主要零件冷作弯曲时，环境温度不宜低于 -5℃，内侧弯曲半径不宜小于板厚的15倍，弯曲后的零件边缘不得产生裂纹；热矫正和热煨温度应符合《铁路钢桥制造规范》(Q/CR 9211—2015)以及钢材供货条件的要求。

16.3.2.3 板边加工

监理应对零板边工艺执行情况进行巡视检查。

(1)机加工零件的边缘加工深度≥3mm(当边缘硬度不超过HV350时，加工深度不受此限)，机加工面粗糙度 R_a≤25μm；涉及加工接触传力面时，加工面表面粗糙度 R_a≤12.5μm，加工面垂直度允许偏差≤0.3mm。箱形杆件内隔板边垂直度≤0.5mm，隔板尺寸大于1m时不大于1mm。

(2)机加工时应避免油污污染钢料,加工后必须磨去边缘的飞刺、挂渣,使端面光滑匀顺。

(3)坡口可采用机加工或精密切割,过渡段坡口应打磨匀顺,焊接坡口形状尺寸及允许偏差依据焊接工艺评定确定。

(4)材料表面伤痕控制:主要零件与受力垂直方向小于0.3mm、与受力平行方向小于0.5mm,其他零件小于0.8mm;超差时要进行修磨和焊补。

16.3.2.4 单元件组装

监理应对零部件组装工艺执行情况进行巡视检查,对焊缝质量进行抽检。

根据钢箱梁结构形式,以标准梁段为例对梁段进行单元件划分。顶板划分为12块单元件;底板划分为13块单元件,其中4块斜底板单元件,2块腹板单元件,横隔板划分为3块单元件,2块风嘴及导流板立体单元件。面板单元标准件板宽控制在3.6m内、底板单元标准件板宽控制在3.2m内,横隔板单元分3块长度控制在13m以内。

(1)组装工作必须在专用胎架上进行,胎架基础应有足够的承载力,保证生产过程中基础不发生沉降;胎架还要有足够刚度,避免和减少胎架随着拼装重量增加而变形。在胎架外设置基准控制点,控制胎架位置及高程。在组装过程中,依据基准控制点控制每个被组装零部件的位置及高程皆在允许误差范围内,保证构件整体尺寸精度。胎架必须事先检查合格,经过首批构件制作验证,并报监理检查验收方可正式投产使用。加工制作单位应对胎架定期进行检查,以确保产品质量。

(2)采用U形肋板单元组装定位机床实现板单元无码装配。

(3)采用U形肋内焊技术,提高U形肋桥面板抗疲劳强度。

(4)采用船型焊接+多头龙门焊机,保证焊缝成形。

(5)交叉部位焊缝连续焊接,保证焊缝质量。

(6)检查修磨焊缝及超声锤击处理。

(7)能够用自动焊焊接的焊缝,必须使用自动焊焊接;在焊缝两端部要分别加装引熄板,引熄板的材质、厚度、坡口应与所焊件相同,引熄板长度应不小于100mm。不能够使用自动焊焊接的焊缝,尽量采用CO_2气体保护半自动焊焊接,焊接时要使用平位焊,尽量避免采用仰焊。单元件制作过程中所用临时加强结构和临时码板焊缝的工艺规范应与永久焊缝相同,临时加强结构和临时码板焊缝原则上都应清除,清除时应注意不伤及基材,表面应打磨平整,并按一定比例进行磁粉无损检验。

(8)检查单元件平面度,采用辊压校正机机械矫正或火焰矫正,矫正温度控制在600~800℃,自然冷却,严禁过烧、锤击和水冷。

单元件组装尺寸允许偏差应满足《公路桥涵施工技术规范》(JTG/T 3650—2020)

表19.4.5-3的规定。

16.3.2.5 焊接与检验

监理应对焊接工艺执行情况进行巡视检查，对焊缝外观、尺寸和探伤进行抽检。

1）焊接的一般要求

检查焊工特种作业证书和焊工资格证书。焊工必须通过考试并取得资格证书，且只能从事资格证书认定的范围内的工作。焊工须持有效焊工证上岗，不得超越证书规定的范围和有效期进行焊接作业。

焊接前应检查并确认所使用的设备工作状态正常、仪表器具良好、齐全可靠后方可施焊，还应抽验焊接时的实际电流、电压与设备上的指示是否一致。

焊接环境温度不宜低于5℃、相对湿度不大于80%、场地风速不超过2m/s，当环境条件不满足要求时，应采取必要的预热及除潮工艺措施再进行焊接。露天焊接除局部加热和防风外，还应采取有效的防风防雨措施，否则必须停止施焊。

焊接前，构件焊缝部位30mm范围内应除锈、清除油污，清理后超过24h未进行焊接应重新清理。要严格执行焊接工艺，预热温度和层间温度，焊接电流、电压等工艺参数必须与焊接工艺一致。预热范围为焊缝位置每侧100mm以上，测温点应距焊缝30～50mm。对于栓焊联合接头，施工顺序为先焊接后栓接，焊接前采用焊钉和普通螺栓定位。

严禁在非焊接部位引弧，对伤及的基材应修补打磨（对主要受力构件还应进行磁粉探伤，确保无裂纹存在）。埋弧自动焊和CO_2气体保护自动焊焊接过程中不应断弧，如有断弧则必须将停弧处刨成1∶5斜坡，并搭接50mm再引弧施焊，焊后搭接处要修磨匀顺。焊后要清除焊缝表面熔渣与飞溅，切除引熄弧板磨平切口。

2）定位焊的要求

一般情况下，定位焊焊缝长度为50～100mm，间距为400～600mm，对于基材板厚大于40mm的长大杆件，间距为300～500mm；焊脚尺寸不得大于设计焊脚尺寸的1/2；定位焊缝应距设计焊缝端头30mm以上。定位焊不得有裂纹、夹渣、焊瘤、焊偏、未填满的弧坑等缺陷，焊接前要彻底清除定位焊缝的熔渣。定位焊焊接工艺应与正式焊缝的焊接工艺相同，不得简化定位焊接工艺。

3）焊缝机械性能要求

对接接头屈服强度、极限强度要求不低于基材标准，屈服强度内控标准不超过基材标准值100MPa；角接和棱角接接头屈服强度、极限强度不低于基材标准，屈服强度内控标准不超过基材标准值120MPa。焊接接头（包括焊缝、熔合线、热影响区）的冲击韧性不低于基材标准值，延伸率同样不低于基材标准值。

4)焊缝外观质量要求

所有焊缝应待焊缝金属冷却后进行外观检查,不得有裂纹、未熔合、焊瘤、夹渣、未填满弧坑及漏焊等焊接缺陷,其外观质量应符合表 16-2 的规定要求。

焊缝外观质量标准(mm)　　表 16-2

<table>
<tr><th>序号</th><th>项目</th><th>简　图</th><th>焊 缝 种 类</th><th colspan="2">质 量 标 准</th></tr>
<tr><td rowspan="4">1</td><td rowspan="4">咬边</td><td rowspan="4">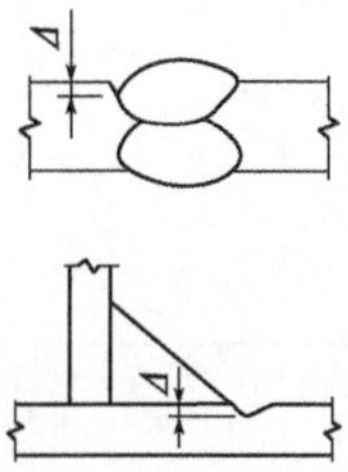</td><td>受拉杆件横向对接焊缝</td><td colspan="2">不允许</td></tr>
<tr><td>受拉杆件横向对接焊缝及竖向加劲肋角焊缝(腹板侧受压区)</td><td colspan="2">$\Delta \leqslant 0.3$</td></tr>
<tr><td>纵向对接焊缝、主要角焊缝</td><td colspan="2">$\Delta \leqslant 0.5$</td></tr>
<tr><td>其他焊缝</td><td colspan="2">$\Delta \leqslant 1.0$</td></tr>
<tr><td rowspan="3">2</td><td rowspan="3">气孔</td><td rowspan="3">—</td><td>横向对接焊缝</td><td colspan="2">不允许</td></tr>
<tr><td>纵向对接焊缝、主要角焊缝</td><td>直径小于 1.0</td><td rowspan="2">每米不多于 3 个,其间距不小于 20mm</td></tr>
<tr><td>其他焊缝</td><td>直径小于 1.5</td></tr>
<tr><td rowspan="3">3</td><td rowspan="3">焊脚尺寸</td><td rowspan="3">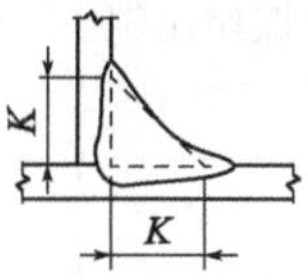</td><td>主要角焊缝</td><td colspan="2">K_{0}^{+2}</td></tr>
<tr><td rowspan="2">其他角焊缝</td><td colspan="2">K_{-1}^{+2}</td></tr>
<tr><td colspan="2">手工焊角焊缝全长的 10% 允许 K_{-1}^{+3}</td></tr>
<tr><td>4</td><td>焊波</td><td>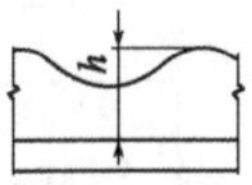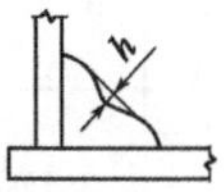</td><td>对接焊缝和角焊缝</td><td colspan="2">$h \leqslant 2$(任意 25mm 范围高低差)</td></tr>
<tr><td rowspan="2">5</td><td>余高</td><td>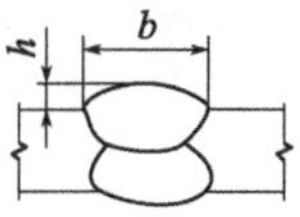</td><td>不铲磨余高的对接焊缝</td><td colspan="2">$h \leqslant 2$(焊缝宽度 $\leqslant$ 20mm);
$h \leqslant 3$(焊缝宽度 $>$ 20mm)</td></tr>
<tr><td>有效厚度</td><td>—</td><td>T 形角焊缝</td><td colspan="2">凸面角焊缝有效厚度应不大于规定值 2.0,凹面角焊缝应不小于规定值 0.3</td></tr>
</table>

续上表

序号	项目	简　　图	焊缝种类	质量标准
6	余高铲磨后的表面	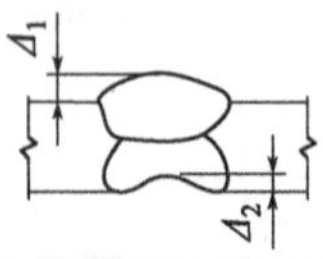	横向对接焊缝(桥顶板除外)	不高于母材0.5 不低于母材0.3 粗糙度50μm
7	焊缝型面不良	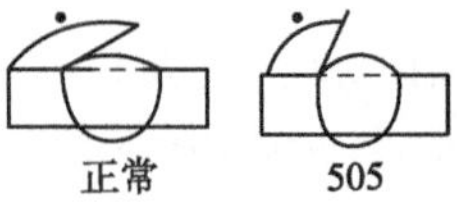	对接焊缝	光顺圆滑
8	焊缝接头不良	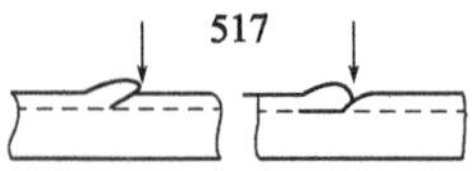	对接焊缝	光顺圆滑

5)焊缝无损检测

检测要求同15.3.2.5中5)规定的相关内容。

钢箱梁焊缝无损检验要求见表16-3。

钢箱梁焊缝无损检验要求　　表16-3

<table>
<tr><th colspan="2">焊缝名称</th><th>质量等级</th><th>探伤方法</th><th>检验等级</th><th>探伤比例(%)</th><th>探伤部位</th></tr>
<tr><td colspan="2">顶板、底板、腹板、横隔板等构件的横向、纵向对接焊缝,横隔板横向对接焊缝</td><td>Ⅰ</td><td rowspan="4">UT</td><td rowspan="2">B</td><td rowspan="2">100</td><td rowspan="2">焊缝全长</td></tr>
<tr><td colspan="2">全熔透角焊缝</td><td rowspan="3">Ⅱ</td></tr>
<tr><td colspan="2">横隔板纵向对接焊缝,板条肋的对接焊缝</td><td>B</td><td>100</td><td>焊缝全长</td></tr>
<tr><td colspan="2">部分熔透角焊缝</td><td>B</td><td>100</td><td>焊缝两端各1000mm</td></tr>
<tr><td colspan="2">U形肋与顶板角焊缝</td><td>Ⅰ</td><td>UT</td><td></td><td>100</td><td>焊缝端头及中间各1m</td></tr>
<tr><td rowspan="2">纵向对接焊缝</td><td>顶板</td><td rowspan="7">Ⅰ</td><td rowspan="7">RT</td><td rowspan="7">B</td><td rowspan="2">10</td><td>两端中间250~300mm</td></tr>
<tr><td>底板、腹板</td><td>两端各250~300mm</td></tr>
<tr><td colspan="2">横向对接焊缝(顶板、底板、腹板等)</td><td>10</td><td>两端各250~300mm,长度大于1200mm,中间加探250~300mm</td></tr>
<tr><td rowspan="3">梁段间对接焊缝</td><td>顶板十字交叉焊缝</td><td>100</td><td rowspan="2">纵、横向各250~300mm</td></tr>
<tr><td>底板十字交叉焊缝</td><td>30</td></tr>
<tr><td>腹板</td><td>100</td><td>焊缝两端各250~300mm</td></tr>
</table>

续上表

焊缝名称	质量等级	探伤方法	检验等级	探伤比例（%）	探伤部位
U形肋对接焊缝	Ⅱ	MT		100	焊缝全长
横隔板与腹板角焊缝					焊缝两端各500mm
U形肋与顶(底)板角焊缝					焊缝两端各1000mm，其中行车道范围为两端各2000mm
横隔板与顶(底)板角焊缝					行车道范围总长的20%
腹板与底板角焊缝					焊缝两端各1000mm，中间每隔2000mm探1000mm

注：1. 探伤比例指探伤接头数量与全部接头数量之比。
2. 当板厚大于30mm时，用C级超声波检验代替射线检验。

进行无损检测的焊缝，要在焊接接头冷却、焊缝外观检查合格、焊缝施焊超过24h后才能进行，对于厚度≥30mm的基材则要延长至焊接48h后进行。进行局部超声波和磁粉探伤的焊缝，当发现裂纹或其他超标缺陷时，应将该条焊缝的探伤范围延至全长；进行射线探伤的焊缝，当发现超标缺陷时应加倍检验。检验不合格的焊缝应进行返修，但同一部位返修不宜超过两次。

16.3.2.6 钢箱梁节段组装及试拼装

监理应对节段组装和试拼装工艺执行情况进行巡视检查，对节段组装质量和试拼装质量进行抽检。

1）节段组装

（1）节段总成在节段组装胎架上进行，胎架应有足够的刚度，其基础应有足够的承载力节段应处于不受外力的自由状态，并设置固定测量基准点和准备相应工具。节段组装先用单元组装成整体节段，并按照4+1方式试拼装，组装采用焊接连接方式。

（2）节段总装焊接变形控制（表16-4）。

节段总装焊接变形控制 表16-4

序号	焊接变形控制措施
1	在加劲梁总成胎架高度方向上设置一定的反变形量，保证节段总成制造完成后桥面横坡达到设计要求
2	在加劲梁总成胎架宽度方向上设置一定的收缩量，保证节段总成制造完成后加劲梁宽度达到要求
3	顶板、底板采用双拼单元件，分散焊接收缩，有效减小节段总成桥梁宽度方向上的总焊接收缩量，从而保证加劲梁节段宽度
4	节段总成时，顶板、底板进行分块焊接，最后合龙焊接，减少总体焊接变形
5	遵循从中间向两侧对称施焊原则。顶板、底板、斜底板纵缝焊接时，每条焊缝均布数名焊工同时同方向打底焊接，然后使用一台埋弧自动焊机进行填充、盖面焊接，使节段两侧受热均匀，避免节段扭曲

（3）监理抽检钢箱梁节段质量要求见表16-5。

悬索桥钢箱梁加劲梁节段几何尺寸实测项目　　表 16-5

序号	检验项目		允许偏差(mm)	检查方法和频率
1	梁长		±2	钢尺:测量中心及两侧
2	梁段桥面板四角高差		≤4	水准仪:测四角
3	风嘴直线度偏差		≤L/2000,且不大于 5	拉线、尺量:测各风嘴边缘
4	Δ端口尺寸	宽度	±4.0	钢尺:测两端
5		中心高	±2.0	
6		边高	±2.0	
7		横断面对角线差	≤6.0	
8	吊点位置	吊点中心距桥中心距离偏差	±2.0	钢尺:测吊点断面
9		同一节段两侧吊点相对高差	±5.0	水准仪:逐对测
10		相邻节段吊点中心距偏差	±2.0	

2)节段预拼装

(1)制作完成的节段,要求在制作工厂采用短线法(4+1)进行试拼装,每轮数量不少于 5 个节段。在试拼装过程中,调整拼装节点精度满足要求后,采用码板及连接螺栓等临时构造固定连接接头,确保连接接头在导向及定位过程中几何精度不发生变化;经过检查验收合格后,解除连接螺栓及临时固定码板等构造,钢箱梁节段移至存放场地按照吊装节段整体存放。

(2)钢箱梁节段试拼装胎架长度不得小于 5 个梁段节间的长度,要求按设计线形,使相邻梁段节间连接断面相匹配。构件检验合格按安装单元配套后,应在制作工厂内进行试拼装,其长度每轮不得小于 5 个节段,按施工控制确定的预拼线形组拼,节段间预留焊接间隙,相邻节段端面匹配应满足公差要求。预拼装检查合格后,留下最后一段参与下一批次预拼装,并标记梁段节间号,然后分梁段拆散存放。

(3)检验内容和项目包括审核制作单位报送的试拼装简图、试拼装构件质量检查验收记录(制造厂、驻厂监理已会签),试拼装主要尺寸实测数据(实测,注意误差累加)等相关资料。

试拼装胎架必须经专检人员检测,满足要求报驻厂监理备案,经过驻厂监理复核满足要求后,方可开始试拼装。测量项目只有在结构各部位的温差小于 2℃ 的条件下才能进行;如试拼装过程中温差偏离标准温度(20℃),则应得出和标准温差的相互关系。拼装过程中应采取措施,克服温差带来的影响。

试拼装节段调整完毕后应进行全面检查,重点控制节段构件之间匹配、尺寸与高程误差累计和倾斜趋势、拼装线形等，并填写检验记录表，报驻厂监理签认后方可下胎。梁段匹配允许偏差应符合表16-6中的规定。

梁段匹配允许偏差　　表16-6

序号	项　目		允许偏差(mm)	备　注
1	Δ梁段匹配性	桥纵向中心线偏差	≤1.0	钢尺：每段测
2		顶、底、腹板对接间隙偏差	+3.0，-1	钢尺：测各对接断面
3		顶、底、腹板顶对接错边	≤2.0	钢尺：测各对接断面

16.3.2.7　成品涂装

监理应对涂装工艺执行情况进行巡视检查，对喷砂抛丸、涂层厚度、附着力进行抽检。

构件加工制作单位应对涂装现场进行严格管理，主要内容包括人员培训、工艺执行、质量检验、吊装与运输、涂装环境控制等；加强涂装现场文明生产、安全管理等工作。

(1)构件表面采用喷丸或抛丸方法进行除锈，必须将表面油污、氧化皮、铁锈及其他杂物清除干净；不便于喷(抛)丸的部位，要用手工和动力工具除锈至St3级。除锈处理后要立即除去构件表面残渣、吹去灰尘，马上检查构件表面清洁度、除尘度，用对比样板检查、确认粗糙度。构件表面喷(抛)丸应达到Sa2.5级、粗糙度达到$R_z=40\sim80\mu m$，要求除锈后4h内喷涂底漆；涂装环境温度为5～38℃，相对湿度85%以内。

检查构件除锈质量时，发现未处理超标缺陷，必须进行返工处理。

(2)检查每度涂料的种类、批号、色号、数量等，分清所用涂料的干燥类型；要注意双组分涂料施工时，固化剂和基料的混合比例、混合使用时间及固化剂的品牌等。严格控制每度涂料涂装的环境温度、湿度及两度涂料的间隔时间。涂装过程中，要不断检测调节每度涂层的湿膜厚度，以控制干膜厚度、涂层系统的总干膜厚度，特别是杆件棱角处遮盖率保证值。此外，应随时目测每度涂层在成膜过程中的外观变化，注意有无漏喷、流挂、针孔、气泡、色泽不均、厚度不匀等情况，发现问题随时调节、及时修补，并做好记录。

(3)检验干膜厚度和涂层附着力时，应对所用胶布黏性(或拉拔仪)和漆膜测厚仪进行现场校验。监理可以根据自己的判断指定抽查构件及部位。

涂层厚度测量以构件为单元，每10m^{2}为单位选取3处基准面，每一基准面测量5点，取平均值；涂层附着力检测以涂装批次为单位，每一批次涂层各选3处表面做基底和体系涂层的附着力试验。涂层的厚度应符合设计文件的要求；附着力和检测方法应符合现行《公路桥梁钢结构防腐涂装技术条件》(JT/T 722)的要求。

(4)主桥钢结构架设完成后，要磨除工地焊接处的焊缝余高，进行该部位的除锈与涂装，并修补好构件在运输、吊装过程中损坏的涂层；检查确认主桥钢结构涂层厚度、表面清洁度满足规定要求后，应在规定的环境和工艺条件下进行工地最后一道面漆的涂装。

16.3.2.8 存放和运输

构件出厂发运前,监理工程师要审查拟发运构件的质量检验文件,确认资料齐全符合要求后,填发产品合格证。只有在完成全部出厂文件后,构件才能作为合格产品出厂发运。这些文件至少应包括:

①产品合格证与发运清单。

②钢材、焊接材料和涂料的质量证明书及复验报告。

③施工图、试装简图、发送杆件表。

④成品构件质量检查记录表。

⑤工厂试装记录。

⑥焊接工艺评定试验报告及其他主要工艺试验报告。

⑦工厂高强度螺栓摩擦面抗滑移系数试验报告。

⑧焊缝无损检验报告和焊接接头破坏性试验报告。

⑨焊缝重大修补记录(包括事故处理报告)。

⑩产品试板的试验报告。

⑪涂装试验报告等。

运输应注意以下问题:

(1)钢结构构件的运输包括厂内运输和装船运输,所有运输过程的吊运,只能利用临时吊点起吊,严防构件发生扭转、翘曲和侧倾。加工制作单位起运构件前,必须提供节段及构件装载、起吊、运输等全过程的运输方案,保证构件不产生影响安装精度的变形和附加应力,报送建设单位及监理批准后方可实施。

(2)起吊时只能利用临时吊点,对钢丝绳和其他吊具与构件接触部位应进行保护,防止涂层损伤;构件栓接面应进行特殊保护。

(3)构件在场内要单层放置,尽量做到受力均匀,防止构件变形,不允许出现“跷跷板”的情况。存放场地应坚固可靠,不允许存放场地出现不均匀沉降;构件下应垫不小于150mm 厚度的木块,采取有效措施防止雨水侵入。

(4)构件吊运过程中,要在落地点摆好枕木铺垫,保证构件产品落位平稳;为防止运输过程中构件位移,须用钢丝绳将构件与车船两侧的地耳拉紧固定,构件四周适当位置立止位桩定位,确保构件装载平衡,并采取有效防雨措施。

(5)钢箱梁制造单位要安排专职人员在装卸现场清点先后装运的物件数量及种类,构件交接资料准备齐全,与工地联系,在确定卸货地点进行构件点交。

16.4 监理工作方法及措施

16.4.1 监理工作方法

监理工作方法有旁站、巡视检查、抽检、验收等。

16.4.1.1 旁站

根据现行规范、监理计划，结合本项目钢箱梁制造工艺特点，规定旁站监控点。

(1)钢材、焊接材料、涂装材料等原材料和外购件的进场检查，复验见证取样及试验，以及重要部位的施焊、涂装。

(2)焊接、切割，涂装工艺评定的施工、试验。

(3)焊接产品试板的加工制作、试验过程。

(4)焊工实作考试及考试试板检验过程。

(5)构件加工制作过程的停止点检验。

(6)较重大的质量事故处理过程和必要的试验检验。

上述需要监理旁站的工作过程，加工制作单位要在开始之前通知驻厂监理，驻厂监理接到通知后应及时到达现场旁站，并做好旁站记录。

16.4.1.2 巡视

驻厂监理对钢箱梁制作施工过程中的巡视检查内容包括钢板预处理、零件下料、板边加工、单元件组装、焊接、矫正修整、梁段组装及试拼装、涂装、存放等。

驻厂监理在钢箱梁制造过程中，每天至少对制作现场进行一次巡视检查，掌握项目工程进展与安全、质量情况，及时处理所发现的相关问题，并做好每天的巡视记录。

16.4.1.3 抽检

驻厂监理人员要对下列内容进行质量检验或抽检：

(1)对分项工程中的关键项目(梁段匹配、涂装除锈等级、粗糙度)和结构主要尺寸(钢箱梁节段尺寸)，抽检频率应不低于规定施工检验频率的20%。

(2)钢材理化试验为加工制作单位复验数量的10%。

(3)涂装材料每种对一个批号取样复验。

(4)焊接材料同样每种对一个批号取样复验。

(5)焊缝无损检测为加工制作单位自检数量的10%。

(6)产品试板理化试验为加工制作单位试验数量的10%。

(7)涂层厚度和附着力检验为加工制作单位检验数量的10%。

对于质量控制点(重要工序节点、隐蔽工程、关键的试验验收点)必须在监理工程师的监督下进行,并对结果进行确认。该质量控制点称为停止点。对于停止点,加工制作单位必须提前通知监理工程师,监理必须到达现场,如不到就应继续等待。不经监理签认,不得进入下一工序。

构件制作过程中,共设置6个停止点,具体位置如下。

停止点一:各工序首制件报验;

停止点二:隐蔽工程(喷砂除锈);

停止点三:成品构件自检完成;

停止点四:组装及试拼装自检完成;

停止点五:构件喷砂除锈、涂装层;

停止点六:构件出厂检验。

16.4.1.4 验收

驻厂监理应在钢箱梁节段预拼装完成后,组织钢箱梁节段制作、钢梁防护涂装等分项工程验收,质量标准执行《公路工程质量检验评定标准 第一册 土建工程》(JTG F80/1—2017)。

16.4.2 监理工作的主要措施

16.4.2.1 组织措施

明确内部职责分工,建立岗位责任制,制定监理工作制度,同时采取考核的办法,落实质量控制的责任。

16.4.2.2 技术措施

根据施工的每一阶段(施工准备阶段、施工阶段和竣工验收阶段),采取事前、事中和事后相结合的质量控制措施,并注意突出控制重点,充分运用监理独立的平行检验手段,实施对施工全过程的监理。

16.4.2.3 经济措施

充分运用合同管理和工程计量权,督促承包方按合同办事,严格执行工程质量的检查和验收制度,对不符合合同规定质量及安全要求的工程不予中间交工、不予计量。

16.4.2.4 合同措施

审查分包、专业分包的资质,监督和防止转包、层层分包及总包单位以包代管的现象。自觉按合同办事,督促施工单位、综合队遵守合同,协调合同纠纷。

16.5 巡视、旁站、抽检和验收计划

16.5.1 巡视

采取以巡视为主的方式进行钢箱梁制作现场监理，对施工的主要工程每天巡视不少于1次，并填写巡视记录（表16-7）。

巡视计划表 表16-7

部位	巡视人员	备注
下料	专监：张某，监理员：李某	
单元件组装	专监：张某，监理员：李某	
焊接	专监：张某，监理员：李某	
修整	专监：张某，监理员：李某	
节段组装和预拼装	专监：张某，监理员：李某	
抛丸打砂除锈	专监：张某，监理员：李某	
涂装	专监：张某，监理员：李某	

16.5.2 旁站

按照合同条款、《公路工程施工监理规范》（JTG G10—2016）附录A及监理计划相关要求开展旁站工作（表16-8）。

旁站计划表 表16-8

部位	旁站人员	备注
原材料见证取样及试验	监理员：李某	
重要部位的施焊、涂装	监理员：李某	
焊接、切割，涂装工艺评定的施工、试验	监理员：李某	
焊工实作考试及考试试板检验过程	监理员：李某	
构件加工制作过程的停止点检验	监理员：李某	
较重大的质量事故处理过程和必要的试验检验	监理员：李某	

16.5.3 抽检

对钢箱梁制作原材料及焊缝探伤、涂层附着力抽检频率不低于施工单位自检频率的10%。对分项工程中的关键项目（梁段匹配、涂装除锈等级、粗糙度）和结构主要尺寸（钢箱梁节段尺寸），抽检频率应不低于规定施工检验频率的20%（表16-9）。

抽检计划表 表16-9

部位	抽检人员	备注
原材料	委托第三方检验人员:××	
焊缝质量	委托第三方检验人员:××	
钢箱梁节段几何尺寸	专监:张某,监理员:李某	
钢箱梁节段匹配	专监:张某,监理员:李某	
涂装喷砂抛丸除锈	专监:张某,监理员:李某	
涂层厚度和附着力	专监:张某,监理员:李某	

16.5.4 验收

钢箱梁制造和涂装防护分项工程施工完成后,督促施工单位提交中间交工验收申请,及时组织验收(表16-10)。

验收计划表 表16-10

部位	抽检人员	备注
钢箱梁节段(每节段)	专监:张某,监理员:李某	
涂装(每节段)	专监:张某,监理员:李某	

第17章　斜拉桥钢箱梁悬臂安装监理细则

——以武汉沌口长江大桥主桥为例

17.1　工程内容和特点

17.1.1　工程内容

武汉沌口长江大桥是武汉市四环线跨越长江的关键性工程，其主桥为五跨（100m+275m+760m+275m+100m），双塔双索面半漂浮体系钢箱梁斜拉桥，按双向八车道设计，主桥全长1510m（图17-1、图17-2）。

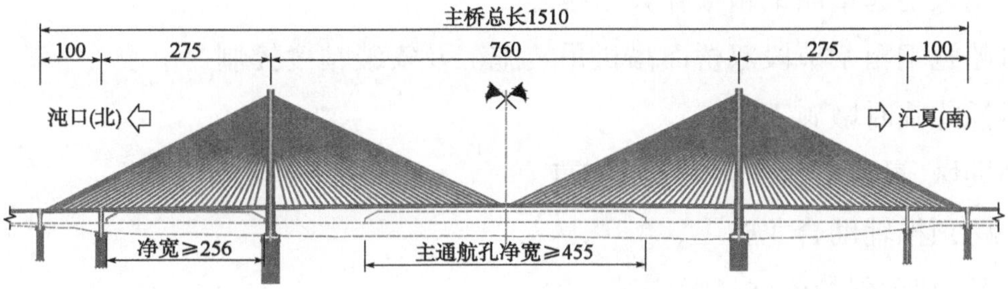

图17-1　沌口长江大桥主桥桥型布置（尺寸单位：m）

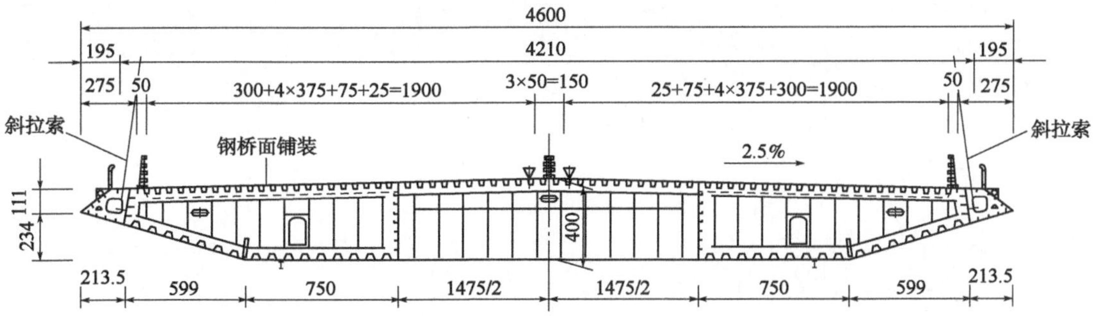

图17-2　主桥标准横断面结构示意图（尺寸单位：cm）

主桥钢箱梁为大型厚板焊接钢结构，采用全焊扁平流线型PK钢箱梁断面，其顶板为正交异性板结构。中心线处梁高4m，顶面设2.5%人字形横坡，梁段总宽（包括风嘴）46m，分为14种类型，127个节段。钢箱梁安装分8个类别：0号块梁段、临时墩顶梁段、辅助墩支架上梁段、过渡墩支架上梁段、过渡墩和辅助墩之间的支架上的存梁段及标准梁段。其中，临时搁置在支架上的梁段（辅、过渡墩之间支架梁段和墩顶梁段、0号块梁段及临时墩顶梁段）利用大型起重船临时存放在支架上，除0号块梁段及墩顶梁段以外均采用桥面吊机吊装。

斜拉索采用高强度低松弛平行镀锌斜拉索，共计9种规格，分别为：PESC7-109、PESC7-121、PESC7-139、PESC7-151、PESC7-163、PESC7-187、PESC7-199、PESC7-211、PESC7-223。斜拉索两端均装配冷铸锚，并外挤双层高密度聚乙烯（HDPE），内层为黑色HDPE，外层为彩色HDPE。斜拉索钢丝标准抗拉强度为1860MPa，单根斜拉索最长为412.5m，单根最重为29.8t。斜拉索按50年设计寿命设计。

17.1.2 工程特点

（1）采用大型起重船钢箱梁存梁吊装施工。

（2）对超宽钢箱梁节段双桥面吊机吊装施工及安装精度控制。

（3）承插式临时墩施工。

（4）辅助墩、过渡墩顶推辅助合龙施工。

（5）中跨顶推辅助合龙施工。

（6）超长、超重斜拉索转运及安装。

（7）斜拉索大吨位张拉的张拉精度控制、同步对称作业以及张拉作业的安全。

钢箱梁标准节段施工流程如图17-3所示。

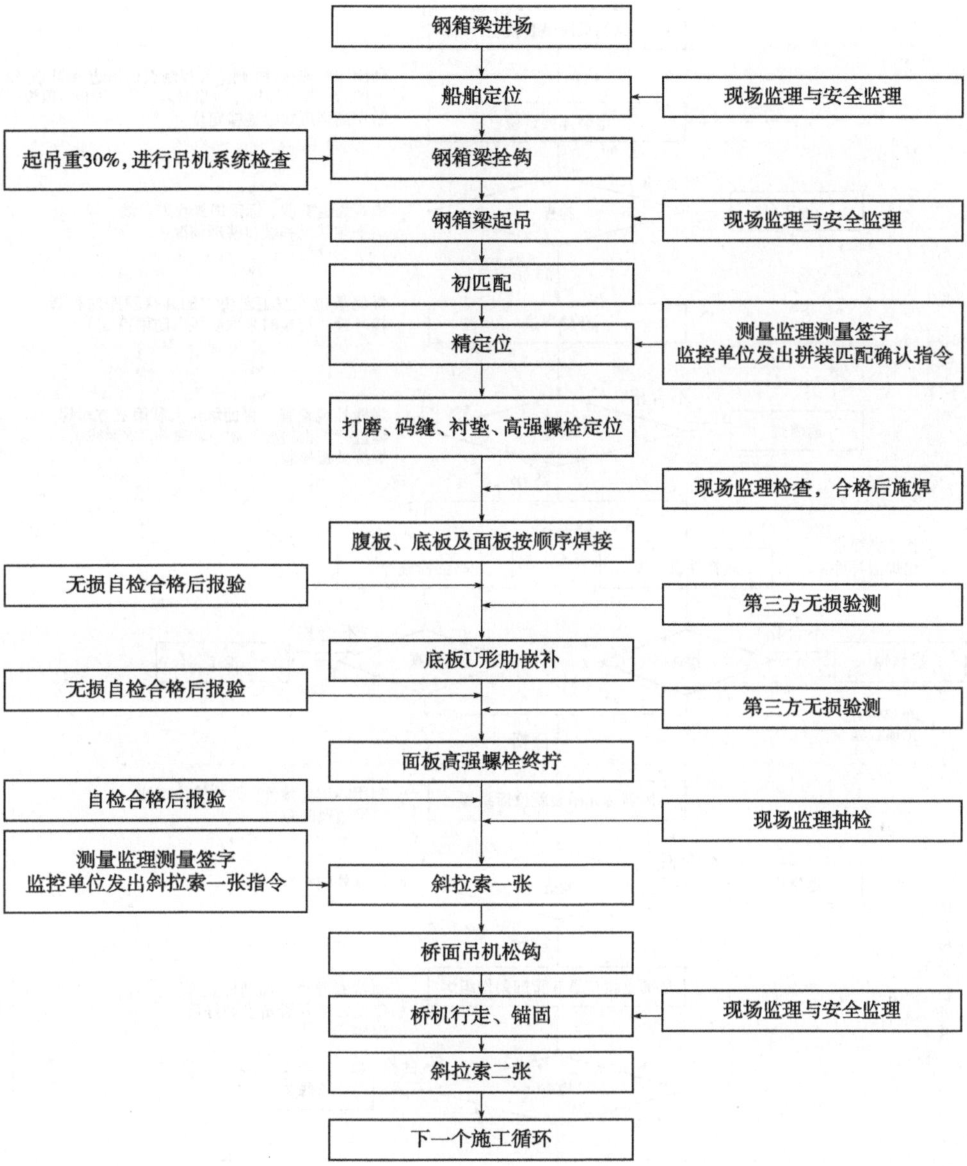

图 17-3　钢箱梁标准节段施工流程

17.2　监理工作流程

监理工作流程见图 17-4。

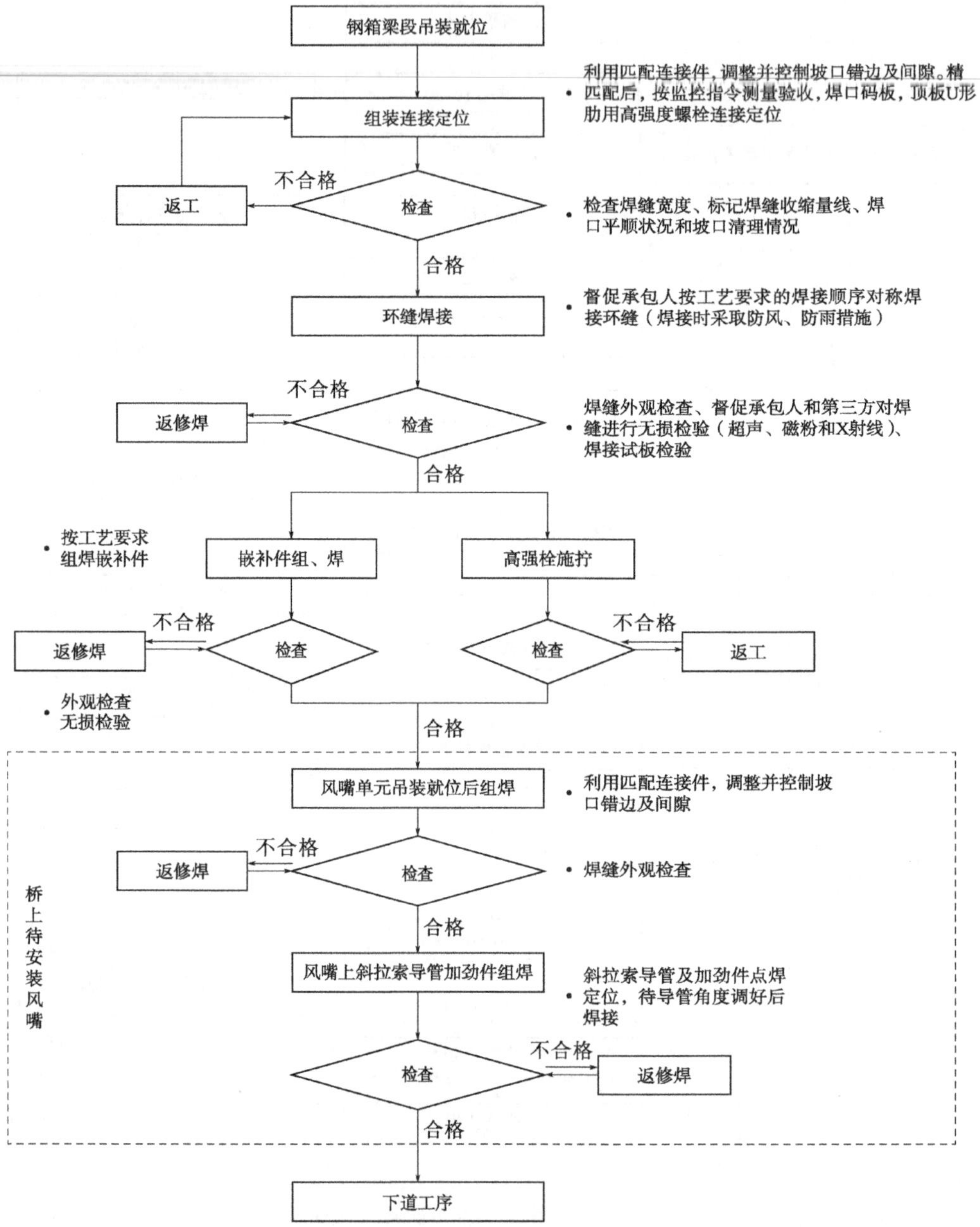

图 17-4　钢箱梁桥上焊接工序监理工作流程

17.3　监理工作要点

17.3.1　施工准备阶段

17.3.1.1　钢箱梁安装

(1)审批钢箱梁悬臂安装专项施工方案。

(2)审批桥面吊机安装和拆除专项方案及结构受力计算书。

(3)审批吊具、吊耳设计计算书。

(4)审批主塔、辅助墩、过渡墩墩旁存梁支架专项设计及施工方案。

(5)审批边跨临时钢管支墩设计及施工方案。

(6)参与审核第三方钢箱梁安装施工线形控制方案。

(7)桥面吊机钢绞线力学性能检验。

(8)审批桥上钢箱梁节段焊接专项方案。

(9)检查焊工资质证书并对焊工进行现场焊接考试。

(10)对焊接设备、焊材、扭矩扳手等工装设备进行检查。

17.3.1.2 斜拉索架设安装

(1)审批斜拉索架设专项方案及计算书。

(2)审批塔顶门吊、桥面提索盘门吊设计及安装和拆除方案。

(3)对塔顶门吊、桥面提索盘门吊检查验收并进行荷载试验。

(4)督促施工单位对斜拉索夹紧固件进行摩擦力试验。

(5)斜拉索架设软牵引钢绞线和硬牵引劲性杆力学性能检验。

(6)斜拉索张拉千斤顶检定证书检查。

17.3.1.3 中跨合龙

审批中跨顶推合龙专项方案。

17.3.2 施工阶段

17.3.2.1 钢箱梁墩旁支架存梁

(1)主塔墩、临时墩、辅助墩、过渡墩墩旁钢管存梁支架的检查验收。

(2)主塔墩墩旁支架钢箱梁滑移轨道及限位装置检查。

(3)旁站主塔墩墩旁5节钢箱梁节段通过800t大型浮吊船分别吊装至存梁支架上。钢箱梁节段利用三箱千斤顶牵引,通过轨道滑移到位。根据施工监控指令控制标准,检查梁面高程、环焊缝宽度、焊缝外观质量、顶板U形肋嵌补段高强螺栓终拧。

(4)督促施工单位焊缝无损自检和第三方抽检。

(5)主塔0号钢箱梁节段临时固结锁定的检查验收。

(6)临时墩、辅助墩、过渡墩墩旁钢管存梁支架临时支座和永久支座安装检查验收。

(7)旁站大型浮吊分别吊装临时墩、辅助墩、过渡墩存梁节段。

17.3.2.2 桥面吊机双悬臂吊装钢箱梁

(1)检查验收桥面吊机的安装质量。

(2)旁站桥面吊机进行静、动载试验。

(3)运梁船的抛锚定位检查。

(4)桥面吊机后锚点、吊具、吊耳、销轴等的检查。

(5)梁段吊装就位后白天进行已安装梁段与待安装梁段的初匹配,夜晚环境温度场基本稳定后进行精匹配。根据每节钢箱梁安装线形控制指令要求进行焊缝宽度、梁顶高程、索塔偏位等参数的联合测量验收。

(6)根据实则数据与监控指令控制参数比较后,误差控制在标准范围内即可进行环缝焊口的码板。码板后量测焊缝宽度,画焊缝收缩测量标线,检查焊口平顺状况及坡口清理情况。

(7)检查施工单位是否按工艺要求的焊接顺序采取对称焊接,检查焊接过程中是否采取了防风、防雨等措施。

(8)焊接前检查焊口打磨除锈,焊接后检查焊缝表面有无裂纹、未熔合、夹渣、焊瘤、气孔、弧坑及漏焊等缺陷。量测焊缝宽度和焊缝收缩标线并计算焊缝收缩量。

(9)按每5%的高强度螺栓栓群数量进行终拧抽检。

(10)督促施工单位对焊缝进行磁粉、超声、X射线无损检测,督促第三方按合同要求频率进行无损抽检。

(11)桥面吊机行走前与锚固后的检查。

(12)钢管临时墩的支撑检查。

(13)根据设计图纸和施工监控指令,检查核实辅助墩和过渡墩永久压重块(铁砂混凝土块)的压重数量。

17.3.2.3 斜拉索架设安装和张拉

(1)放索过程中对锚头和索股PE防护层及防风雨振双螺旋线的外观质量检查。检查锚头丝扣和索股PE层及PE双螺旋线是否存在划伤等情况。

(2)塔吊提升斜拉索索夹橡胶衬垫及紧固螺栓件的检查。

(3)检查已张拉斜拉索塔端和梁端是否按施工方案安装了临时减震措施。

(4)根据第三方监控指令参数,斜拉索双悬臂对称一张、对称二张后联合测量梁顶高程、索塔偏位。斜拉索二张采取旁站监理。

17.3.2.4 中跨顶推合龙

(1)合龙前根据监控指令,在合龙口两侧梁端指定位置、规定重量进行压重,然后根据桥上环境气温与设计合龙气温(设计20℃)变化情况,连续3d在桥上温度场不均匀和温度场基本均匀时段进行合龙口几何参数和高程的联合(施工、监控、监理单位)量测,以确定合龙段一侧的配切长度。

(2)根据监控指令,现场检查配切后合龙段的几何尺寸。

(3)解除北塔0号钢箱梁节段临时固结锁定约束,安装2台500t千斤顶顶推钢箱梁向边跨侧位移,使合龙口长度增加10cm,然后锁定顶推千斤顶。联合检查合龙口空间姿态。

(4)中跨合龙口两侧桥面吊机抬吊合龙段至指定高程位置,撤除合龙口梁端压重。顶推千斤顶缓慢卸载,调整合龙口两侧焊缝宽度和高程,进行粗匹配,旁站监理。

(5)晚上温度场基本均匀(22点之后)时段进行精匹配,联合测量焊缝宽度和两则高程满足合龙段监控指令要求后,两侧焊缝同时码板进行焊口锁定。

(6)合龙段两侧焊缝按焊接工艺顺序同时对称焊接,检查焊缝质量外观质量。

(7)安装横向抗风支座和南、北索塔钢箱梁纵向阻尼器,解除南、北索塔0号梁段临时固结锁定,完成斜拉桥体系转换。

(8)斜拉索塔端和梁端阻尼器安装的检查验收。

17.4 监理工作方法与措施

17.4.1 监理工作方法

监理工作方法有旁站、巡视检查、抽检、验收等。

17.4.1.1 旁站

(1)桥面吊机静动载试验。

(2)桥面吊机行走。

(3)桥面吊机吊装过程。

(4)梁段精匹配。

(5)中跨合龙段顶推合龙。

(6)斜拉索二次张拉。

17.4.1.2 巡视检查

(1)桥面吊机后锚点。

(2)现场各类吊装设备的运行状态。

(3)吊具、吊耳、销轴。

(4)斜拉索锚头、索股PE层和PE双螺旋线。

(5)焊缝口除锈及焊缝外观质量。

17.4.1.3 抽检

(1)焊缝宽度和外观质量按100%频率抽检。

(2)梁段精匹配时梁顶高程、索塔偏位按100%频率测量。

(3)督促施工单位和第三方焊缝无损检测按不低于规范和合同要求的频率分别进行自检和抽检。

17.4.1.4 验收

各部分验收内容详见表17-1、表17-2。

钢箱梁安装验收内容　　表17-1

内容		方法	措施
钢箱梁安装	梁顶高程(m)	测量:每断面测量6个点	
	焊缝宽度(mm)	尺量:每断面量测6~10个间距	
	焊缝收缩量(mm)	尺量:每3个梁段量测一条环缝的6个间距	
	顶板U形肋高强螺栓	扭力扳手:每U形肋抽检2个	
	焊缝无损检测(mm)	仪器:施工单位100%自检,第三方按不低于20%的频率抽检	
斜拉索安装	斜拉索张拉索力	千斤顶油表、索力传感器、激振频率法	

焊缝无损检验质量等级　　表17-2

序号	焊缝部位	焊缝等级	探伤方法	执行标准 标准号
1	箱梁顶底板纵、横向对接焊缝	Ⅰ级	超声波	TB 10212—2009 GB/T 11345—2013 GB/T 3323—2005 JB/T 6061—2007
			X射线	
2	工地横桥向(环向)对接焊缝	Ⅰ级	超声波	
			X射线	
3	锚箱与边纵腹板间熔透角焊缝	Ⅰ级	超声波	
			磁粉	
4	横隔板与边、中纵腹板的熔透坡口角焊缝	Ⅰ级	超声波	
5	边纵腹板与顶板间熔透焊	Ⅰ级	超声波	
6	横隔板长度对接焊缝	Ⅱ级	超声波	GB/T 11345—2013
7	横隔板宽度对接焊缝	Ⅱ级	超声波	
8	边、中纵腹板长度对接焊缝	Ⅱ级	超声波	GB/T 11345—2013
9	中纵腹板宽度对接焊缝	Ⅱ级	超声波	
10	边纵腹板与底板间熔透坡口角焊缝	Ⅰ级	超声波	TB 10212—2009 JB/T 6061—2007
			磁粉	
11	横隔板、中纵腹板与顶(底)板熔透坡口焊缝	Ⅰ级	超声波	
			磁粉	
12	横隔板与顶(底)板U形肋角焊缝	Ⅱ级	磁粉	JB/T 6061—2007 TB 10212—2009
13	顶、底板与U形肋坡口角焊缝	Ⅱ级	超声波	
14	U形肋嵌补段对接焊缝	Ⅱ级	磁粉	

(1)探伤比例指探伤接头数量与该类型焊缝全部接头数量之比。

(2)备注中未加说明的T形坡口角焊缝探伤的最小有效厚度为焊接工艺坡口深度减去3mm。

17.4.2 监理工作的主要措施

17.4.2.1 组织措施

明确内部职责分工,建立岗位责任制,制定监理工作制度,同时采取考核的办法,落实质量控制的责任。

17.4.2.2　技术措施

根据分部工程施工的每一阶段(施工准备阶段、施工阶段和竣工验收阶段),采取事前、事中和事后相结合的质量控制措施,并注意突出控制重点,充分运用监理独立的平行检验手段,实施对施工全过程的监理。

17.4.2.3　经济措施

充分运用合同管理和工程计量权,督促施工单位按合同办事,严格执行工程质量的检查和验收制度,对不符合合同规定质量及安全要求的工程不予中间交工、不予计量。

17.4.2.4　合同措施

审查分包、专业分包的资质,监督和防止转包、层层分包及总包单位以包代管的现象。自觉按合同办事,督促施工单位、作业队遵守合同,协调合同纠纷。

17.5　巡视、旁站、抽检和验收计划

17.5.1　巡视

采取以巡视为主的方式进行钢箱梁和斜拉索安装施工现场监理,对施工的主要工程每天巡视不少于1次,并填写巡视记录(表17-3)。

巡视计划表　　表17-3

部　　位	监理人员	备　　注
桥面吊机后锚点	张某、李某	现场监理
现场各类吊装设备的运行状态	张某、李某	现场监理
吊具、吊耳、销轴	张某、李某	现场监理
斜拉索锚头、索股PE层和PE双螺旋线	张某、李某	现场监理
焊缝口除锈及焊缝外观质量	张某、李某	现场监理

17.5.2　旁站

按照合同条款、《公路工程施工监理规范》(JTG G10—2016)附录A及监理计划相关要求开展旁站工作(表17-4)。

旁站计划表　　表17-4

具体部位	监理人员	备　　注
桥面吊机静动载试验	张某、李某	现场监理
桥面吊机行走	张某、李某	现场监理

续上表

具体部位	监理人员	备注
桥面吊机吊装过程	张某、李某	现场监理
梁段精匹配	张某、李某	现场监理
中跨合龙段顶推合龙	张某、李某	现场监理
斜拉索二次张拉	张某、李某	现场监理

17.5.3 抽检

对钢箱梁节段环缝宽度和焊缝外观质量按100%的频率抽检;梁段精匹配时梁顶高程按100%的频率测量;督促施工单位焊缝无损检测按100%的频率自检,第三方焊缝无损检测按不低于合同要求20%的频率抽检(表17-5)。

抽检计划表　　表17-5

部位	监理人员	备注
焊缝宽度和外观质量	张某、李某	现场监理
梁段精匹配时高程测量	张某、李某	测量监理
第三方环缝无损探伤检测	张某、李某	试验监理
顶板U形肋高强螺栓	张某、李某	现场监理

17.5.4 验收

钢箱梁每节段分项工程安装施工完成后,督促施工单位提交中间交工验收申请,监理及时组织验收(表17-6)。

验收计划表　　表17-6

部位	监理人员	备注
梁顶高程线形、索塔偏位	张某、李某	测量监理
焊缝宽度	张某、李某	现场监理
焊缝外观质量	张某、李某	现场监理
顶板U形肋高强螺栓	张某、李某	现场监理
焊缝无损检测	张某、李某	试验监理
斜拉索张拉索力	张某、李某	现场监理

第18章　钢梁安装吊装监理细则

——以南沙大桥项目缆载吊机为例

18.1　工程内容和特点

18.1.1　工程内容

南沙大桥项目起点位于广州市南沙区东涌镇，终点位于东莞市沙田镇，主线全线长12.891km，含大沙水道、坭洲水道两座悬索桥，其中由J2总监办所管辖的坭洲水道桥采用主跨1688m双塔双跨钢箱梁悬索桥的桥梁结构，跨径布置为(658+1688+522)m，塔顶主缆理论交点高程260.939m，矢跨比为1∶9.5，主缆横桥向中心间距为42.1m，吊索顺桥向标准间距为12.8m。加劲梁的约束系统在西过渡墩和两个主塔处均设置横向抗风支座；在两个主塔处设置纵向限位阻尼装置；在西过渡墩和东塔处设置竖向抗压支座。跨越坭洲水道(狮子洋)，水面宽约2300m。

钢箱梁：坭洲水道桥采用钢箱梁的结构，钢箱梁全宽49.7m，高4m。具体尺寸为：顶板宽40.6m，风嘴宽2.1m，平底板宽31.3m，斜底板宽6.7m。风嘴外侧设置宽1.5m检修道和1m宽导流板。

检修道和导流板用于优化钢箱梁气动外形，不参与钢箱梁受力，仅承受自身重量及行人荷载，并在顺桥向梁段间设置有20mm分隔缝以适应变形，该部分与钢箱梁同时加工、架设。平底板两边设置检查车轨道及轨道导风板。

全桥钢箱梁共11种梁型，共计176个梁段。其中，B梁段为标准梁段，共161片，C梁段4片，A、D、D'、E、G、H、I梁段各1片，F、J梁段各2片。A梁段为西边跨端部梁段，I梁段为西边跨过渡墩附近特殊吊索梁段，C、D、D'、E、F、J梁段为西塔附近梁段，G梁段为东塔附近特殊吊索梁段，H梁段为东塔端部梁段(表18-1)。

钢箱梁分段一览表　　表18-1

项目	类型										
	A	B	C	D	D'	E	F	G	H	I	J
梁段	B1	B3-38 Z6-130	B41、42 Z2、3	B34	Z1	T1	B41、 Z4	Z131	T2	B2	B39、 Z5
梁长(m)	8.9	12.8	12.8	9.2	9.2	7.2	12.8	12.8	9.7	12.8	12.8

续上表

项目	类型										
	A	B	C	D	D’	E	F	G	H	I	J
数量	1	161	4	1	1	1	2	1	1	1	2
吊重(t)	324.5	267.3	374.2	232.7	244.6	235.7	249.0	303.5	305.4	306.6	292.3

18.1.2　工程特点

(1)桥位处通航条件复杂,船行量大、航运繁忙。中跨钢箱梁吊装时,与部分航道存在冲突。除做好航道管制外,还需尽量做好各项施工准备,保证吊梁过程顺利,以减少占用航道时间。

(2)梁段的质量与体积较大,并要吊装到几十米的空中,对施工工艺和起重设备都提出了较高的要求。钢箱梁吊装过程中,必须保证梁段安全平稳地移动,避免碰撞和变形,同时尽量保持梁段处于水平状态。

(3)钢箱梁吊装历时较长且部分梁段吊装可能跨越台风期,需要随时关注台风的生成及其路径,以保证能够提前合理安排吊梁施工组织,同时做好吊梁期间梁段、缆载吊机、大临设备的抗风预案。

(4)西边跨浅水区范围较大,且由于吊索较短荡移施工困难,不利于钢箱梁梁段的运输及安装。需要采用疏浚和搭设运梁栈桥满足钢箱梁就位。

(5)近塔区梁段受现场条件影响无法垂直起吊,该区域梁段吊装是悬索桥架设的关键技术点,尤其是无索区梁段需进行线形调整。需综合考虑本工程的现有施工条件及梁段特点,制定合理的施工方案,以满足钢箱梁安装及线形调整要求。

(6)全桥共有3个合龙段,均需采用垂直起吊方式,受限于起吊空间,需拉拽已吊钢箱梁,让出足够的作业空间。特别是西边跨合龙段时,需牵拉整个边跨梁段向西锚移动以增大合龙槽口长度,以确保西边跨合龙顺利。

(7)钢箱梁吊装各阶段主缆及钢箱梁线形均变化较大,施工期间需对主缆和钢箱梁的线形、桥塔偏位、主散索鞍IP点等数据进行实时监控,收集数据上报设计与监控进行分析计算,以指导后续施工,确保最终成桥线形满足设计要求。

18.2 监理工作及施工流程

监理工作流程及施工流程见图 18-1 和图 18-2。

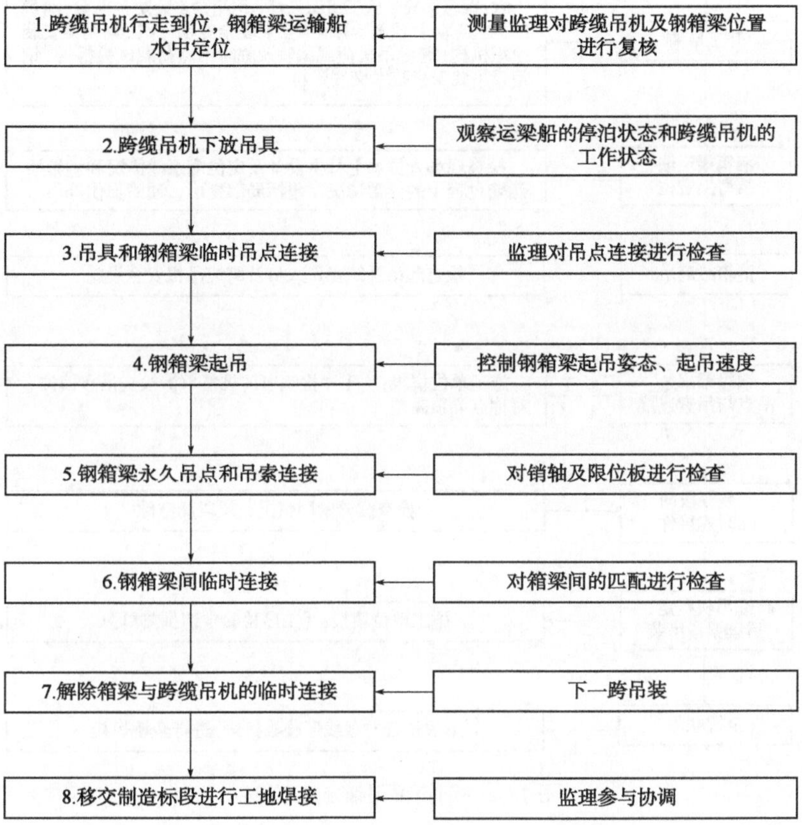

图 18-1　钢箱梁吊装监理工作流程

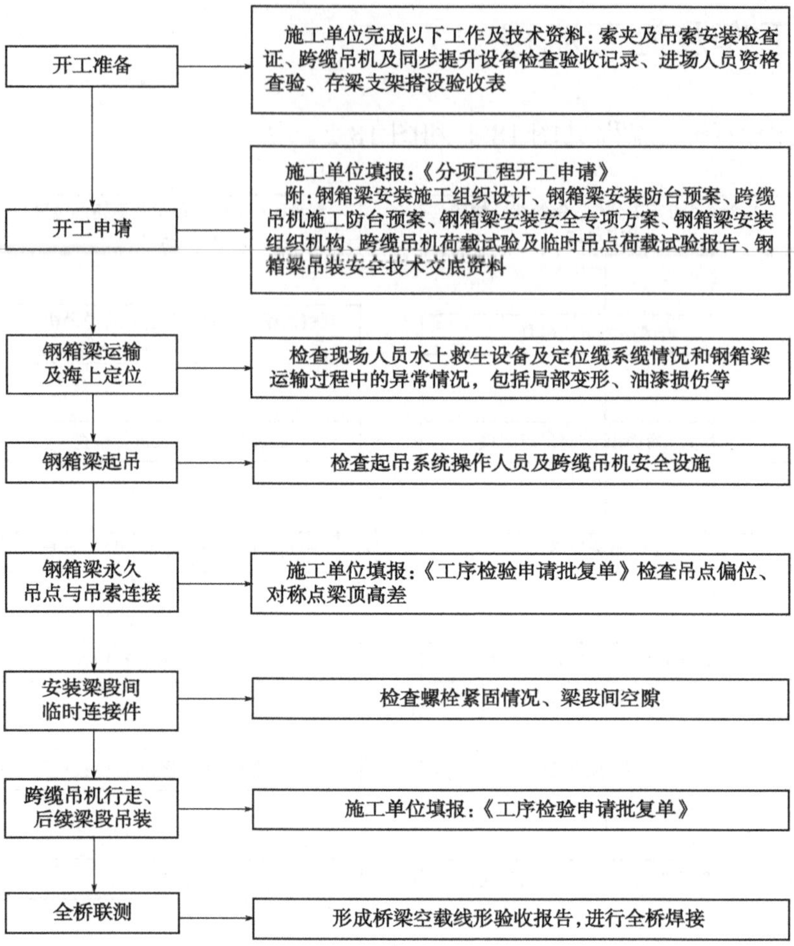

图 18-2　钢箱梁吊装施工流程

18.3　监理工作要点

（1）缆载吊机是钢箱梁吊装的关键设备，其设计需要综合考虑起吊速度、起吊重量、移机效率、箱梁荡移、爬坡能力、抗风能力等。缆载吊机主桁钢结构、控制系统、行走与提升系统的安全性、可靠性及稳定性是保证钢箱梁吊装能够顺利、安全实施的关键。监理应督促承包人制定吊机操作手册，并采用表格化形式检查缆载吊机桁架结构、控制系统、行走与提升液压千斤顶系统等各方面的安全性、可靠性，及时排查设备隐患，保证吊机吊装安全。

（2）缆载吊机应由有资质的单位进行专门设计与计算，其受力应该满足施工要求。缆载吊机的制造应由有钢结构制造资质的单位进行加工，其制造质量应该符合设计和规范要求。缆载吊机的液压控制系统和电气系统应安全可靠。

（3）缆载吊机安装充分利用索塔两台 7035 塔吊及塔顶吊架整体吊装。主体结构安装完成后安装液压千斤顶、电路、油路等附属系统，调试后行走就位。缆载吊机安装风险较大,属于高空高危作业,且安装的质量要求高。

(4)缆载吊机安装后应该进行荷载试验,通过对每台缆载吊机的安装质量、运行状况进行检验及加载试吊(对拉)试验和100%持荷观测等手段,达到以下试验目的:

①全面检查该设备的设计、加工制造及配套装置等是否达到设计技术性能及质量要求。

②验证缆载吊机是否满足实际施工的需求。

③检验缆载吊机的整体可靠性、安全性是否满足要求。

④通过缆载吊机各组成构件安装掌握其安装过程并发现其中的不足。

⑤了解缆载吊机行走及固定各步骤的工效。

(5)过渡墩梁段、近塔区梁段、合龙段等特殊梁段的钢箱梁吊装施工难度大,是监理控制的重点,其中涉及临时支撑、临时索夹和吊索等临时结构及荡移法吊装的特殊工艺,监理需及时验收临时结构安装质量,并督促承包人严格按照施工方案要求实施。

(6)随着钢箱梁架设,索夹螺杆轴力损失较大,吊梁期间需进行多次轴力导入,监理应督促承包人按照监控指令要求及时补足索夹螺杆轴力,避免索夹滑移。

(7)吊梁期间主缆和钢箱梁的线形、桥塔偏位、主散索鞍IP点、塔锚沉降量等数据的观测、收集、计算、分析等测量与监控的工作,是作为主索鞍顶推和钢箱梁线形控制的重要依据。

(8)猫道改吊、横向通道拆除、猫道下放等工序需严格按照施工方案进行,同时猫道作为上构作业的施工平台,监理需定期巡查其锚固系统、承重钢丝绳、面网等结构,确保猫道结构安全。

(9)钢箱梁吊装涉及高空作业、水上作业、交叉作业等危险性较大的作业,故作业人员的安全培训、特种设备的专项检查、吊装现场"三违"检查均是安全监理控制要点。

(10)钢箱梁工地连接(焊接和栓接)质量要求高,其施工工艺应与施工方案一致,以确保施工质量符合设计和规范要求。

(11)钢箱梁涂装的厚度和附着力应符合设计要求,外观质量应无流挂、无气孔、色泽一致。

18.4　监理工作方法与措施

18.4.1　监理工作方法

监理工作方法有旁站、巡视检查、抽检、验收等。

18.4.1.1　旁站

根据现行规范、监理计划,结合本项目架梁工艺特点,明确规定旁站监控点。旁站监理人员对索鞍顶推、索夹螺杆的紧固和钢箱梁吊装等关键工序进行旁站监理，并做好旁站记录。

工作要求：

(1)检查施工单位管理人员的到位情况。

(2)检查施工执行施工方案以及工程建设强制标准情况。

(3)严格按照监理工作控制要点中相应工序的质量要求进行过程检验。

(4)认真、准确地做好旁站监理记录。

(5)发现异常问题，监理人员应及时报告，经妥善处理后方可转入下道工序施工。

18.4.1.2 巡视检查

采取以巡视为主的方式进行架梁施工现场监理，对施工的主要工程每天巡视不少于1次，并填写巡视记录。

巡视应包括下列主要内容：

(1)架梁现场管理人员，特别是质量、安全管理人员是否到位，特种作业人员是否持证上岗。

(2)使用的主要施工机械设备是否与批准的一致。

(3)是否按技术标准、工程设计文件、批准的施工组织设计和方案施工。

(4)质量、安全、环保和施工标准化等措施是否落实，施工自检和工序交接是否符合规定。

18.4.1.3 抽检

对主索鞍顶推、索夹螺杆紧固力、钢箱梁涂装厚度和附着力复测不少于30%；对主塔变形、主缆变形抽检频率按批次应不低于施工检验频率的10%；对分项工程中的关键项目(相邻节段匹配高差、焊缝尺寸、高强螺栓扭矩)和吊点偏位、同一梁段两侧对称吊点处梁顶高差，抽检频率按批次应不低于施工检验频率的20%。

18.4.1.4 验收

架梁施工过程中的验收内容包括：吊点偏位、同一梁段两侧对称吊点处梁顶高差、相邻节段匹配高差、焊缝尺寸、焊缝探伤、高强螺栓扭矩等。

对关键工序及隐蔽工程进行摄影或录像，并形成影像资料记录。架梁关键工程项目如下：

(1)焊缝尺寸。

(2)焊缝探伤。

(3)索夹螺杆紧固。

(4)梁面高程。

(5)高强螺栓扭矩等。

18.4.2　监理工作的主要措施

18.4.2.1　组织措施

明确内部职责分工,建立岗位责任制,制定监理工作制度,同时采取考核的办法,落实质量控制的责任。

18.4.2.2　技术措施

根据施工的每一阶段(施工准备阶段、施工阶段和竣工验收阶段),采取事前、事中和事后相结合的质量控制措施,并注意突出控制重点,充分运用监理独立的平行检验手段,实施对施工全过程的监理。

18.4.2.3　合同措施

审查分包、专业分包的资质,监督和防止转包、层层分包及总包单位以包代管的现象。自觉按合同办事,督促施工单位遵守合同,协调合同纠纷。

18.4.2.4　经济措施

充分运用合同管理和工程计量权,督促承包方按合同办事,严格执行工程质量的检查和验收制度,对不符合合同规定质量及安全要求的工程不予中间交工、不予计量。

监理控制的重点放在施工前的准备阶段和施工阶段,做好事前监理和主动监理,把问题发现和解决在开工之前和施工过程之中。

18.5　巡视、旁站、抽检和验收计划

18.5.1　巡视

对架梁施工过程中的巡视检查内容包括跨缆吊机就位过程、吊装过程、钢梁连接过程、钢梁涂装过程等(表18-2)。

巡视计划表　　表18-2

巡视部位	人员	备注
跨缆吊机试验	张某、李某	
跨缆吊机行走	张某、李某	
钢箱梁吊点与跨缆吊机的连接	张某、李某	
索夹的紧固	张某、李某	
运梁船定位	张某、李某	
主索鞍的顶推	张某、李某	

续上表

巡视部位	人员	备注
钢箱梁工地焊接	张某、李某	
高栓施工	张某、李某	
钢箱梁涂装	张某、李某	

18.5.2　旁站

按照合同条款、现行《公路工程施工监理规范》(JTG G10)附录A及监理计划相关要求,本项目架梁旁站项目为运梁船定位、跨缆吊机的行走、主索鞍顶推、索夹的坚固、钢箱梁吊装(表18-3)。

旁站计划表　　表18-3

旁站部位	人员	备注
跨缆吊机的行走	张某、李某	
运梁船定位	张某、李某	
主索鞍顶推	张某、李某	
索夹的坚固	张某、李某	
钢箱梁吊装	张某、李某	

18.5.3　抽检

对主索鞍顶推、索夹螺杆紧固力、钢箱梁涂装厚度和附着力复测不少于30%;对主塔变形、主缆变形抽检频率按批次应不低于施工检验频率的10%;对分项工程中的关键项目(相邻节段匹配高差、焊缝尺寸、高强螺栓扭矩)和吊点偏位、同一梁段两侧对称吊点处梁顶高差,抽检频率按批次应不低于施工检验频率的20%(表18-4)。

抽检计划表　　表18-4

检查项目	检查人员	备注
吊点偏位	张某、李某	
同一梁段两侧对称吊点处梁顶高差	张某、李某	
相邻节段匹配高差	张某、李某	
焊缝尺寸	张某、李某	
焊缝探伤	张某、李某	
高强螺栓扭矩	张某、李某	
钢箱梁涂装厚度和附着力	张某、李某	

18.5.4　验收

架梁分项工程施工完成后,督促施工单位提交中间交工验收申请,及时组织验收(表18-5)。

验收计划表 表18-5

验收项目	人员	备注
索鞍顶推	张某、李某	
钢箱梁安装	张某、李某	
钢箱梁工地焊接	张某、李某	
高强螺栓施工	张某、李某	
钢箱梁涂装	张某、李某	

第 19 章　水泥混凝土桥面铺装监理细则

——以翻坝高速公路项目一标段 YK0 + 765/ZK0 + 780 松树坪大桥为例

19.1　工程内容和特点

三峡翻坝高速公路位于宜昌市夷陵区，沿线地势复杂，地形起伏变化较大，是湖北省山区高速公路的典型代表之一，本工程主要为分离式 YK0 + 765/ZK0 + 780 松树坪大桥水泥混凝土桥面铺装施工，上部构造采用 30m 预应力混凝土 T 梁，先简支后连续，铺装层为 8cm 厚 C50 混凝土，10cm 厚沥青混凝土，中间铺设防水层。桥面混凝土铺装是桥梁行车道系的重要组成部分，施工质量好坏和使用耐久性直接影响到行车的安全性、舒适性、桥梁耐久性和投资效益。随着公路等级的提高，桥梁、隧道等公路构造物所占比重越来越大，而桥面铺装在使用过程中的破坏情况也变得十分严重，部分桥梁在通车后不久，桥面就不同程度地出现了裂缝、车辙、拥包、坑槽等病害，造成了较大的经济损失，严重时还会发生交通事故。因此，高等级公路对路面质量的高要求迫切需要提高桥面铺装工程的施工质量。

19.1.1　工程内容

（1）测量、放样（与设计高程对比是否符合设计要求，不符合设计要求的已处理、处理手续完备）（图 19-1）。

图 19-1　高程带施工图

(2)对桥面梁板松散混凝土、浮浆、油污及局部偏高处进行凿除。

(3)清理杂物,用风机吹除浮尘;用高压水泵对桥面梁板进行清水冲洗。

(4)布置桥面泄水孔。

(5)按要求铺设高程带钢筋网。

(6)在内外侧护栏根部支模,根据测定的高程带线浇筑与桥面同强度等级混凝土。

(7)钢筋网片铺设:连接长度应满足最小锚固长度 l_s 的1.3倍且不应小于200mm。

(8)桥面铺装层混凝土施工。

19.1.2 工程特点

(1)由于桥面铺装层直接承受行驶车辆荷载的冲击,部分参与主梁结构的变形和受力是一个受力复杂的动力体系,即铺装层与主要承重结构必须共同受力。

(2)桥梁在梁板安装完毕后,由于预应力混凝土梁板起拱的影响,梁顶面实测高程与设计高程有偏差,要综合考虑铺装层的厚度。

19.2 监理工作流程

19.2.1 桥面混凝土铺装监理程序框图(图19-2)

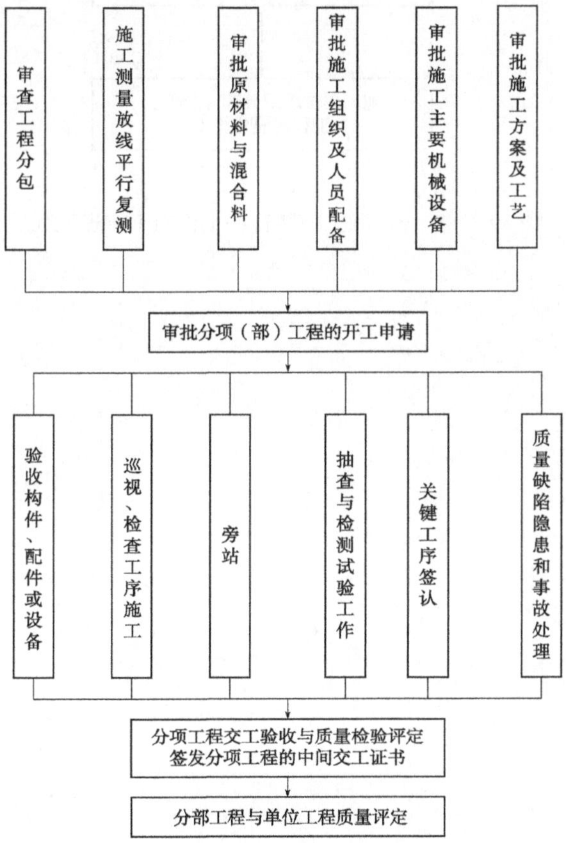

图19-2 桥面混凝土铺装监理程序框图

19.2.2 桥面混凝土铺装首件工程施工监理流程(图19-3)

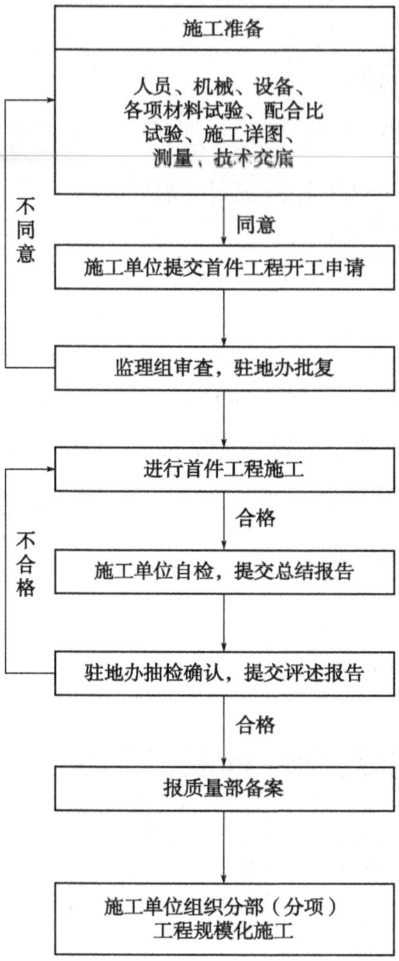

图19-3 桥面混凝土铺装首件工程施工监理流程

19.2.3　现浇水泥混凝土桥面试验检测监理流程(图19-4)

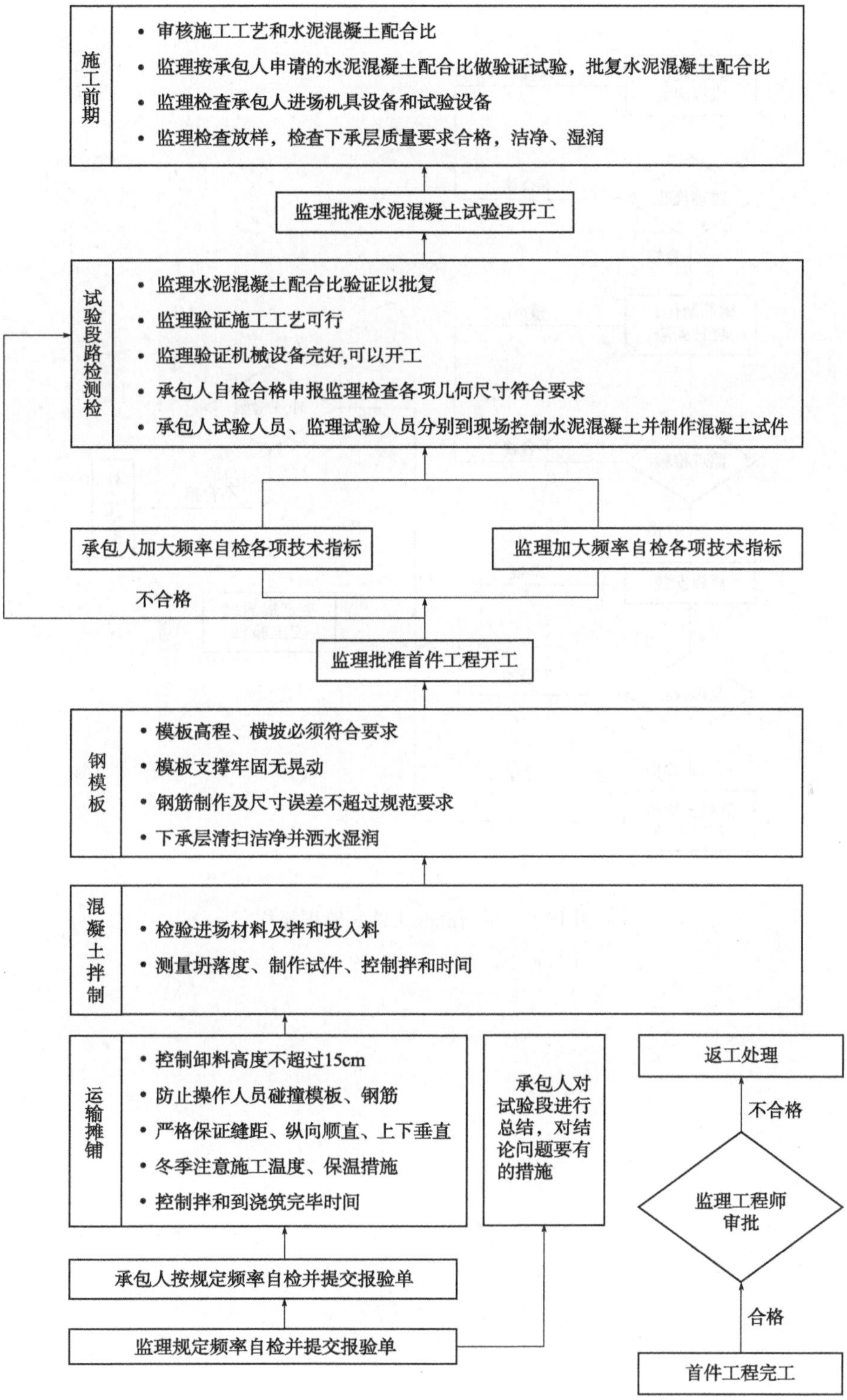

图19-4　现浇水泥混凝土桥面试验检测监理流程

19.2.4　桥面混凝土铺装监理流程(图 19-5)

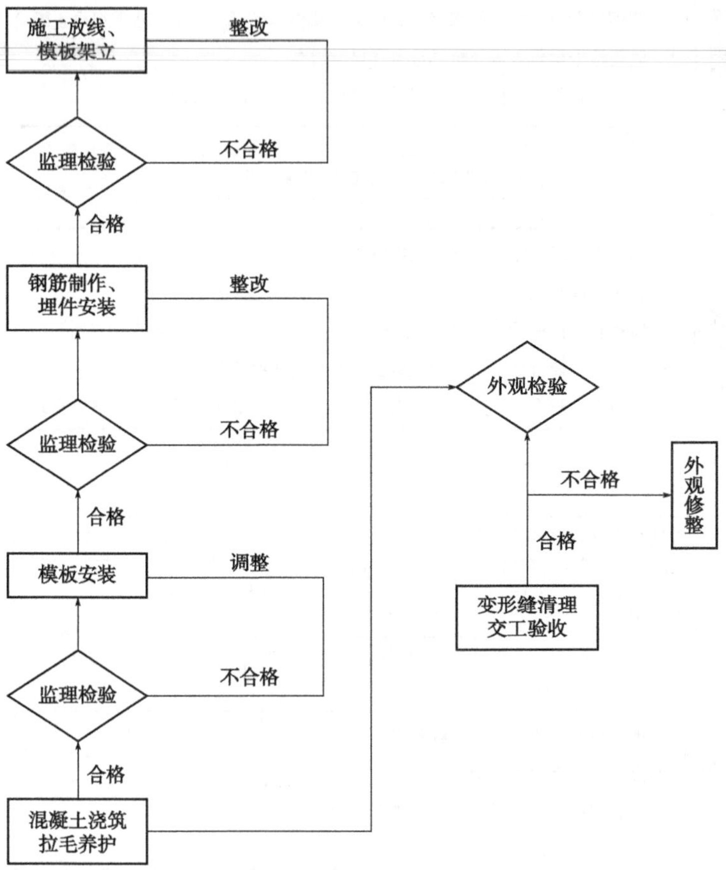

图 19-5　桥面混凝土铺装监理流程

19.2.5 桥面混凝土铺装施工工艺流程(图19-6)

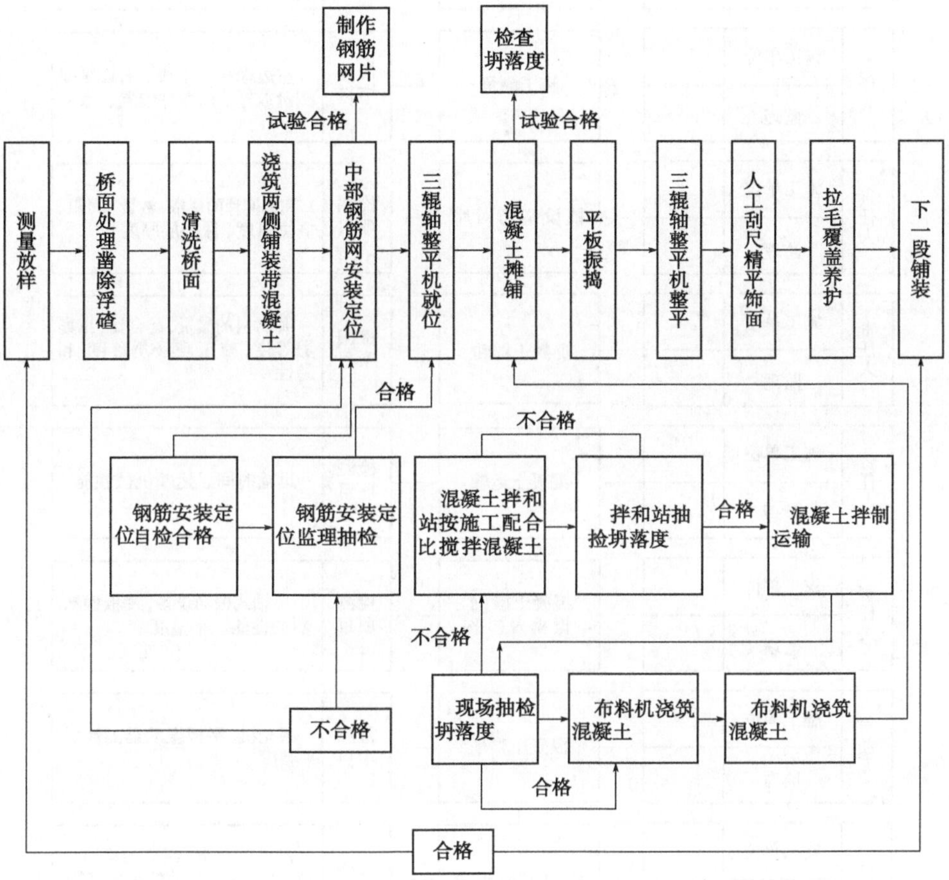

图19-6 桥面混凝土铺装施工工艺流程

19.2.6　桥面水泥混凝土铺装层施工工序、检测与监理职责(图19-7)

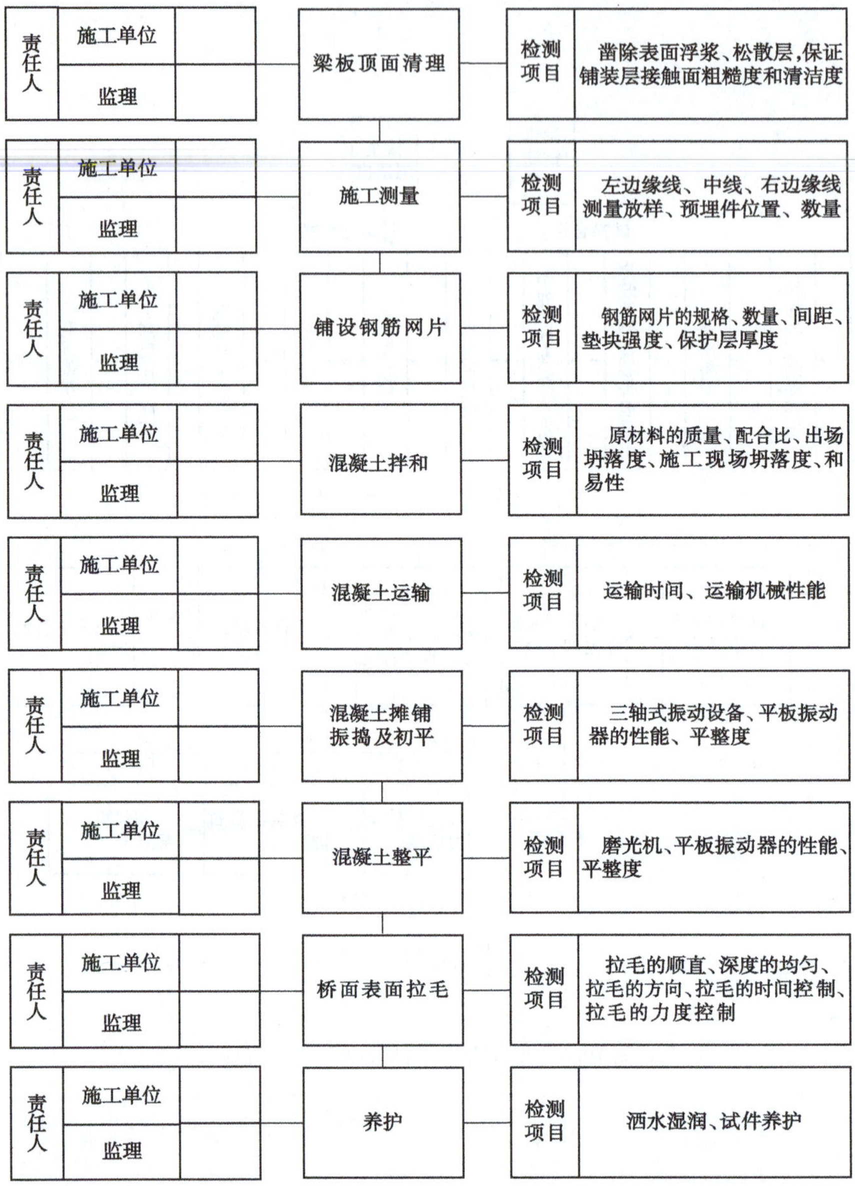

图19-7　桥面水泥混凝土铺装层施工工序、检测与监理职责

19.3　监理工作要点

19.3.1　施工准备

(1)审查施工组织是否合理,施工技术方案是否可行。人员与设备的数量、性能及匹配是否满足工程进度需求及施工技术方案的要求,特别是测量放线结论是否满足要求,开工前的准备工作是否完善。

(2)检查承包人投入组织现浇桥面施工的技术、管理和施工人员是否满足要求,三级自检体系是否健全。

(3)检查原材料是否检测合格,用于桥面铺装的原材料物理力学性能是否满足规范、设计和施工要求,特别是碎石粒径、砂的含泥量与针片状含量、水泥的初终凝时间、外加剂的性能指标等。

(4)检查混凝土配合比设计和组成材料是否经监理试验室验证后,上报中心试验室审批确认。

(5)审查承包人的施工方案是否满足总体施工组织设计的要求,各种质量、安全和环水保保证措施是否到位,否则不允许开工。

19.3.2 作业条件准备

(1)桥面系工程已完成现浇接缝施工并完成体系转换,具备施工作业面。

(2)施工的梁(板)顶面已清除垃圾、杂物、油污与浮浆,并保持干净且无积水。

(3)完成高程测量并满足设计要求(不符合设计要求的已处理、处理手续完备),办完监理验收手续;做到"施工一联、验收一联"。

19.3.3 桥面混凝土铺装施工

(1)督促施工单位施工前全面掌握铺装层厚度,根据检测结果对超高部位及时采取应对的凿除或报设计加固处理方案。

(2)检查桥面板"一凿二扫三吹四冲洗"的情况,提高混凝土的结合效果。

(3)检查高程带的立模槽钢是否牢固。

(4)检查剪力筋撬离梁高度,用铺装层检验桁车检测调整高度,确保钢筋网片铺设不贴底、不超高,剪力钢筋能有效把钢筋网片锚入铺装层混凝土中达到设计效果。

(5)检查钢筋网片铺设,用T字筋定位钢筋网片高度;确保钢筋保护层厚度在设计要求范围内。

(6)检查混凝土浇筑前对桥面板凿毛、凿除油污、松散混凝土杂物、清扫、吹尘、冲洗桥面板的情况,使铺装层混凝土与梁板黏结达到理想状态。

(7)检查混凝土整平后的平整度。

(8)督促施工单位按要求拉毛后覆盖养护,养护采用喷淋保湿7d,混凝土强度未达到设计强度前不得开放交通,混凝土强度未达到设计强度前不得进行下道工序。

19.3.4 施工质量控制

19.3.4.1 厚度控制

在施工中,桥面铺装厚度控制主要是根据实际的梁顶高程动态调整纵、横断设计参数,通过调整水泥混凝土铺装层设计高程来保证铺装层的厚度。

19.3.4.2　工艺技术控制

(1)严格审查实际施工水泥混凝土铺装的调坡方案。测量放样要采用5m格网法加密。按调整后的设计高程,要核算桥面每一区域的铺装层厚度,对小范围确实不能保证最小厚度的区域,应采用凿除、打磨并加密钢筋网的方法进行补强。为了避免沥青混合料铺装层的再次调坡,必须严格控制桥面混凝土铺装层的高程、路拱和平整度,其中高程偏差值必须控制在±5mm范围内。

(2)严格检查层间结合面的施工,为加强混凝土铺装层与梁板间的黏结力,在预制梁板时,必须通过对梁顶面进行拉毛来增强界面的接触面积和摩擦阻力。

(3)严格检查铺装层钢筋网摆放位置,应采取措施保证位置正确和保护层厚度。浇筑混凝土时尽量避免人员及机具踩踏在钢筋网上,一律采用泵送混凝土,严禁搅拌车上桥对铺装层钢筋碾压。

(4)施工中严格检查水泥混凝土水灰比,分次收浆,消除泌水,避免铺装层混凝土收缩裂缝的发生。

19.3.5　施工安全控制

(1)检查混凝土泵车安装。泵车未安设稳前,不得移动布料杆。作业前检查输送泵、电气设备是否正常、灵敏、可靠。

(2)泵送前,检查管路、管节、管卡及密封圈的完好程度,不得使用有破损、裂缝、变形和密封不合格的管件,并应符合以下要求:

①管路布置要平顺。在高处、转角处应架设牢固,防止串动、移位。

②管路应设专人检查,遇有变形、破裂时,应及时更换,防止崩裂发生。

③泵车在运转时发生故障,应立即停机检查,不得带病作业。

④拆卸管路接头前,应先把管内剩余压力排除干净,防止因管内存有压力而引发事故。

⑤作业结束采用清水冲洗管道时,操作人员注意管道的安全。

⑥施工过程中放置施工工具时应注意安全,施工人员严禁穿拖鞋,应做好个人安全防护。

⑦加强施工现场临时用电管理,需要移动电缆时,应先切断电源,随时注意检查电线电缆是否破损。

19.4　监理工作方法与措施

19.4.1　监理工作方法

监理工作方法有旁站、巡视检查、抽检、验收等。

19.4.1.1　旁站

根据现行规范、监理计划，结合本项目工艺特点，规定旁站监控点，旁站监理人员对混凝土铺装等关键工序的质量进行旁站，并做好旁站记录。

19.4.1.2　巡视检查

对施工的重要部位、关键环节每天巡视检查不少于一次，并填写巡视记录，巡视应包括但不限于下列内容：

(1)正在施工的分项工程是否已批准开工。

(2)施工现场管理人员特别是质量检测、安全管理人员是否到位，特种作业人员是否持证上岗。

(3)是否按施工规范、工程设计图纸及批准的施工组织设计施工。

(4)质量、安全、环水保和施工标准化措施是否落实，施工自检和工序交接是否符合规定。

(5)是否存在质量问题或安全隐患及整改落实情况。

(6)国家、省交通运输主管部门等上级主管部门组织开展的一系列专业活动，如打造品质工程、创建平安工地、质量通病治理、施工标准化等。

19.4.1.3　抽检

(1)对钢筋、水泥、砂、碎石、外加剂等原材料及水泥混凝土，抽检频率按批次应不低于规定施工检验频率的10%。

(2)对分项工程中的关键项目和结构主要尺寸，抽检频率应不低于规定施工检验频率的20%。

(3)对工程材料或实体质量有疑问时，应进行抽检；若对工程材料或实体质量有疑问，可委托中心试验室或驻地办工地试验室进行抽检。

(4)对于混凝土拌和物的坍落度，驻地办试验室应在浇筑地点取样检测，每车必检，并做好记录；检测不符合要求时，严禁使用。

(5)桥面铺装高程、平整度等指标的抽检。

19.4.1.4　验收

混凝土桥面铺装施工过程中的验收内容包括钢筋网片、高程带、铺装层混凝土等。

19.4.2 监理工作的主要措施

19.4.2.1 组织措施

总监办明确内部职责分工,建立岗位责任制,制定监理工作制度,同时采取考核的办法,落实质量控制的责任。

19.4.2.2 技术措施

根据施工的每一阶段(施工准备阶段、施工阶段和竣工验收阶段),采取事前、事中和事后相结合的质量控制措施,突出控制重点,充分运用监理独立的平行检验手段,实施对施工全过程的监理。

19.4.2.3 经济措施

充分运用合同管理和工程计量权,督促承包方按合同办事,严格执行工程质量的检查和验收制度,对不符合合同规定质量及安全要求的工程不予中间交工、不予计量。

19.4.2.4 合同措施

审查分包、专业分包的资质,监督和防止转包、层层分包及总包单位以包代管的现象。督促施工单位、综合队遵守合同,协调合同纠纷。

19.5 巡视、旁站、抽检和验收计划

19.5.1 巡视(表19-1)

巡视计划表 表19-1

部 位	监理人员	备 注
桥面梁板接触面凿毛、清洗		
钢筋网和定位架、剪力筋固定		
钢筋网片搭接长度		
钢筋网片定位与连接		

(1)桥面铺装层施工现场监理工作应采取以巡视为主的方式开展,定期或不定期巡视施工现场,监理组对施工的重要部位、关键环节的巡视每天不少于一次,驻地办每周一次,并填写巡视记录。

(2)对桥面铺装层施工过程的巡视包括桥面梁板凿毛、杂物清除、吹尘、冲洗、浇筑前沥洒水巡视润、低凹处积水吹干;原材料、混凝土配比;高程带施工、泄水孔位置、预埋件、伸缩缝位置、钢筋网铺设、桥面铺装层混凝土浇筑、养护等。

(3)桥面铺装层施工现场如有问题,监理人应指令并督促落实。

19.5.2 旁站

对桥面铺装层施工的重要部位、关键环节旁站的施工过程包括桥面铺装层混凝土拌和前施工配合比、坍落度、混凝土浇筑等(表19-2)。

旁站计划表 表19-2

具体部位	监理人员	备注
桥面铺装试验段混凝土浇筑		试验段
坍落度		
混凝土拌和前施工配合比		

19.5.3 抽检

(1)驻地办除应按照监理旁站项目一览表中的项目进行相应旁站外,还应按规范要求对涉及结构安全的重要部位、关键工序进行抽检,并做好抽检记录。

(2)对钢筋、水泥、砂、碎石、外加剂等原材料及水泥混凝土,抽检频率按批次应不低于规定施工检验频率的10%。

(3)对分项工程中的关键项目和结构主要尺寸,抽检频率应不低于规定施工检验频率的20%(表19-3)。

抽检计划表 表19-3

部位	监理人员	备注
桥面铺装厚度		
钢筋网片外观质量检查		
钢筋网片力学性能检测		
钢筋网和定位架、剪力筋固定		
钢筋网片铺设保护层厚度		

19.5.4 验收

(1)桥面铺装施工过程的验收,施工单位自检合格后报驻地办,由监理人进行验收。

(2)桥面板杂物清理、吹尘、冲洗检查,施工单位自检合格后报现场监理人检查验收。

(3)高程带钢筋,施工单位自检合格后报监理人检查验收。

(4)高程带立模、泄水孔、预埋件位置、数量、施工单位自检合格后报监理人检查验收。

(5)桥面铺装层钢筋网片铺设、剪力钢筋,施工单位自检合格后报监理人检查验收。

(6)桥面铺装层混凝土成品及取芯检查厚度验收,施工单位自检合格后报驻地办,由驻地工程师或副驻地工程师组织验收小组进行验收,邀请总监办相关部门人员参加(表19-4)。

验收计划表 表19-4

部位	监理人员	备注
高程带高程和泄水孔埋件位置		
钢筋网和定位架、剪力筋固定		
网片搭接长度		
桥面铺装混凝土取芯厚度		

第 20 章　钢桥面铺装监理细则

——以武汉沌口长江大桥项目为例

20.1　工程内容和特点

20.1.1　工程内容

武汉沌口长江大桥是武汉市四环线跨越长江的关键性工程，其主桥为五跨（100m + 275m + 760m + 275m + 100m），双塔双索面半漂浮体系钢箱梁斜拉桥，按双向 8 车道重载交通承载，主桥全长 1510m（图 20-1、图 20-2）。

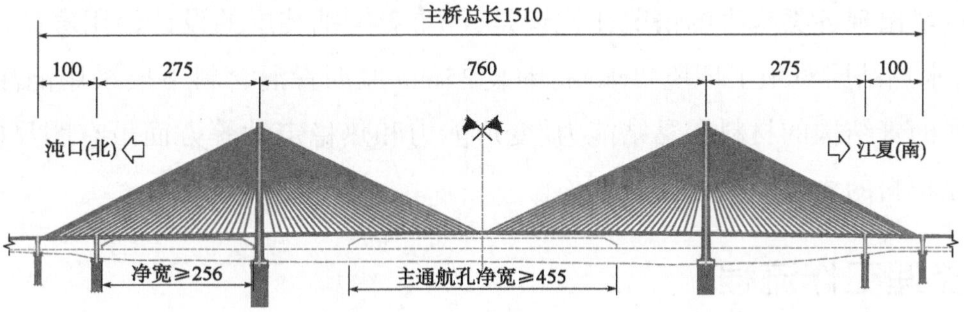

图 20-1　沌口长江大桥主桥桥型布置（尺寸单位：m）

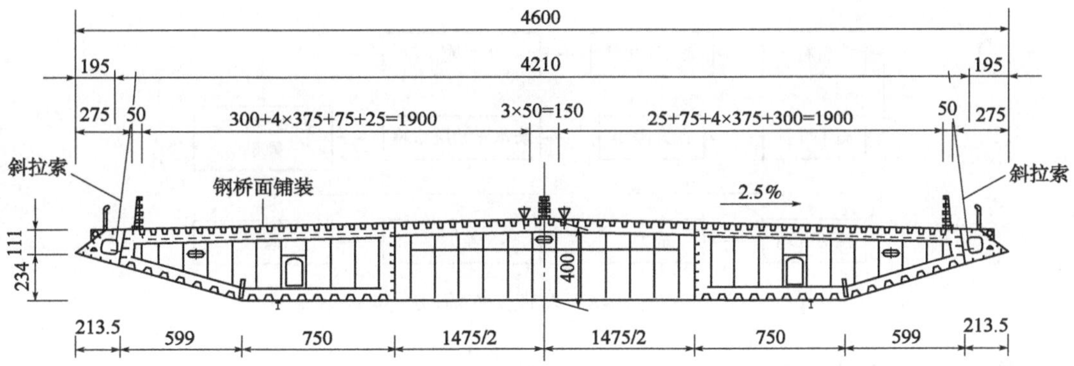

图 20-2　主桥标准横断面结构示意图（尺寸单位：m）

主桥钢箱梁采用全焊扁平流线型 PK 钢箱梁断面，其顶板为正交异性板结构。除顶板节段 U 形肋嵌补段为高强螺栓栓接外，其余部位均为全焊钢结构。钢箱梁中心线处梁高 4m，梁段总宽（包括风嘴）46m，梁顶面设 2.5% 人字形横坡。钢桥面改性沥青铺装层结构布置如图 20-3 所示。

铺装面层	高弹改性沥青SMA10,厚度:35mm
	洒布改性乳化沥青黏结层,用量300~500g/m²
铺装下层	浇注式沥青混合料GA10,厚度:35mm;撒布10~15mm预拌碎石,用量:7~10kg/m²
防水黏结层	丙烯酸树脂黏结剂,用量:100~200g/m²
	甲基丙烯酸树脂膜(两层),总用量:2500~3500g/m²
	丙烯酸防腐底漆,用量:100~200g/m²
钢桥面板	喷砂除锈,清洁度:Sa2.5级;粗糙度:≥60 μm

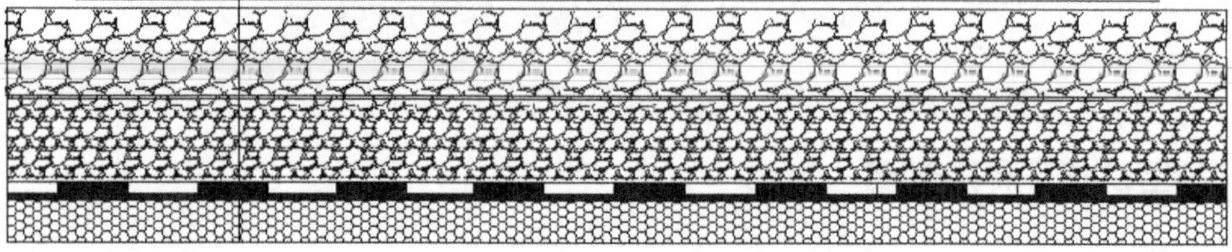

图 20-3　钢桥面改性沥青铺装层结构布置

20.1.2　工程特点

(1)钢箱梁采用全焊扁平流线型 PK 钢箱梁断面,横向竖向刚度较柔,其顶板为正交异性板结构,梁段总宽(包括风嘴)46m,双向 8 车道重载交通承载,对沥青铺装层的要求高,稍有不慎,将直接影响铺装层的使用寿命,国内钢桥面沥青铺装层施工质量问题导致运营期间过早出现各类病害的情况比比皆是,严重影响铺装层的设计使用寿命。

(2)防水黏结层对施工环境要求高,铺装 35mm 厚沥青混合料下层采用浇注式铺装工艺。浇注式沥青结构的材料在黏结能力、变形能力和热稳定性等方面虽有明显的优势,但同时对各原材料的质量要求也比较严格。

20.2　监理工作流程

监理工作流程见图 20-4。

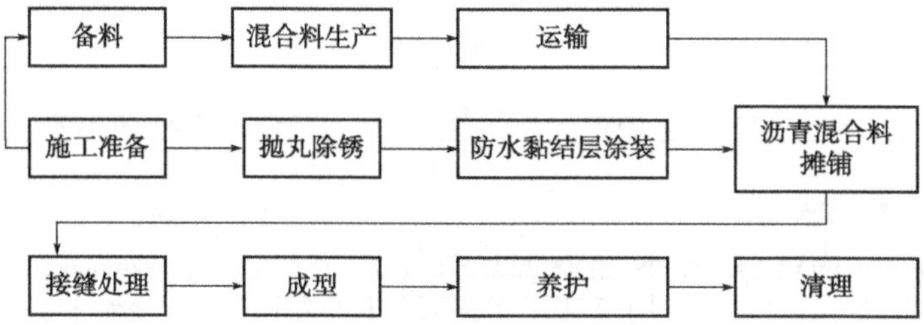

图 20-4　监理工作流程

20.3　监理工作要点

20.3.1　施工准备阶段

(1)审批钢桥面沥青混合料铺装专项方案。

(2)审批沥青混合料铺装下层和面层目标配合比与生产配合比。

①目标配合比设计应由具有相关资质的单位进行。

②在目标配合比的基础上根据实际情况进行生产配合比设计，生产配合比监理审批后，施工单位方可组织试拌和试铺。

③监理试验室完成相应的配合比平行试验。

(3)粗集料、细集料、矿粉、外加剂和沥青等材料的试验检测。

(4)沥青搅拌楼的检查验收。

(5)按合同及施工方案检查进场铺装设备种类、数量和型号。

(6)审批浇注式沥青铺装层试验段方案。

①除锈及防水黏结层试验段。完善抛丸除锈工艺，检验材料用量、喷涂工艺、涂层厚度、黏结强度等，验证施工作业工效。

②沥青混凝土试验段。

试验段分为试拌和试铺两个阶段。

a. 根据各种摊铺作业设备施工效能相匹配的原则，确定合适的施工机械，按生产能力决定施工机械数量与组合方式。

b. 通过试拌，决定拌和机的操作方式、上料速度、拌和数量、拌和时间和拌和温度等；验证沥青混合料的配合比设计，确定正式生产用的矿料配合比和油石比。

c. 通过试铺，决定摊铺机的操作方式、摊铺温度、摊铺速度、自动找平方式等；压实机具的选择与组合、压实顺序、碾压温度、碾压速度及遍数；施工缝的处理方法；确定松铺系数。

d. 确定施工产能及作业段的长度，修订施工组织计划。

e. 全面检验材料及施工质量是否符合设计要求。

f. 确定施工组织及管理体系、质保体系、人员、机械设备、检测仪器、通信及指挥方式等。

③在试验段的施工过程中，监理人员全程参加，检查施工工艺、技术措施是否符合要求，测温、观色、取样，并记录试验与检测结果，检查各种技术指标情况，对出现的问题提出改进意见。

④试验段的质量检查频率应根据需要比正常施工时适当增加。试验段结束后，经检测各项技术指标均符合规定，督促施工单位提交的试验段总结报告，监理确认具备开工条件，方可同意大面积开工。

20.3.2 施工阶段

20.3.2.1 防水黏结层

(1)检查钢桥面有无表面焊瘤、飞溅物、针孔、飞边和毛刺等，否则必须进行打磨处理并加以清除。

(2)检查钢桥面有无油污、尘垢,否则必须用清洁剂或溶剂清洗干净,并用高压清水清洁桥面。

(3)检查抛丸除锈作业环境温度(不低于10℃)、湿度(不大于85%)状况是否满足规范要求。

(4)检查除锈清洁度和粗糙度,必须满足设计和规范要求。

①清洁度达到Sa2.5级(检修道Sa2.0级),边角采用手扶式抛丸机作业,清洁度达到Sa2.0级。

②粗糙度必须达到 $R_z \geqslant 60\mu m$(检修道为 $30 \sim 80\mu m$)。

(5)检查丙烯酸防腐底漆干膜厚度(不小于 $50\mu m$)。

抛丸除锈检验合格后,在3h内实施丙烯酸防腐底漆,采用人工十字交叉的方式进行辊涂。丙烯酸防腐底漆用量 $100 \sim 200g/m^2$(检修道用量 $200 \sim 250g/m^2$),防腐底漆的干燥时间视现场环境而定,温度20℃的固化时间约为30min,其他温度固化时间参考产品说明书。

(6)甲基丙烯酸树脂膜厚度检查。

①防腐底漆固化后,喷涂甲基丙烯酸树脂膜,为防止污染,防水层喷涂与防腐底漆施工间隔时间不能过长,宜在防腐底漆固化后24h内进行,且必须对防腐底漆表面进行清洁。

②甲基丙烯酸树脂膜分两层施工,每层湿膜厚度不小于1.2mm,干膜总厚度不小于2mm,总用量 $2500 \sim 3500g/m^2$(检修道用量 $2200 \sim 2500g/m^2$)。在第一层完全固化后喷涂第二层。甲基丙烯酸树脂膜含两种树脂组分(A和B)和一种催化剂,施工前先将催化剂加入B组分充分搅拌均匀后,再和A组分搅拌喷涂。

③采用机械自动结合人工进行喷涂,喷嘴流量 V(551)、喷枪横向移动速度 S(295mm/s),甲基丙烯酸树脂膜的表干时间为30min。

(7)丙烯酸树脂黏结剂。

甲基丙烯酸树脂膜喷涂结束约1h,要立即辊涂丙烯酸树脂黏结剂,采用人工十字交叉的方式进行辊涂。丙烯酸树脂黏结剂的用量为 $100 \sim 200g/m^2$,约1h就可以完全固化。

(8)巡视检查进入现场作业人员是否均穿鞋套,是否随身携带毛巾、手套、口罩,防止汗水滴落污损钢桥面,同时防止污物污损防水黏结层。

20.3.2.2 铺装下层GA10浇注式沥青

1)铺装前检查

(1)采用吹风机对防水黏结层进行清洁和干燥,擦洗油迹,绝对不允许存在油污。

（2）由于浇注式摊铺机根据垫块和侧限挡板高度控制铺装层厚度、平整度，检查定位侧限挡板高度。

（3）检查运输车底板、轮胎是否清洗干净，防止污染。

（4）专用设备检查检修。沥青混合料拌和楼、浇注式沥青混合料摊铺机、升温搅拌运输车、自推进式预拌碎石撒布机。

2）GA-10 沥青混合料拌和控制三要素

GA-10 沥青混合料拌和控制三要素为温度、时间、计量（表 20-1）。

GA-10 拌和重点控制内容　　表 20-1

拌和控制要素	影响因素	控制范围及要点
温度	集料、沥青、矿粉的温度最终影响到出料温度，温度设置不佳或控制不稳定会导致 GA-10 过于老化、流动性不佳、拌和不够均匀等现象	集料温度：300℃左右
		沥青温度：175～185℃
		出料温度：210～240℃
时间	每盘料拌和时间控制在 120s 左右，根据试拌情况对流程时间进行精确控制	干拌时间：15s
		湿拌时间：90s
		放料时间：8s
计量	计量系统是否正常直接影响混合料质量	全面检查计量系统，定期校验
		保证各卸料口畅通，无沉积物，在计量时，石料和矿粉能迅速均匀流下
		保证卸料门关闭及时，密封良好，无漏料现象
		保证沥青和矿粉输送管道畅通，无阻滞现象

3）混合料性能（表 20-2）

GA10 混合料性能指标　　表 20-2

试验项目	要求	试验方法
流动性（240℃，s）	≤50	《公路钢箱梁桥面铺装设计与施工技术指南》（T 0715）
贯入度（60℃，mm）	1～3.5	
贯入度增量（60℃，mm）	≤0.35	
弯曲极限应变	$\geqslant 3.5\times10^3$	《公路沥青及沥青混合料试验规程》（JTG E20）

4）混合料运输

（1）从拌和楼生产出来的 GA-10 应不断搅拌和加温，GA-10 使用专门的运输设备 Cooker。在 Cooker 初次进料之前，要将 Cooker 温度预热至 160℃左右，装入 Cooker 中的混合料要不停地搅拌，同时混合料温度保持在 210～240℃范围内。

（2）浇注式沥青混合料 GA-10 在 Cooker 运输过程中，督促施工单位安排专职技术人员检测混合料温度及 Cooker 内的压力，确保混合料工作性能。

(3)尽量避免 GA-10 在高温的 Cooker 车中停留太长时间,从出料到摊铺完毕在 4h 内完成。

(4)在从运输混合料的 Cooker 车中出料时,必须对加热温度进行调节,以避免混合料硬结。同时,还须减慢搅拌速度,避免空气中的氧气进入浇注式沥青混合料中,以减少混合料的氧化。

5)GA-10 浇注式摊铺

(1)GA-10 是自流成型无须碾压的沥青混合料,因此使用浇注式专用摊铺机。检测运至现场的 GA-10 工作性能,符合设计要求后,方可摊铺。

(2)边侧限制及平整度。

GA-10 在 210 ~ 240℃摊铺时具有较好的流动性,需设置边侧限制,防止混合料侧向流动。边侧限制采用钢制挡板,设在车道连接处的边缘。根据基面表面平整度的情况,用不同厚度的铁片或木片调节,以保证铺装层表面平整。

(3)摊铺厚度控制。

在摊铺之前,根据基面表面情况进行测量放样,确定点位的摊铺厚度,然后调整导轨的高度及边侧限制板,从而确定摊铺厚度。摊铺机整平板有自动的水平设备控制,按照侧限板高度进行摊铺,以达到规定的结构层厚度。

(4)消泡处理。

在 GA-10 摊铺过程中,会产生少量气泡,要采用带尖头的工具将气泡刺破,排出内部空气,使其摊铺充分致密。

(5)摊铺机行走速度要尽可能放慢,以便与拌和、运输能力相匹配(整平能力可适当低于拌和能力)。

(6)撒布预拌碎石。

为提高层间结合力和整体抗剪强度,在浇注式沥青混合料降到适宜的温度,采用专用预拌碎石撒布机撒布一层粒径 10 ~ 15mm 的预拌碎石,用量为 7 ~ 12kg/m^2,以撒布 60% ~ 80% 覆盖率为宜。碎石撒布完后,用人工滚筒的方式将预拌碎石压入浇注式沥青混合料中,碎石嵌入深度为集料粒径的 1/2 ~ 2/3。

(7)铺装下层自然冷却后,拆除边侧限制,留下轮廓清晰的边侧连接。

(8)铺装下层摊铺过程中应防止摊铺设备漏油、漏水;为防止破坏防水黏结层,运输车匀速行驶,启动和制动时放慢速度,严禁在防水黏结层掉头;运送 GA-10 小推车的支点部位用胶布包裹,防止损坏防水黏结层;浇注式沥青混合料温度较高,其较好的流动性容易封闭部分空气,空气膨胀及水分蒸发会产生气泡,要及时将气泡消除;当摊铺机速度过快时,浇注式沥青混合料表面易出现麻面,要随时注意控制摊铺机速度;注意检测摊铺厚度,发现异常及时调整;要进行封闭养护,待温度自然降到环境温度,在此期间禁止车辆通行;施工机械不得在摊铺完毕的沥青混合料上长时间停放,以免产生凹陷。

20.3.2.3 洒布黏结层

改性乳化沥青黏结层用量300~500g/m²,在铺装上面层摊铺前一天施工,且必须在上面层摊铺8h前完工,要求洒布均匀,不得漏洒。

20.3.2.4 铺装上面层高弹改性沥青

1)SMA10沥青混合料拌和

(1)上面层SMA10沥青混合料拌和时间及加料顺序控制:加矿料、纤维干拌15s;投入矿粉,再加沥青湿拌45s,总生产时间60~70s。拌和质量必须使集料颗粒全部裹覆沥青混合料。

(2)督促拌和楼逐盘打印改性沥青及各种矿料的用量和拌和温度,每天进行抽检试验,以检验各种材料的配比和油石比的误差。

(3)严格控制沥青和集料的加热温度以及沥青混合料的出机温度(表20-3)。

SMA10沥青混合料的施工温度 表20-3

工　序	温度(℃)
SMA沥青加热温度	160~170
集料加热温度	190~220
混合料出机温度	175~190,超过195废弃
摊铺温度	不低于160
初压完成温度	不低于150
复压完成温度	不低于130
碾压终了温度	不低于120

2)高弹改性SMA10沥青混合料性能(表20-4)

高弹改性SMA10沥青混合料性能指标 表20-4

试验项目	要　求	试验方法
空隙率(%)	3~4	现行《公路工程沥青试验规程》JTG E20 T 0705
矿料间隙率(%)	≥16.5	
粗集料骨架间隙率VCAmix	≤VCAdrc	
沥青饱和度VFA(%)	75~85	
马歇尔稳定度(kN)	≥7.0	现行《公路工程沥青试验规程》JTG E20 T 0709
谢伦堡析漏的混合料损失(%)	≤0.1	现行《公路工程沥青试验规程》JTG E20 T 0732
肯塔堡飞散的混合料损失(%)	≤10	现行《公路工程沥青试验规程》JTG E20 T 0733

续上表

试验项目	要求	试验方法
残留稳定度(kN)	≥85	现行《公路工程沥青试验规程》JTG E20 T 0709
冻融劈裂强度比(%)	≥85	现行《公路工程沥青试验规程》JTG E20 T 0729
车辙动稳定度(70℃,次/mm)	≥2500	现行《公路工程沥青试验规程》JTG E20 T 0719
弯曲极限应变	$\geqslant 3.5 \times 10^{3}$	现行《公路工程沥青试验规程》JTG E20 T 0715

3)混合料运输、摊铺及碾压

SMA10 沥青混合料运输、摊铺及碾压按照规范要求执行。

4)SMA10 注意事项

(1)SMA10 沥青混合料拌和前,需对拌和楼进行彻底的检修与维护,避免发生导热油渗漏、沥青泵停机、矿粉掺加速度慢及掺加量不够等问题,同时,对所有计量设备进行检查。

(2)为防止轮胎压路机的搓揉使玛蹄脂上浮,不应采用轮胎压路机碾压。

(3)为防止损坏已铺的 GA-10 浇注式沥青下面层,运输车辆不得在浇注式沥青下面层上急转弯和掉头,车辆必须按指定的路线进入施工现场,在场内行驶速度不超过 5km/h。

(4)运输车辆不得紧踩制动,防止轮胎搓动下层,同时向摊铺机料斗中喂料时,禁止将混合料直接撒落在下面层上。

5)施工缝设置

(1)在钢桥面铺装施工中,尽量避免接缝。

(2)横缝应设在钢箱梁横梁间隔约 1/4 处,上面层则设置在另一端 1/4 处,且上下层横缝距离需错开 1.5m 以上。

(3)纵缝不得设置在行车道轮迹带和箱梁 U 形肋的肋顶,且与箱梁纵向腹板的间距不小于 30cm。严禁将纵缝设置在行车道主轮迹带、纵向腹板上方、U 形肋的肋顶、梁体面板焊缝等位置。

6)施工接缝处理

(1)浇注式沥青接缝处采用红外枪进行加热,使混合料软化,与新浇混合料结合。

(2)上面层 SMA 沥青接缝采用切缝工艺。

(3)浇注式沥青结构纵横缝、SMA 沥青结构纵横缝的界面,均要喷涂热熔改性沥青。

7)养护及开放交通

督促施工单位封闭交通并设专人值守,在高弹改性 SMA 沥青上面层铺装完成 3d 后,可开放 2t 以下轻型交通,5d 后可正式开放交通。

20.4 监理工作方法与措施

20.4.1 监理工作方法

监理工作方法有旁站、巡视检查、抽检、验收等。

20.4.1.1 旁站

(1)试验段铺装。

(2)下面层 GA-10 浇注式沥青铺装。

(3)洒布黏结层。

(4)上面层高弹改性沥青 SMA10 铺装。

20.4.1.2 巡视检查

(1)钢桥面抛丸除锈及防水黏结层。

(2)下面层浇注式沥青铺装(GA-10)。

(3)洒布黏结层。

(4)上面层高弹改性沥青铺装(SMA10)。

(5)施工缝处理。

(6)养护及取样检测。

(7)施工中安全措施。

20.4.1.3 抽检

(1)原材料按不低于规范 20% 的频率进行抽检。

①桥面防水体系材料性能要求(表 20-5)。

甲基丙烯酸树脂防水体系性能指标　　表 20-5

试验项目	要求	试验方法
丙烯酸防腐底漆		
固体含量(%)	≥30	《建筑防水涂料试验方法》(GB/T 16777)
表干时间(23℃,h)	≤0.5	《道桥防水涂料》(JC/T 975)
黏结强度(与钢板)(23℃,MPa)	≥5	见《公路钢箱梁桥面铺装设计与施工技术指南》

续上表

试验项目	要　求	试验方法
甲基丙烯酸甲酯树脂膜		
拉伸强度(23℃,MPa)	≥12	《增塑剂环氧值的测定》(GB/T 16777)
断裂延伸率(%)	≥130	
不透水性(0.5MPa,24h)	不透水	
耐热性(200℃,2h)	无流淌、鼓泡、滑动	
低温柔度(-20℃,ϕ20mm圆筒)	无裂纹	
黏结强度(与钢板)(25℃,MPa)	≥5	见《公路钢箱梁桥面铺装设计与施工技术指南》
邵氏硬度(D)	50~70	《塑料和硬橡胶使用硬度计测定压痕硬度》(GB/T 2411)
丙烯酸树脂黏结剂		
表干时间(23℃,h)	≤0.5	《道桥防水涂料》(JC/T 975)
实干时间(23℃,h)	≤1.0	《道桥防水涂料》(JC/T 975)
黏结强度(摊铺浇注式沥青混合料后)(25℃,MPa)	≥1.0	见《公路钢箱梁桥面铺装设计与施工技术指南》

②粗集料(玄武岩)性能指标要求(表20-6)。

粗集料技术性能指标　　表20-6

试验项目	要　求	试验方法
表观相对密度(g/cm^3)	≥2.60	《公路工程集料试验规程》(JTG E42 T 0308)
洛杉矶磨耗率(%)	≤25	《公路工程集料试验规程》(JTG E42 T 0317)
压碎值(%)	≤20	《公路工程集料试验规程》(JTG E42 T 0316)
吸水率(%)	≤2	《公路工程集料试验规程》(JTG E42 T 0304)
针片状含量(%)	≤10	《公路工程集料试验规程》(JTG E42 T 0312)
黏附性(级)	≥5	《公路工程沥青试验规程》(T 0616)
坚固性(%)	≤12	《公路工程集料试验规程》(JTG E42 T 0314)
含泥量(%)(水洗)	≤1	《公路工程集料试验规程》(JTG E42 T 0310)
磨光值	≥42	《公路工程集料试验规程》(JTG E42 T 0321)

③细集料(石灰岩)检测方法和指标见表20-7。

细集料技术性能指标　　表20-7

试验项目	要　求	试验方法
表观相对密度(g/cm^3)	≥2.50	《公路工程集料试验规程》(JTG E42 T 0328)
坚固性(%)	≤12	公路工程集料试验规程》(JTG E42 T 0340)
砂当量(%)	≥60	《公路工程集料试验规程》(JTG E42 T 0334)
<0.075颗粒含量(%)	≤3	《公路工程集料试验规程》(JTG E42—2005 T 0333)
亚甲蓝值(g/kg)	≤20	JTG E42—2005 T 0349

④矿粉（石灰岩）。

矿粉必须干燥、洁净，不含泥土、杂质和团粒，其质量应符合表20-8要求。

矿粉技术性能指标　　表20-8

试验项目		要求	试验方法
表观相对密度（g/cm^3）		≥2.50	《公路工程集料试验规程》（JTG E42 T 0352）
外观		无团粒结块	—
亲水系数		<1	《公路工程集料试验规程》（JTG E42 T 0353）
含水率（%）		≤1	《公路土工试验规程》（JTG 051 T 0103）
碳酸钙含量（%）		≥85	《碳酸钙分析方法》（GB/T 19281）
粒度范围	0.6mm（%）	100	《公路工程集料试验规程》（JTG E42 T 0351）
	0.15mm（%）	90~100	
	0.075mm（%）	85~100	
塑性指数（%）		<4	《公路工程集料试验规程》（JTG E42 T 0354）

⑤集料规格（表20-9）。

集料规格技术要求　　表20-9

集料规格（mm）	通过率（%）			试验方法
	9.5mm	4.75mm	2.36mm	
5~10	≥90	≤15	—	《公路工程集料试验规程》（JTG E42 T 0303）
3~5	—	≥90	≤15	
0~3	—	—	≥80	《公路工程集料试验规程》（JTG E42 T 0327）

⑥沥青材料性能指标（表20-10~表20-12）。

浇注式沥青混合料改性沥青性能指标　　表20-10

试验项目		要求	试验方法
针入度（25℃，0.1mm）		20~40	《公路工程沥青试验规程》（T 0604）
软化点（℃）		≥90	《公路工程沥青试验规程》（T 0606）
延度（5℃，cm）		≥10	《公路工程沥青试验规程》（T 0605）
弹性恢复率（25℃，%）		≥75	《公路工程沥青试验规程》（T 0662）
闪点（℃）		≥260	《公路工程沥青试验规程》（T 0611）
溶解度（%）		≥99	《公路工程沥青试验规程》（T 0607）
密度（15℃，g/cm^3）		≥1.00	《公路工程沥青试验规程》（T 0603）
RTFOT 163℃	质量变化（%）	-1~+1	《公路工程沥青试验规程》（T 0610）
	针入度比（25℃，%）	≥70	
	延度（25℃，cm）	≥40	

SMA10混合料高弹改性沥青性能指标 表20-11

试验项目		要求	试验方法
针入度(25℃,0.1mm)		60~90	《公路工程沥青试验规程》(T 0604)
软化点(℃)		≥90	《公路工程沥青试验规程》(T 0606)
延度(5℃,cm)		≥50	《公路工程沥青试验规程》(T 0605)
弹性恢复率(25℃,%)		≥90	《公路工程沥青试验规程》(T 0662)
闪点(℃)		≥240	《公路工程沥青试验规程》(T 0611)
黏度(135℃,pa.s)		≤3	《公路工程沥青试验规程》(T 0621)
RTFOT 163℃	质量变化(%)	-1~+1	《公路工程沥青试验规程》(T 0610)
	针入度比(25℃,%)	≥65	
	延度(5℃,cm)	≥15	
	弹性恢复率(25℃,%)	≥70	

改性乳化沥青性能指标 表20-12

试验项目		要求	试验方法
1.18mm筛上余量(%)		≤0.1	《公路工程沥青试验规程》(T 0652)
破乳速度		快裂或中裂	《公路工程沥青试验规程》(T 0658)
离子电荷		阳离子(+)	《公路工程沥青试验规程》(T 0653)
贮存稳定性(5d,%)		≤5	《公路工程沥青试验规程》(T 0655)
沥青标准黏度(C25.3s)		8~25	《公路工程沥青试验规程》(T 0621)
与矿料的黏附性,裹覆面积		≥2/3	《公路工程沥青试验规程》(T 0654)
蒸发残留物含量(%)		≥60	《公路工程沥青试验规程》(T 0651)
蒸发残留物性质	针入度(25℃,0.1mm)	40~100	《公路工程沥青试验规程》(T 0604)
	延度(5℃,cm)	≥20	《公路工程沥青试验规程》(T 0605)
	软化点(℃)	≥55	《公路工程沥青试验规程》(T 0606)

(2)目标配合比和生产配合比按100%的频率进行平行验证。

(3)抛丸除锈粗糙度及防水黏结层黏膜厚度、下面层浇注式沥青(GA-10)铺装厚度、洒布黏结层厚度、上面层高弹改性沥青铺装(SMA10)厚度及铺装层顶高程等参数按100%的频率抽检。

20.4.1.4 验收

监理人员根据施工单位提出的检查验收申请,组织安排现场监理、试验监理和测量监理进行检查验收。检查验收内容包括钢桥面抛丸除锈及防水黏结层、下面层浇注式沥青铺装(GA-10)、洒布黏结层、上面层高弹改性沥青铺装(SMA10)、施工缝处理、铺装沥青外观质量等。

20.4.2 监理工作的主要措施

20.4.2.1 组织措施

明确内部职责分工,建立岗位责任制,制定监理工作制度,同时采取考核的办法,落实质量控制的责任。

20.4.2.2 技术措施

根据分部工程施工的每一阶段(施工准备阶段、施工阶段和竣工验收阶段),采取事前、事中和事后相结合的质量控制措施,并注意突出控制重点,充分运用监理独立的平行检验手段,实施对施工全过程的监理。

20.4.2.3 经济措施

充分运用合同管理和工程计量权,督促施工单位按合同办事,严格执行工程质量的检查和验收制度,对不符合合同规定质量及安全要求的工程不予中间交工、不予计量。

20.4.2.4 合同措施

审查分包、专业分包的资质,监督和防止转包、层层分包和总包单位以包代管的现象。自觉按合同办事,督促施工单位、作业队遵守合同,协调合同纠纷。

20.5 巡视、旁站、抽检和验收计划

20.5.1 巡视

采取以巡视为主的方式进行钢桥面铺装施工现场监理,对施工的主要工程每天巡视不少于1次,并填写巡视记录(表20-13)。

巡视计划表 表20-13

部　　位	监理人员	备　　注
钢桥面抛丸除锈	张某、李某	现场监理
钢桥面防水黏结层	张某、李某	现场监理
下面层GA-10浇注式沥青铺装	张某、李某	驻厂监理
洒布黏结层	张某、李某	现场监理
上面层高弹改性沥青SMA10铺装	张某、李某	现场监理
施工缝设置与处理	张某、李某	现场监理
养护及开放交通	张某、李某	现场监理

20.5.2 旁站

按照合同条款、现行《公路工程施工监理规范》(JTG G10)附录A及监理计划相关要求开展旁站工作(表20-14)。

旁站计划表　　表 20-14

具体部位	监理人员	备注
试验段铺装	张某、李某	现场监理
下面层 GA-10 浇注式沥青铺装	张某、李某	现场监理
洒布黏结层	张某、李某	现场监理
上面层高弹改性沥青铺装	张某、李某	现场监理

20.5.3　抽检

原材料按不低于规范 20% 的频率进行抽检；目标配合比和生产配合比按 100% 的频率进行平行验证；抛丸除锈粗糙度及防水黏结层黏膜厚度、下面层浇注式沥青（GA-10）铺装厚度、洒布黏结层厚度、上面层高弹改性沥青铺装（SMA10）厚度及铺装层顶高程线形等参数按 100% 的频率抽检（表 20-15）。

抽检计划表　　表 20-15

部位	监理人员	备注
原材料试验检测	张某、李某	试验监理
配合比平行验证	张某、李某	试验监理
抛丸除锈粗糙度	张某、李某	现场监理
防水黏结层黏膜厚度	张某、李某	现场监理
下面层浇注式沥青铺装厚度	张某、李某	现场监理
洒布黏结层厚度	张某、李某	现场监理
上面层高弹改性沥青铺装厚度	张某、李某	现场监理
铺装层高程线形	张某、李某	现场监理

20.5.4　验收

钢桥面铺装层分项工程施工完成后，督促施工单位提交中间交工验收申请，监理及时组织验收（表 20-16）。

验收计划表　　表 20-16

部位	监理人员	备注
抛丸除锈	张某、李某	现场监理
防水黏结层	张某、李某	现场监理
下面层浇注式沥青铺装	张某、李某	现场监理
洒布黏结层	张某、李某	现场监理
上面层高弹改性沥青铺装	张某、李某	现场监理
铺装层高程线形	张某、李某	现场监理

第 21 章　分离式隧道监理细则

——以十堰至巫溪高速公路鲍峡至溢水段项目鸡公寨隧道为例

21.1　工程内容和特点

21.1.1　工程内容

21.1.1.1　工程概况

十巫高速公路鲍溢段项目控制性工程鸡公寨隧道为上、下行分离式特长隧道,左洞起讫桩号 ZK17 + 982 ~ ZK22 + 810,右洞起讫桩号 K17 + 960 ~ YK22 + 838,隧道单洞长 9706m,两洞轴线相距 46 ~ 48.5m,隧道最大埋深约 464m。围岩为全 ~ 中等风化中元古界武当群双台/杨群组绢云钠长石英片岩,其中Ⅴ级围岩单洞长 4694m,占隧道总长度的 48.4%;Ⅳ级围岩单洞长 5012m,占隧道总长度的 51.6%。进口洞门采用削竹式,出口洞门采用端墙式;通风方式为机械通风,照明方式为电光照明。隧道出口紧邻 S236 省道,交通条件便利。根据设计图纸及地勘资料,鸡公寨隧道地质复杂,存在岩溶、涌水问题,岩体为易风化与强风化岩体,岩体较破碎、破碎等施工安全风险,该隧道是十巫高速公路鲍溢段项目第一长大隧道,为该项目控制性工程。

21.1.1.2　沿线自然地理、地质特征

1)地形地貌

鸡公寨隧道隧址区属构造蚀中山区,地形起伏较大,植被发育。隧道轴线穿越山体最大切割深度约 440m,冲沟多为 V 形谷。隧道出口地形坡度较平缓,自然坡度约为 35°。从隧道进口有乡村道路通达出口,交通较便利。

2)地质构造

遂址区位于秦岭褶皱系,构造较发育,岩石片理及节理裂隙较发育。遂址区主要构造形迹为红岩背倒转复试向斜(7)(湖蓝坡强应变带)、李家院断裂(F10)、左吉—湖蓝坡断裂(F2)。

红岩背倒转复试向斜(7)(湖蓝坡强应变带)对隧道的影响范围为 YK17 +960 ~ YK20 + 200(ZK17 +982 ~ ZK20 + 200)段,位于强应变带核部,物探显示异常明显,地表出露岩石受构造挤压揉皱现象明显,片理发育,岩石中绢云母、绿泥石等片状矿物与石英、钠长石等

粒状矿物呈明显的变质分异现象，绢云母含量高，手摸滑腻感明显，围岩稳定性较差，同时，该地表水系较为发育，地表冲沟内有常年小股溪流，易下渗至隧道洞身，对围岩稳定不利。

李家院断裂（F10）规模较小，与隧道斜交于 K18 + 100 附近，断层面产状 310°∠40°，大体沿地层走向延伸，南段岩石强烈挤压，褶皱明显，石英脉发育并挤断，为压性，与路线成 30°斜交。

左吉 - 湖蓝坡断裂（庆祝够断裂）（F2）为区域上的一条主干断裂，位于隧道东侧，最近距离约为 50m，断层产状 320° ~ 340°∠70° ~ 85°，断层性质为压性（逆）断层，隧道位于断裂上盘，该断裂为湖蓝坡强应变带的东侧边界，与强应变带共同影响隧道围岩的稳定性。

3）隧道水文地质

（1）地表水。

隧址区地表水主要为冲沟溪流及大气降水形成的地表面流。

①隧道出口山脚有一溪流常年有水，雨季水量较大时，受水流冲刷影响可能导致隧道施工便道路基及洞口施工作业场地局部失稳。

②遂址地区地表 ZK19 + 020 ~ ZK19 + 200（YK18 - 995 ~ YK19 + 180）段分布两条溪流，并向右侧冲沟内汇集，勘查期间总流量为 20L/s，自然排泄畅通，对隧道影响较小。

③遂址区地表 ZK20 + 130（YK20 + 095）处有一山间溪流，向山体右侧排泄，与隧道右侧山体冲沟内的溪流合流，勘查期间总流量为 30L/s，自然排泄畅通，对隧道影响较小。

④遂址地区地表 ZK20 + 550 ~ ZK21 + 570（YK20 + 520 ~ YK21 + 520）段有一条溪流，顺线路走向方向排泄，勘查期间总流量为 10 ~ 20L/s，自然排泄畅通，雨季地表水入渗可能导致隧道洞室出现淋雨状出水。

⑤隧道左右出口两侧坡脚各分布一条溪流，流量 30 ~ 50L/s，受水流冲刷影响，可能导致隧道施工变道路基及洞口施工作业场地出现局部失稳。地表水量受季节性影响变化较大，一般自然排泄畅通。

（2）地下水。

隧址区地下水类型主要为基岩裂隙水，赋存于岩体裂隙中，地下水仅沿其细小的层间裂隙、岩体节理运动，主要受大气降水补给，并受岩石完整性及裂隙开启程度制约，水量一般较贫乏，呈脉状、现状排泄。在隧道浅埋段或岩体破碎地带，由于基岩裂隙发育，地表水易下渗，地下水流通较好，受降水影响在雨季开挖时可能存在渗水、淋雨状甚至涌水状出水现象。利用经验公式计算，洞室开挖后预计正常涌水量约为 5054.1m^3/d。

隧址地表水、地下水对钢筋混凝土结构及钢筋混凝土结构中的钢筋具有微腐蚀性。

4)不良地质

隧址区不良地质作用主要为受强应变带影响的岩体褶皱破碎区、破碎带及其影响区以及洞口的松散堆积体。强应变带主要影响范围为ZK17+982~ZK20+200(YK17+960~YK20+200)段,破碎带及其影响区主要分布于ZK20+330~ZK20+445(YK20+338~YK21+453)段,受构造影响,以上构造影响区域内岩体中的绢云母、绿泥石等片状软弱矿物质含量较高,岩体软弱,在埋深较大、高地应力的影响下易产生大变形。

21.1.2 工程特点

21.1.2.1 隧道围岩类别及地质状况

隧道区域地处秦巴山区,地质构造复杂,褶皱断裂发育,围岩强度较低,为软岩隧道,经风险评估,鸡公寨隧道属于极高度风险等级(4级);局部隧道埋深较大,存在高地应力区,有岩爆风险;隧址区地质和水文条件较为复杂,将给隧道的结构和防排水施工带来较大的难度,因此对隧道施工过程进行监控量测也是很有必要的;隧道出口场地狭小,项目标准化作业要求程度高,进度管控难和施工安全风险高。这些都是隧道工程施工监理的重点和难点(表21-1、表21-2)。

鸡公寨隧道左幅地质统计表　　表21-1

桩　号	围岩级别	地质情况
ZK17+983~ZK18+013	V	进口坡体覆盖松散堆积物;围岩为含粉质黏土、块石和强风化绢云母石英片岩夹绢云钠长石英片岩,片理发育,岩体破碎
ZK18+013~130	V	围岩为强~中化绢云母石英片岩夹绢云钠长石英片岩,片理发育,受F10断裂影响,岩体破碎。(BQ)=222
ZK130~230	V	围岩为中化绢云母石英片岩夹绢云钠长石英片岩,片理发育,物探异常区,岩体较破碎。(BQ)=244
K18+230~330	V	围岩为中化绢云母石英片岩夹绢云钠长石英片岩,片理发育,物探异常区,岩体较破碎,挤压严重,岩体破碎。(BQ)=237
K18+330~480	Ⅳ	围岩为中化绢云母石英片岩夹绢云钠长石英片岩,片理发育,岩体较完整—较破碎。(BQ)=277
ZK18+480~860	V	围岩为中化绢云母石英片岩夹绢云钠长石英片岩,片理化强,物探异常区,岩体破碎,高地应力区。(BQ)=202
ZK18+860~945	Ⅳ	围岩为中化绢云母石英片岩夹绢云钠长石英片岩,片理化强,物探异常区,岩体破碎,高地应力区。(BQ)=260
ZK18+980~ZK19+025	V	围岩为中化绢云母石英片岩夹绢云钠长石英片岩,节理裂隙较发育,岩体较完整,高地应力区。(BQ)=287
ZK19+025~120	V	围岩为中化绢云母石英片岩夹绢云钠长石英片岩,片理化强,岩体较破碎,高地应力区。(BQ)=260

续上表

桩　　号	围岩级别	地质情况
ZK19 +120 ~ 400	V	围岩为中化绢云母石英片岩夹绢云钠长石英片岩,片理化强,物探异常区,构造挤压严重,岩体较破碎—破碎,极高地应力区
K19 +400 ~ 765	V	围岩为中化绢云母石英片岩夹绢云钠长石英片岩,片理化强,岩体较破碎,极高地应力区
K19 +765 ~ 815	V	围岩为中化绢云母石英片岩夹绢云钠长石英片岩,节理裂隙较发育,岩体较完整,极高地应力区
ZK19 +815 ~ ZK20 +020	V	围岩为中化绢云母石英片岩夹绢云钠长石英片岩,片理化强,岩体较破碎,极高地应力区
ZK20 +020 ~ 170	V	围岩为中化绢云母石英片岩夹绢云钠长石英片岩,片理发育,物探异常区,岩体较破碎,高地应力区
ZK20 +170 ~ 330	V	围岩为中化绢云母石英片岩夹绢云钠长石英片岩,片理发育,岩体较完整—破碎,高地应力区
ZK20 +330 ~ 445	V	围岩为中化绢云母石英片岩夹绢云钠长石英片岩,片理发育,物探异常区,岩体较破碎,高地应力区
ZK20 +445 ~ 580	Ⅳ	围岩为中化绢云母石英片岩夹绢云钠长石英片岩,片理发育,岩体较完整—较破碎,高地应力区
ZK20 +580 ~ 700	V	围岩为中化绢云母石英片岩夹绢云钠长石英片岩,片理发育,物探异常区,岩体较破碎,高地应力区
ZK20 +700 ~ 800	Ⅳ	围岩为中化绢云母石英片岩夹绢云钠长石英片岩,片理化强,岩体较完整—较破碎,高地应力区
ZK20 +800 ~ 930	V	围岩为中化绢云母石英片岩夹绢云钠长石英片岩,片理发育,物探异常区,岩体较破碎,高地应力区
ZK20 +930 ~ ZK21 +520	V	围岩为中化绢云母石英片岩夹绢云钠长石英片岩,片理发育,岩体较完整—较破碎,高地应力区
ZK21 +520 ~ ZK22 +200	V	围岩为中化绢云母石英片岩夹绢云钠长石英片岩,片理发育,岩体较破碎
ZK22 +200 ~ 735	Ⅳ	围岩为中化绢云母石英片岩夹绢云钠长石英片岩,片理发育,岩体较完整—较破碎
ZK22 +735 ~ 810	V	围岩为薄层碎石质粉质黏土、强 ~ 中风化绢云母石英片岩夹绢云钠长石英片岩,片理发育,岩体破碎

鸡公寨隧道右幅地质统计表　　表 21-2

桩　　号	围岩级别	地质情况
YK17 +956.406 ~ YK18 +130	V	进口覆盖层含碎石粉质黏土,围岩为含碎石粉质黏土、强 ~ 中风化绢云母石英片岩夹绢云钠长石英片岩,片理发育,受 F10 断裂影响,岩体破碎

续上表

桩　　号	围岩级别	地质情况
YK18 + 130 ~ 240	Ⅴ	围岩为中风化绢云母石英片岩夹绢云钠长石英片岩,片理发育,物探异常区,岩体较破碎
YK18 + 240 ~ 340	Ⅴ	围岩为中化绢云母石英片岩夹绢云钠长石英片岩,片理发育,物探异常区,挤压严重,岩体破碎
YK18 + 340 ~ 490	Ⅳ	围岩为中化绢云母石英片岩夹绢云钠长石英片岩,片理发育,岩体较完整 ~ 较破碎
YK18 + 490 ~ 870	Ⅴ	围岩为中化绢云母石英片岩夹绢云钠长石英片岩,片理发育,物探异常区,岩体破碎,高地应力区
YK18 + 870 ~ 990	Ⅳ	围岩为中风化绢云母石英片岩夹绢云钠长石英片岩,片理发育,岩体较破碎,高地应力区
YK18 + 990 ~ YK19 + 040	Ⅳ	围岩为中风化绢云母石英片岩夹绢云钠长石英片岩,节理裂隙较发育,岩体较完整,高地应力区
YK19 + 040 ~ 125	Ⅳ	围岩为中风化绢云母石英片岩夹绢云钠长石英片岩,片理化强,岩体破碎,高地应力区
YK19 + 125 ~ 400	Ⅴ	围岩为中化绢云母石英片岩夹绢云钠长石英片岩,片理化强,岩体较破碎,高地应力区
YK19 + 400 ~ 765	Ⅴ	围岩为中风化绢云母石英片岩夹绢云钠长石英片岩,片理化强,岩体较破碎,极高地应力区
YK19 + 765 ~ 820	Ⅴ	围岩为中风化绢云母石英片岩夹绢云钠长石英片岩,节理裂隙较发育,岩体较完整,极高地应力区
YK19 + 820 ~ YK20 + 060	Ⅴ	围岩为中风化绢云母石英片岩夹绢云钠长石英片岩,片理化强,岩体较破碎,极高地应力区
YK20 + 060 ~ 180	Ⅴ	围岩为中风化绢云母石英片岩夹绢云钠长石英片岩,片理发育,物探异常区,岩体较破碎,高地应力区
YK20 + 180 ~ 340	Ⅳ	围岩为中风化绢云母石英片岩夹绢云钠长石英片岩,片理发育,岩体较完整—较破碎,高地应力区
YK20 + 340 ~ 455	Ⅴ	围岩为中风化绢云母石英片岩夹绢云钠长石英片岩,片理发育,物探异常区,岩体较破碎,高地应力区
YK20 + 455 ~ 585	Ⅳ	围岩为中风化绢云母石英片岩夹绢云钠长石英片岩,片理化强,岩体较完整—较破碎,高地应力区
YK20 + 585 ~ 710	Ⅴ	围岩为中风化绢云母石英片岩夹绢云钠长石英片岩,片理发育,物探异常区,岩体较破碎,高地应力区
YK20 + 710 ~ 810	Ⅳ	围岩为中风化绢云母石英片岩夹绢云钠长石英片岩,片理化强,岩体较完整—较破碎,高地应力区
YK20 + 810 ~ 940	Ⅴ	围岩为中风化绢云母石英片岩夹绢云钠长石英片岩,片理发育,物探异常区,岩体较破碎,高地应力区

续上表

桩　　号	围岩级别	地 质 情 况
YK20 +940 ~ YK21 +525	Ⅳ	围岩为中风化绢云母石英片岩夹绢云钠长石英片岩，片理发育，岩体较完整—较破碎，高地应力区
YK21 +525 ~ YK22 ~215	Ⅴ	围岩为中风化绢云母石英片岩夹绢云钠长石英片岩，片理发育，岩体较破碎
YK22 +215 ~773.406	Ⅳ	围岩为中风化绢云母石英片岩夹绢云钠长石英片岩，片理发育，岩体较完整—较破碎
YK22 +773.406 ~833.406	Ⅴ	围岩为碎石质粉质黏土、强~中风化绢云母石英片岩夹绢云钠长石英片岩，片理发育，岩体破碎

21.1.2.2　隧道结构

按照新奥法原理进行设计和施工，以锚杆、喷混凝土或钢筋网喷混凝土、钢拱架为初期支护，模筑混凝土或钢筋混凝土为二次支护，共同组成永久性承载结构。根据围岩类别、工程地质、水文地质条件、地形及埋置深度、结构跨度及施工方法等多种因素综合，结合工程类比法初步拟定了结构的支护参数，同时要拟定预防超欠挖的施工监理方案。

21.1.2.3　隧道防排水

隧道开挖后，根据各级围岩地下水的发育状况，在岩面环向布置弹簧排水管，以引排围岩渗水。如果防排水处理不当，渗入二次衬砌，直接影响到结构的安全使用。因此，隧道防排水非常重要，是施工控制的重点。

21.1.2.4　监控量测

在进行隧道施工过程中，为了保证施工的顺利进行，保护施工人员的身体健康，还应充分做好施工组织与施工通风工作。长大隧道的施工一般由以下几个主要因素控制：氧气浓度、粉尘浓度、有害气体浓度、瓦斯气体浓度及洞内温度。因此，必须加强施工过程的监控量测，随时掌握洞内情况，确保施工安全。

为了掌握围岩在开挖中的动态和支付结构的稳定状态，必须进行现场监控量测，及时掌握围岩在开挖过程中的动态和支护结构的稳定状态，提供有关隧道施工全面、系统的信息资料，以便及时调整支护参数。通过对量测数据的分析和判断，对围岩—支护体系的稳定状态进行监控和预测，并据此制定相应的施工措施，以确保洞室周边岩体的稳定以及支护结构的安全。因此，监控量测无论从哪个方面讲都很关键，是施工中的重点。

21.2 监理工作流程

21.2.1 监理程序

21.2.1.1 质量控制基本程序框图(图21-1)

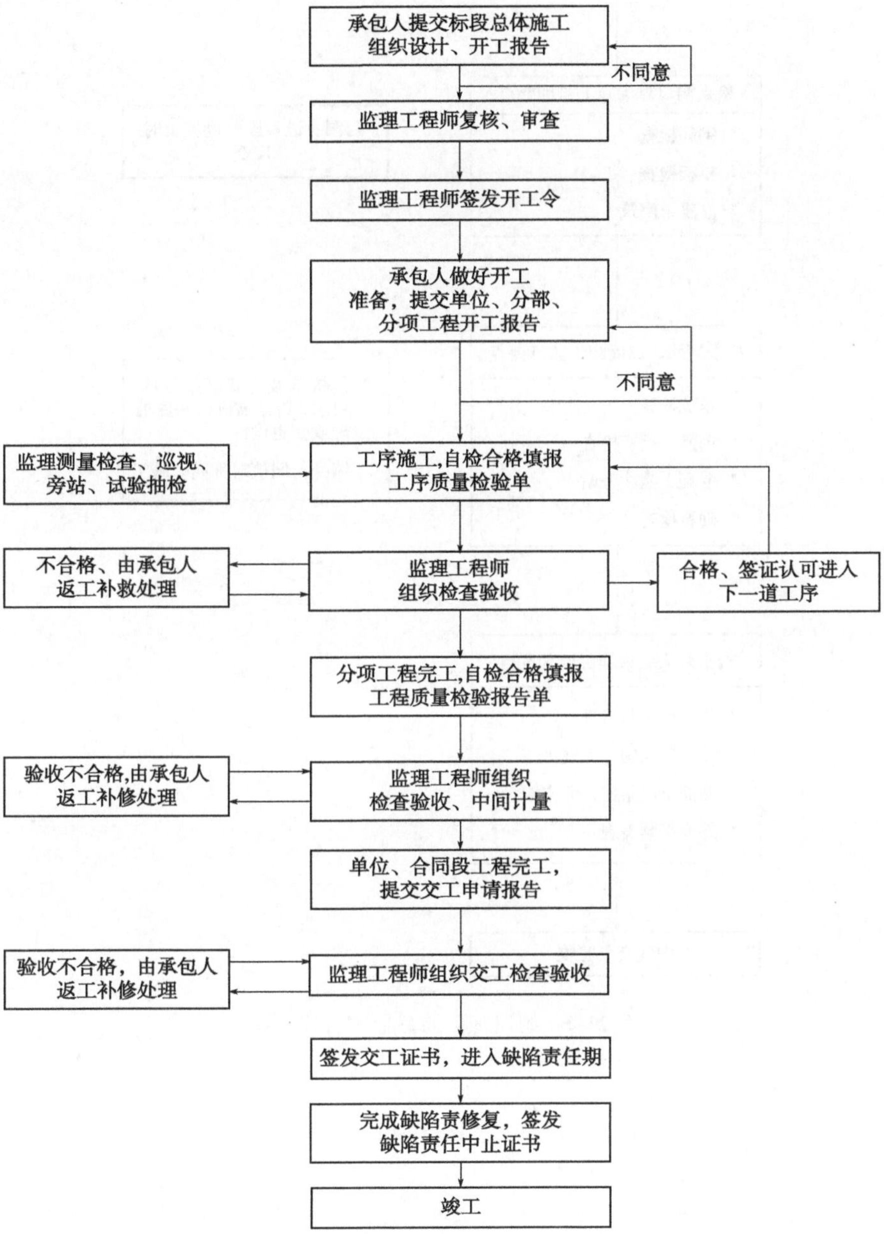

图21-1 质量控制基本程序框图

21.2.1.2 洞口施工质量监理程序框图(图21-2)

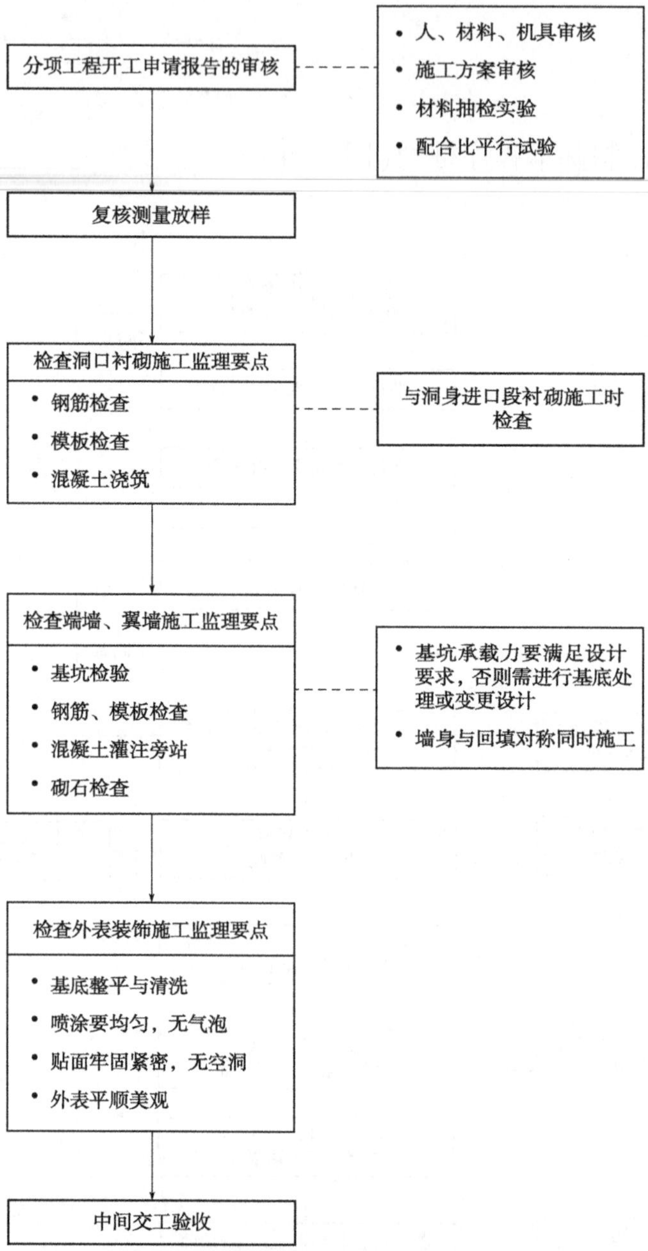

图21-2 洞口施工质量监理程序框图

21.2.1.3 洞身开挖质量监理程序框图(图21-3)

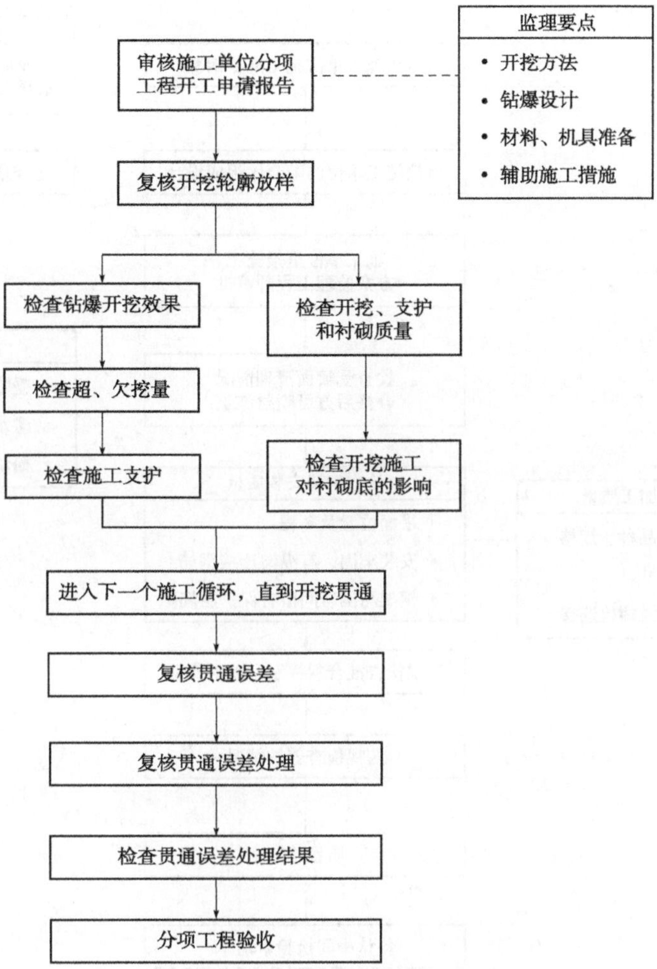

图21-3 洞身开挖质量监理程序框图

21.2.1.4 锚杆(锚管)施工质量监理程序框图(图21-4)

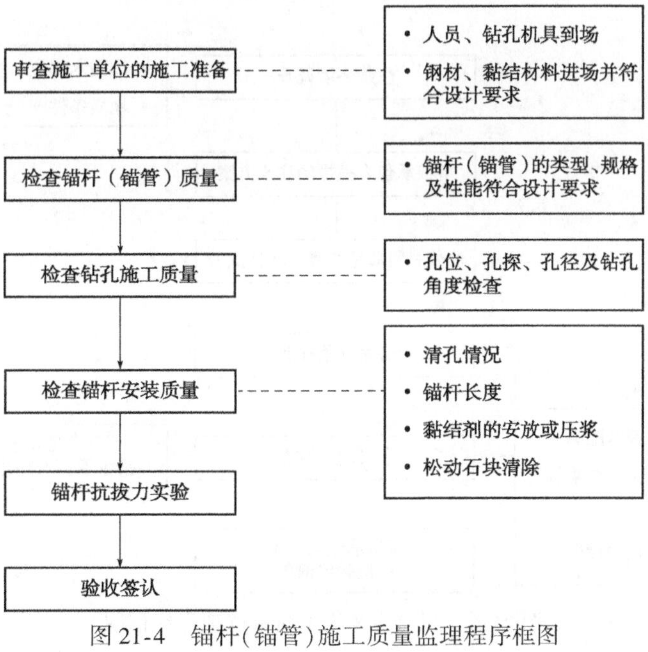

图21-4 锚杆(锚管)施工质量监理程序框图

21.2.1.5　初期支护施工质量监理程序框图(图21-5)

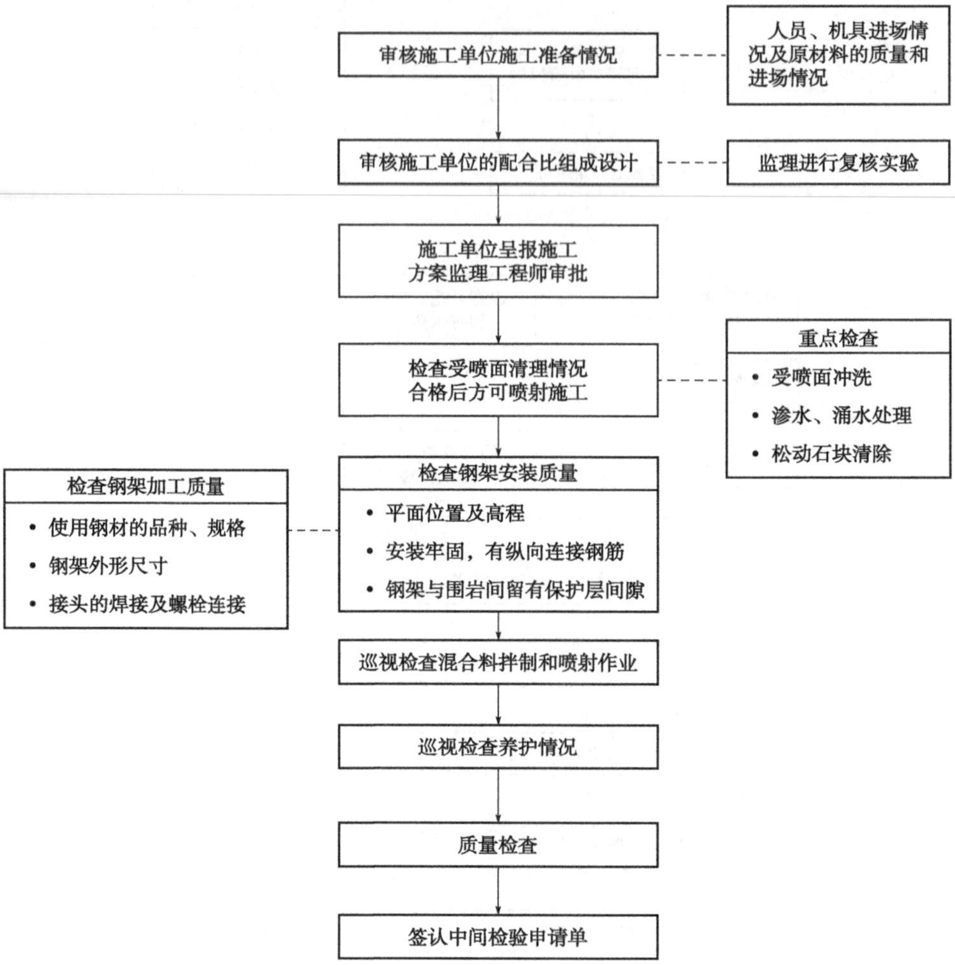

图21-5　初期支护施工质量监理程序框图

21.2.1.6　超前注浆施工质量监理程序框图(图21-6)

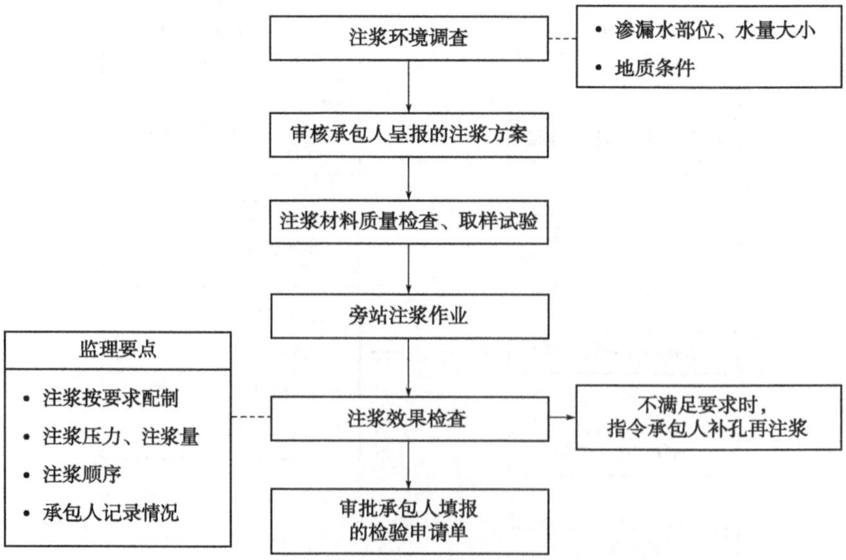

图21-6　超前注浆施工质量监理程序框图

21.2.1.7 防水层施工质量监理程序框图(图21-7)

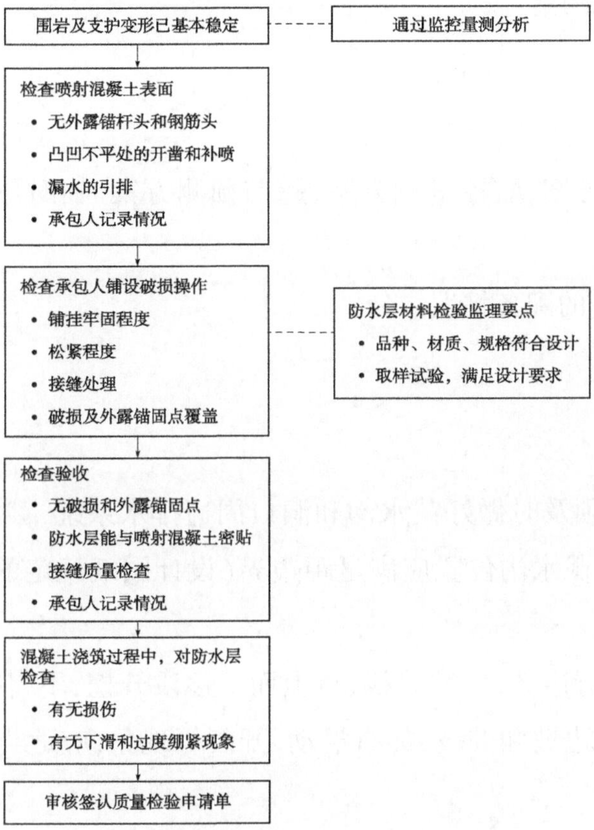

图21-7 防水层施工质量监理程序框图

21.2.1.8 衬砌施工监理程序框图(图21-8)

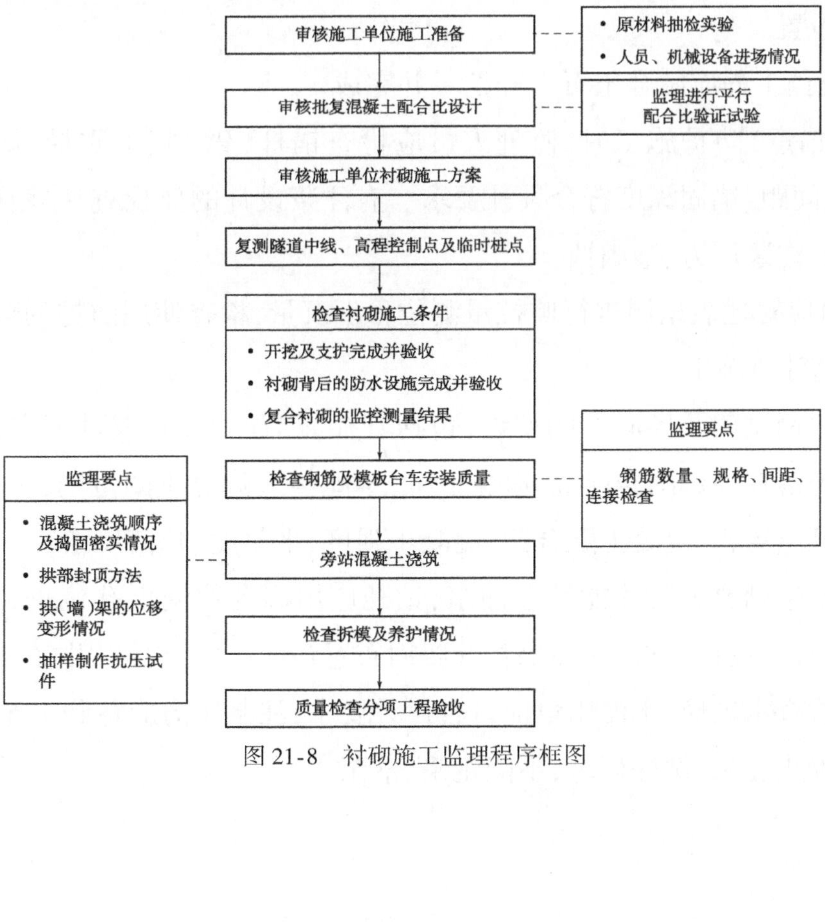

图21-8 衬砌施工监理程序框图

21.3 监理工作要点

21.3.1 施工准备

(1)审查专项施工方案、监控量测方案、超前预测方案、临时用电专项方案、通风方案及配合比等。

(2)检查人员、设备的配备情况。

(3)地质调查。

21.3.2 洞口施工

(1)洞口开挖前必须及时做好截水沟和洞口周边排水系统,截水沟应与路基排水沟等永久排水工程相连接。截水沟位置应满足距边界(设计图纸规定的仰坡顶距截水沟距离)距离要求。

(2)按设计要求进行边坡、仰坡放线,自上而下逐段开挖,不得掏底开挖或上下重叠开挖。开挖中应随时检查边坡和仰坡,如有滑动、开裂等现象,应适当放缓坡度,保证边(仰)坡稳定和施工安全。

(3)要求边开挖边防护,防护方式要符合洞口地质的特殊要求,如有些隧道上部有岩石堆积体,渗水性强,有滑落的危险性,必要时须将边、仰坡全部用严密的塑料薄膜覆盖至洞顶截水沟的位置。

(4)洞口支挡工程应结合土石方开挖一并完成。

(5)锚杆(锚索)防护施工时,监理人员应检查锚杆(索)施工质量:规格、无锈蚀、长度、角度、数量、间距、锚固深度符合设计要求。有注浆设计的要检查注浆;砂浆的材料、配合比、注浆机械、注浆压力、饱满性。

(6)开挖时应对地表地层进行监控量测位移下沉量,检查使用防护的可靠性。

(7)管棚(套拱)施工。

①检查护拱钢拱架及导向管的安设,包括管径、位置、方向、数量等应符合设计要求。护拱混凝土应坐落在稳定的岩层上,避免下沉,不能停入隧道拱圈范围,施工时检查模板、模内尺寸、平整度、高程,混凝土配合比、混凝土强度、平整度、几何尺寸。

②在混凝土达到要求时才能钻孔注浆,钻孔应由高孔位向低孔位进行。主要检查钢管的长度、直径符合设计要求,并要求管壁四周布置疏密一致、规格相同的出浆孔。

③注浆时检查水玻璃、水泥用量应符合设计要求,注浆压力应达到1.5~2MPa或出气孔有液溢出时停止注浆,做好记录,不能跑浆、落浆。

(8)洞门衬砌施工监理要点。

①洞门基础开挖完成后,要根据设计图纸对地基承载力进行检查,当地基承载力不符合设计规定时,应根据设计要求进行地基处理,设计无要求时,应及时提出设计变更。

②洞门衬砌拱墙应与洞内相连的拱墙同时施工,连成整体。例如,系接长明洞,则应按设计要求采取加强连接措施,确保与已成的拱墙连接良好。

③端墙施工放样时,必须保证位置准确和墙面坡度平顺。

④灌注混凝土时,必须保证模板不移动。

⑤洞门端墙的砌筑与墙背回填应两侧同时进行,防止对衬砌边墙产生偏压。

⑥洞门衬砌完成后,及时处治洞门上方仰坡脚受破坏处。当边、仰坡地层松软、破碎时,应采取坡面防护措施。

21.3.3　明洞施工

21.3.3.1　明洞基础

明洞衬砌基础必须设置在稳固地基上。如基础挖到设计高程后,地质情况及允许承载力与设计要求不符时,应及时进行处理。

21.3.3.2　钢筋混凝土施工

(1)灌注混凝土前应复测中线和高程,衬砌不得侵入设计轮廓线。

(2)拱圈应按断面要求制作定型挡头板、外模和骨架,并应采取防止走模的措施。

(3)采取跳槽边墙浇筑拱圈时,应加强对拱脚的基底处理,并保持拱脚稳定。当拱脚基底过深时,应先浇筑基础托梁,必要时加设锚杆,使拱脚混凝土与岩壁连接牢固,防止拱脚基底松动沉落。

(4)浇筑拱圈混凝土达到设计强度的70%以上时,方可拆除内外支模拱架。

(5)各类棚洞的钢筋混凝土盖板梁宜采用预制构件,用吊装法架设,墙顶支座槽应用水泥砂浆填塞紧密。

21.3.3.3　明洞回填

(1)在拱圈外模拆除后应立即做好防水层及拱脚处的纵向盲沟,保证排水顺畅。防水层搭接宽度不小于设计和规范要求。

(2)明洞拱圈混凝土达到设计强度后由人工夯实回填至拱顶以上1m,方可采用机械回填。

(3)墙背回填应两侧同时进行。石质地层中墙背与岩壁空隙不大时,可采用与墙身同级混凝土回填;空隙较大时,可采用片石混凝土或浆砌片石回填密实。土质地层时,应将墙背坡面开凿成台阶状,用干砌片石分层码砌,缝隙用碎石填塞紧密,不得任意抛填土石。

(4)明洞拱背回填应对称分层夯实,每层厚度不得大于0.3m,其两侧回填的土面高差不得大于0.5m。回填至拱顶齐平后,应立即分层满铺填筑至要求高度。

(5)拱背回填需做黏土隔水层时,隔水层应与边、仰坡搭接良好,封闭紧密,防止地表水下渗影响回填体的稳定。明洞背后敷设或喷涂防水层时,应符合防排水有关要求。

21.3.3.4　明洞与暗洞衔接施工

(1)明洞与暗洞衔接施工宜采用先拱后墙法。

(2)仰坡暂时能稳定的,宜由内向外进行施工;仰坡易坍塌的,宜先将明洞拱圈灌注到仰坡脚,利用明洞支撑坡脚,再由内向外做洞内拱圈,并确保仰坡稳定。

(3)明洞与暗洞拱圈应连接良好。

21.3.4　洞身开挖

(1)开挖方式、开挖步骤和循环进尺应符合已批复的施工方案。

(2)开挖断面尺寸必须符合设计要求。

(3)爆破后,对开挖面和未衬砌地段进行检查,对可能出现的险情应采取措施及时处理。

(4)开挖作业中,不得损坏支护、衬砌和设备,并应保护好量测用的测点。

(5)做好地质、水文情况的核对,地质变化处和重要地段,应有照片记载。

(6)为了使隧道开挖断面尽可能符合设计轮廓线,减轻对围岩的扰动,减少超、欠挖,岩石隧道的爆破,应采用光面爆破或预裂爆破技术。施工中应提高钻眼效率和爆破效果,降低工料消耗。

(7)开挖爆破应选用适当的炸药品种和型号,在漏水和涌水地段应采用非电导爆管起爆。

(8)爆破作业及火药物品的管理,必须遵守《爆破安全规程》(GB 6722—2014)的有关规定。对有瓦斯溢出的隧道,应根据工点的地质情况、瓦斯溢出程度和设备条件,制订适宜的施工方案。

(9)隧道双向开挖接近贯通时,两端施工应加强联系,统一指挥,并采取浅眼低药量,控制爆破。当两开挖面间的距离剩下15～30m时,应改为单向开挖,直到贯通为止。

(10)双洞开挖时,应根据两洞的轴线间距、洞口里程距离、地质条件及其他自然条件,选择适宜的开挖方法,确定好两洞开挖的时间差,并采取弱爆破、强支护、勤量测的方法,防止后行洞开挖对先行洞周壁产生不良影响。还应结合具体情况,组织技术力量认真分析,精心施工。

(11)超前锚管(锚杆)施工。

①超前锚管(锚杆)的规格、加工长度必须符合规范和设计要求。

②根据图纸或地质情况,确定辅助施工类型,进行设计。

③通过试验确定或调整超前锚管(锚杆)间距,进行超前锚管施工时应对注浆压力和单管注浆量进行设计。

④超前锚管(锚杆)的孔位、孔径偏差应不小于50mm,在掌子面测量标出。

⑤超前锚管(锚杆)水平搭接长度不小于1.0m,与隧道轴线外接角宜为5°~10°。

⑥有注浆设计时,配制好的浆液应在规定时间内注完,随配随用,配合比按设计通过现场试验来确定。

⑦钻孔完成后,清孔后按由下至上的顺序施工,浆液先稀后浓,注浆先大后小。注浆压力按分级外压法控制,由注浆泵油压控制调节。

⑧成孔检查合格后,人工推送钢管入孔,管口用麻絮和锚固剂封堵。

⑨压浆结束标准以注压控制为主,注浆量校核,当注浆压力为0.7~1.0MPa时,持续15min即可终止。

⑩进浆量直接影响围岩固结范围和整体稳定,监理应严格按工序验收和注浆全过程旁站,并详细记录。

(12)钻爆作业。

①钻爆作业必须按照钻爆设计进行钻眼、装药、接线和引爆。

②炮眼的深度、角度、间距应按设计。

③钻眼完成后,经检查合格后才能装药爆破。

④装药前将炮眼内泥浆、石屑吹洗干净,已装药的炮眼应及时用炮泥堵塞密封。

⑤周边眼以一次同时起爆为宜。

⑥爆破后,对开挖断面进行检查,对欠挖或超挖量等是否符合有关规定要求进行检查。

⑦超欠挖控制。

a. 严格控制欠挖。拱、墙脚以上1m内断面严禁欠挖。

b. 尽量减少超挖,不同围岩地质条件下的允许超挖值规定见表21-3。

平均和最大允许超挖值(mm) 表21-3

项目		规定值或允许偏差	检查方法和频率
拱部	破碎岩、土(Ⅳ、Ⅴ级围岩)	平均100,最大150	水准仪或断面仪:每20m一个断面
	中硬岩、软岩(Ⅱ、Ⅲ、Ⅳ级围岩)	平均150,最大250	
	硬岩(Ⅰ级围岩)	平均100,最大200	
边墙	每侧	+100、-0	尺量:每20m检查1处
	全宽	+200、-0	
仰拱、隧底		平均100,最大250	水准仪:每20m检查3处

注:1. 最大超挖值系指最大超挖处至设计开挖轮廓切线的垂直距离。
2. 表列数值不包括测量贯通误差、施工误差。
3. 炮孔深度大于3m时,允许超挖值可根据实际情况另行确定。

⑧隧道开挖轮廓应按设计要求预留变形量，预留变形量大小宜根据监控量测信息进行调整。

⑨超挖部分必须回填密实。

(13)出渣与运输。

①弃渣场选址应符合设计要求，弃渣场弃渣高度大于20m、方量超过50万m^3，上游汇水面积超过1km^2，下游1km范围内有居民聚集点的必须要通过安全、环水保评估；设计图纸未明确时应根据弃渣方量、运距等进行选址，弃渣场规模及周边地理地貌符合前述要求时，必须通过安全、环水保评估。

②弃渣前应根据设计图纸先进行支挡、防护，修筑截排水设施。相关防护、防排水措施施工完成并通过验收后方可进行弃渣。施工过程中应切实做到边弃边防护、支挡，并完善防排水设施。

③弃渣之前应完善运输便道，且应设专人进行维修和养护，使其处于平整、畅通状态。线路或道路两侧的废渣和余料应随时清除。

④出渣运输设备、方式应符合批复方案。

⑤出渣运输车辆必须处于完好状态，制动有效，严禁人料混载，不准超载、超宽、超高运输。

⑥进洞的各类施工机械与车辆，宜选用带净化装置的柴油机动力，有轨式出渣运输车辆宜选用电瓶车，汽油动力机械不宜进洞。

⑦爆破器材运输应符合有关安全管理规定。

21.3.5 支护工程

21.3.5.1 锚杆支护施工

(1)锚杆安设作业应在初喷混凝土后及时进行。

(2)锚杆施工前监理工程师应检查锚杆材料、类型、规格、质量以及性能是否符合设计要求。

(3)应根据锚杆类型、规格及围岩情况选择钻孔机具。

(4)采用砂浆锚杆时，应按设计要求截取杆体，并整直、除锈和除油。

(5)采用楔缝式锚杆时，应检查杆体长度、楔缝、楔快、螺母与螺栓的尺寸和配合情况。

(6)钻孔前必须根据设计要求定出孔位，做出标记，孔位允许偏差为±15mm。

(7)除个别地段、层理、裂隙发育，并存在明显走向、倾角的情况外，钻孔方向一般应垂直于岩面。

(8)当采用砂浆锚杆时，孔径应大于杆体直径15mm；其他形式锚杆的直径必须符合设计要求。

(9)钻孔深度不应小于锚杆杆体有效长度,但深度超长值不应大于100mm。

(10)锚杆插入后,应检查锚杆是否被固结材料握裹杆体。当使用树脂或促凝剂卷囊时,应转动杆体插入,以达到搅拌的目的。

(11)中空锚杆注浆时,注浆管应插至距孔底5~10cm处,随水泥砂浆的注入缓慢匀速拔出,随后迅速插入杆体。

(12)设置锚杆锚垫板时,垫板应与喷射混凝土面层尽量密贴,螺母应拧紧,垫板不得出现松动。

(13)锚杆固定后不得随意敲击,其端部3d内不得悬挂重物。

(14)锚杆安设后,每300根至少选择3根作为1组进行抗拔力试验,围岩条件或原材料变更时另作1组。同时锚杆28d的抗拔力平均值必须满足设计要求。

(15)锚杆质量检查除抗拔力(锚固力)外,还应检查锚杆长度、间距、角度、方向等。

(16)外观鉴定:钻孔方向应尽量与围岩和岩层主要结构面垂直,锚杆垫板与岩面紧贴。

(17)锚杆施工完成后除检查杆是否垂直于岩面、锚垫板与岩面是否紧贴外还应对锚杆支护实测项目进行检查,且必须符合表21-4的要求。

锚杆支护施工质量标准　　表21-4

序号	检查项目	规定值或允许偏差	检查方法和频率
1	锚杆数量	不少于设计值	现场逐根清点
2	锚拔力	拔力平均值≥设计值,最小拔力≥90%设计值	按锚杆数1%且不少于3根做拔力试验
3	孔位(mm)	±50	尺量
4	钻孔深度(mm)	±50	尺量
5	钻孔直径	满足设计要求	尺量
6	锚杆长度	满足设计要求	按锚杆数的3%或不少于3根

21.3.5.2　钢筋网铺设

(1)钢筋网材料应满足设计要求,钢筋网钢筋在使用前应调直、清除锈蚀和油渍。

(2)应在初喷一层混凝土后再进行钢筋网铺设。

(3)采用双层钢筋网时,第二层钢筋网应在第一层钢筋网被喷射混凝土全部覆盖后进行铺挂。

(4)钢筋搭接长度不得小于30d,并不得小于一个网格长边尺寸。

(5)钢筋网应与锚杆或其他固定装置连接牢固。

(6)钢筋网应随受喷岩面起伏铺设,与受喷面的最大间隙不宜大于30mm。

21.3.5.3 钢拱架施工

(1)钢架必须具有足够的强度和刚度,采用的钢架类型应满足设计要求。

(2)钢架加工尺寸应符合设计要求,其形状应与开挖断面相适应。

(3)不同规格的首榀钢架加工完成后,应放在平整地面上试拼。当各部尺寸满足设计要求时,方可进行批量生产。

(4)钢拱架安装时拱脚必须放在牢固的基础上或按照设计用混凝土预制块支垫密实。

(5)钢架应分节段安装,节段与节段之间应按设计要求连接。连接钢板平面应与钢架轴线垂直,两块连接钢板间采用螺栓和焊接连接螺栓不应少于4颗。

(6)相邻两榀钢架之间必须用纵向钢筋连接,连接钢筋直径不应小于设计要求,连接钢筋间距不应大于设计值且应按照设计要求与钢拱架焊接牢固。

(7)检查钢拱架上、下、左、右允许偏差是否超过规范允许规定,钢架倾斜度不得大于2°。

(8)喷射混凝土施工完成后,监理工程师检查钢拱架临空一侧的喷射混凝土保护层厚度是否大于20mm。小于20mm的,应进行补喷,且补喷后的初支不应侵占隧道二衬。

21.3.5.4 喷射混凝土施工

(1)在喷射混凝土之前,应用水或高压风管将岩壁面的粉尘和杂物冲洗干净。

(2)喷射混凝土必须采用湿喷工艺进行施工。

(3)喷射作业应分段、分片按由上而下的顺序进行,每段长度不应超过6m。喷射混凝土施工不得采用干喷工艺,喷嘴离岩面的喷距宜为0.5~1.8m。

(4)一次喷射厚度必须根据设计厚度和喷射部位确定,初喷厚度不得小于4~6cm。

(5)5~10cm的层厚应一次喷成;喷射作业应以适当厚度分层进行,后一层喷射应在前一层混凝土终凝后进行。若终凝后间隔1h以上且初喷表面已蒙上粉尘时,受喷面应用高压气体、水清洗干净。岩面有较大凹洼时,应结合初喷予以找平。

(6)喷射混凝土时,在保证混凝土厚度的同时,应尽量使表面圆顺平整,避免严重凹凸不平现象。尽量采用经过验证的新技术,减少回弹率,回弹物不得重新用作喷射混凝土材料。

(7)喷射应适时进行养护,隧道内环境温度低于5℃时不得洒水养护。

(8)射混凝土作业需紧跟开挖面时,下次爆破距喷射混凝土作业完成时间的间隔不得小于4h。

(9)冬季施工时,喷射作业区的气温不应低于5℃。在结冰的层面上不得喷射混凝土。混凝土强度未达到6MPa,不得受冻。混合料应提前运进洞内。

(10)当发现混凝土表面有裂缝、脱落、露筋、渗水等情况时,应予以修补、凿除喷层重喷或进行整治。

21.3.6 衬砌施工

21.3.6.1 防排水工程

(1)隧道施工防、排水应与运营防、排水工程相结合;按防、截、排、堵相结合、因地制宜综合治理的原则进行。选择既经济合理又切实可行的治水措施,确保围岩稳定,便于初期支护的施工,并保证在二次衬砌施工前,现场具有防水层的施工条件。

(2)施工前,根据图纸和调查资料,预计可能出现的地下水情况,估计水量,制订防、排水方案。施工中,应对隧道的出水部位、水质、水量的变化规律等做好观测试验记录,并不断改进和完善、排水措施。

(3)洞顶上方地面有坑洼、探坑等容易积水时,应按图纸要求或工程师指示予以处理;原有天然沟谷应予以整治,确保水流畅通,必要时沟床需加铺砌。

(4)开挖中洞内出现大面积渗漏水时,宜采用钻孔将水集中汇流引入排水沟,并将钻孔部位、数量、孔径、深度、方向和渗水量等做成详细记录,据以确定在衬砌时设置拱墙背后的排水设施。

(5)如图纸无特殊要求,衬砌背后的流水均应排入隧道内侧排水沟。施工中应做好衬砌背后的疏排水设施,若有压浆时,不得将排水设施堵塞。

(6)防排水材料应符合国家行业标准,满足设计要求,并有出厂合格证明。不得使用有毒的、污染环境的材料。

(7)防水板铺挂前,用电焊或氧焊将初支表面外露的锚杆头、钢筋网头齐根切除,并用1:2水泥砂浆抹平,以防止顶破防水板;对局部凹凸部分,应修凿、喷补,使其表面平顺。防水板捕设前应对喷层基面平整度进行检查。

(8)防水板使用前先检查每卷是否有合格证,然后再进行直观上的检查,检查内容有厚度、吊带、表面有无砂眼等。其材质须现场取样检验合格后方可使用。

(9)监理工程师应检查板面与底层的密贴情况、搭接宽度、焊缝宽度、黏接质量、固定防水板处结合状况等,并填写质量检验记录。防水板铺设表面应保证圆顺且松紧合适。铺设防水板地段距开挖工作面,不应小于爆破所需要的安全距离。

(10)防水混凝土抗渗等级应符合设计要求。防水混凝土施工应符合现行《地下工程防水技术规范》(GB 50108)的规定。

(11)混凝土施工时尽量连续浇注,少留施工缝,拱圈不应留纵向施工缝。墙体水平施工缝不应设在剪力与弯矩最大处或底板与边墙的交接处。墙体若有预留孔洞,施工缝距孔洞边缘不宜小于300mm。垂直施工缝设置宜与变形缝相结合。

(12)施工过程中有变形时,监理着重检查缝内两侧是否平整、清洁、无渗水。缝内是否按照设计要求设置与嵌缝材料无黏结力的背衬材料。

(13)止水带。衬砌的施工缝和沉降缝采用的止水带所用材料应符合设计图纸要求。止水带的接头形式、接头数量、搭接宽度、设置位置是否符合设计及规范要求。止水带与衬砌端头模板应正交。

21.3.6.2 衬砌混凝土施工

(1)监控量测信息反馈围岩和初期支护变形基本稳定后施作,围岩变形量较大、流变性明显时,要加强初期支护并及早施作仰拱和二次衬砌,软弱围岩应紧跟。

(2)台车有足够的刚度和稳定性,模板的液压支撑收缩系统布置合理,满足衬砌施工需要。自动行走方便,有闭锁装置,保证定位准确。

(3)防水层施作符合设计和规范要求,经验收合格。

(4)混凝土配合比经验证满足设计强度要求,并经过审批。

(5)二次衬砌开工申请审批后召开浇筑方案会。

(6)钢筋原材试验合格,加工安装符合设计和规范要求。

(7)台车端部的挡头板安装密贴牢固。

(8)橡胶止水带安装必须符合设计和规范要求。

(9)浇筑时,监理全过程进行旁站,按要求对混凝土的和易性、坍落度进行控制。坍落度控制在14~18cm,按台班制作试件。

(10)混凝土由下而上分层,左右交替、对称灌注,每层厚度30cm。两侧混凝土灌注面高差控制在50cm以内。

(11)施工过程中,输送泵应连续运转,泵送连续灌注,避免停歇造成冷缝。当混凝土浇至作业窗下50cm,作业窗关闭前,应将窗口附近的混凝土浆液残渣清理干净,涂刷脱膜剂,将其关紧,防止窗口部位表面混凝土出现凹凸不平的补丁甚至漏浆。

(12)封顶采用顶模中心封顶器接输送管,逐渐压注混凝土封顶。当挡头板上观察孔有浆溢出,即封顶完成。必要时应采取带模注浆,确保衬砌混凝土背后密实无空洞。

(13)拆模按最后一盘封顶混凝土试件达到的强度控制,当不受外荷载时,强度应达到5MPa,以同条件养护试件为依据。

(14)养护拆模前用水冲洗模板外表面,拆模用后高压水喷淋混凝土表面,以降低水化热,后期采用雾炮进行养护,养护期不少于7d(表21-5)。

混凝土衬砌施工质量标准 表21-5

序号	检 查 项 目	规定值或允许偏差	检查方法和频率
1	混凝土强度	在合格标准内	试件强度试验报告
2	边墙平面位置(mm)	±10	尺量:全部

续上表

序号	检 查 项 目	规定值或允许偏差	检查方法和频率
3	拱部高程(mm)	+30,0	水准仪测量(按桩号)
4	衬砌厚度	不小于设计值	激光断面仪或地质雷达随机检查
5	边墙、拱部表面平整度(mm)	15	2m直尺、塞尺:每侧检查5处或断面仪测量

21.3.7 仰拱和底板施工

(1)按照批准的施工程序浇筑仰拱混凝土,仰拱应超前拱墙混凝土施工。

(2)仰拱开挖不允许欠挖,仰拱断面一次连续开挖长度应根据地质情况和设计图纸要求进行开挖,设计图纸无规定时,不宜过长,开挖后应立即检查并浇筑混凝土。

(3)仰拱混凝土浇筑前应清除积水、杂物、虚渣等。

(4)浇筑仰拱混凝土必须使用模板,并由仰拱中心向两侧对称进行,仰拱与边墙衔接处应加强捣固密实,确保仰拱混凝土振捣密实。

(5)仰拱施工缝和变形缝处应按设计要求进行防水处理。

(6)仰拱施工前,超挖在允许范围内时,监理工程师应检查是否采用与衬砌相同强度等级的混凝土进行浇筑;超挖大于规定时,是否按设计要求回填。

(7)仰拱混凝土达到设计强度70%以上后,清除仰拱上面的碎渣,并冲洗干净而无积水后进行仰拱回填等后续工序施工。严禁仰拱衬砌与仰拱回填连续施工,确保各部位混凝土强度符合设计要求。

(8)仰拱填充采用片石混凝土时,片石应距模板50mm以上,片石间距应大于粗集料的最大粒径,并应分层摆放,捣固密实(表21-6)。

仰拱及底板施工质量标准 表21-6

序号	检 查 项 目	规定值或允许偏差	检查方法和频率
1	混凝土强度	在合格标准内	试件强度试验报告
2	仰拱(底板)厚度	不小于设计值	水准仪:每10m检查一个断面,每个断面检查5点
3	钢筋保护层厚度(mm)	≥50	凿孔检查:每10m检查一个断面,每个断面检查3点
4	顶面高程	±15	水准仪:每一浇筑段检查一个断面

21.3.8 监控量测与地质预报

21.3.8.1 监控量测

(1)选择量测项目应不少于设计要求并根据实际适当增加。

(2)布点位置应合理、可靠符合实际情况。

(3)对设置部位严加保护,不受损坏,保证量测数据真实。

(4)配备相关专业人员和精密仪器,确保量测工作的落实到位。

(5)根据数据分析、整理,及时反馈,指导施工(表21-7～表21-11)。

隧道现场监控量测项目及方法　　表21-7

项目名称	方法及工具	布置	量测间隔时间				目的
			1～15d	16d～1个月	1～3个月	3个月以后	
地质和支护状况观察	岩性、结构面铲状及支护裂缝观察或描述,地质罗盘等	开挖后及初期支护后进行	开挖后及初期支护后进行				判断围堰稳定性和预测开挖面前方地质条件,判断隧道稳定性和检验支护参数
周边位移及拱顶下沉	各种类型收敛计及水平仪、水平尺、钢尺或测杆	每10m一个断面	1～2次/d	1次/2d	1～2次/周	1～3次/月	判断围岩及隧道稳定性,进行位移反分析,检验支护参数,并为二次模筑衬砌施作提供依据
地表下沉	水平仪、水准尺	每10m一个断面	1～2次/d	1次/2d	1～2次/周	1～3次/月	
围岩压力	各种类型压力盒	每类围岩代表性地段一个断面,每断面内15个测点	1～2次/d	1次/2d	1～2次/周	1～3次/月	
围岩内部位移	单点、多点杆式或		1～2次/d	1次/2d	1～2次/周	1～3次/月	

净空位移和拱顶下沉的量测频率(按位移速度)　　表21-8

位移速度(mm/d)	量测频率
≥5	2～3次/d
1～5	1次/d
0.5～1	1次/3d
0.2～0.5	1次/3d
<0.2	1次/3～7d

净空位移和拱顶下沉的量测频率(按距开挖面距离)　　表21-9

量测断面距开挖面距离(m)	量测频率
(0～1)b	2次/d
(1～2)b	1次/d
(2～5)b	1次/2～3d
>5b	1次/3～7d

注:b为隧道开挖宽度。

隧道周边允许相对位移值(%) 表21-10

围岩类别	覆盖层厚度(m)		
	<50	50~300	300~500
Ⅳ	0.10~0.30	0.20~0.50	0.4~1.2
Ⅲ	0.15~0.50	0.40~1.20	0.8~2.0
Ⅱ	0.20~0.80	0.60~1.60	1.0~3.0

注:相对位移值系指实测位移值与两测点间距之比或拱顶位移实测值与隧道宽度之比。脆性围岩取表中较小值,塑性围岩取表中较大值。

变形管理等级 表21-11

管理等级	变形值	施工状态
Ⅲ	$U_0 < U_n/3$	可正常施工
Ⅱ	$(U_n/3) < U_0 < (2V_n/3)$	可加强支护
Ⅰ	$U_0 > (2V_n/3)$	应采取特殊措施

注:U_0 为实测变形值,U_n 为允许变形值。

21.3.8.2 地质预报

隧道施工中,监理对地质预报工作做到以下监理工作:

(1)根据项目所在地初期地质勘探资料采取的地质预报方法、设备、地质预报频率、报告传递模式、应急措施等是否满足项目隧道施工要求。

(2)对照图纸提供的地质资料,检查地质预报对隧道前方地质条件变化情况及对施工的影响程度以及应对措施。

(3)核对位移量测中发现围岩变形速率加快时,地质预报对围岩稳定性的影响程度;或者对隧道将要穿过不稳定岩层、较大断层的预报,督促施工单位及时改变施工方法或做应急措施。

(4)检核隧道施工中施工方法、工艺、措施是否适合实际地质条件,对可能造成围岩失稳的情况,督促施工单位及时采取改进措施。

21.3.9 路面工程(以混凝土路面为例)

隧道内路面基层和面层的材料、施工质量要求应满足现行《公路路面基层施工技术细则》(JTG/T F20)、《水泥混凝土路面施工技术细则》(JTG/T F30)等的有关规定。

21.3.9.1 路面基层

1)仰拱充填施工

(1)隧道仰拱回填采用的钢筋混凝土原材料和配合比已经验证审批,现场混凝土强度等级符合设计;现场铺筑厚度应符合设计及规范要求。

(2)充填混凝土应全幅一次施工,长度据施工条件确定。

(3)混凝土抗压强度合格。

(4)按基层要求混凝土顶面与面层坡度一致,其高程、宽度、横坡度、平整度必须满足限差要求。

2)路面基层施工

(1)按照规范要求施工试验路段,根据试验段确定施工技术参数。

(2)不得使用快硬水泥,早强水泥及受潮变质水泥。

(3)尽量用重型振动压路机一次摊铺压实。碾压时要先边后中,先轻后重,先慢后快,即直线段由两侧向中心碾压,超高段由内侧向外侧碾压,每道碾压应与上道碾压重叠。

(4)严禁压路机在已完成的或正在碾压的路段上掉头和急刹车。碾压轮应始终在已施工完的一端。

(5)碾压中,碾压轮前方要有专人指挥,防止碰坏排水边沟。根据拌和、运输和摊铺能力进行分段碾压,一般碾压不超过20m,终凝前必须全部完成作业。施工完后进行养护,养护时间不少于7d。

(6)基层顶面与面层坡度一致,高程、宽度、厚度、横坡等必须符合规范要求。

21.3.9.2 路面面层

(1)面层混凝土所使用的水泥、粗集料、细集料、水、外加剂、钢筋、接缝材料、养护剂,应符合规范要求。

(2)隧道内路面面层混凝土配合比已批准。

(3)施工时,每$200m^3$或每工作班做试件两组,每组3件,做28d抗折强度试验,将其作为一个统计数据。合格标准的评定按数理统计的方法确定[现行《公路工程质量检验评定标准 第一册 土建工程》(JTG F80/1)附录C]。

(4)气温合适,应在5~38℃范围内。

(5)检查模板牢固可靠,顺直密贴,高程准确,膨胀缝、施工缝处模板设置传力杆、拉杆预钻孔眼符合要求,干净,脱模剂已涂刷。

(6)角隅钢筋、拉杆、传力杆位置符合设计要求。

(7)混凝土拌和、运输摊铺及养护符合规范要求。

(8)混凝土的摊铺、捣实、整平与混凝土面板养护符合规范要求。

(9)路面的平整度和构造深度符合规范要求(表21-12)。

水泥混凝土面层质量标准 表21-12

项次	检查项目	规定值或允许偏差	检查方法
1	弯拉强度(MPa)	在合格标准内	按现行《公路工程质量检验评定标准 第一册 土建工程》(JTG F80/1)附录要求检查

续上表

项次	检查项目		规定值或允许偏差	检查方法
2	板厚度	代表值	-5	按现行《公路工程质量检验评定标准 第一册 土建工程》(JTG F80/1)附录H检查每200m每车道2处
3	平整度	σ(mm)	≤1.32	3m直尺,每半幅车道每200m测2处5尺
		IRL(m/km)	≤2.2	
		最大间隙 h(mm)	3	
4	抗滑构造深度(mm)	一般路段	0.7~1.1	砂铺法:每200测1处
		特殊路段	0.8~1.2	
5	横向力系数(SFC)	一般路段	≥50	按现行《公路工程质量检验评定标准 第一册 土建工程》(JTG F80/1)附录L检查每20m测一点
		特殊路段	≥55	
6	相邻板高差(mm)		≤2	尺量,涨缝每条测2点;纵横风每200m抽查2条,每条测2点
7	纵、横缝顺直度(mm)		≤10	纵缝20m拉线尺量:每200m测4处;横缝沿板宽拉线尺量每200m测4条
8	中线平面偏位(mm)		20	全站仪:每200m测2点
9	路面宽度(mm)		±20	尺量:每200m测4点
10	纵断高程(mm)		±10	水准仪:每200m测2断面
11	横坡(%)		±0.15	水准仪:每200m测2断面
12	断板率(%)		≤0.2	目测,全部检查,数断板面板数占总块数比例

21.3.10 附属设施工程

(1)检查附属设施工程预埋件位置是否准确、几何尺寸符合要求。

(2)隐蔽工程必须经监理人员验收并填写验收合格文字记录后,方可进行后续工程的施工。

(3)设备洞、横通道及其他位置符合设计,如发现原设计位置地质不良时,应暂停施工,然后会同设计、施工单位调查,确定变更位置。

(4)平时施工时应注意检查隧道边墙内的各类洞室与正洞连接地段的开挖应在正洞掘进至其位置时一次挖成。

(5)加强对各类洞室的防水、排水工程质量检查,应特别注意联结、折角等处防、排水处理。

(6)电缆槽应随边墙基础开挖同步进行,不应在边墙灌注后再爆破开挖。电缆槽壁与边墙应凿毛处理,使其连接牢固,必要时可加设短钢筋。电缆托架应做好防锈处理,并保持平顺，与设计误差应较小。采用多孔方管安设电缆时，其接头处应顺直连接，并做防水处理。不得使用有破损的多孔管。检查电缆槽盖板是否平顺、整齐、有无翘曲；盖板两端与沟壁的缝隙是否用砂浆填平。

(7)隧道内吊顶隔板施工拉杆的高程应与吊顶隔板在同一个平面上。吊顶隔板施工时的脚手架及模板应架设牢固；模板安装时应设一定预拱度，保证隔板浇筑符合设计要求。隔板钢筋与衬砌预埋钢筋及挡头板钢筋的联结必须牢固，并不得外露。吊顶隔板混凝土达到设计强度后才可拆模、吊顶隔板不得产生下挠度，上下表面应光洁平整。接缝处应严密，不得漏风和漏水。在隧道衬砌设置沉降缝处，隔板亦应设置相应的横向沉降缝。

21.3.11　装饰工程

(1)洞门及隧道的内装饰应根据设计的装饰材料及设计要求，采用相应的施工方法施工，并符合现行《建筑装饰装修工程质量验收规范》(GB 50210)有关规定。

(2)仔细检查衬砌表面的漏水情况，必要时应采取措施，做好装饰前的防、排水工作。

(3)对于贴面装饰，应将装饰作业的表面清洗干净并做好基层。

(4)对采用的装饰材料，进行装饰试验，检查装饰的质量及与基层黏结牢固的程度。

(5)装饰材料不得侵入隧道建筑限界。

(6)洞口装饰应简洁、美观，隧道铭牌字样应协调、醒目。

(7)采用面砖材料时，应做到横、竖缝通直，缝宽均匀。面砖贴好后，外表应平整，不得出现凹凸，不允许背后有空响。

(8)采用喷涂材料时，应做到色调均匀，不得出现色斑和杂色。

(9)各类洞室的防护门应开启方便，严密、防水、隔热。洞室应有标明洞室名称的标牌。

21.3.12　通风设施

(1)通风机的机座与基础，应按设计要求施工。对于风机底盘与机座相连的地脚螺栓，应按设计要求的风机底盘螺栓孔布置预留灌注孔眼。螺栓埋设时，灌浆应密实。螺栓应与机座面垂直。

(2)通风机的安装预埋件应在衬砌时一次完成，分期安装的通风机预埋件也应一次完成，并与衬砌钢筋连接牢固。

(3)通风机安装不得侵入隧道建筑界限，吊装时应有安全措施。

(4)通风机安装前应进行试运转，风量、风速、推力、噪声等主要指标必须符合要求。

(5)风机房内的附属设施应一次完成，尤其应注意风机房的布置是否利于大型轴流风机的进出。

(6)通风斜、竖井施工在洞口和坑道内应有明显的信号装置及可靠的安全设施，并应备有具有足够能力的抽水设备。

21.3.13　施工临时风、水、电供应

21.3.13.1　供风和供水

(1)检查空气压缩机站设置是否合理，是否有防水、降温和防雷击设施。

(2)核查隧道掌子面使用风压应不小于0.5MPa，高压风管的直径应通过计算确定。

(3)高压风、水管路的安装使用是否符合设计或规范要求。

21.3.13.2　供电与照明

(1)检查隧道内临时用电是否符合相关规范要求，尤其是瓦斯隧道内的用电安全必须满足强制性安全规范要求。

(2)洞外变电站是否设置防雷击和防风装置。

(3)洞内供电线路布置和安装是否符合规定。

21.3.14　不良地质和特殊岩土地段处理

不良地质和特殊岩土地段隧道施工前，必须根据设计提供的工程及水文地质资料，结合现场实际情况，制订专项施工技术方案，并进行评审。施工技术方案应包括应急预案。

21.3.14.1　涌水

(1)隧道涌水处理应符合“预防为主、疏堵结合、注重保护环境”的原则。

(2)开挖后补注浆堵水施工应符合下列规定：

①注浆范围应根据地质条件、涌水量允许排放量、环保要求等因素确定。

②注浆类型应根据隧道开挖后的涌水规模及位置等因素选择。

(3)超前钻孔排水施工应符合下列规定：

①应根据工程地质与水文地质条件以及地下水流的方向等因素，确定钻孔位置、方向、数目及每次钻进深度等。

②钻孔时孔口应有保护装置。

③应保证钻孔排出的水迅速排至洞外。

(4)采用平行坑道排水时，平行坑道横洞的底高程应低于正洞底高程。

(5)井点降水的方法、设备应满足降水要求。降水过程中，应设水位观测井，及时测定动水位(表21-13、表21-14)。

超前锚杆施工质量标准　　表21-13

序号	项　　目	规定值或允许偏差	检查方法和频率
1	长度	不小于设计	尺量
2	孔位(mm)	±50	尺量
3	钻孔深度(mm)	±50	尺量
4	孔径	符合设计要求	尺量

超前小导管注浆施工质量标准　　表21-14

序号	项　　目	规定值或允许偏差	检查方法和频率
1	长度	不小于设计	尺量:检查10%
2	孔位(mm)	±50	尺量:检查10%
3	钻孔深度(mm)	±50	尺量:检查10%
4	孔径	符合设计要求	尺量:检查10%
5	注浆压力	符合设计要求	压力表:全部检查

21.3.14.2　岩层破碎带的初期支护

隧道Ⅴ级围岩岩石破碎,节理裂隙发育施工期间早期压力大、围岩变形快,自稳时间短,初期支护的早期强度不能满足围岩的自稳要求,施工中采用超前小导管注浆,快速止水、加固。

超前小导管注浆支护完成后,开挖初期支护随开挖工作面及时喷混凝土。

21.3.14.3　塌方处理

1)预防塌方施工措施

预防隧道施工坍塌,首先应做好地质超前预报,选择相应的安全合理的施工方法和措施,现场施工时,主要遵循以下要点:

(1)先排水、短进尺、弱爆破、强支护、快衬砌、勤检查、勤量测,即在施工前和施工中采用相应有效的防排水措施,尽可能地将坑外之水拦截于坑道之外。

(2)施工开挖工序间的距离尽量缩短,减少围岩暴露时间。

(3)在爆破时,选用浅眼、密眼,并严格控制用药量或用微差毫秒爆破。

(4)针对实际地压情况,确保支护结构有足够的强度。

(5)衬砌工作应紧跟开挖工作面进行,力求衬砌尽快封闭成环。

(6)发现围岩有变形或异状,要立即采取有效措施及时处理隐患。

施工中随时掌握围岩变形数据,仔细观测每次爆破的围岩情况,并进行认真分析,发现问题要及时采取措施,防患于未然。

2)处理塌方的步骤

(1)深入现场观察研究,分析塌方原因,弄清塌方规模、类型及发展规律,核对塌方段的地质构造和地下水活动状况，尽快制订切实可行的塌方处理方案。

(2)对一般性塌方，在塌顶暂时稳定之后，立即加固塌体四周围岩，及时支护结构物，托住顶部，防止塌穴继续扩大；对于较大塌方或冒顶，还应妥善处理地表陷坑。

(3)有地下水活动的塌方，应先治水，再治塌方。认真制订塌方处理中的安全措施，组织塌方处理专业队伍，充分保证处理塌方必需的器材设备供应。

(4)塌方处理方法应根据不同类型的塌方，选择不同的处理方案。某些塌方还需综合处理才能达到目的。对于一般的塌方，采用锚喷法进行处理。

(5)塌方段通过锚喷处理基本稳定后，再采用管棚法施工工艺通过该洞段。施工过程中严格控制进尺，采用控制爆破，以保持围岩不受过分扰动和减少因爆破造成的局部应力集中，保证岩面规整，为锚喷支护创造条件。同时利用管棚钢管对不良地质段进行固结灌浆，加固围岩和止水，使围岩达到稳定。

(6)塌方非常严重的部位，为防止四周岩体松动后产生更大规模的塌方，应在锚喷支护完成后对塌方段进行混凝土浇筑，然后对洞顶孔穴进行回填和灌浆处理。

21.3.14.4　涌水处理

对于施工中的涌水，应事先根据设计文件对隧道可能出现涌水的地段进行详细的调查、分析，雨季渗水主要采用引、排、堵方案。施工中分别根据具体情况，采用超前钻孔或辅助坑道排水、超前小导管预注浆、超前围岩预注浆堵水、井点降水及深井降水等施工措施。

21.3.14.5　岩爆

(1)隧道施工有可能发生岩爆时，应遵循“以防为主、防治结合”的原则。事前应进行岩爆的预测预报，针对开挖面前方可能发生的岩爆，及时采取施工对策；事后应仔细研究岩爆规律，制定出后续施工的对策并逐步改进。

(2)岩爆隧道施工应采取防范岩爆发生措施，并符合下列规定：

①开挖宜短进尺循环，每循环进尺宜控制在1.0~2.0m以内。

②采用光面爆破技术，隧道开挖断面周壁宜圆顺。

③对岩爆强烈的开挖面，按设计施工超前锚杆锁定前方围岩。

④拱部及边墙按设计布置预防岩爆锚杆。

(3)隧道施工中发生岩爆时，应立即采取下列措施：

①停机待避。

②每循环内对暴露的岩面找顶2~3次。

③采用受力及时的摩擦型锚杆、喷射50~80mm厚的钢纤维混凝土，进行支护。

④台车、装渣机械、运输车辆加装防护钢板。注意避免岩爆伤及人员、砸坏施工设备，

必要时人机撤至安全地段。

⑤采取技术措施释放围岩内部应力。

21.3.14.6　富水软弱破碎围岩

(1)富水软弱破碎围岩隧道开挖应符合下列规定:

①应提前了解开挖面前方的地质、地下水情况。

②可排水施工的隧道段,采用超前钻孔排水。

③不宜排水施工的隧道地段,应按设计采取堵水措施。

④开挖每一循环进尺宜为0.5~1.0m。

⑤富水软弱破碎围岩施工应根据支护位移量测结果,及时调整支护参数。

(2)富水软弱破碎围岩隧道防排水系统施工应符合下列规定:

①衬砌混凝土应按设计要求的防水等级施工,施工缝、变形缝应做防水处理。

②铺设防水板前应完成设计要求的止水注浆,严禁在已铺设防水板的范围内压浆。

(3)富水软弱破碎围岩隧道衬砌施工应符合下列规定:

①仰拱应超前施工,尽早与支护构成封闭结构。

②二次衬砌应根据监控量测结果确定施工时间,全断面浇筑。

③整体式衬砌施工应紧跟开挖工序,及时封闭。

21.3.14.7　断层

(1)施工前应切实掌握断层带的情况,其破碎带的宽度、填充物、地下水以及隧道轴线与断层构造线方向的组合关系(正交、斜交或平行),承包人根据有关施工技术和机具设备条件,选择通过断层地段的施工方法,报工程师审批。

(2)当断层带内充填软塑状的断层泥或特别松散的颗粒时,可超前支护,采用先拱后墙法。墙部的首轮马口,可用挖井法施工;如断层带特别破碎,则二、三轮马口应以扩井法施工,最后挖去核心土,随即浇筑仰拱。

(3)断层地段出现大量涌水时,宜采取排堵结合的治理措施。

(4)通过断层地段的各施工工序之间的距离宜尽量缩短,尽快地使全断面衬砌封闭,减少岩层暴露、松动和地压增大。

(5)采用爆破法掘进时,应严格掌握炮眼数量、深度和装药量。原则上应尽量减小爆破对围岩的震动。

(6)当采用上下导坑、先拱后墙法施工时,其下导坑不宜超前过多,掘进后随即将下导坑予以临时衬砌。

(7)断层地带的支护原则应宁强勿弱,可采用钢支撑、小管棚、长管棚等支护措施,并应经常检查加固。

(8)断层地带的衬砌应紧跟开挖面完成,衬砌断面尽早封闭。

21.4 监理工作方法与措施

21.4.1 监理工作方法

监理工作方法有旁站、巡视检查、抽检、验收等。

21.4.1.1 旁站

根据现行《公路工程施工监理规范》(JTG G10)的有关规定,现场监理将对重要部位、关键工序和隐蔽工程进行旁站监理。现场旁站的目的是对承包人的各项施工程序、施工方法和施工工艺进行有效的控制,旁站由各专业监理工程师及监理员担任,实行全方位、全过程、全环节的监理,工程旁站项目具体有:

(1)初期支护(试验段工程)。

(2)混凝土衬砌(试验段工程)。

(3)隧道路面(试验段工程、摊铺)。

21.4.1.2 巡视检查

对施工的重要部位、关键环节每天巡视检查不少于一次,并填写巡视记录,巡视应包括但不限于下列内容:

(1)施工现场管理人员特别是质量检测、安全管理人员是否到位;特种作业人员是否持证上岗。

(2)使用的原材料或混合料、构配件和主要施工机械设备是否与批准的一致。

(3)是否按技术标准、工程设计文件、批准的施工组织设计和方案施工。

(4)质量、安全、环水保和施工标准化措施是否落实,施工自检和工序交接是否符合规定。

(5)隧道施工工艺是否满足实际地质要求,开挖步距等是否满足规范要求。

(6)隧道通风、照明是否满足作业人员职业健康要求和规范要求。

(7)隧道内有害有毒气体检测是否满足要求。

(8)是否存在质量问题或安全隐患及整改落实情况。

21.4.1.3 抽检

(1)对钢筋、水泥、沥青、石灰和碎石等原材料及水泥混凝土等原材料进行全覆盖100%抽检,抽检频率按批次应不低于规定施工检验频率的20%。

(2)对分项工程中的关键项目和结构主要尺寸等进行全覆盖100%抽检,抽检频率应不低于规定施工检验频率的20%。

(3)对工程材料或实体质量有疑问时,应进行抽检。

(4)各分项分部工程抽检主要内容包括明洞工程、洞身开挖、喷射混凝土、钢支撑(钢格栅)、锚杆、钢筋网、仰拱及回填、防水层、止水带、衬砌钢筋、衬砌混凝土、隧道路面等。

21.4.1.4　验收

隧道施工过程中的验收内容包括洞门、开挖断面、钢拱架、锚杆、钢筋网片、喷射混凝土、仰拱、仰拱回填、二衬钢筋工程、二衬混凝土。

21.4.2　监理工作的主要措施

21.4.2.1　组织措施

明确内部职责分工,建立岗位责任制,制定监理工作制度,同时采取考核的办法,落实质量控制的责任。

21.4.2.2　技术措施

根据施工的每一阶段(施工准备阶段、施工阶段和竣工验收阶段),采取事前、事中和事后相结合的质量控制措施,并注意突出控制重点,充分运用监理独立的平行检验手段,实施对施工全过程的监理。

21.4.2.3　经济措施

充分运用合同管理和工程计量权,督促承包方按合同办事,严格执行工程质量的检查和验收制度,对不符合合同规定质量及安全要求的工程不予中间交工、不予计量。

21.4.2.4　合同措施

审查分包、专业分包的资质,监督和防止转包、层层分包及总包单位以包代管的现象。自觉按合同办事,督促施工单位、综合队遵守合同,协调合同纠纷。

21.4.3　具体措施

(1)监理人员应熟悉设计文件,参加设计交底。监理人员对施工图应重点核对:

①现场地形、地貌、水文和地质条件。

②设计中考虑采用的施工方法、技术措施、新技术、新工艺和新材料等。

③采用的设计标准、结构细节的质量要求。

(2)在审批施工组织设计(施工方案)时,监理人员除考虑满足规范及设计要求外,应重点审查工艺是否合理,施工方法是否安全可靠有效,施工平面布置是否符合现场的条件以及环境保护和水土保持的要求。

(3)进场的工程材料、半成品、构配件和设备等应符合国家现行有关标准,监理人员应检查相关质量文件,并按规定抽样试验,经检测合格后,方批准使用。

(4)施工中使用的各种机械、设备和设施,施工单位使用前应进行全面检查或鉴定,经运转合格后，方准使用。监理人员应对此进行监督，并要求施工单位经常检查，定期校核标定。

(5)对隐蔽工程，施工单位必须在自检合格后，报请监理检查。监理人员应对每道工序检验并签认，未经监理签认，不得进入下道工序。

(6)对关键工序进行旁站，旁站中做出详细记录，真实反映施工过程。

21.5 巡视、旁站、抽检和验收计划

21.5.1 巡视

采取以巡视为主的方式进行施工现场监理，对施工的主要工程每天巡视不少于1次，并填写巡视记录(表21-15)。

巡视计划表　　表21-15

部　　位	监理人员	备　　注
隧道测量	张某、李某	
边坡、仰坡、洞顶截水沟	张某、李某	
洞门	张某、李某	
明洞工程	张某、李某	
洞身开挖	张某、李某	
初期支护	张某、李某	
防排水	张某、李某	
衬砌工程	张某、李某	
辅助工程	张某、李某	
现场环水保施工水土保持	张某、李某	
现场安全施工管理	张某、李某	

21.5.2 旁站

按照合同条款、现行《公路工程施工监理规范》(JTG G10)附录A及监理计划相关要求开展旁站工作(表21-16)。

旁站计划表　　表21-16

部　　位	监理人员	备　　注
进出口管棚及小导管施工	张某、李某	
锚杆安装及网片挂设(试验段)	张某、李某	
工字钢(钢格栅)安装(试验段)	张某、李某	
喷射混凝土(试验段)	张某、李某	

续上表

部　　位	监 理 人 员	备　　注
防水板安装(试验段)	张某、李某	
仰拱及回填	张某、李某	
二次衬砌(试验段)	张某、李某	
隧道路面(试验段)	张某、李某	

21.5.3 抽检

对开挖断面、外观质量、平面定位及高程测量抽检频率100%,对原材料检测及钢筋接头质量检测抽检频率应不低于20%(表21-17)。

抽 检 计 划 表　　表21-17

部　　位	人　　员
隧道总体	张某、李某
洞口边仰坡防护	张某、李某
截水沟、排水沟	张某、李某
洞门、翼墙	张某、李某
明洞衬砌	张某、李某
明洞防水层	张某、李某
明洞回填	张某、李某
洞身开挖	张某、李某
洞身初期支护(喷射混凝土、锚杆、钢筋网、钢架、钢格栅、超前小导管、管棚等)	张某、李某
防水层、止水带、排水	张某、李某
二衬钢筋、混凝土	张某、李某
隧道路面基层、面层	张某、李某

21.5.4 验收

隧道分项工程施工完成后,督促施工单位提交中间交工验收申请,及时组织验收(表21-18)。

验 收 计 划 表　　表21-18

部　　位	验 收 人 员	备　　注
洞口开挖	张某、李某	第三方由业主单位委托
砌体工程	张某、李某	
钢筋工程	张某、李某	
原材料及配合比	张某、李某	
洞口混凝土	张某、李某	

续上表

部　　位	验 收 人 员	备　　注
洞身开挖	张某、李某	
喷射混凝土支护	张某、李某	
锚杆支护	张某、李某	
钢筋钢架、工字钢	张某、李某	
仰拱及回填	张某、李某	
防水板	张某、李某	
二次衬砌混凝土(原材料及配合比)	张某、李某	
明洞开挖	张某、李某	
明洞衬砌	张某、李某	
明洞回填	张某、李某	

第22章 连拱隧道监理细则

——以湖北省宜昌至巴东(鄂渝界)公路项目高岚隧道为例

22.1 工程内容和特点

22.1.1 工程内容

22.1.1.1 隧道概况

拟建的高岚隧道位于兴山县水月寺镇高岚村境内,为路线穿越羊道河南岸一向北东向突出的山体而建设,隧道轴线呈直线形展布,走向约288°,进口与杉树坪大桥巴东台相连,出口通过一路基段与高岚互通柏树园相接。隧道采用分幅式,其左幅起讫桩号ZK95+648.249~ZK95+771.249,总长123.0m,右幅起讫桩号YK95+649~YK95+772,总长123.0m。隧道属连拱短隧道,单幅隧道净空为(宽×高)14.25m×5m,设计路面为单向坡,纵坡降为-2.5%。隧道最大埋深约64m。

隧道位于直线上。连拱隧道纵坡为-2.5%的单向坡(沿路线前进方向上坡为正)。

隧道净空断面的确定不仅要满足隧道建筑限界的要求,还要满足隧道的照明、运营管理设施、装饰等所占空间及施工误差。隧道内轮廓通过对单心圆、扁平三心圆和三心圆几种断面形式进行综合比较,结合隧道衬砌结构受力特性以及工程造价等因素,隧道衬砌内轮廓采用三心圆。

隧道洞门的设计考虑了洞口的地形和地质条件,结合洞口地段排水要求,按照"早进洞、晚出洞"的原则,尽量采用小开挖的进洞方案,减少洞口边仰坡的开挖,保证岩(土)体的稳定性,尽可能保持原地形的绿色植被坡面。洞门结构设计采用各种结构简洁、美观实用的结构形式,同时考虑了洞门设计与洞口周围环境的协调一致。

结合本隧道进出口实际地形、地质情况,隧道进口洞门采用端墙式洞门,无明洞结构,隧道出口洞门采用端墙式洞门,无明洞结构。洞口段临时开挖边、仰坡采用锚喷防护,隧道洞顶回填面回填采用植草绿化。在隧道洞口施工过程中应注意从上到下,边开挖边防护,严禁放大炮,以防对边坡的深层产生松动破坏。

本路段隧道衬砌结构均按照新奥法原理进行设计,隧道采用复合式衬砌,即初期支护采用锚网喷混凝土和钢拱架,在地质条件较差段辅以不同形式的超前支护,二次衬砌为模筑混凝土或钢筋混凝土。衬砌设计支护参数通过工程类比和计算分析综合确定。

隧道复合式衬砌设计的主要原则如下。

1)初期支护

对于普通Ⅳ~Ⅴ级围岩,由工字钢(或格栅架),系统锚杆,钢筋网及喷射混凝土组成,并辅以不同形式的超前支护;对于普通Ⅲ级围岩,由系统锚杆、钢筋网及喷射混凝土组成;对于Ⅵ级或Ⅴ级洞口段围岩软弱、压力较大的段落,根据实际情况设置临时仰拱,以控制围岩变形。对于深埋软岩Ⅳ~Ⅴ级围岩易发生大变形段,由U形可伸缩钢架、系统锚杆、钢筋网及喷射混凝土组成,并辅以不同形式的超前支护,相应加大预留变形量。

2)二次衬砌

一般情况下采用素混凝土,以方便施工,但是当在软弱围岩地段则采用钢筋混凝土,以确保隧道结构的安全。二次衬砌施作的合理时间应根据围岩地质情况和施工监测数据确定(表22-1)。

隧道衬砌支护设计参数表 表22-1

衬砌类型	围岩级别	初期支护				C25二衬	辅助施工
		锚杆	钢筋网	C20喷混凝土	钢拱架		
SL-Ⅴa	Ⅴ	D25中空注浆锚杆 $L=400$cm Δ50cm×@120cm	ϕ8 双层20×20cm	δ26cm	20a工字钢 Δ50cm	拱墙、仰拱 60cm(钢筋)	长管棚
SL-Ⅳa	Ⅳ	D25中空注浆锚杆 $L=350$cm Δ80cm×@120cm	ϕ8 单层20×20cm	δ24cm	18工字钢 Δ80cm	拱墙、仰拱 50cm(钢筋)	小导管
SL-Ⅲa	Ⅲ	ϕ22砂浆锚杆 $L=300$cm Δ100cm×@120cm	ϕ8 单层25×25cm	δ15cm	—	拱墙、仰拱 45cm(素混)	—

22.1.1.2 隧道地质

1)地形地貌

隧道区属构造剥蚀低中山峰丛地貌区,区内脊顶高程约543.8m,山脊走向北东。隧道右侧羊道河河床高程约445m,相对高差约98.8m。隧道近正交穿越山脊,进口为凹形急陡坡,自然坡度可达70°,坡面倾向东;出口为直线形斜坡,坡面倾向北西,自然坡度30°~45°。隧道区植被较发育,以松树、灌木类为主。宜兴公路隔河平行通过隧道右侧,有简易公路可达隧道出口端,交通较为便利。

隧道场址位于黄陵穹隆西北部,出露地层为元古代水月寺群(Ptsh)花岗质片麻岩,主要发育三组节理:216°∠45°、268°∠57°、351°∠68°,间距0.4~2.0m。区内无活动断裂,地质构造相对稳定。

2）地层岩性

根据野外调查及初勘资料，隧道区内上覆盖层为残坡积碎石土，沿山坡分布，下伏基岩为元古代水月寺群（Ptsh）花岗质片麻岩，按由新到老顺序，隧道工程场区各层岩性特征描述如下。

Ⅰ残坡积（Qel + dl）碎石土层：该层主要分布于山体西面表层，主要集中于隧道出口处，揭露厚度 8.0m，褐黄色，碎石成分为灰岩、花岗岩、片麻岩等，含量约 60%，呈棱角～次棱角状，粒径一般为 5～10cm，最大 20cm，充填物为黏土及砂。

Ⅱ层基岩岩质较硬，根据风化程度不同分强、中风化两层：

$Ⅱ_1$ 强风化花岗质片麻岩：呈灰色，岩心多呈块状，局部近地表段风化呈砂状，厚度较小。

$Ⅱ_2$ 中风化花岗质片麻岩：肉红～灰色，变晶结构，片麻状构造，岩心一般较完整，岩质硬，于隧址区分布较稳定，为隧道穿越的主要地层。

以上各岩土层在工程场区的埋藏、分布及岩性特征详见工程地质平面图、工程地质剖面图和钻孔柱状图。

3）水文地质条件

（1）地表水。

隧道区地表水体主要为右侧羊道河中河水，向西汇入高岗河，并经香溪河最终汇入长江，主要接受大气降水补给，水量随季节动态变化，具有山区河流暴涨暴跌的特点。隧道段山体区地表水不发育，仅在地势低凹处降水时汇集有少量地表水，水量小且受降水控制，向地势低洼处排泄基本畅通。另外于隧道进口处有一电站的引水明渠，水量一般较大，施工时应注意其影响。

（2）地下水。

隧道区地下水主要有孔隙滞水及基岩裂隙水，其中：

孔隙滞水分布于隧道通过区段斜坡地带，该层厚度一般不大，渗透性好，分布于斜坡地带，储水条件较差，仅季节性富水，水量小，对隧道施工影响小。

基岩裂隙水隧道区基岩为花岗质片麻岩，该岩组属区内相对隔水层，但其浅部风化裂隙发育，为地下水赋存提供了物理空间，主要接受大气降水垂直入渗补给，通过侧向渗流向地形较低的沟谷地带排泄，受裂隙发育程度，充填物等因素制约，储水空间有限，水量微弱，对隧道施工基本无影响。

根据区域水文资料及环境水水质分析结果，工区环境水 pH = 6.6，侵蚀性［CO_2］= 0.00，［SO_4^{2-}］= 23.1mg/L，［HCO_3^-］= 177.0mg/L，［CL^-］= 4.6mg/L，［Ca_2^+］= 44.9mg/L，［Mg_2^+］= 5.5mg/L，［$K^+ + Na^+$］= 20.8mg/L 总硬度 2.68mmol/L，矿化度 275.8mg/L，水化

学类型为 HCO_3-Ca 型，属中性微硬型淡水。参照《公路工程地质勘察规范》(JTG C20—2011)，结合区域水文地质资料综合判断：隧道区环境水水质较好，对混凝土无腐蚀性，对钢结构具弱腐蚀性。

4)隧道涌水量预测

隧道区水文地质条件简单。本隧道通过地层为元古代花岗质片麻岩，透水性微弱，地下水总体贫乏，不会遭遇大的突水、突泥危害，可不进行涌水量预测。

5)不良地质

隧道区地形切割较深，沟谷斜坡地貌发育。主要不良地质现象为危岩体，位于 ZK95 + 700 左 41m 附近。该危岩体为一较大的块石，处于山脊上，约 6m 高，等轴状，易滚落。建议施工前将其解体后清除。

隧址区分布的土体为残坡积碎石土，主要分布于隧道通过山脊的西面斜坡上，厚度一般不大或位于洞体上方，结构松散，强度较低，抗冲蚀能力差，作为隧道洞口仰坡土体，易产生冲刷变形破坏，水土流失。承载力基本容许值[fa0] = 350kPa，摩阻力标准值 qik = 120kPa。

隧址岩体为强 ~ 中风化花岗质片麻岩，呈块状，岩体工程地质特征如下：

(1)强风化基岩($Ⅱ_1$)，该层分布在隧道区坡体浅表部，风化岩为半岩半土状，力学性能相当于密实砂和碎石、角砾土。作为隧道围岩，自稳能力差，水浸后极易加剧松散破坏；作为洞口仰坡岩体，容易在水的冲刷侵蚀下产生坡面变形破坏，形成浅层滑塌。在不受水浸润、冲刷侵蚀作用而呈干燥状态时，该层边坡稳定性较好。

(2)中风化基岩($Ⅱ_2$)，为洞身主要围岩，岩质较硬，岩体较完整，承载力基本容许值[fa0] = 1800 ~ 2500kPa。该层属自稳性较好的围岩。

6)隧道围岩类别

隧道围岩主要分属Ⅲ ~ Ⅴ级，左洞Ⅴ级围岩长度为 21.249m，占隧道全长 17.3%，Ⅳ级围岩长度为 51.751m，占隧道全长 42.1%，Ⅲ级围岩长度为 50m，占隧道全长 40.6%；右洞Ⅴ级围岩长度为 22m，占隧道全长 17.9%，Ⅳ级围岩长度为 51m，占隧道全长 41.5%，Ⅲ级围岩长度为 50m，占隧道全长 40.6%。

22.1.2　工程特点(重难点分析)

(1)施工过程中由于围岩应力释放不平衡，使中墙承受较大偏心荷载，可能导致中墙失稳，所以，合理选择开挖施工工艺及先行洞和后行洞开挖工作面的间距等，是直接关系到隧道整体结构稳定性的关键。

(2)中隔墙墙顶与主洞二次衬砌结构结合部为防水薄弱点，防排水问题处理难度大。

22.2　监理工作流程

22.2.1　施工工序监理控制流程(图22-1)

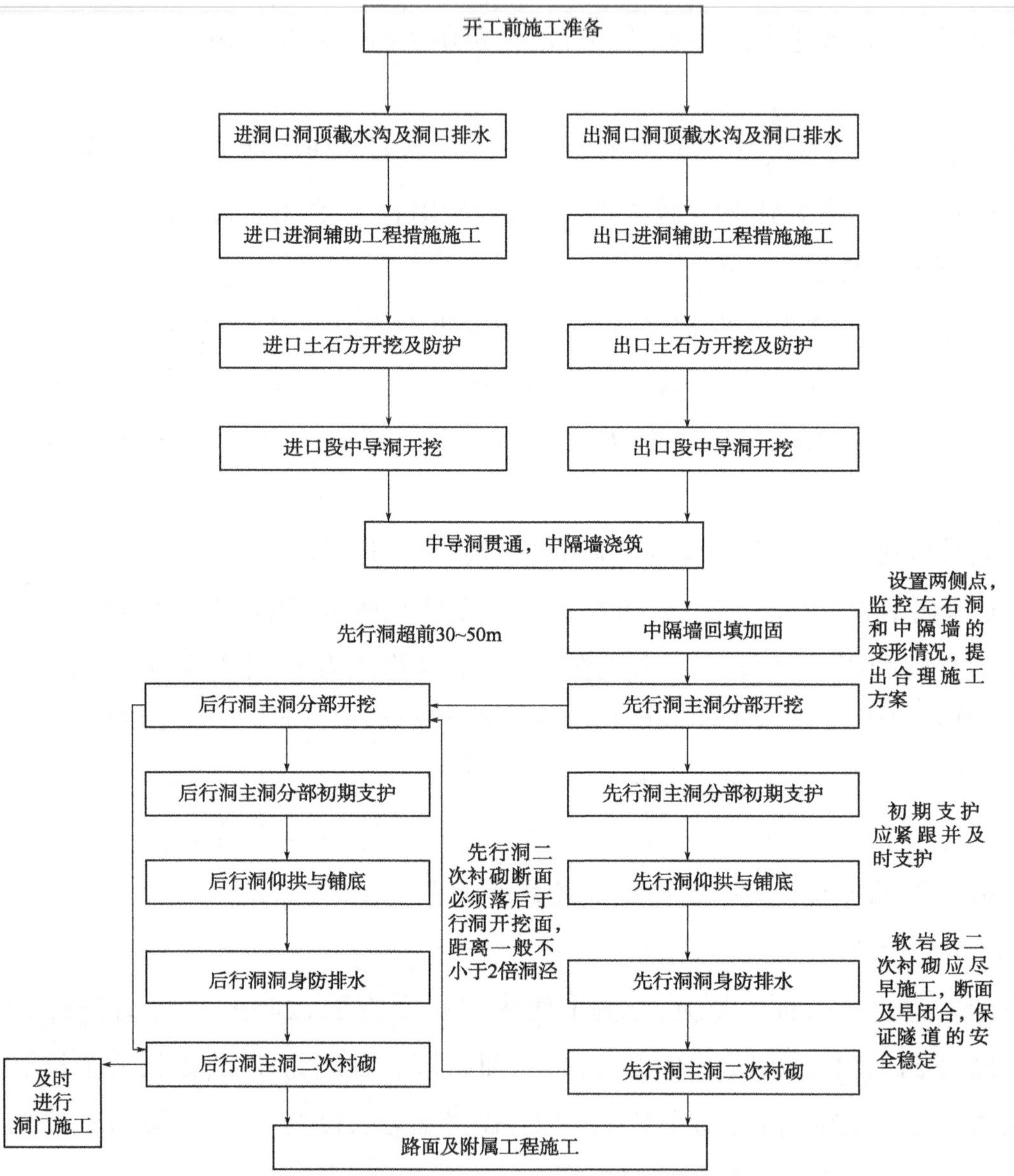

图22-1　施工工序监理控制流程

22.2.2 监理质量工作程序控制流程(图22-2)

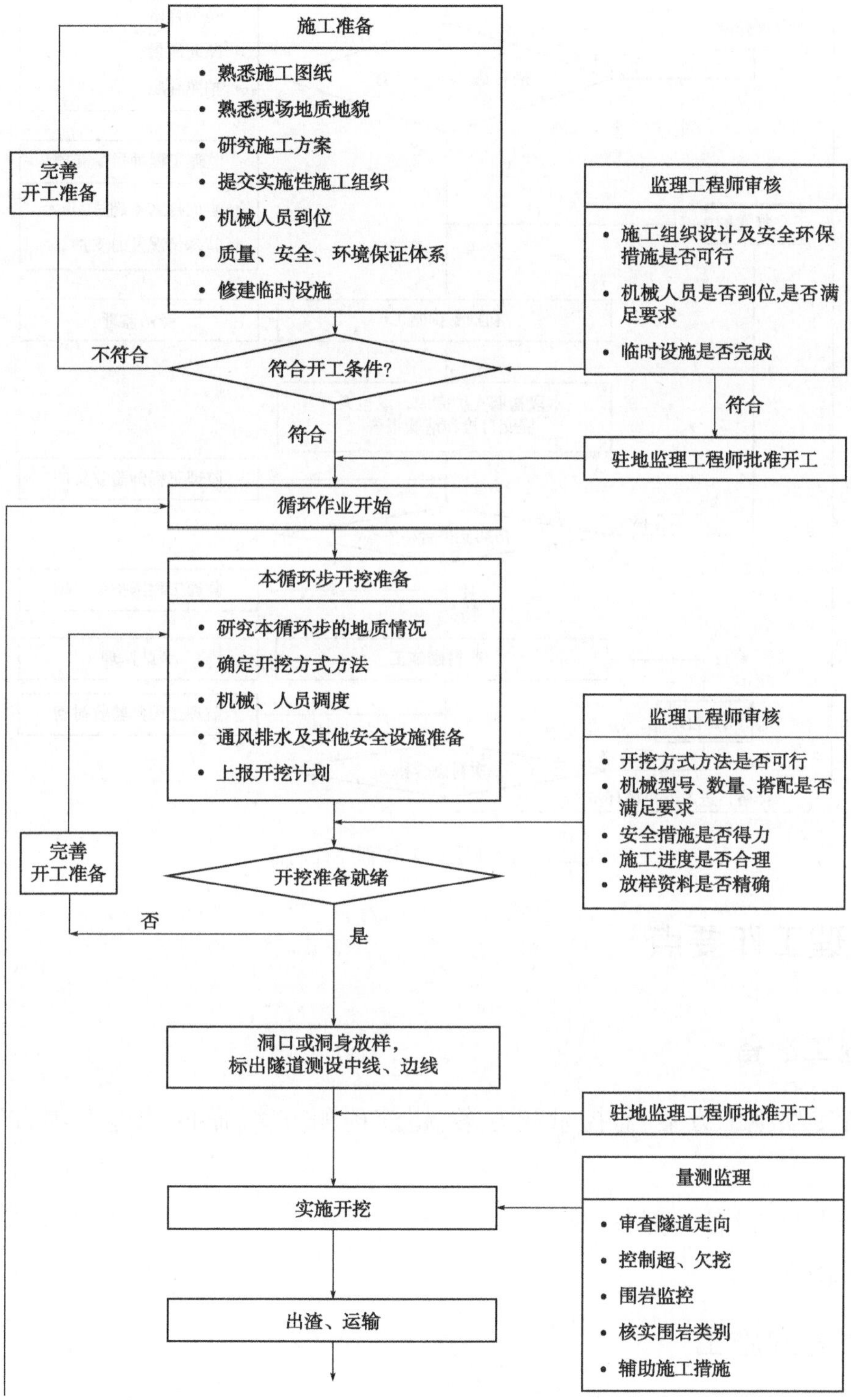

图 22-2

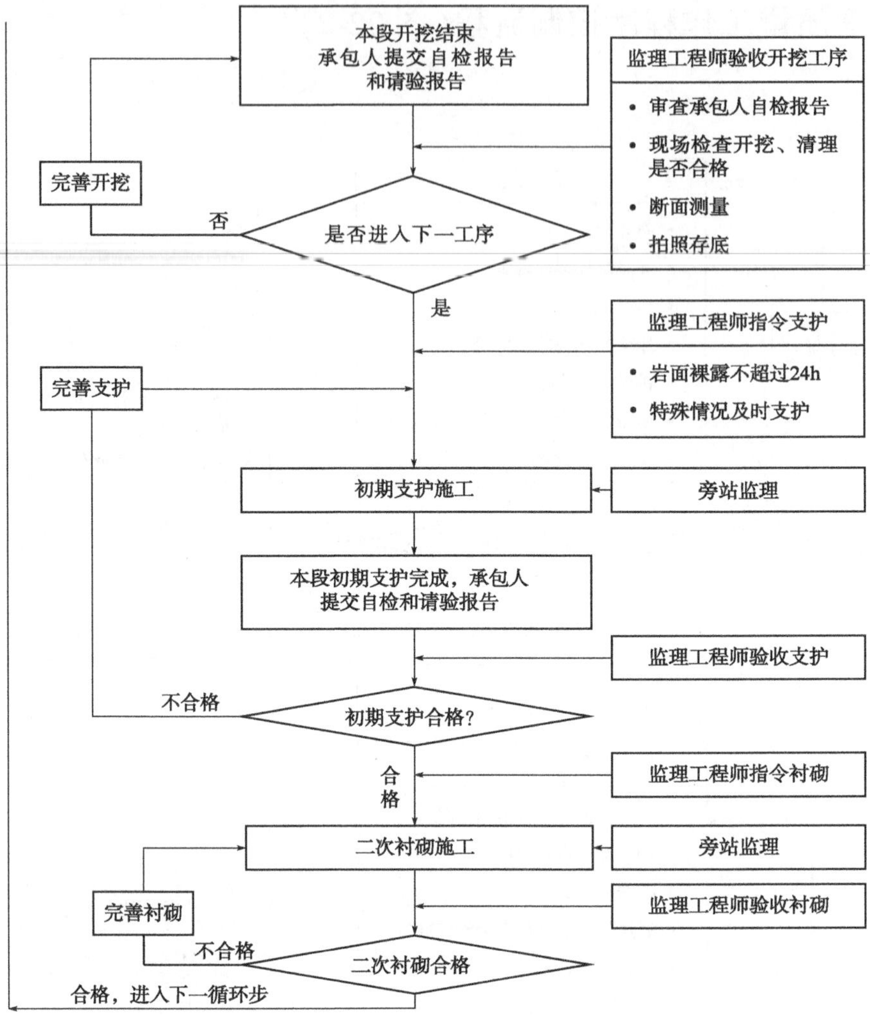

图22-2　监理质量工作程序控制流程

22.3　监理工作要点

22.3.1　施工准备

(1)审查专项施工方案、监控量测方案、超前预测方案、临时用电专项方案、通风方案及配合比等。

(2)检查人员、设备的配备情况。

(3)地质调查。

22.3.2　中导洞施工

(1)中导洞顶部超前支护(洞口大管棚)小导管注浆是关键,质量效果直接影响开挖进度和安全。

(2)开挖以人工为主小型挖掘机配合进行,周边以人工、风镐修整,尽量减少对围岩的扰动。开挖循环进尺控制在0.5～0.7m。初期支护应及时快速，缩短围岩暴露时间。

(3)中导洞施工必须超前，一是便于探明地质情况，为主洞施工提供依据。二是通过初期支护和中隔墙混凝土施工，提前对导洞上部围岩进行支护，加强围岩本身的稳定性，充分利用围岩本身的自承力，抑制围岩在主动开挖时产生过大的变形，中导洞先行为重点。

(4)中隔夹心墙上方的围岩是薄弱环节，施工过程中在中导洞及左、右侧主洞拱部开挖时有三次扰动，同时伴有不利的偏压、变位和不平衡推力都要作用在坚实的中隔墙上，因此，中隔墙混凝土的施工质量至关重要。

(5)监理检查方法及措施。

①掌握地质情况，合理选择施工方法，采用超前地质预报和钻芯取样对注浆效果进行验证，超前地质预报可采用浅孔钻探和声波探测进行。

②开挖循环进尺应和支护参数相匹配，短进尺，多循环，支护紧跟掌子面。

③中隔混凝土墙在中导洞贯通后分段进行，采用定型大块钢模，螺栓连接。

④中隔混凝土墙要提供施工时抗滑移和结构抵抗收敛变位的能力，对基底必须认真处理，将基底浮渣、杂物和积水彻底清理干净，经监理验收合格，并先施作混凝土找平层。

⑤为保证主洞开挖安全，中隔混凝土墙顶部必须填充压实，混凝土与初期支护空隙必须分次用注浆泵注水泥浆回填夯实，混凝土与主洞初期支护相连接时须进行凿毛处理。

⑥注浆和混凝土浇筑时监理必须全过程旁站，并做好有关记录(图22-3)。

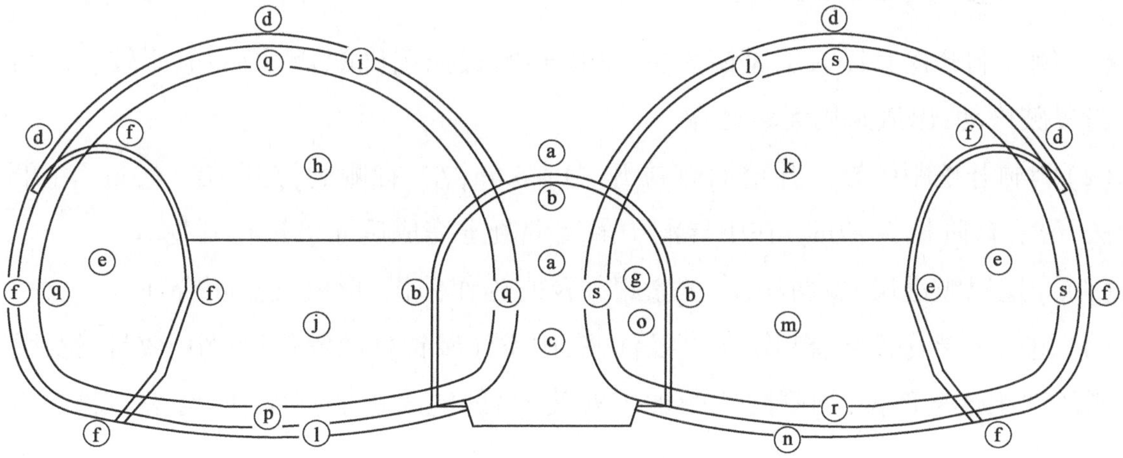

图22-3 连拱隧道施工顺序示意图

⑦施工顺序说明：

a. 中导洞施工辅助设施及开挖中导洞。

b. 中导洞初期支护、墙顶连接锚杆的施工及基础加固。

c. 浇筑中隔墙。

d. 主洞左右洞施工辅助设施施工。

e. 开挖左右侧导洞。

f. 左右洞侧导洞初期支护。

g. 中隔墙右侧回填(临时横撑)。

h. 开挖左洞上半断面。

i. 左洞上半断面初期支护。

j. 开挖左洞剩下的部分土体。

k. 左洞剩下部分进行初期支护。

l. 开挖右洞上半断面。

m. 右洞上半断面初期支护。

n. 开挖右洞剩下的部分。

o. 右洞剩下部分初期支护。

p. 拆除所有临时辅助支撑。

q. 左洞进行仰拱浇筑。

r. 左洞铺设防排水设施,整体浇筑二次衬砌。

s. 右洞进行仰拱浇筑。

t. 右洞铺设防排水设施,整体浇筑二次衬砌。

22.3.3　侧导洞、主洞施工

(1)侧导洞开挖宜以人工风镐为主,辅以轮胎式挖掘机配合,局部地质较硬时可适当进行弱爆破松动,出渣采用无轨运输。

(2)侧洞开挖距中导洞开挖面宜拉开 30 ~ 50m,左、右侧洞拉开 10 ~ 15m。主洞采用台阶法开挖,台阶长 5 ~ 7m。在中导洞中隔墙混凝土完成后才可进行开挖。

(3)开挖以短进尺,多循环,支护紧跟并及时施作仰拱,形成支护闭合环。

(4)超前小导管长度、根数、角度及注浆,中空注浆锚杆的深度、间距、数量、锚固强度,钢格栅的间距连接部位,钢筋网片的加工安装,喷射混凝土的强度、厚度必须符合设计和规范要求。

(5)监控量测布点及时合理,监控仪器齐全,量测方法可靠,量测数据真实,信息反馈及时、准确。

(6)监理检查方法及措施:

①对施工方案进行充分研讨,其可行性得到专家论证,经审批后严格执行。

②配备激光断面仪或地质雷达,对成洞后的初期支护断面和厚度进行检查。

③根据初期支护进展情况,尽快施作二次衬砌,增大支护刚度。

22.3.4 大管棚施工

(1)采用的钢管型号、规格及质量必须符合设计和规范要求,并梅花形打孔。

(2)选择性能良好、配套的管棚钻机,单个工作面不少于2台。

(3)钻机就位对中准确、稳定,严格控制上抬量和角度,钻机角度应与隧道设计纵坡基本一致,防止上、下、左、右错位。

(4)选用地质钻机或管棚钻机风动钻进成孔,风动冲击回转钻头直径、钻压、转速、风量、风压等钻进参数应满足施工要求。

(5)钻孔检查合格后,钢管连续接长,由钻机旋转顶进将其装入孔内,管棚节间应用丝扣连接,要求隧道纵向同一截面处钢管接头数不大于50%。

(6)注浆以先稀后浓为原则,注浆量由压力控制,初压0.5~1.0MPa。终压2.0MPa,达到结束标准后停止注浆。

(7)监理检查方法及措施:

①为保证洞口边坡稳定和保护自然环境、植被不受破坏,实现洞口零开挖,根据地形先施作2~3套拱,并沿套拱准确安装预埋大管棚导向管。

②为保证管棚施工质量,在拱脚部位,造两个孔作为试验孔,找出地层特点,并进行注浆和砂浆充填试验。

③为确保注浆质量,在钢花管安装后,管口用麻絮和锚固剂,封堵钢管与孔壁间空隙,钢管自身利用孔口安装的封头将密封圈压紧,压浆管口上安装三通接头。

④因地质因素,管棚钻机在钻机过程中有可能出现卡钻,退钻后坍孔或钢管顶不到位的现象,必须再次进行清孔和重钻。

⑤注浆后,扫除管内胶凝浆液,用水泥砂浆紧密充填,增强管棚的刚度和强度。

⑥压浆孔深、孔径、孔位监理必须逐一验收,压浆时全过程旁站,并做好记录。

22.3.5 超前小导管施工

(1)小导管的规格、加工长度,必须符合规范和设计要求。

(2)根据地质情况,按渗透系数确定注浆类型,进行注浆设计。

(3)通过试验确定或调整注浆半径,注浆压力和担管注浆量。

(4)小导管的孔位、孔径偏差应不小于50mm,在掌子面测量标出。

(5)小导管水平搭接长度不小于1.0m,与隧道轴线外接角宜为5°~10°。

(6)配制好的浆液应在规定时间内注完,随配随用,配合比按设计通过现场试验来确定。

(7)清孔后按由下至上的顺序施工,浆液先稀后浓,注浆先大后小。注浆压力按分级外压法控制,由注浆泵油压控制调节。

(8)监理检查方法及措施。

①注浆前掌子面5m范围内必须喷射混凝土5~10cm进行封闭,以防漏浆。

②成孔检查合格后,人工推送钢管入孔,管口用麻絮和锚固剂封堵。

③压浆结束标准以注压控制为主,注浆量校核,当注浆压力为0.7~1.0MPa时,持续15min即可终止。

④进浆量直接影响围岩固结范围和整体稳定,监理应严格按工序验收和注浆全过程旁站,并详细记录。

22.3.6 中空注浆锚杆施工

(1)中空锚杆材质、类型、质量、规格、数量和性能、中空度必须符合设计和规范要求。

(2)中空锚杆采用风动凿岩机钻孔,孔距、孔深应严格掌握。

(3)中空锚杆应与岩面垂直,打入时尾端留出10cm外露。

(4)注浆时尾部必须安放止浆塞,排气环排处孔内空气。浆液配比按设计和试验确定,注浆压力根据设计参数和注浆机性能确定,一般控制在0.7~1.0MPa,持续15min。

(5)监理检查方法及措施:

①根据每个循环进尺,按设计数量、长度施工时一次拉入调内验收合格后才能施工。

②锚杆插入孔内的长度不得短于设计长度的95%,监理按每个作业循环总数20%抽查。

③锚杆的数量以每循环打完之后按外露头实际点数。

④锚杆拔力按1%且不小于3根做拔力试验,随机抽取,以每10~20延米为段落。

⑤注浆时监理全过程旁站,详细记录。

⑥砂浆锚杆开孔前做好量测工作,按设计要求布孔并做标记,锚杆孔应圆而直,孔口岩面应整平,使岩面与钻孔方向保持垂直。

⑦用压风水冲洗锚杆孔,确保孔内不留石粉或其他影响砂浆与孔壁固结的杂物。

22.3.7 钢拱架(钢格栅)施工

(1)钢材材质、规格、型号必须符合设计和规定要求。

(2)加工可由工厂制作或现场制作,型钢尽量在工厂加工制作,按设计尺寸分段,弧形圆顺,单元拼装,单元间采用螺栓连接,拼装偏差±3mm。

(3)安装尽量靠近围岩,凿出20~30mm间隙做混凝土保护层。安装间距偏差小于50mm,横向±50mm,竖向不低于设计高程,倾斜度±2°。

(4)监理检查方法及措施：

①每节连接螺栓必须拧牢固。拱架(格栅)立起层根据中线水平将其校正,然后用钢筋固定,并用纵向连接筋将其相邻拱架焊接牢靠,拱架(格栅)与墙面间用钢楔或混凝土垫块楔紧。

②拱架(格栅)必须置于牢固的基础上,安装前应将底脚处浮渣彻底清除干净。底部高程不足时,不得用土、石回填,应采用钢板或同强度等级混凝土进行调整。

③拱架(格栅)安装后,应按隐检进行验收。

22.3.8 钢筋网片施工

(1)钢筋规格、材质应满足设计要求,使用前应清除锈。

(2)钢筋网宜在岩面喷射一层混凝土后随多喷面起伏铺设,并在锚杆安设后进行,要求与受喷面间隙控制在20～30mm。

(3)采用双层钢筋网时,第二层钢筋网应在第一层钢筋网被混凝土覆盖后铺设。

(4)钢筋网应与锚杆或其他固定装置连接牢固,在喷射混凝土时不得晃动。

22.3.9 喷混凝土施工

(1)喷射混凝土必须采用湿喷工艺进行施工。

(2)喷射混凝土必须采用分段、分片由下而上顺序进行。动喷厚度应根据设计厚度和喷射部位确定,一般动喷厚度不小于4～6cm,动喷时,应着重填平补齐,将小的凹坑喷圆顺。

(3)喷射混凝土作业应以适当的厚度分层进行。厚一层喷射应在第一层混凝土终凝后进行。若终凝间隔1h以上且动喷表面已蒙上粉尘时,受喷面应用高压风水清洗干净。

(4)格栅与壁面之间的间隙应用混凝土充填密实,喷射混凝土应由两侧拱脚向上对称喷射,并将钢格栅覆盖。

(5)喷射混凝土终凝2h后,应喷水养护,养护时间不小于7d,气温低于+5℃时,不得喷水养护。

(6)喷射混凝土时,在保证混凝土厚度的同时,应尽量使表面圆顺平整,避免严重凹凸不平现象。

(7)监理检查方法及措施：

①湿喷机工作时要求系统风压不小于0.5MPa,风量不小于10m^3/min,工作风压一般控制在0.4～0.5MPa。

②作业开始时,应先送风,后开机,再给料,待混凝土从喷嘴喷出后,再供给速凝剂,结束时,先关闭速凝计量泵之后停止供料,待喷嘴残留的少量混凝土和速凝剂全吹净后再停风。

③喷头距岩面距离以0.6～1.2m为宜，与受喷面基本垂直，喷射时，应使喷射料束螺旋形运动。

④当有渗水时，可先喷射砂浆，并加大速凝剂量和水泥用量。在保证动喷后按原配比施工。

⑤喷射混凝土作业需紧跟开挖面时，下次爆破距喷射混凝土作业完成时间的间隔不得小于4h。

⑥喷射混凝土应分层喷射至设计厚度，不允许有空洞。

22.3.10 监控量测

(1)选择量测项目应不少于设计要求并根据实际适当增加。

(2)布点位置应合理、可靠，符合实际情况。

(3)对设置部位严加保护，不受损坏，保证量测数据真实。

(4)配备相关专业人员和精密仪器，确保量测工作的落实到位。

(5)根据数据分析、整理，及时反馈，指导施工(表22-2)。

隧道现场监控量测项目及方法　　表22-2

项目名称	方法及工具	布置	量测间隔时间				目的
			1～15d	16d～1个月	1～3个月	3个月以后	
地质和支护状况观察	岩性、结构面铲状及支护裂缝观察或描述，地质罗盘等	开挖后及初期支护后进行	开挖后及初期支护后进行				判断围堰稳定性和预测开挖面前方地质条件，判断隧道稳定性和检验支护参数
周边位移及拱顶下沉	各种类型收敛计及水平仪、水平尺、钢尺或测杆	每10m一个断面	1～2次/d	1次/2d	1～2次/周	1～3次/月	判断围岩及隧道稳定性，进行位移反分析，检验支护参数，并为二次模筑衬砌施作提供依据
地表下沉	水平仪、水准尺	每10m一个断面	1～2次/d	1次/2d	1～2次/周	1～3次/月	
围岩压力	各种类型压力盒	每类围岩代表性地段一个断面，每断面内15个测点	1～2次/d	1次/2d	1～2次/周	1～3次/月	
围岩内部位移	单点、多点杆式或		1～2次/d	1次/2d	1～2次/周	1～3次/月	
			1～2次/d	1次/2d	1～2次/周	1～3次/月	

22.3.11 二次混凝土衬砌施工

(1)监控量测信息反馈围岩和初期支护变形基本稳定后施作,围岩变形量较大,流变性明显时,要加强初期支护并及早施作仰拱和二次衬砌。软弱围岩应紧跟。

(2)台车有足够的刚度和稳定性,模板的液压支、收缩系统布置合理,满足衬砌施工需要。自动行走方便,有闭锁装置,保证定位准确。

(3)防水层施作符合设计和规范要求,经验收合格。

(4)混凝土配合比经验证满足设计强度要求,并经过审批。

(5)二次衬砌开工申请审批后召开浇筑方案会。

(6)钢筋原材试验合格,加工安装符合设计和规范要求。

(7)台车端部的挡头板安装密贴牢固。

(8)橡胶止水带安装必须符合设计和规范要求。

(9)监理检查方法和措施:

①一次浇筑长度宜为 8 ~ 10m。

②浇筑时,监理全过程进行旁站,按要求对混凝土的和易性、坍落度进行控制。坍落度控制为 14 ~ 18cm,按台班制作试件。

③混凝土由下而上分层,左右交替、对称灌注,每层厚度 30cm。两侧混凝土灌注面高差控制在 50cm 以内。

④混凝土输送管端设置软管与浇筑面的垂距,混凝土不得直冲防水板,板面浇至浇筑位置,垂距应控制在 1.5m 以内,以防混凝土离析。

⑤施工过程中,输送泵应连续运转,泵送连续灌注,避免停歇造成冷缝。当混凝土浇至作业窗下 50cm,作业窗关闭前,应将窗口附近的混凝土浆液残渣清理干净,涂刷脱膜剂,将其关紧,防止窗口部位表面混凝土出现凹凸不平的补丁甚至漏浆。

⑥封顶采用顶模中心封顶器接输送管,逐渐压注混凝土封顶。当挡头板上观察孔有浆溢出,即封顶完成。

⑦拆模按最后一盘封顶混凝土试件达到的强度来控制,当不受外荷载时,混凝土强度应达到 5MPa,以同条件养护试件为依据。

⑧养护拆模前用水冲洗模板外表面,拆模用后高压水喷淋混凝土表面,以降低水化热,养护期不少于 14d。

22.4 监理工作方法与措施

22.4.1 监理工作方法

22.4.1.1 旁站

根据《公路工程施工监理规范》(JTG G10—2016)的有关规定,现场监理将对重要部位、关键工序和隐蔽工程进行旁站监理。现场旁站的目的是对承包人的各项施工程序、施工方法和施工工艺进行有效的控制,旁站由各专业监理工程师及监理员担任,实行全方位、全过程、全环节的监理,连拱隧道工程旁站项目具体有:

(1)初期支护(试验段工程)。

(2)中隔墙混凝土、混凝土衬砌(试验段工程)。

(3)隧道路面(试验段工程、摊铺)。

22.4.1.2 巡视检查

专业监理工程师每天对每道工序的巡视检查应不少于1次,并详细做好巡视记录。监理巡视记录由驻地办定期收集、整理(一般应不低于每周一次)。

本项目连拱隧道巡视主要内容包括:

(1)一正在施工的分项、分部工程是否已批准开工。

(2)质量检测、安全管理员是否按规定到岗。

(3)特种作业人员是否持证上岗。

(4)现场使用的原材料或混合料、外购产品、施工机械设备及采用的施工方法与工艺是否与批准的一致。

(5)质量、安全及环保措施是否实施到位。

(6)试验检测仪器、设备是否按规定进行了校准。

(7)是否按规定进行了施工自检和工序交接。

22.4.1.3 抽检

1)各分项分部工程抽检主要内容

(1)隧道总体:行车道宽度、内轮廓宽度、内轮廓高度、隧道偏位、边仰坡坡度。

(2)明洞工程:混凝土强度、厚度、平整度、明洞回填的厚度、两侧高差、坡度、压实质量等。

(3)洞身开挖:拱部、边墙、仰拱超欠挖情况。

(4)喷射混凝土支护:强度、厚度空洞情况。

(5)锚杆支护:数量、锚杆拉拔力、孔位、孔径、孔深。

(6)钢筋网支护:网格尺寸、钢筋保护层厚、搭接长度。

(7)仰拱及回填:混凝土强度 、仰拱厚度、钢筋保护层厚度、仰拱底面、回填顶面高程。

(8)中隔墙、混凝土衬砌:混凝土强度、厚度、墙面平整度、衬砌背部密实状况。

(9)防水层:材质、搭接、焊缝宽度、固定间距、焊缝密实性、表面破损情况等。

(10)止水带:纵向偏离、偏离衬砌中线、固定点间距。

(11)钢支撑(钢格栅)支护:安装间距、保护层厚度、倾斜度、安装偏差、拼装偏差、连接钢筋。

(12)衬砌钢筋:主筋间距、两层钢筋间距、箍筋间距、绑扎、搭接长度、钢筋加工长度、钢筋保护层厚度。

(13)超前钢管(管棚):数量、长度、孔位、钻孔深度、孔径。

(14)隧道路面:弯拉强度、板厚度、平整度、抗滑构造深度、横向力系数、相邻板高差、纵横缝顺直度、中线偏位、路面宽度、纵断高程、横坡、断板率。

2)抽检方法及措施

抽检方法及措施按照《公路工程质量检验评定标准　第一册　土建工程》(JTG F80/1—2017)的要求执行。

22.4.1.4　验收

1)连拱隧道工程施工质量验收

(1)工程施工应符合工程勘察、设计文件的要求。

(2)工程施工质量应符合施工规范和相关专业验收规范、标准的规定。

(3)参加工程施工质量验收的各方人员应具备规定的资格。

(4)工程质量的验收均应在施工单位自行检查评定合格、监理工程师复查认证的基础上进行。

(5)检验批的质量应按主控项目和一般项目验收。

(6)承担复检或检测以及监控量测的单位应具有相应资质,人员应具有资格。

(7)工程的外观质量应由验收人员通过现场检查评分共同确认。

2)验收内容

(1)隧道工程施工质量验收的划分及编号。

(2)洞口开挖检验批质量验收。

(3)砌体工程检验批质量验收。

(4)钢筋工程检验批质量验收。

(5)中隔墙混凝土(原材料及配合比)检验批质量验收。

(6)洞口混凝土检验批质量验收。

(7)主洞洞身开挖检验批质量验收。

(8)隧底开挖检验批质量验收。

(9)喷射混凝土支护检验批质量验收。

(10)锚杆支护检验批质量验收。

(11)钢筋钢架、工字钢检验批质量验收。

(12)管棚检验批质量验收。

(13)超前小导管检验批质量验收。

(14)防水板检验批质量验收。

(15)回填注浆检验批质量验收。

(16)二次衬砌混凝土(原材料及配合比)检验批质量验收。

(17)明洞开挖检验批质量验收。

(18)明洞衬砌检验批质量验收。

(19)明洞回填检验批质量验收。

(20)分部工程验收。

(21)单位工程验收。

22.4.2　监理工作的主要措施

22.4.2.1　组织措施

明确内部职责分工,建立岗位责任制,制定监理工作制度,同时采取考核的办法,落实质量控制的责任。

22.4.2.2　技术措施

根据施工的每一阶段(施工准备阶段、施工阶段和竣工验收阶段),采取事前、事中和事后相结合的质量控制措施,并注意突出控制重点,充分运用监理独立的平行检验手段,实施对施工全过程的监理。

22.4.2.3　经济措施

充分运用合同管理和工程计量权,督促承包方按合同办事,严格执行工程质量的检查和验收制度,对不符合合同规定质量及安全要求的工程不予中间交工、不予计量。

22.4.2.4　合同措施

审查分包、专业分包的资质,监督和防止转包、层层分包及总包单位以包代管的现象。自觉按合同办事,督促施工单位、综合队遵守合同,协调合同纠纷。

22.4.3　具体措施

(1)监理人员应熟悉设计文件,参加设计交底。监理人员对施工图应重点核对:

①现场地形、地貌、水文和地质条件。

②设计中考虑采用的施工方法、技术措施、新技术、新工艺和新材料等。

③采用的设计标准、结构细节的质量要求。

(2)在审批施工组织设计(施工方案)时,监理人员除考虑满足规范及设计要求外,应重点审查工艺是否合理,施工方法是否安全可靠有效,施工平面布置是否符合现场的条件以及环境保护和水土保持的要求。

(3)进场的工程材料、半成品、构配件和设备等应符合国家现行有关标准,监理人员应检查相关质量文件,并按规定抽样试验,经检测合格后,方批准使用。

(4)施工中使用的各种机械、设备和设施,施工单位使用前应进行全面检查或鉴定,经运转合格后方准使用。监理人员应对此进行监督,并要求施工单位经常检查,定期校核标定。

(5)对隐蔽工程,施工单位必须在自检合格后,报请监理检查。监理人员应对每道工序检验并签认,未经监理签认,不得进入下道工序。

(6)对关键工序进行旁站,旁站中做出详细记录,真实反映施工过程。

22.5　巡视、旁站、抽检和验收计划

22.5.1　巡视

采取以巡视为主的方式进行施工现场监理,对施工的主要工程每天巡视不少于1次,并填写巡视记录(表22-3)。

巡视计划表　　表22-3

部　　位	人　　员	备　　注
隧道测量	张某、李某	至隧道贯通
边坡、仰坡、洞顶截水沟	张某、李某	
洞门	张某、李某	
明洞工程	张某、李某	
洞身开挖	张某、李某	包括中导洞、主洞等爆破开挖施工内容
初期支护	张某、李某	包括中导洞初期支护等
防排水	张某、李某	
衬砌工程	张某、李某	包括中隔墙混凝土、二次衬砌等
辅助工程	张某、李某	
现场环水保施工水土保持	张某、李某	
现场安全施工管理	张某、李某	安全监理为主,本项目各现场监理均实行一岗双责,安全管理人人有责

22.5.2 旁站

按照合同条款、现行《公路工程施工监理规范》(JTG G10)附录A及监理计划相关要求开展旁站工作(表22-4)。

旁站计划表 表22-4

部位	监理人员	备注
进出口管棚及小导管施工	张某、李某	
锚杆安装及网片挂设(试验段)	张某、李某	
工字钢(钢格栅)安装(试验段)	张某、李某	
喷射混凝土(试验段)	张某、李某	
防水板安装(试验段)	张某、李某	
仰拱及回填	张某、李某	
中隔墙混凝土、二次衬砌(试验段)	张某、李某	
隧道路面(试验段)	张某、李某	

22.5.3 抽检

对开挖断面、外观质量、平面定位及高程测量抽检频率100%,对原材料检测、锚杆拉拔及钢筋接头质量检测抽检频率应不低于20%(表22-5)。

抽检计划表 表22-5

部位	人员	备注
隧道总体	张某、李某	
洞口边仰坡防护	张某、李某	
截水沟、排水沟	张某、李某	
洞门、翼墙	张某、李某	
明洞衬砌	张某、李某	
明洞防水层	张某、李某	
明洞回填	张某、李某	
中导洞开挖	张某、李某	
中导洞初期支护(喷射混凝土、锚杆、钢筋网、钢架等)	张某、李某	
中导洞基础、墙身、墙顶回填	张某、李某	
主洞开挖	张某、李某	
主洞初期支护(喷射混凝土、锚杆、钢筋网、钢架、钢格栅、超前小导管、管棚等)	张某、李某	
防水层、止水带、排水	张某、李某	
隧道路面基层、面层	张某、李某	

22.5.4 验收

隧道分项工程施工完成后,督促施工单位提交中间交工验收申请,及时组织验收(表22-6)。

验收计划表 表22-6

部 位	验收人员	备 注
洞口开挖	张某、李某	第三方由业主单位委托
砌体工程	张某、李某	
钢筋工程	张某、李某	
中隔墙混凝土(原材料及配合比)	张某、李某	
洞口混凝土	张某、李某	
主洞洞身开挖	张某、李某	
喷射混凝土支护	张某、李某	
锚杆支护	张某、李某	
钢筋钢架、工字钢	张某、李某	
仰拱及回填	张某、李某	
大管棚	张某、李某	
防水板	张某、李某	
二次衬砌混凝土(原材料及配合比)	张某、李某	
明洞开挖	张某、李某	
明洞衬砌	张某、李某	
明洞回填	张某、李某	

第 23 章　交通安全设施工程监理实施细则

——以江北东高速公路工程为例

23.1　工程内容和特点

23.1.1　工程内容

监利至江陵高速公路东延线项目起点位于洪湖市乌林镇水府村附近，与赤壁长江公路大桥北岸接线对接，起点桩号 K1 +997.656（赤壁长江公路大桥 K20 +700），之后路线向北跨 G351，于乌林镇水府村设乌林枢纽互通与洪监高速公路交叉，然后向北经双河村、朝阳村，上跨内荆河，过小港管理区，上跨黄观公路后于沿湖村设汉河互通接 S214，再次下穿 800kV 超高压电力线，过汉河镇红三村、搓头村、新墩村后，上跨洪排河，过南昌村后上跨 S214，后向西过简市、红桥村，于指南村设万全互通接 S214，再经万全镇董河村、小河村，于洪中村设戴家场服务区，后上跨峰瞿公路，过戴家场镇南侧，于螺滩设瞿家湾互通接新建瞿家湾连接线，后向西南展布，过刘家湾至监利渡口，过青龙村，然后下穿 800kV 超高压电力线，过杨家台、前途村、土地村、姜油村、官马湖村至本项目终点，与监利至江陵高速公路分盐枢纽互通对接，终点桩号 K64 +532.762（随岳高速公路 SY283 +040.43，监利至江陵高速公路 K0 +000），路线全长 62.505km，其中断链 2 处，分别为 K26 +309.947 = K26 +300，K42 +220.711 = K42 +194.814。

全线安全设施按一次建成的原则。安全设施设置规模为全线主线和连接线范围内的安全设施，包括：

（1）道路交通标志、里程牌、百米牌、公路界碑。

（2）交通标线和标记、突起路标。

（3）路侧护栏及中央分隔带护栏、防撞垫等。

（4）隔离设施。

（5）防眩设施。

（6）视线诱导设施（轮廓标、视线诱导标等）。

23.1.2　工程特点

项目起点乌林枢纽互通与监江高速公路乌林互通相距较近（鼻端距离 1.488/1.702km），

且监江高速公路乌林互通先期通车，需要充分考虑现状交通设施设置情况，并采用合理标志标线方案最大限度地降低互通距离过近的问题。同时起点路段存在三车道变两车道的情况。

项目终点与G0421许广高速公路相交于分盐互通，需充分调查与G0421许广高速公路临近互通情况，加强枢纽互通指路标志设计，并对路网范围内标志牌进行改造。

本项目桥梁占比59.38%，需做好桥梁路段标志预留预埋，与跨饮用水源桥梁污水处理。

项目设计一处瞿家湾互通和服务区合设，交通组织较常规复杂，需要加强进出服务区和上下高速公路车辆的交通诱导指引。

项目实施阶段处于新旧规范更新时期，设计、施工均按新规范执行。

23.2　监理工作流程

23.2.1　施工管理流程(图23-1)

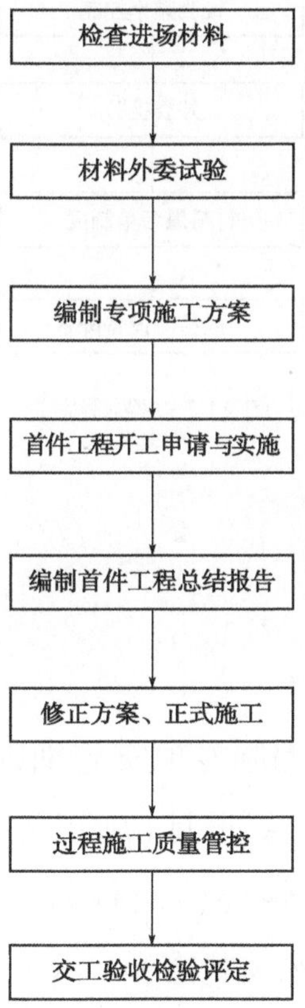

图23-1　施工管理流程

23.2.2 施工前的准备工作(图 23-2)

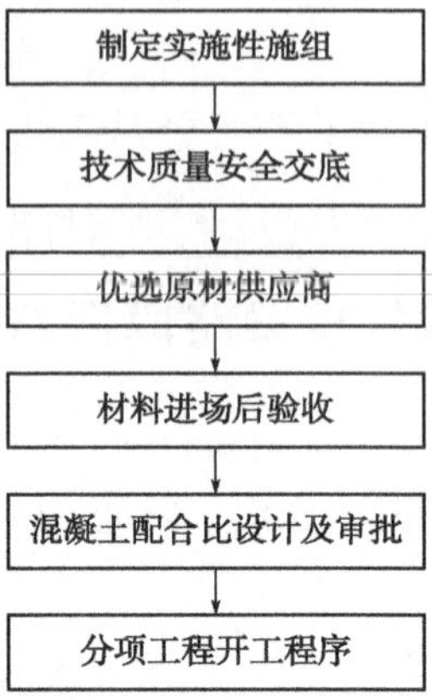

图 23-2 施工前的准备工作

23.2.3 检测程序(图 23-3)

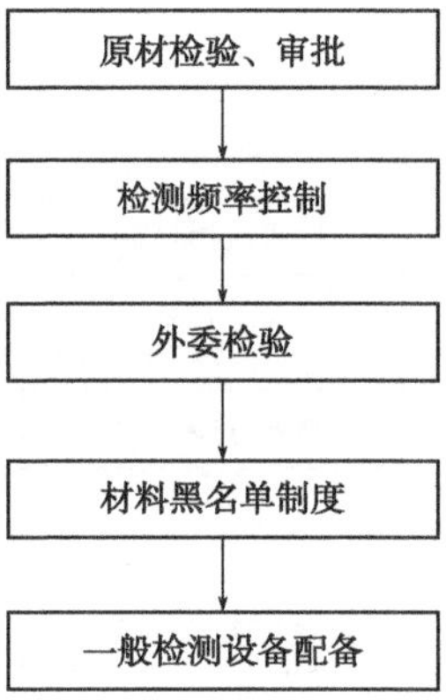

图 23-3 检测程序

23.3 监理工作要点

23.3.1 施工准备

(1)全面熟悉合同及设计文件,编制专项实施细则,开展监理业务培训、考核。

(2)审批施工单位上报的施工组织设计(施工方案),督促施工单位建立健全各项体系,实地检查施工单位各项开工准备情况(原材料检验、配合比批复情况、施工人员、机械设备、特种设备、辅助材料的进场情况及状态)。

(3)审查施工单位控制网复测结果以及预留预埋、标志位置核查结果。

(4)参加设计交底,充分了解设计技术要点及施工中应注意的事项及其他有关问题。

(5)审批首件工程开工申请,全过程跟踪首件工程施工质量。

23.3.2 交通标志

(1)检查包装、储存及运输标志是否符合下列规定:

①贴上反光膜的标志板应用保护纸进行分隔,并应存放在室内干燥的地方。标志以分层储存,但应用发泡胶把两块标志分隔。标志也可以竖立储存以减少压力,一些小标志可以悬挂储存。

②标志面应有软衬垫材料加以保护,以免搬运中损伤防腐层或其他损伤。

(2)检查标志定位与基础设置是否符合下列规定:

①所有交通标志均应按设计文件的要求确定设置位置。

②单柱、双柱、三柱、双悬、单悬、门架地基承载力值不小于150kPa。除了桥上标志基础不进行混凝土包封,其他路基上的标志基础均需进行C30混凝土包封处理。

③基坑开挖后应及时浇注混凝土,防止雨水冲毁路基边坡;浇筑混凝土时,应注意准确设置地脚螺栓和底座法兰盘。

④基础完工后,做好或恢复路基边坡防护。施工过程中不得损坏已完工的工程,尤其不得污染路面。

(3)检查标志安装是否符合下列规定:

①立柱必须在基础混凝土强度达到设计强度的80%以上时才能安装。

②路侧柱式标志板可通过抱箍固定在立柱上。

③标志板安装到位后,应进行板面平整度和安装角度的调整。

(4)百米牌、里程碑、公路界碑的施工。

①百米牌:百米牌采用Ⅳ类反光膜设置于路侧护栏板上部,在桥梁路段则直接固定在混凝土护栏上。

②里程牌:采用单柱式标志支撑结构,固定在路侧护栏立柱和混凝土护栏上,版面采用Ⅳ类反光膜。

③公路界碑:公路界碑设置在征地线上,间距为200~500m。

23.3.3 交通标线、标记及突起路标

(1)本项目普通标线采用反光型热熔标线涂料厚2.0mm;导流标线、箭头标线厚2.0mm;凸起结构型振动标线采用热熔突起型反光涂料,厚5.0mm;立面标记根据不同部位采用反光漆和铝基膜。

(2)主线上道路标线包括行车道分界线、行车道边缘线、车道指示标记等。主线上标线及标记颜色均为白色。行车道边缘线为实线,宽度20cm,行车道分界线为6m/9m虚线,宽度15cm。

主线行车道边缘线采用振动标线,互通立交匝道行车道分界线和行车道边缘线采用振动标线。全线车道边缘线设置渗水间隙,一般路段每10m设置5cm渗水间隙,路线凹曲线底部路段每6m设置5cm渗水间隙。

(3)瞿家湾连接线主线路侧边缘线采用15cm白色热熔反光标线,车道分界线采用15cm的4m/6m黄色热熔反光虚线。

连接线劝还车道边缘线采用15cm白色热熔反光标线。劝还车道出入口鼻段设置导流标线,采用白色热熔反光标线,标线设置形式按照互通出入口鼻段导流标线设置。

(4)全线在车道边缘线、互通立交加、减速车道斑马线上设置凸起反光路标。突起路标布设在主车道、匝道边缘线的两侧,主线间距为15m,匝道间距为6m,大桥、特大桥间隔为10m,单向反光;材料采用玻璃珠反光突起路标。突起减速标线应用在收费站广场的减速标线。

(5)特大桥桥头、互通出口位置设置横向减速振动标线。

(6)新铺沥青混凝土路面的交通标线施工,可在路面施工完成一周后开始。路面应清洁干燥,不得存在松散颗粒、灰尘、沥青渣、油污或其他有害材料。涂布涂层后,应立即将玻璃珠均匀撒布在其表面,玻璃珠含量为0.3~0.34kg/m^2。

(7)应根据公路横断面的具体尺寸和设计文件的要求确定标线位置和标线宽度、长度,在路面上画出标线位置。

正式施划前应进行试画,以检验画线车的行驶速度、线宽、标线厚度、玻璃珠撒布量等能否满足要求。调试合格后才能开始正式施工。对施工中存在的缺陷,应及时修整。

(8)突起路标宜在路面标线施工完成后安装,且不得影响标线质量。

(9)雨、雪、强风、气温低于规定温度的天气,应暂停施工。

(10)路面标线、突起路标施工过程中,应加强安全管理,维护标线涂料和突起路标的正常养护周期。

23.3.4 护栏及轮廓标

23.3.4.1 波形梁钢护栏

(1)高路堤、路肩墙等特别危险路段采用混凝土护栏(参考桥梁上部现浇细则),其余路段采用波形梁护栏,通道与相接路基采用相同的护栏形式,桥梁内外侧采用混凝土护栏。事故严重程度低等级的路段设置A级护栏,中等级的路段设置SB级护栏,高等级的路段设置SA级护栏。

(2)应根据设计文件进行立柱放样,并以桥梁、通道、涵洞、隧道、中央分隔带开口、紧急电话开口、互通式立体交叉等控制立柱的位置,进行测距定位。应调查立柱所在处是否存在地下管线、排水管等设施，或构造物顶部埋土深度不足的情况。

立柱放样时，可利用调节板调节间距，并利用分配方法处理间距零头数。

(3)立柱安装。

①立柱安装应与设计文件相符，并与公路线形相协调。

②位于土基中的立柱，可采用打入法、挖埋法或钻孔法施工。立柱高程应符合设计要求，并不得损坏立柱端部。

a.采用打入法打入过深时，不得将立柱部分拔出加以矫正，必须将其全部拔出，将基础压实后再重新打入。立柱无法打入到要求深度时，严禁将立柱的地面以上部分焊割、钻孔，不得使用锯短的立柱。

b.采用挖埋法施工时，回填土应采用良好的材料并分层夯实，回填土的压实度不应小于设计规定值。填石路基中的柱坑，应用粒料回填并夯实。

c.采用钻孔法施工时，立柱定位后应用与路基相同的材料回填，并分层夯填密实。

③立柱施工时，柱坑从路基至面层以下5cm处应采用与路基相同的材料回填并分层夯实，余下部分应采用与路面相同的材料回填并压实。

④位于小桥、通道、明涵等混凝土基础中的立柱，可设置在预埋的套筒内通过灌注砂浆或混凝土固定或通过地脚螺栓与桥梁护轮带基础相连。

⑤立柱安装就位后，其水平方向和竖直方向应形成平顺的线形。

⑥护栏渐变段及端部的立柱，应按设计规定的坐标进行安装。

(4)防阻块、托架、横隔梁安装。

①防阻块、托架应通过连接螺栓固定于护栏板和立柱之间，在拧紧连接螺栓前应调整防阻块、托架，使其准确就位。在安装防阻块时，应同时安装上层立柱，线形应与下层立柱相同。

②设有横隔梁的中央分隔带护栏，应在立柱准确定位后安装横隔梁。在护栏板安装前，横隔梁与立柱间的连接螺栓不应过早拧紧。

③护栏板应通过拼接螺栓相互连接成纵向横梁，并由连接螺栓固定于防阻块、托架或横隔梁上。护栏板拼接方向应与行车方向一致。拼接螺栓必须采用高强螺栓。

④立柱间距不规则时，可利用调节板、梁进行调节，不得采用现场切割护栏板的方法。

⑤所有的连接螺栓及拼接螺栓应在护栏的线形达到规定要求时才能拧紧。波形梁护栏板连接螺栓及拼接螺栓的终拧扭矩规定值为315～430N·m。

(5)端头安装。

各类护栏端头应通过拼接螺栓与护栏板牢固连接，拼接螺栓必须采用高强螺栓。在主线分流端头设置TS级防撞垫和匝道分流端头设置TA级防撞垫，用于显示分流端部，避免车辆直接撞击护栏端头。

23.3.4.2　轮廓标

(1)轮廓标安装在路侧护栏和中央分隔带护栏上,在公路前进方向左、右侧对称布置,主线与桥梁路段间距为24m,互通匝道、瞿家湾连接线间距为8m。

(2)反射器的安装角度应符合设计文件的规定,安装高度宜尽量统一,并连接牢固。轮廓标所有钢构件均应进行热浸镀锌处理。

23.3.5　中央分隔带活动护栏

(1)本项目路基段中央分隔带开口长度为40m,采用组合式波形板活动式钢护样;桥梁段中央分隔带开口长度为30m,采用桥梁段开口活动护栏,护栏下部采用预埋方式设置。

(2)钢套管预埋按照图纸要求准确定位,并埋至规定深度。套筒内壁及立柱下部50cm外壁经过特殊加工以保证防撞安全性及配合紧密。钢管套筒对准桩位中心,匀速缓慢地注入混凝土,施工中要保证钢管套筒位置的准确性和垂直度。施工完毕后,用水平尺检测钢套管是否平稳,以标杆为基准,拉线检查套筒是否在同一条直线上。

(3)立柱安装:立柱下部50cm先涂满黄油再装入套筒内,套筒与立柱配合公差控制在1cm以内。

(4)横系梁、防阻块及立柱帽安装:用中心螺栓连接防阻块及立柱帽,用套筒扳手将螺栓拧紧,保证防阻块安装牢固。

(5)波形梁栏板安装:用穿心螺栓将钢板和防阻块连接,螺帽朝外,螺母对内,用套筒扳手将螺栓拧紧,再用连接螺栓将相邻的两块钢板固定,钢板安装时应注意沿行车方向将首块钢板的尾部压住次块钢板的首部,保证钢板与公路线性相协调,线形顺畅。

23.3.6　隔离栅

(1)隔离栅所在位置应进行场地清理,软基应进行处理。

(2)防落物网施工前,应对所有预埋件的设置位置、强度、腐蚀程度进行检查,不符合要求的应整改。

(3)隔离栅应定位准确,尤其是高差较大或转折处,应注意控制桩距。隔离栅设于公路用地界线以内0.5m处。

(4)施工放样后,应适当对地面进行修整,使隔离栅与地面的距离满足设计要求。每个柱位均应按设计文件的要求确定高程,并根据设计文件的规定开挖基坑。

(5)立柱及斜撑均采用C20混凝土基础。混凝土基础强度达到设计强度的70%以上时,可安装隔离栅网片:安装时,应从端头立柱开始,沿纵向展开,边铺设边拉紧,挂钩时网片不得变形。

(6)立柱的埋设应分段进行。可先埋设两端的立柱,然后拉线埋设中间立柱,控制立柱与中间立柱的平面投影在一条直线上,柱顶应平顺。

(7)隔离栅在桥梁、通道等处断开,进行端头处理。焊接网隔离栅在转角等处加设单向、双向及三向斜撑。

(8)焊接网隔离栅在跨越较宽的沟渠时,如果片网的长度跨过沟渠不稳定或沟较浅可在沟中加设立柱。

(9)隔离栅网片安装完毕后,应对基础周围进行夯实处理。

23.3.7　防落物网

(1)应以上跨桥梁与公路、铁路等设施的交叉点为控制点,向两侧对称进行防落物网的施工。防落物网的设置长度应符合设计文件的规定。

(2)应根据防落物网立柱预埋基础的位置安装立柱;未设置预埋件时,应采取后固定的施工工艺固定立柱。

(3)桥梁防护网网片应牢固地安装在立柱上,网片应平整、绷紧。

(4)应根据设计文件的规定对防落物网做防雷接地处理。

23.3.8　视线诱导及防眩设施

(1)轮廓标的布设应符合设计及施工规范的要求。柱式轮廓标的基础混凝土强度、基础尺寸应符合设计要求。柱式轮廓标安装牢固,逆反射材料表面与行车方向垂直,色度性能和光度性能应与设计相符。

(2)柱式轮廓标。

①施工前,根据设计间距要求,定出具体位置,用石灰线做标记。按照设计尺寸要求开挖基坑并清理干净。

②轮廓标的柱体应在交通运输部鉴定合格的生产厂家集中加工制作,并运输至现场安装。加工质量应符合国家标准的规定。

③轮廓标的柱体采用装配式,直接插入预留孔中,或者采用法兰盘连接。也可采用现浇混凝土基础。安装过程中应注意以下几点:

a. 设置高度(指反射器的中心高度)应与附着式轮廓标的高度大致相同。

b. 轮廓标反射器的安装角度,无论在直线段或者在曲线上,应尽可能与司机视线方向垂直。

c. 反射器与柱体或者支架之间应黏结牢固,以免脱落。

d. 柱体应垂直于地平面,三角形柱体的顶面平分线应垂直于道路中心线。

e. 柱式轮廓标应于路面施工完成后进行。

(3)附着式轮廓标、线形诱导标施工。

①附着波形梁上的轮廓标，由反射器、支架、连接件组成。根据建筑物的种类及埋置的部位采用不同形状的轮廓标和不同的连接方式。附着于波形梁护栏中间的槽内时，反射器为梯形，与后底板铆接在一起，其后底板固定在护栏与立柱的连接螺栓上，且不能采用气割孔进行螺栓固定。后底板应做成一定的角度，角度的大小以保证汽车前照灯光能大致与其保持垂直为原则。

②附着于混凝土护栏、隧道侧墙上的轮廓标，应按设计高度、间距要求先做好标记，后用电钻在侧墙上打孔，采用膨胀螺栓将支架固定。打孔时不得损坏混凝土结构物。

③附着于护栏上的线形诱导标，由反射器、底板、立柱和连接件组成，立柱通过抱箍与护栏柱连接固定。面板应与驾驶员视线尽量垂直，安装高度应满足设计要求，安装过程中应保持面板的平整度。

(4)防眩设施。

①防眩设施的材质、镀锌量应符合现行《防眩板》(GB/T 24718)、《公路交通工程钢构件防腐技术条件》(GB/T 18226)及设计和施工规范的要求。

②防眩设施整体应与道路线形一致，美观大方，结构合理。

③防眩设施的几何尺寸及遮光角应符合设计要求。

④防眩板的平面弯曲度不得超过板长的0.3%。

⑤防眩设施应安装牢固。

23.4　监理工作方法与措施

23.4.1　监理工作方法

监理工作方法有旁站、巡视检查、抽检、验收等。

23.4.1.1　旁站

根据现行规范、监理计划，结合本项目交通安全设施工程特点，规定旁站监控点，旁站监理人员对首件工程施工质量进行旁站，并做好旁站记录。

23.4.1.2　巡视检查

对交安工程施工过程中的巡视检查内容包括：施工单位管理人员的到位情况、施工方案以及工程建设强条、标准化等执行情况、设备运行状态、材料质量、标志及设施尺寸、安装平面位置和高度及质量、线形等。

23.4.1.3 抽检

对重点桩位复测不少于30%；对原材料及半成品抽检频率按批次应不低于规定施工检验频率的10%；对分项工程中的关键项目（标志面反光膜逆反射系数、标线厚度、标线逆反射亮度系数、波形梁基底金属厚度、立柱基底金属壁厚、横梁中心高度、护栏混凝土强度、防眩设施安装高度、中央分隔带武器护栏涂层厚度）和结构主要尺寸（与边线距离、高度、断面尺寸、间距、角度）、竖直度、埋置深度、偏位抽检频率按批次应不低于规定施工检验频率的20%。

23.4.1.4 验收

施工过程中的验收内容包括基坑开挖、材料与半成品验收、施工前清理、基础及立柱预埋以及波形梁护栏、交通标志、交通标线、突起路标、隔离栅和防落网、轮廓标、中央分隔带活动护栏成品验收等。

23.4.2 监理工作的主要措施

23.4.2.1 组织措施

监理明确内部职责分工，建立岗位责任制，制定监理工作制度，同时采取考核的办法，落实质量控制的责任。

23.4.2.2 经济措施

充分运用合同管理和工程计量权，督促施工单位按合同办事，严格执行工程质量的检查和验收制度，对不符合合同规定质量及安全要求的工程不予中间交工、不予计量。

23.4.2.3 合同措施

审查分包、专业分包的资质，监督和防止转包、层层分包及总包单位以包代管的现象。自觉按合同办事，督促施工单位遵守合同，协调合同纠纷。

23.4.2.4 技术措施

根据施工的每一阶段（施工准备阶段、施工阶段和竣工验收阶段），采取事前、事中和事后相结合的质量控制措施，并注意突出控制重点，充分运用监理独立的平行检验手段，实施对施工全过程的监理。

监理控制的重点放在施工前的准备阶段和施工阶段，做好事前监理和主动监理，把问题发现和解决在开工之前和施工过程之中。

23.4.3 具体措施

（1）监理人员应熟悉设计文件，参加设计交底。监理人员对施工图应重点核对：

①现场地形、地貌、水文和地质条件。

②设计中考虑采用的施工方法、技术措施、新技术、新工艺和新材料等。

③采用的设计标准、结构细节的质量要求。

(2)施工准备。

①审查施工单位是否有相应专项资质。

②正式开工前承包单位必须完成专项施工方案的编制及审批工作，审查的内容包括施工方案编制和审批程序、内容与相关技术规范标准的符合性，施工工艺标准，方案的针对性和可操作性，异常情况的应对处理措施，质量安全管理体系和保证体系。

③监理人员核签施工单位报送的工程复量资料。

④监理人员检查临水、临电、临时施工道路、临设、材料堆放是否符合施工方案要求。

⑤监理人员对施工单位进场施工机械、施工方案进行检查。检查内容包括桩机数量、型号、性能、配套设备等。检查施工机械设备，是否已按批准的计划备妥，所准备的机械设备是否与监理人员审查批准的施工方案中所列一致，所准备的机械设备是否都处于完好的可用状态。

⑥督促施工单位正式开工前要通过首件工程，总结各项工艺参数。

⑦正式施工前，督促施工单位项目技术负责人对全体施工人员进行技术、质量、安全、进度和管理方面的交底。

(3)施工过程。

①交通标志。

a. 检查交通标志的制作是否符合设计和规范要求。

b. 交通标志在运输、安装过程中是否不损伤标志面及金属构件的镀层。

c. 标志的位置、数量及安装角度是否符合设计要求。

d. 大型标志的地基承载力是否符合设计要求。大型标志柱、梁的焊接部分是否符合钢结构焊接规范的质量要求，有无裂缝、未熔合、夹渣等缺陷。

e. 标志面是否平整完好，无起皱、开裂、缺损或凹凸变形，标志面任一处面积为 $50cm \times 50cm$ 的表面上，不得存在总面积大于 $10mm^2$ 的一个或一个以上气泡。

f. 反光膜是否尽可能减少拼接，任何标志的字符不允许拼接，当标志板的长度或宽度、圆形标志的直径小于反光膜产品的最大宽度时，底膜是否有拼接缝。当粘贴反光膜不可避免出现接缝时，是否按反光膜产品的最大宽度进行拼接。

g. 施工过程中安全防护措施是否到位。

②标线、突起路标。

a. 突起路标产品、突起路标的布设及其颜色是否设计和规范要求。

b. 突起路标与路面的黏结是否牢固、耐久，能经受汽车轮胎的冲击而不会脱落。

c. 突起路标是否在路面干燥、清洁，并经测量定位后施工。

d. 突起路标是否外观是否美观，尺寸是否符合有关规范要求，表面是否光滑，是否有尖角、毛刺存在，表面是否有明显的划伤、裂纹。

e. 突起路标纵向安装是否成直线，是否出现折线。曲线段的突起路标是否与道路曲线相吻合，线形是否圆滑、顺畅。

f. 突起路标黏结剂是否造成路面污染。

g. 路面标线涂料、路面标线的颜色、形状和设置位置是否符合设计和规范要求。

h. 路面标线喷涂前是否仔细清洁路面，表面是否干燥，有无起灰现象。

i. 标线施工污染路面是否及时清理。

j. 标线线形应流畅，与道路线形是否相协调。

k. 反光标线玻璃珠撒布是否均匀，附着是否牢固。

l. 标线表面是否出现网状裂缝、断裂裂缝、起泡现象。

③护栏、轮廓线。

a. 波形梁钢护栏产品和护栏立柱、波形梁、防阻块、托架的安装是否符合设计和规范的要求。

b. 为保证护栏的整体强度，路肩和中央分隔带的土基压实度是否大于设计值，石方路段和挡土墙上的护栏立柱的埋深及基础处理是否符合设计要求。

c. 波形梁护栏的端头处理及与桥梁护栏过渡段的处理是否满足设计要求。

d. 立柱埋深是否大于设计值。采用挖埋法施工，立柱埋入土中时，回填土是否分层（每层厚度不超过100mm）夯实，立柱埋入混凝土中时，基础混凝土的几何尺寸、强度是否符合设计要求。

e. 立柱壁厚、外径、长度是否小于设计要求。

f. 轮廓标产品和轮廓标的布设应符合设计及规范的要求。

g. 柱式轮廓标的基础混凝土强度、基础尺寸是否符合设计要求。

h. 柱式轮廓标安装是否牢固，逆反射材料表面与行车方向是否垂直，色度性能和光度性能与设计是否相符。

i. 轮廓标是否有明显的划伤、裂纹、损边、掉角等缺陷，表面是否平整光滑，有无明显凹痕或变形。

j. 轮廓标安装是否牢固，线形是否顺畅。

④防眩设施。

a. 防眩设施的材质、镀锌量是否符合及设计和规范的要求。

b. 防眩设施整体是否与道路线形相一致，是否美观大方，结构是否合理。

c. 防眩设施的几何尺寸及遮光角是否符合设计要求。

d. 防眩板的平面弯曲度是否超过板长的0.3%。

e. 防眩设施安装是否牢固。

f. 防眩板表面是否有气泡、裂纹、疤痕、端面分层等缺陷。

g. 防眩设施色泽是否均匀。

⑤隔离网、防落网。

a. 隔离栅和防落网用的材料规格及防腐处理是否符合设计和规范要求。

b. 用金属网制作的隔离栅和防落网,安装时是否网面平整,有无明显翘曲现象。刺铁丝的中心垂度是否小于15mm。

c. 防落网网孔是否均匀,结构是否牢固,围封是否严实。

d. 金属立柱弯曲度是否超过8mm/m。

e. 立柱埋深是否符合设计要求,立柱与基础、立柱与网之间的连接是否稳固,混凝土基础强度是否符合设计和规范要求。

f. 隔离栅起终点是否符合端头围封设计的要求。

g. 电焊网是否脱焊、虚焊。

h. 镀锌层表面是否具有均匀完整的锌层,颜色一致,表面具有实用性光滑,不允许有流挂、滴瘤或多余结块。镀件表面是否无漏镀、露铁等缺陷。涂塑层是否均匀光滑、连续,无肉眼可分辨的小孔、空间、孔隙、裂缝、脱皮及其他有害缺陷。

i. 混凝土立柱是否密实平整,有无裂缝、翘曲、蜂窝、麻面等缺陷。

j. 有框架的隔离栅和防落网,网片是否与框架焊牢,网片拉紧。整网铺设的隔离栅,端柱与网连接是否牢固,网面是否平整绷紧。

k. 隔离栅安装位置是否符合设计规定,围封是否严实,安装是否牢固。

23.5 巡视、旁站、抽检和验收计划

23.5.1 巡视

采取以巡视为主的方式进行交安工程施工现场监理,对施工的主要工程每天巡视不少于1次,并填写巡视记录(表23-1)。

巡视计划表　　表23-1

部　　位	监理人员	备　　注
交通标志	邓某、张某	
交通标线(突起路标)	邓某、张某	
护栏(含中央分隔带开口护栏)	邓某、张某	

续上表

部 位	监理人员	备 注
轮廓标、防眩设施	邓某、张某	
隔离栅和防落物网	邓某、张某	
里程碑和百米桩	邓某、张某	
临时安全设施	邓某、张某	

23.5.2 旁站

按照合同条款、现行《公路工程施工监理规范》(JTG G10)附录A及监理计划相关要求开展旁站工作(表23-2)。

旁站计划表 表23-2

具体部位	监理人员	备 注
首件工程	邓某、张某	

23.5.3 抽检

对重点桩位复测不少于30%;对原材料及半成品抽检频率按批次应不低于规定施工检验频率的10%;对分项工程中的关键项目(标志面反光膜逆反射系数、标线厚度、标线逆反射亮度系数、波形梁基底金属厚度、立柱基底金属壁厚、横梁中心高度、护栏混凝土强度、防眩设施安装高度、中央分隔带武器护栏涂层厚度)和结构主要尺寸(与边线距离、高度、断面尺寸、间距、角度)、竖直度、埋置深度、偏位抽检频率按批次应不低于规定施工检验频率的20%(表23-3)。

抽检计划表 表23-3

部 位	监理人员	备 注
原材料及半成品	中心试验室	
平面位置和高程	测量监理	
实测项目	邓某、张某	除材料外

23.5.4 验收

交安分项工程施工完成后,督促施工单位提交中间交工验收申请,及时组织验收(表23-4)。

验收计划表　　表23-4

部　　位	监理人员	备　　注
交通标志	邓某、张某	
交通标线(突起路标)	邓某、张某	
护栏(含中央分隔带开口护栏)	邓某、张某	
轮廓标、防眩设施	邓某、张某	
隔离栅和防落物网	邓某、张某	
里程碑和百米桩	邓某、张某	